# LES ARPENTEURS ROMAINS

## HYGIN LE GROMATIQUE
## FRONTIN

**COLLECTION DES UNIVERSITÉS DE FRANCE**
publiée sous le patronage de l'*ASSOCIATION GUILLAUME BUDÉ*

# LES ARPENTEURS ROMAINS

## TOME I

## HYGIN LE GROMATIQUE

## FRONTIN

TEXTE ÉTABLI ET TRADUIT

PAR

JEAN-YVES GUILLAUMIN

*Professeur à l'Université de Franche-Comté*
*(ISTA, Institut des Sciences et Techniques de l'Antiquité)*

PARIS

LES BELLES LETTRES

2005

Conformément aux statuts de l'Association Guillaume Budé,
ce volume a été soumis à l'approbation de la commission technique, qui a chargé M. Stéphane Ratti d'en faire la révision et
d'en surveiller la correction en collaboration avec M. Jean-Yves
Guillaumin.

© 2005. Société d'édition Les Belles Lettres
95 boulevard Raspail, 75006 Paris
www.lesbelleslettres.com

ISBN : 2-251-01440-3
ISSN : 0184-7155

# INTRODUCTION GÉNÉRALE

## Rome et l'organisation des terres

C'est peut-être un romancier qui, en une heureuse formule de deux mots, a le mieux concentré la substance de l'organisation méthodique des terres par les Romains. Carlo Levi, à la fin de son roman *Cristo si è fermato a Eboli*, évoque *le campagne matematiche di Romagna*, « les campagnes mathématiques de Romagne ». Comment mieux suggérer à la fois l'immensité des zones rurales et la méticulosité de l'agencement qui leur est imposé ? Ces gigantesques damiers traversés par le voyageur de Carlo Levi, mais qui s'imposent encore à l'œil collé au hublot de l'avion, témoignent d'une organisation systématique à la fois fruste et géniale, empirique et géométrique, l'une des caractéristiques les plus nettes sans doute de l'emprise de Rome sur les terres de son empire, en Italie et partout ailleurs. C'est au point que la « centuriation » éclipse, dans l'imaginaire, l'existence d'autres formes romaines de division et d'enregistrement des terres qui sont moins spectaculaires. Celles-ci, pourtant, partagent avec les méthodes de la centuriation la volonté de structurer un territoire, un empire, un monde d'une manière qui soit conforme à la fois aux exigences de Rome, à celles de la *ratio* et même, peut-on dire, à celles du *fatum*. Cet effort de rationalisation s'équilibre entre une pratique élaborée à date ancienne et perfectionnée au fil des siècles, et une théorie fondée sur les connaissances mathématiques et géométriques acquises par la science grecque, du moins sur leurs aspects les plus fondamentaux comme le « théorème de Thalès » et le « théorème de Pythagore ». Mais la théorie englobe aussi toutes les problématiques juridiques qui ne manquent pas de surgir dès lors qu'il s'agit des terres. Les « campagnes mathématiques » romaines supposent donc, s'appuyant sur une théorie qui est en même temps justification et développement, une technique appliquée sur le terrain au moyen d'un certain nombre d'instruments, et des hommes capables à la fois de pratiquer la technique, de dominer les problématiques et de rendre compte de la théorie, tout cela en un langage aux multiples facettes mais à la profonde cohérence. La même cohérence multiforme se lit dans les pratiques, qui échappent à l'éclatement malgré une large diffusion dans le lieu et dans le temps, et elle suggère et organise, à l'époque impériale, la rédaction de textes multiples abordant les questions de maîtrise des sols sous leurs différents aspects.

Dans le domaine de l'arpentage et de la division des terres, Rome a eu, certes, des prédécesseurs : en Égypte, on remesurait chaque année les propriétés dont les limites avaient été effacées par la crue du Nil (cf. Hérodote, 2, 109, qui dit parler de Sésostris, sans doute un pharaon de la 12e dynastie)[1] ; à Babylone, on a suffisamment de

---

1. Καταveῖμαι δὲ τὴν χώρην Αἰγυπτίοισι ἅπασι τοῦτον ἔλεγον τὸν βασιλέα, κλῆρον ἴσον ἑκάστῳ τετράγωνον διδόντα, καὶ ἀπὸ τούτου τὰς προσόδους ποιήσασθαι, ἐπιτάξαντα ἀποφορὴν ἐπιτελέειν κατ' ἐνιαυτόν. Εἰ δέ τινος τοῦ κλήρου ὁ ποταμός τι παρέλοιτο, ἐλθὼν ἂν πρὸς αὐτὸν ἐσήμαινε τὸ γεγενημένον · ὁ δὲ ἔπεμπε τοὺς ἐπισκεψομένους καὶ ἀναμετρήσοντας ὅσῳ ἐλάσσων ὁ χῶρος γέγονε, ὅκως τοῦ λοιποῦ κατὰ λόγον τῆς τεταγμένης ἀποφορῆς τελέοι. Δοκέει δέ μοι ἐντεῦθεν γεωμετρίη εὑρεθεῖσα ἐς τὴν Ἑλλάδα ἐπανελθεῖν, « Ce roi, disaient les prêtres, partagea le sol entre tous les Égyptiens, attribuant à chacun un lot égal, carré ; et c'est d'après cette répartition qu'il établit ses revenus, prescrivant le paiement d'une redevance annuelle. S'il arrivait que le fleuve arrachât

textes de problèmes conservés sur des tablettes cunéi-
formes pour savoir que les questions de la division des
sols étaient traitées de manière approfondie[2]. Mais les
Romains, avec leur caractère pratique, méthodique et
obstiné, ont mis au point, avec la centuriation, un système original qui a été appliqué pendant plusieurs siècles
et qui a organisé de vastes étendues de territoires : c'est
ce qui ne peut se dire ni des Égyptiens, ni des Babyloniens, ni même des Grecs. Ainsi donc, quand on parle des
*agrimensores*, on ne fait pas allusion à de simples
« mesureurs des terres » ; le terme prend en compte une
technique soigneuse et une théorisation subtile qui n'ont
pas eu d'équivalent dans le monde antique — ni, jusqu'à
l'époque moderne, dans les temps qui ont suivi.

## Le corpus gromatique latin et les traités principaux

Quatre textes fondamentaux, les plus complets, les mieux
structurés et les mieux conservés, essentiels pour notre
connaissance théorique des pratiques romaines d'organisation des sols — qui doit évidemment être confrontée
continuellement aux données de l'archéologie de jour en
jour plus nombreuses — constituent le noyau ou en tout

---

à quelqu'un une partie de son lot, celui-là venait le trouver et lui signa-
lait ce qui s'était passé ; lui, envoyait des gens pour examiner et mesurer de combien le terrain était amoindri, afin qu'il fût fait à l'avenir une
diminution proportionnelle dans le paiement de la redevance fixée.
C'est ce qui a donné lieu, à mon avis, à l'invention de la géométrie, qui
passa ensuite en Grèce. »

2. Voir F. Thureau-Dangin, « Un cadastre chaldéen », *Revue d'As-
syriologie et d'Archéologie Orientale* 4, 1897, p. 13-20 ; O. Neugebauer et A. Sachs, *Mathematical Cuneiform Texts*, American Oriental
Society, New Haven, Connecticut, 1945 ; voir aussi les textes de problèmes babyloniens publiés par Sayyid Taha Baqir dans *Sumer* 6,
1950, p. 39-54 et p. 130-148 et 7, 1951, p. 28-45. Compléments biblio-
graphiques chez O. Neugebauer, *The Exact Sciences in Antiquity*,
2e éd., New York, 1969, p. 49.

cas l'élément le plus connu du corpus des textes d'arpentage transmis par le monde romain. Ces quatre traités
majeurs, d'époque impériale, sont ceux d'Hygin le Gromatique, de Frontin, de Siculus Flaccus et d'Hygin. Ces
écrits sont qualifiés de « gromatiques », du nom de la
*groma*, l'instrument qui permettait au technicien de terrain de tracer des alignements et de prendre des angles
droits. Mais les quelques dizaines de pages qu'ils représentent, témoignant d'une relative cohérence interne dans
les problèmes abordés, dans la manière de les traiter et
dans le vocabulaire utilisé, sont loin de rendre compte à
elles seules de l'ensemble du corpus gromatique. Celui-
ci, en effet, comprend encore bien d'autres éléments
épars et hétéroclites, par les sujets, par les auteurs, par les
époques. Ce sont des textes de lois, des catalogues de
bornes avec représentation schématique de chacune, des
fragments de géométrie pratique, des listes d'abréviations
avec leur signification, des commentaires de différentes
époques… Textes fragmentaires (issus d'archives, à
valeur documentaire ; textes juridiques comme certaines
lois républicaines ou certaines constitutions impériales ;
textes géométriques) de datation souvent incertaine et
traités mieux conservés constituent donc ce que l'on
appelle aussi le *corpus agrimensorum*, les *agrimensores*
étant ces spécialistes romains de la cadastration sous
toutes ses formes et des questions juridiques afférentes.
Prenant en référence la seule édition relativement complète qui en ait jamais été donnée, celle de K. Lachmann,
on peut estimer grossièrement le volume de ce corpus[3] à

---

3. Ce corpus, lentement constitué au fil des siècles par des spécialistes et à des fins utilitaires, est tributaire de leurs choix et des exclu-
sions qu'ils ont pratiquées. C'est ainsi qu'il aurait parfaitement pu
englober, parmi les textes de géométrie technique, les trois premiers
chapitres du livre 5 de Columelle (tables de mesures et problèmes de
géométrie élémentaire appliquée aux questions de mesure des terres).
Auraient pu y figurer aussi les chapitres 10 (sur les mesures de longueur et de superficie) et 14 (sur les marques de limites entre différentes propriétés) du livre 1 des *Res rusticae* de Varron.

environ 500 pages, si l'on ne parle que de ce qui a été
conservé ou plutôt de ce qui a été édité[4].

## L'outillage des mensores romains : la groma

Les textes gromatiques suggèrent l'apparence et décrivent l'utilisation de l'appareil désigné comme *groma*
ou *ferramentum*, documenté par des sculptures[5] et par des

4. K. Lachmann a placé en tête de son édition un *Index auctorum*
qui présente la liste des textes gromatiques édités. Ce sont : Frontin,
avec en bas de page le *commentum* tardif qui lui est consacré ; Agennius Urbicus, *De controuersiis agrorum* ; Balbus ; Hygin ; Siculus
Flaccus ; Hygin le Gromatique ; là se termine la série des grands traités. Puis l'édition Lachmann continue avec le *Liber coloniarum* I ;
quelques pages indépendantes sur les noms des arpenteurs, les appellations des bornes ; le *Liber coloniarum* II ; la *lex Mamilia* ; des extraits
du *Code Théodosien* et des *Sententiae* de Paul ; un passage *de sepul-
chris* ; des extraits de Théodose et de Valentinien ; des extraits du
*Digeste* relatifs à l'*actio finium regundorum* ; un ensemble intitulé
*Agrorum quae sit inspectio* ; les fragments de Marcus Iunius Nypsius
sur la *Fluminis uaratio* et la *Limitis repositio*, suivis du *Podismus* que
Lachmann refuse à cet auteur ; des extraits de Dolabella, puis une
poussière d'extraits de Latinus, de Gaius, de Vitalis, de Faustus et
Valerius, d'Innocentius, autant d'*auctores* qui parlent du bornage ; les
*Casae litterarum*, définition par leurs éléments caractéristiques de
domaines représentés par une lettre de l'alphabet (plusieurs séries,
avec alphabet latin, avec alphabet grec) ; les *Litterae singulares*,
« abréviations » avec, en regard, leur signification (plusieurs séries) ;
le *De iugeribus metiundis*, ensemble de petits problèmes de calcul de
surfaces ; des extraits d'Isidore de Séville ; de l'Euclide latin ; des
extraits géométriques de Boèce ou du Pseudo-Boèce. Mais Lachmann
n'a pas édité tous les textes : il a laissé de côté, notamment, des
*excerpta* géométriques « d'Épaphrodite et de Vitruvius Rufus », édités
plus tard par N. Bubnov dans ses *Gerberti opera mathematica* (1899) ;
ou encore, le traité du Pseudo-Hygin, *De metatione* (ou *De munitionibus) castrorum* édité par A. Grillone chez Teubner (1977) puis par
M. Lenoir dans la CUF (1979 ; références de ces deux éditions *infra*,
n. 63). Il a par ailleurs montré beaucoup de désinvolture dans l'édition
de textes qui lui ont paru tardifs et trop abîmés, et qui pourtant sont
d'un intérêt capital, comme la *uaratio* de Marcus Iunius Nypsius.
5. Stèle du *mensor* Lucius Aebutius Faustus, découverte à Ivrea :
elle présente la figuration d'une groma démontée, la croix étant posée

découvertes archéologiques dont la plus célèbre est la groma de Pompéi[6]. La groma est un instrument composé d'une croix placée horizontalement sur un support qui lui permet de pivoter. À l'extrémité de chacune des quatre branches (*cornicula* : ainsi les désigne Frontin dans son exposé *De arte mensoria*) est suspendu un fil (*filum seu neruia* est l'expression de Frontin) terminé par un plomb (Frontin parle, pour ces plombs, de *pondera*, « poids »). Pris deux à deux, les fils forment des plans de visée. Mais pour que la vision de ces fils à plomb opposés soit possible, le pied de l'instrument ne doit pas s'interposer[7] ; aussi la croix est-elle fixée de préférence sur un bras de recherche sur lequel elle peut pivoter ; c'est le cas de la groma de Pompéi reconstituée par Della Corte[8], et de toute reconstitution moderne construite à des fins d'expérimentation. Nulle gêne n'est au contraire occasionnée par le fil de station, qui tombe sous le centre de la croix

à plat sur le pied, de manière que l'ensemble évoque la forme d'un X verticalement traversé en son centre par un I ; photographie chez O. A. W. Dilke, *The Roman Land Surveyors*, 1971 (repr. Amsterdam, 1992), p. 50. Stèle de l'arpenteur Nicostratus, trouvée à Pompéi : la groma n'est pas démontée, il n'y a pas de bras de recherche, la croix est figurée au sommet du pied, lequel se termine par une forte pointe métallique destinée à la fixation dans le sol ; photographie chez J.-P. Adam, « Groma et chorobate. Exercices de topographie antique », *MEFRA* 94, 1982, 2, p. 1009.

6. Découverte en avril 1912 dans la boutique du *mensor* Verus, rue de l'Abondance, *regio* I, *insula* 6, n° 3. Voir M. Della Corte, *Case ed abitanti di Pompei*, 3e éd., Naples, 1965, p. 291. La reconstitution de cette groma pompéienne est visible chez O. A. W. Dilke, *op. cit.*, p. 50. Un dessin figure dans le même ouvrage, p. 16 fig. 1.

7. C'est pourtant l'inconvénient présenté par la groma — s'il s'agit bien d'un tel instrument — de Pfünz, près de Eichstätt, en Bavière. Voir la photographie dans O. A. W. Dilke, *op. cit.*, p. 67. Sur cet instrument, voir H. Schöne, « Das Visierinstrument der römischen Feldmesser », *Jahrb. des kais. deutsch. archäol. Inst.* 16, 1901, p. 127-132.

8. Même si la réalité de ce bras de recherche a été contestée, dans une nouvelle étude des fragments de la groma de Della Corte, par T. Schiöler, « The Pompeii-*groma* in new light », *Analecta Romana* 22, 1994, p. 45-60.

(ce que Marcus Iunius Nypsius appelle *umbilicus soli*, à partir duquel on laisse tomber — *emissum* — un fil à plomb — *perpendiculum* — qui doit tomber juste au centre de la borne — *punctum lapidis* : ensemble de termes fréquent chez cet auteur). La hauteur totale de l'instrument doit permettre à l'opérateur de faire commodément ses visées sous la croix ; on peut donc estimer la hauteur du pied à environ 1,80 ou 1,90 m ; le bras de recherche sera d'environ 20 cm et les branches de la croix de 60 cm. L'intérêt de viser les fils opposés deux par deux, plutôt que de se servir des branches de la croix sommitale, est que l'on peut travailler même sur un terrain accidenté, et indépendamment de la taille de l'opérateur ; si donc on n'utilise jamais que les fils, le support de la croix peut être assez haut, dominant l'opérateur lui-même. Le pied est terminé par une pointe de fer du genre d'un « talon de lance », qui permet de ficher l'instrument en terre, si terre il y a ; dans le cas d'un sol rocheux, on doit recourir à une sorte de trépied pour assurer sa station verticale, ou bien un aide de l'opérateur doit être spécialement chargé de maintenir continuellement l'instrument.

On explique ordinairement, à la suite du pseudo-Hygin[9], que le nom de *ferramentum*, que les textes gromatiques appliquent à l'instrument beaucoup plus souvent que celui de *groma*[10], lui vient précisément de son pied en fer. C'est donc un élément somme toute secondaire qui aurait, par métonymie, donné son nom à l'en-

---

9. Le *De munitionibus* (ou *De metatione*) *castrorum* (§12) écrit : *Ferramento groma superponitur*, « La *groma* se place sur un pied en fer », distinguant ainsi les deux éléments *ferramentum* (le pied en fer) et *groma* (la croix sommitale).

10. Seulement deux occurrences de *groma* chez Hygin le Gromatique (1, 22 et 6, 8), deux autres chez Marcus Iunius Nypsius (p. 285 l. 17 et p. 286 l. 1 Lachmann), et deux dans le *De munitionibus castrorum* (§12). Partout ailleurs, on parle de *ferramentum*, et quelquefois d'*instrumentum*, sans compter l'unique occurrence de *machina* chez M. Iunius Nypsius (p. 295 l. 11 Lachmann).

semble de l'appareil. Quant à la croix sommitale placée dans un plan horizontal, si ses branches étaient de bois, il y avait cependant une armature et un renforcement de fer, d'après le témoignage et la reconstitution de la groma de Pompéi. Une croix en bois eût donné un élément sommital certes moins lourd, mais sujet à déformation en fonction des variations de l'hygrométrie. L'argument du poids, au reste, n'est pas aussi déterminant qu'on pourrait le croire : à titre de comparaison, on rappellera que le disque sommital dont peut être équipée la dioptre grecque du mécanicien Héron d'Alexandrie, contemporaine de la groma romaine, est en bronze[11].

L'efficacité de l'appareil et sa fiabilité se laissent comparer avec celles des instruments utilisés par les techniciens d'aujourd'hui, au terme des expérimentations menées sur le terrain puis décrites par J.-P. Adam[12]. Certes, la groma ne permet pas autre chose que de tracer des alignements et des perpendiculaires, mais cela suffit aux opérations menées par les *mensores* romains. Et si on utilise la groma pour exécuter des levés topographiques comme l'a fait J.-P. Adam au cours de ses expériences, on constate que la marge d'erreur n'est pas plus forte pour un relevé effectué à la groma que pour un relevé effectué à l'alidade, le premier procédé exigeant, certes, un nombre de stations plus élevé que le second. Mais le temps nécessaire n'est pas plus long avec la groma qu'avec l'alidade. Et si l'on en reste à des comparaisons entre instruments rivaux dans l'Antiquité, la groma, de ce point de vue, n'est finalement pas inférieure en efficacité

11. Voir Héron d'Alexandrie, *La Dioptre*, éd. H. Schöne, vol. 3 des œuvres d'Héron d'Alexandrie, Leipzig, 1903, ch. 3. Il faut souligner le voisinage étroit entre ce traité et certains aspects de la littérature gromatique romaine, même si le traité grec s'inscrit dans la tradition euclidienne et se distingue des ouvrages latins par la place qui est laissée à la démonstration.
12. « Groma et chorobate. Exercices de topographie antique », *MEFRA* 94, 1982, 2, p. 1003-1029.

à la dioptre d'Héron, pourtant infiniment plus perfectionnée : les arpenteurs romains effectuent avec la groma les
mêmes opérations que l'ingénieur grec avec sa dioptre,
ou bien, pour le dire autrement, Héron n'utilise presque
jamais l'invention technique extrêmement sophistiquée
qu'il décrit sous le nom de dioptre pour réaliser autre
chose que des opérations de base comme celles des gromatiques ; il l'aurait pu, cependant.

Il y a tout de même une supériorité de la dioptre à
l'égard de la groma, et Héron la souligne longuement au
ch. 33 de son traité, où il stigmatise les défauts de ce
qu'il appelle l'*astériskos* : « Les utilisateurs, je pense,
ont pu faire l'expérience de ses difficultés d'emploi : les
fils auxquels sont suspendus les poids sont longs à immo-
biliser, ils restent un certain temps à bouger, surtout
quand il souffle un fort vent ». Le vent, qui ne peut rien
contre la dioptre, est l'ennemi de la groma. N'y aurait-il
pas de vent que les plombs manifesteraient toujours leur
tendance à osciller comme le pendule de Foucault ; cette
oscillation, même légère, est gênante et si l'arpenteur
voulait l'éviter, il fallait que chacun des quatre plombs,
d'un poids assez conséquent, tombe dans un récipient
rempli d'eau ou, mieux encore, d'huile, chose dont aucun
texte ne parle. En tout cas la groma, qui a servi à l'arpentage de zones très étendues, est à tel point devenue l'ou-
til emblématique des arpenteurs que l'on a désigné ceux-
ci du terme de « gromatiques »[13].

---

13. Bien que l'adjectif latin *gromaticus* ne soit attesté, en réalité,
que dans le *De munitionibus* (ou *De metatione*) *castrorum* du Pseudo-
Hygin (§12 : *Et professores eius artis... gromatici sunt cognominati*,
« Et les spécialistes de cette technique ont été appelés *gromatici* ») ;
et dans les titres et les subscriptions de certains manuscrits de la
*Constitutio limitum* d'Hygin le Gromatique (où l'adjectif, du reste, est
appliqué tantôt à l'ouvrage, tantôt à son auteur : voir l'apparat critique
de la présente édition). Sur les autres noms désignant les arpenteurs,
voir *infra*, n. 62.

Bien qu'il porte un nom grec, le chorobate est décrit par Vitruve (8, 5, 1). C'est un chevalet de 6 m de long à la surface duquel se trouve un canal qui fait niveau d'eau. Sur les côtés, il y a des repères, perpendiculaires au plan horizontal supérieur, et avec lesquels doivent coïncider des fils à plomb pour la vérification de l'horizontalité de la station de l'appareil. Aux deux extrémités opposées de la table horizontale supérieure sont fixés deux œilletons permettant la visée[14]. En réalité, on ne voit pas une machine aussi imposante se prêter à une utilisation courante dans les opérations des arpenteurs ; peut-être existait-il des chorobates de dimensions plus réduites ; et le chorobate devait servir plutôt aux travaux de nivellement en ce qui concerne les aqueducs. Il est, de fait, absent de la littérature gromatique au sens précis du terme, et il n'y est fait qu'une possible allusion dans *La Dioptre* d'Héron d'Alexandrie (χωροβατήσαντα, au ch. 12). Pour les travaux d'arpentage, les *mensores* utilisaient la méthode de la cultellation, dont Frontin, à la fin de ses écrits *de arte mensoria*, rappelle les principes et les procédés de base, en même temps qu'il cite l'appareillage employé, lequel ne diffère pas de l'appareillage habituel des *mensores*.

En réalité, la panoplie de l'arpenteur, outre la groma, se réduit à peu d'instruments. On utilise la perche de dix pieds, pour laquelle existent deux noms, *pertica* ou *decempeda*. Le premier terme a fini par désigner, par métonymie, l'ensemble du territoire centurié d'une colonie, puisque l'instrument nommé *pertica* était en quelque sorte emblématique des pratiques et des techniques de la centuriation. Les textes parlent donc plutôt, pour désigner l'instrument de mesure, de *decempeda*. Les trois mètres auxquels se restreint la longueur de cette perche offrent la possibilité de manipulations assez commodes. Chaque perche possède, à ses deux extrémités, des embouts de bronze (*capitula*) dont l'archéologie a pu retrouver des

14. Schéma du chorobate chez J.-P. Adam, art. cit., p. 1026.

exemplaires[15]. Leurs disques plats permettent d'abouter les perches entre elles pour réaliser des mesures avec une certaine rapidité (douze perches bout à bout mesurent un *actus*). Il suffit du reste que le fil à plomb accolé à l'embout soit strictement tangent à celui-ci, sans cassure, pour que soit garantie l'horizontalité de la perche, chose essentielle dans les opérations de cultellation[16].

L'outillage du *mensor* comprend enfin une série de jalons (un jalon est un *signum*, ou une *meta*, ou même une *canna*, mot dont une seule occurrence apparaît dans le corpus, chez Marcus Iunius Nypsius) et aussi le cordeau, *linea* (σχοινίον en grec), que l'on tendra entre deux jalons[17]. Ajoutons le gnomon (tige verticale fichée en terre suivant le principe du cadran solaire), et la règle pliable[18], et nous aurons passé en revue l'outillage robuste et facile qui a permis aux Romains, malgré son caractère fruste, d'établir en Tunisie une centuriation d'une prodigieuse extension[19].

---

15. Voir p. ex. M. Della Corte, « Groma », dans *Monumenti Antichi* 28, 1922, p. 83-85 et fig. 18 (l'art. occupe les p. 5-100).

16. Voir les explications et les schémas d'A. Roth Congès dans les *MEFRA* 108, 1996, 1, p. 318-319.

17. Hygin le Gromatique 11, 6 : *Lineam autem per metas extendemus et per eam ad perpendiculum cultellabimus*, « Nous tendrons un cordeau de jalon en jalon et, sur ce cordeau, nous cultellerons au fil à plomb » ; Frontin, 4, 5 : *extendere lineam*, « tendre le cordeau ».

18. On en a retrouvé quelques exemplaires : voir G. Chouquer et F. Favory, *Les arpenteurs romains*, Paris, 1992, p. 73.

19. G. Chouquer et F. Favory, *op. cit.*, p. 96, reproduisent la photographie suggestive d'une borne qui se trouve au 235e *cardo* au delà du *cardo maximus* ! Une centurie fait un peu plus de 700 m d'un *cardo* au *cardo* suivant ; 700 × 235 = 164.500 m : on est donc à plus de 160 km du point de départ du système. Plus récemment, dans le même système de Tunisie, a été découverte une borne portant l'inscription *DD LXV VK CCLV* (« à droite du *decimanus* 65, au delà du *cardo* 255 ») : on est cette fois à plus de 180 km (photographie de la borne dans L. Decramer, « La géodésie romaine, un chapitre d'histoire qui reste à écrire », *Le Jardin des antiques*, revue des Amis du Musée Saint-Raymond, n° 29, décembre 2000, p. 21)… La performance reste extraordinaire même si tous les *limites* n'ont pas été matérialisés sur toute cette étendue.

## Aux origines historiques de l'arpentage romain

À partir du IIIe siècle avant J.-C., des commissions
sont instituées pour la « déduction » (*deductio, deducere*
sont les termes techniques que l'on emploie en pareil cas)
d'une colonie ; elles sont la plupart du temps formées de
trois magistrats (*tresuiri*). Même si, au IIe siècle av. J.-C.,
les commissions sont devenues civiles, plus anciennement ces magistratures étaient militaires comme le suggère la première place occupée en chronologie et en
importance par les colonies latines (seules les petites
« colonies maritimes » établies depuis 338 constituent
des fondations purement civiles). Les colonies latines
sont des fondations militaires destinées à assurer la garde
d'un point stratégique important et la permanence de l'influence romaine dans la zone qu'elles contrôlent. Les
commissions étaient donc primitivement élues par les
comices centuriates ; les magistrats chargés d'une *deductio* étaient dotés de l'*imperium*. Ces magistrats, anciennement, étaient essentiellement de rang consulaire ; des lic-
teurs leur étaient attachés, ce qui place cette magistrature
dans la mouvance de la fonction consulaire.

Du point de vue de la technique d'organisation des
terres, scamnation et strigation[20] auraient précédé la centuriation selon F. T. Hinrichs[21] ; premières formes de
division régulière du sol, elles se seraient développées
avant la systématisation de la centuriation, aussi bien en
dehors de l'ère d'influence romaine qu'à l'intérieur de

---

20. *Strigae* et *scamna* appartiennent à l'origine au vocabulaire de
l'agriculture : *scamnum* est la « banquette de terre entre deux sillons »
(Ernout et Meillet, *Dict. étym. de la langue latine, s. u. scamnum*) ;
*striga* est « rangée, ligne, sillon », et désignera, par opposition à *scamnum*, un champ rectangulaire plus long que large du nord au sud (*eid.,
op. cit., s. u. striga*). Voir là-dessus la fin de la *Constitutio limitum*
d'Hygin le Gromatique.

21. F. T. Hinrichs, *Histoire des institutions gromatiques*, Paris,
1989, p. 24.

celle-ci, et selon trois stades d'évolution : 1) adaptation des voies à la topographie locale, aux différentes altitudes d'une vallée fluviale allongée, et division régulière du territoire en différents *fundi* strictement délimités ; 2) à partir de là, aménagement de centuries oblongues (non pas unités de mesure, donc, à l'origine, mais chacune est le lot de terre donné à cent colons) dans les colonies latines sous contrôle romain depuis la fin du IVe siècle ; 3) au IIIe s., des assignations effectuées selon un système géométrique très net sur de très larges zones, mais dans lesquelles on n'a pas fait de centuries : cette division géométrique homogène est donc considérée comme une scamnation. Tel est le point de vue de F. T. Hinrichs. Cependant, l'ancienneté du système de *scamnatio / strigatio*, soulignée par Hygin le Gromatique (20, 9 : *sicut antiqui*), mais aussi par Frontin au début de son traité (1, 2 : *more antiquo*), ne lui confère pas nécessairement un statut d'antériorité par rapport à la centuriation. Historiquement, les deux systèmes doivent appartenir à la même époque puisque tous deux sont des créations augurales, donc très anciennes. La centuriation en carrés réguliers de 200 jugères est le plus anciennement attestée à Ariminum, colonie latine fondée en 268 av. J.-C., mais auparavant déjà, d'après Siculus Flaccus (p. 116 Thulin) et Hygin, l'homonyme du Gromatique (p. 78 Thulin), les Romains auraient divisé des territoires conquis en carrés de 50 jugères (c'est ce qu'ils appelaient l'*ager quaestorius*) : l'application de ce procédé remonterait donc à une période très haute de la conquête de l'Italie, au moins au début du IIIe siècle[22].

---

22. D'après M. P. Muzzioni, « Note sull'ager quaestorius nel territorio di Cures Sabini », *Rendiconti dell'Accademia dei Lincei* 30, 1975, p. 223-230, on reconnaît dans le territoire de Cures les traces d'une *limitatio* constituée d'une série de lignes distantes entre elles de 10 *actus*. Il s'agit probablement de l'*ager Sabinorum qui dicitur quaestorius* qu'évoquent les gromatiques, et qui était divisé en centuries de 50 jugères. La vente de ces terrains semble avoir été effectuée par les

## Les grandes assignations de terres en Italie : quelques exemples

La première assignation qui ait été entreprise à très grande échelle sur le sol de l'Italie a commencé en 133 avec la mise en œuvre des travaux de la commission des Gracques. Outre les considérations de politique intérieure et l'aspect social que revendiquait le projet, sans doute les Gracques ont-ils été tentés aussi d'étendre à la totalité de l'*ager Romanus* possédé à titre privé ce système moderne d'enregistrement du sol qu'était l'assignation. Même si l'opposition des possesseurs de grands domaines (ceux qui étaient visés par les Gracques étaient les domaines supérieurs à 1000 jugères[23]) fut bientôt victorieuse, la commission gracchienne commença à travailler et l'on a retrouvé des bornes des Gracques dans l'*ager Gallicus*, en Campanie, à proximité de Bénévent et en Lucanie.

Dans les années 80, Sulla a pourvu — presque exclusivement en Italie — les soldats de 23 légions, d'après Appien, c'est-à-dire entre 80.000 et 100.000 hommes. C'était juste après la conquête de l'Italie (fin 83) et avant même sa nomination comme *dictator legibus scribundis et rei publicae constituendae* (fin 82). Il s'agissait pour lui à la fois de récompenser fortement ses soldats et de leur faire garder des villes récalcitrantes. Dans ces répartitions sullaniennes, il n'y avait pas de propriété privée des terres distribuées : ainsi les vétérans restaient-ils attachés à Sulla même après sa mort, car il y avait des doutes sur leur pro-

questeurs dans la période qui suivit la conquête du pays sabin par les Romains (290 av. J.-C.).

23. Revendication modérée, du reste, comme le souligne Plutarque, *Tib. Gr.*, 9, 2-3 : les occupants de l'*ager publicus* étaient seulement invités, d'après le texte de la loi proposée par Tiberius, à quitter les biens injustement acquis moyennant une indemnité et à les céder aux citoyens nécessiteux ; ils gardaient en pleine propriété 500 jugères, plus 250 « à chacun des enfants de ceux qui étaient pères de famille », dit Appien, *BC* 1, 1, 11.

priété foncière : « En effet, comme leurs possessions n'auraient pas été assurées si toutes les décisions de Sulla n'étaient pas restées valables, ils se battirent pour elles même après sa mort », dit Appien[24]. C'est que, l'année même de la mort de Sulla, le consul M. Aemilius Lepidus essaya d'annuler les distributions de terres intervenues au terme des lois syllaniennes : il voulait rendre leurs terres aux anciens propriétaires (Appien, 1, 107, 501).

Les assignations des années 40 se firent sur une immense échelle. César d'abord, les triumvirs ensuite, ont été beaucoup mieux organisés que Sulla, qui avait improvisé ses attributions de terres, et ont fait choisir les zones et préparer les centuriations plusieurs mois ou années à l'avance, de même qu'ils ont mis en adjudication auprès d'entrepreneurs privés la fabrication des bornes nécessaires (cf. Hygin le Gromatique, 2, 3). Dans les années 45-40, le dictateur César, puis Antoine et Octave, ont procédé de cette manière à de nombreuses fondations coloniales et répartitions de terres. Octave, en 41, a centralisé à Rome la direction de la répartition des terres au moyen des *formae* et même si, sur le terrain, les légats ont joué un rôle important dans l'arrangement des détails des répartitions, c'est Octave qui est resté l'*auctor diuisionis* : c'est à lui que chaque vétéran devait sa terre et c'est lui qui devenait garant de sa possession puisque rapidement les *formae* furent enregistrées au *tabularium Caesaris*.

Dans les *Res Gestae*, Auguste rappelle l'ampleur de son action en ce qui concerne la déduction de colonies et les sommes qu'il y a personnellement affectées : pas moins de 860 millions de sesterces pour l'achat des terres nécessaires, 28 colonies en Italie, d'autres dans l'ensemble du monde méditerranéen, Afrique, Sicile, Macédoine, Espagne, Achaïe, Asie, Syrie, Narbonnaise, Pisidie[25]. On comprend que le *diuus Augustus* soit souvent

24. Appien, *BC* 1, 96, 448.
25. *Res Gestae* 16 ; 28.

cité dans les textes gromatiques. Sa sollicitude, disent-ils, s'est étendue aux anciens adversaires sans discrimination (cf. Hygin le Gromatique, 5, 6), il a apporté ses soins à tous les détails de la réalisation des colonies : pratiques, en spécifiant quel genre de bornes devaient séparer les propriétés ; juridiques, en définissant l'extension de la *iuris dictio* des colonies nouvelles par rapport à celle des cités préexistantes.

Mais l'action impériale en matière d'implantation et d'organisation des colonies ne s'est pas arrêtée après Auguste ; ses successeurs sont largement présents dans le corpus gromatique, où les noms des Flaviens et de Trajan sont souvent cités. Les textes aussi bien que les inscriptions mentionnent des arpenteurs envoyés sur le terrain par l'empereur, pour effectuer les opérations dont il leur délègue la responsabilité : ainsi, prédécesseur du célèbre *euocatus* de Trajan qui opéra en Pannonie au début du IIe siècle[26], on connaît, en 71, le tribun militaire Publius Babullius, envoyé à Paestum par Vespasien pour des opérations d'arpentage dans la colonie *Flauia Prima*[27]. En tout état de cause, c'est l'empereur qui reste l'*auctor diuisionis*, ce qui crée entre lui et les vétérans déduits une relation très forte et indéfectible.

## Origines grecques et/ou étrusques (?) des pratiques romaines de centuriation

Hygin le Gromatique, au début de son traité, et Frontin (3, 1), ce dernier se référant explicitement à Varron, invoquent l'autorité de la *disciplina Etruscorum*. Ce sont les Étrusques, disent-ils, qui seraient à l'origine des pratiques romaines de centuriation. En réalité, les étruscologues en discutent et il semble bien que, dans les traités gromatiques, de tels passages soient plutôt des « topoi »

26. Cet *euocatus* est mentionné par Hygin, p. 84 Thulin.
27. *L'Année épigraphique* 1975, 251.

obligés. D'ailleurs, si la division du ciel est attribuée aux Étrusques par Hygin le Gromatique et par Frontin, les mêmes auteurs, immédiatement après cette affirmation, disent expressément que ce sont les Romains (*antiqui* chez le Gromatique, *maiores nostri* chez Frontin) qui ont divisé le sol par des *decimani* et des *cardines* ; et effectivement les sols étrusques n'ont guère livré de traces de cette pratique romaine. Il reste que dans la mesure où le système d'orientation d'une cadastration manifeste des points de similitude avec la division religieuse du *templum* telle qu'elle était pratiquée par les prêtres étrusques, il se peut bien, puisque l'on est ici dans le domaine religieux, que les Romains soient redevables de quelque chose aux Étrusques ; d'ailleurs, le nom même de la *groma* a bien des chances d'être dérivé du grec γνώμων par un intermédiaire étrusque[28].

28. Le mot *groma* est un « emprunt technique au grec γνῶμα, doublet de γνώμων, avec dissimilation de la nasale qui semble indiquer un intermédiaire étrusque », selon Ernout et Meillet, *Dictionnaire étymologique de la langue latine*, *s. u. groma*. Le Pseudo-Festus (p. 86 l. 1 Lindsay) n'en doutait pas : *Groma appellatur genus machinaculae cuiusdam, quo regiones agri cuiusque cognosci possunt, quod genus Graeci* γνώμονα *dicunt*, « on appelle *groma* une sorte d'instrument qui permet de reconnaître les régions de chaque territoire, et que le grec nomme *gnomon* ».Très anciennement attesté dans les textes scientifiques grecs, le gnomon est d'abord un instrument astronomique, constitué par un piquet que l'on plante perpendiculairement à une surface plane : il forme donc un angle droit avec l'ombre qu'il projette et sert de cadran solaire. D'où, à côté d'une acception du mot qui retient l'usage de l'appareil (le « gnomon » est alors l'« index de cadran solaire », d'où le « cadran solaire » lui-même), une autre acception qui en retient la position perpendiculaire : c'est ainsi qu'Œnopide, au $V^e$ s. avant J.-C., usait, si l'on en croit Eudème cité par Proclus (*in Eucl.* p. 283 l. 7-10 Friedlein), de l'expression κατὰ γνώμονα, « suivant le gnomon », pour désigner la perpendicularité. C'est de là que relève l'emploi du mot dans les mathématiques grecques : la notion d'angle droit et de perpendicularité en est indissociable. En arithmétique pythagoricienne, le gnomon d'un carré est l'équerre que l'on accole sur deux côtés de ce carré pour obtenir un carré plus grand. La *groma* romaine, épigone lexical du gnomon grec, est attachée aux mêmes notions.

Plus dignes de considération, sans doute, sont les précédents dans le domaine grec. Le nom qui s'impose ici est celui d'Hippodamos de Milet. Lorsque Milet est rebâtie en 479, c'est Hippodamos qui en fait les plans selon un système de carrés[29]. En 443, il participe à la fondation de la colonie de Thourioi, en Italie du sud, suivant les mêmes principes. Par ailleurs, des cités hellénistiques ont été construites sur des axes orthonormés. Ce souci a pu s'étendre non seulement à l'organisation de la ville elle-même, mais encore à celle de son territoire : certaines colonies grecques (entre Héraclée et Métaponte dans le golfe de Tarente ; à Agde) montrent ainsi des terres organisées selon des principes géométriques sur plusieurs kilomètres de développement[30]. Ce genre d'organisation a pu influencer les Romains et contribuer, bien que l'on ne sache pas dans quelle mesure, à l'élaboration du système de la centuriation, même si nul parmi les auteurs gromatiques ne souffle mot de cette possibilité, tout occupés qu'ils sont à présenter leurs méthodes de division des terres comme purement romaines et véritablement emblématiques de la puissance de Rome et de son œuvre d'organisation du monde.

## La technique de la centuriation

La technique proprement dite de la « centuriation » est longuement exposée par Hygin le Gromatique. C'est même, d'après le titre du traité, le sujet essentiel de son enseignement, qui s'adresse aussi bien au *mensor* amené à tracer une limitation qu'à celui qui devra opérer dans une limitation déjà existante, dont il devra donc connaître

29. Voir O. A. W. Dilke, *op. cit.*, p. 24, fig. 2 ; et D. Asheri, « Osservazioni sulle origini dell'urbanistica Ippodamea », *Rivista Storica Italiana* 87, 1975, p. 5-16.
30. O. A. W. Dilke, *op. cit.*, p. 25, qui refuse, à la note 9, le cas d'Agde.

le fonctionnement. Soit à procéder à la centuriation d'une zone donnée. L'arpenteur romain va prendre un point choisi au début du processus, dont il va faire le point d'intersection de ce qu'il appelle les deux *limites* (« lignes de division ») majeurs, dont les quatre extrémités regarderont vers les quatre points cardinaux (c'est du moins la règle théorique, susceptible de variations). Ces deux *limites* sont le *decimanus maximus* (en principe, est-ouest ; ce qui impose à l'arpenteur d'être capable de prendre exactement cette ligne, d'où les méthodes indiquées par Hygin le Gromatique aux ch. 9 et 10) et le *cardo maximus* (en principe, nord-sud). On établit ensuite, parallèlement à ces deux axes, d'autres *decimani* et d'autres *cardines*, en un système rigoureusement orthonormé. Les *decimani* et les *cardines* portent tous le nom de *limites*. Les *maximi*, outre leur fonction de voies principales de circulation, servent au repérage et à la dénomination des autres *limites* : ceux-ci, par rapport au *cardo maximus*, sont *ultra* ou *citra*, « au delà » ou « en deçà », c'est-à-dire à l'ouest ou à l'est si le *cardo* est orienté au nord ; et par rapport au *decimanus maximus*, ils sont *sinistra* ou *dextra*, c'est-à-dire « à gauche » du *decimanus maximus* ou « à droite » de cet axe majeur. On parle par exemple de la centurie DDII KKIIII, le repérage étant fait à la borne qui occupe l'angle opposé aux deux *limites* majeurs[31]. Les carrés définis à l'intérieur du réseau centurié ont en général 2400 pieds romains de côté (c'est-à-dire entre 705 et 710 m), soit 20 *actus* (car 1 *actus* vaut 120 pieds) ; leur surface est de 200 jugères (le jugère, qui vaut deux *actus* — on parle cette fois de l'*actus* comme mesure de superficie, un carré de 120 pieds de côté —, est la mesure romaine de base pour l'évaluation des surfaces, et, chose étonnante, c'est un rectangle, puisqu'il est constitué par la réunion de deux *actus* carrés : c'est-

---

31. Tout cela est longuement expliqué dans le traité d'Hygin le Gromatique, *passim*.

à-dire que le jugère fait 240 pieds de long sur 120 de large, soit environ 72 m sur 36, soit à peu près 25 ares : très approximativement, et pour prendre une image parlante, la superficie d'un — petit — terrain de football). Les carrés de base du système étant appelés des « centuries », le nom couramment donné au système est celui de « centuriation ». Cette technique est appliquée en particulier à la répartition des lots de terre dans les colonies. Mais avec l'agrandissement de l'empire romain, avec la mesure et la division de nouveaux domaines publics et la création de nouvelles colonies, elle a connu une très grande extension, bien qu'elle ne soit pas l'unique système romain de délimitation des terres, il faut le souligner.

## La centuriation romaine justifiée par la spéculation géométrique grecque

Le système de la centuriation se ramène à l'établissement d'axes orthonormés, faisant intervenir seulement des tracés géométriques de base : la ligne droite, l'angle droit, la perpendiculaire, le carré. Le premier avantage d'un tel système est qu'il est évidemment très facile à mettre en œuvre au moyen de procédés techniques qui ne demandent à l'arpenteur de terrain — ni même au concepteur du projet — aucune connaissance théorique en géométrie. Mais un autre avantage est qu'il évoque, dans les esprits du monde méditerranéen de l'époque, des références mathématico-philosophiques largement diffusées par les penseurs grecs, et qui peuvent concourir à sa justification.

Le principe de la centuriation se trouve évidemment dans la ligne droite et dans l'angle droit. Or, parmi les textes de la géométrie grecque, si les plus connus sont ceux qui traitent de la ligne droite d'une manière strictement horistique et scientifique (pensons surtout à la définition euclidienne[32]), d'autres l'envisagent sous un aspect tout à fait différent. Présents par exemple dans les scolies pseudo-héroniennes éditées par Heiberg[33], ils peuvent se ramener, pour leur substance, à l'extrait suivant de Proclus : « La ligne droite est le symbole de la Providence inflexible, invariable, incorruptible, inépuisable, toute-puissante, qui est présente à toutes choses... »[34]. À propos de l'angle droit, le même Proclus fournit encore un bon exemple du même genre de texte : « L'angle droit est le symbole de la force inflexible qui s'unit à l'égalité, à la limite et au terme »[35] ; et encore : « Nous poserons que la rectitude des angles rectilignes est l'image de la perfection, de l'énergie qui ne dévie pas, de la limite intelligible, du terme, etc. »[36]. Proclus, encore, énonce que « la perpendiculaire, donc, est aussi un symbole de l'équilibre, de la pureté sans souillure, de la puissance inflexible, etc. C'est aussi le symbole de la mesure divine et idéale : car c'est grâce à la perpendiculaire que nous mesurons de bas en haut les hauteurs des figures, et c'est par rapport à l'angle droit que nous définissons les autres angles rectilignes... »[37]. Ainsi se trouve formé le carré de

---

32. *Éléments* 1, déf. 4.

33. Dans le vol. 4 de son édition d'Héron d'Alexandrie, Leipzig, 1912, que nous prenons ici comme référence commode, préférant au fond lire tous ces textes sous forme de scolies plutôt que dans le texte original de Proclus (*In Eucl.*, éd. G. Friedlein, Leipzig, 1873 ; réimpr. 1967), parce que cela rend plus sensible la fonction de τόποι qui est devenue celle de ces textes.

34. Vol. 4 de l'éd. Heiberg des œuvres d'Héron d'Alexandrie, p. 154 l. 12-15 : Σύμβολον δ' ἡ μὲν εὐθεῖα τῆς ἀπαρεγκλίτου προνοίας καὶ ἀδιαστρόφου καὶ ἀχράντου καὶ ἀνεκλείπτου καὶ παντοδυνάμου καὶ πᾶσι παρούσης.

35. *Ibid.*, p. 142 l. 9-10 : Ἡ ὀρθὴ γωνία σύμβολόν ἐστι τῆς ἀκλινῶς συνεχομένης ἐνεργείας τῇ ἰσότητι καὶ ὅρῳ καὶ πέρατι.

36. *Ibid.*, p. 148 l. 23 — p. 150 l. 2 : Τελειότητος ἄρα καὶ ἀκλινοῦς ἐνεργείας καὶ ὅρου νοεροῦ καὶ πέρατος καὶ τῶν τούτοις ὁμοίων εἰκόνα θησόμεθα τὴν ὀρθότητα τῶν εὐθυγράμμων γωνιῶν.

37. *Ibid.*, p. 118 l. 26 — p. 120 l. 6 : Σύμβολον οὖν καὶ ἡ

la centurie. Voici encore Proclus : « De toutes les figures planes, le carré est la seule à avoir ses côtés égaux et ses angles droits : voilà pourquoi on dit qu'il est le plus précieux. C'est la raison pour laquelle les Pythagoriciens y voient l'image du divin... »[38].

Objectera-t-on que la date de Proclus (mort en 485 après J.-C.) interdit de tenter la moindre mise en rapport de ce qu'il écrit avec les pratiques romaines de centuriation à l'époque impériale, à plus forte raison aux époques plus anciennes ? Lui-même fournit la réponse : il ne fait rien d'autre que de répéter l'enseignement traditionnel des Pythagoriciens. Certes, il y a dans cet enseignement des strates différentes, qui ne sont pas toujours faciles à démêler ; les « néo-pythagoriciens » sont nos premières sources, bien tardives par rapport à la figure — plus ou moins mythique — du maître de Samos. L'essentiel de la doctrine, pourtant, a chance de n'avoir guère changé depuis les Philolaos et les Archytas[39] ; de telles spéculations sur la valeur symbolique des êtres mathématiques sont tout à fait parallèles à celles qui concernent les nombres, et elles s'intègrent très bien dans ce que l'on peut savoir de l'aspect mystique et moral de l'enseignement de la secte[40]. Il serait malaisé de prétendre que ce genre d'idées, devenues à l'époque tardive des sortes de lieux communs de l'enseignement des mathématiques,

κάθετός ἐστιν ἀρρεψίας, καθαρότητος ἀχράντου, δυνάμεως ἀκλινοῦς, πάντων τῶν τοιούτων. Ἔστι δὲ καὶ μέτρου θείου καὶ νοεροῦ σύμβολον · διὰ γὰρ καθέτου καὶ τὰ ὕψη τῶν σχημάτων ἀναμετροῦμεν, καὶ πρὸς τὴν ὀρθὴν ἀναφορᾷ τὰς ἄλλας εὐθυγράμμους γωνίας ὁρίζομεν.

38. *Ibid.*, p. 152 l. 1-4 : Ἐκ πάντων τῶν σχημάτων μόνον τὸ τετράγωνόν ἐστιν ἴσας ἔχον τὰς πλευρὰς καὶ ὀρθὰς τὰς γωνίας · διὰ τοῦτο καὶ τιμιώτερον λέγεται. Ὅθεν οἱ Πυθαγόρειοι τῷ θείῳ παρεικάζουσιν.

39. Philolaos : seconde moitié du Ve s. ; Archytas : *acmé* vers 400.

40. Voir W. Burkert, *Lore and Science in Ancient Pythagoreanism* (English edition, translated with revisions from *Weisheit und Wissenschaft : Studien zu Pythagoras, Philolaos und Platon*, Nuremberg, 1962), Cambridge (Mass.), 1972.

n'aient pas été diffusées déjà à une époque beaucoup plus haute. On ne voit guère comment les amateurs d'hellénisme de la Rome du IIe s. avant J.-C. (que l'on pense simplement au « cercle des Scipions ») auraient pu les ignorer. Des gens comme les Gracques les ont forcément entendues. Au siècle suivant, des personnages comme Pompée ou César sont pénétrés de philosophie grecque et l'on ne voit pas comment le domaine de la philosophie mathématique, avec ses implications idéologiques, leur serait resté étranger. Allons plus loin : la pénétration diffuse de ces idées, extrêmement simples dans leur prétention philosophique, peut même être beaucoup plus ancienne dans la mentalité romaine. On peut dater du Ve s. au moins la remontée du pythagorisme vers Rome depuis les régions grecques de l'Italie[41]. Cicéron, qui prouve que Numa n'a pu être disciple de Pythagore[42], est pourtant conscient de cette influence.

La haute antiquité de ces conceptions est certaine, puisque les sources écrites remontent au moins à Platon. Vers la fin de sa vie, celui-ci avait conçu une théorie de l'Un et de la Dyade à laquelle il se proposait de ramener toute l'explication du monde, en y réduisant toutes les essences[43]. Bien que cette théorie n'ait jamais été formulée explicitement dans aucun dialogue, on la trouve sous une forme diffuse et implicite dans le *Philèbe* essentiellement. Le premier principe, l'Illimité (τὸ ἄπειρον), dont relève la Dyade, s'oppose au genre de la Limite (τὸ πέρας) — à laquelle il faut rattacher l'Un —, dont le rôle

41. Rappelons par exemple qu'un Héraklès grec, héros typiquement pythagoricien, est venu à cette époque de Grande-Grèce à Rome : cf. J. Bayet, *Les origines de l'Hercule romain*, p. 10 sq., cité par J.-P. Néraudau, *La jeunesse dans la littérature et les institutions de la Rome républicaine*, Paris, 1979, p. 50.

42. *Rép.* 2, 15.

43. Voir sur ce sujet Z. Marcovic, *Platons Theorie über das Eine und die unbestimmte Zweitheit und ihre Spuren in der griechischen Mathematik*, publié en français dans la *Revue d'Histoire des Sciences et de leurs applications* 8, 1955, p. 289-297.

est d'empêcher les composants de la Dyade indéfinie de
« se comporter contrairement » (διαφόρως ἔχειν, *Philèbe* 25 E) et qui introduit dans leurs variations le fini, la
détermination, la mesure (*Philèbe* 25 B). Aristote s'ins-
pire de cette théorie quand il développe sa propre conception du μᾶλλον opposé au ἧττον (*Catégories* 6 a 19-20 ;
3 b 33-34) ; elle se trouve aussi chez les néoplatoniciens.
Elle a évidemment des incidences sur la théorie de
l'angle, et spécialement de l'angle droit. Pour situer la
construction de l'angle droit dans le cadre de la théorie
du *Philèbe*, on doit partir, comme Proclus dans les textes
que nous avons cités, de la conception qui est à la base de
la définition euclidienne de l'angle droit (*Eléments* 1,
déf. 10), c'est-à-dire considérer dans le plan les angles
aigus et obtus qu'une demi-droite mobile, érigée en un
point fixe d'une droite donnée, forme avec celle-ci. De
l'ἄπειρον des angles obtenus, l'angle droit vient à l'existence par l'action du πέρας dont le rôle, dans ce cas,
consiste à faire cesser le διαφόρως ἔχειν des angles
obtus et aigus et à introduire par là l'angle droit comme
terme fixe et immuable, exempt de toute variation en plus
ou en moins, et tenant le milieu entre les deux espèces
d'angles. Dans l'école d'Aristote, l'angle droit est justement considéré comme borne fixe (ὅρος) entre les angles
contraires[44]. D'après sa genèse, l'angle droit jouit d'une
espèce d'unicité et doit être classé dans le genre (εἶδος)
de l'Un (τὸ ἕν). La théorie platonicienne se retrouve chez
un certain nombre d'auteurs postérieurs à Platon : les
*Définitions* du pseudo-Héron d'Alexandrie expliquent
que « l'angle droit, l'instant présent et la monade sont
semblables » et continuent : « l'angle droit reste toujours le même, tandis que l'aigu et l'obtus changent à
l'infini »[45]. Dans le domaine de l'arithmétique aussi

---

44. *Problèmes* 913 b 36.
45. Définition n° 21, dans le vol. 4 de l'édition Heiberg des œuvres
d'Héron d'Alexandrie, Leipzig, 1912, p. 28 l. 9 sq. Les Ὅροι étant
apocryphes, on ne peut guère les dater avec précision ; du moins est-il

(l'arithmo-géométrie des pythagoriciens unit étroitement les deux sciences), Nicomaque[46] emploie la terminologie platonicienne du *Philèbe* : les nombres pairs, dit-il, sont issus de la Dyade, les impairs de la Monade, le carré relève du genre du Même, le rectangle du genre de l'Autre. Théon de Smyrne[47], qui donne les lignes générales de la théorie de l'Un et de la Dyade, explique que la position de l'angle droit « moyen terme entre les angles aigus et obtus, entre l'excès et le défaut »[48] rend compte de l'égalité de tous les angles droits postulée par Euclide. Pappus, commentant le livre 10 des *Eléments*, souligne le rôle du πέρας et de l'ἄπειρον et laisse entrevoir leur application universelle[49]. Jamblique, dans son commentaire sur Nicomaque, compare la position de l'angle droit par rapport aux autres angles à celle de l'Égalité face à l'Inégalité[50]. Proclus, dans une phrase que nous avons citée plus haut, ne dit pas autre chose : à la définition de l'angle droit concourent l'Égal, le Même, le Semblable, tandis qu'à la constitution des autres angles prennent part l'Inégal, l'Autre, l'Indéfini[51]. L'angle droit étant consti-

certain qu'ils sont postérieurs à l'œuvre de Poséidonios (mort vers 58 av. J.-C.) dont certaines définitions portent la trace (celle de la figure, n° 23 ; la seconde partie de celle des parallèles, n° 70).

46. Dans son *Introduction arithmétique, passim*. Nicomaque a vraisemblablement écrit dans la deuxième moitié du IIe s. ap. J.-C. ; on l'a surnommé « l'Euclide de l'arithmétique » parce qu'il donne une synthèse des connaissances de l'arithmétique pythagoricienne ; l'*Introduction arithmétique* a été éditée par Hoche, Leipzig, 1866 ; il existe une traduction française avec introduction et notes : J. Bertier, *Nicomaque de Gérase, Introduction Arithmétique*, Paris, 1978.

47. *Exposition des connaissances mathématiques utiles à la lecture de Platon, passim*. À côté de l'édition Teubner (Hiller, 1878), il existe une traduction française, un peu ancienne, par J. Dupuis, Paris, 1892.

48. Théon, *Expos.*, p. 101 l. 2-5 (Hiller).

49. Voir *The Commentary of Pappus on Book X of Euclid's Elements*, éd. G. Junge et W. Thomson, Harvard Semitic Series, vol. 8, Cambridge, 1930.

50. Jamblique, *in Nicom.*, p. 43 l. 27 — p. 44 l. 2 (Pistelli).

51. Scolies tirées de Proclus et éditées par Heiberg, vol. 4 des œuvres d'Héron d'Alexandrie, p. 131 l. 13-17.

tué par le πέρας, il est un, égal et semblable à tous les autres angles droits, bien défini, toujours le même, sans changement aucun, les autres angles relevant de l'ἄπει-ρον[52]. Par sa nature, l'angle droit ressemble aux essences, gardant la même détermination, la même défi-nition de son être[53], les autres angles étant de la nature des accidents[54].

Ce n'est évidemment pas ce genre de texte qui a pu fonder la pratique de la centuriation ; que l'on imagine pourtant le bénéfice idéologique que pouvait en tirer, après coup, le système romain. Ainsi donc, la cadastra-tion n'était pas (qu') un système arbitraire imposé à des régions soumises par un vainqueur arrogant... Maîtresse du monde, Rome se conformait aux volontés de la Provi-dence, des desseins de laquelle elle n'était au fond que l'exécutrice. Le système de centuriation était le pur reflet de la perfection divine appliquée aux choses humaines. Sa perfection s'inscrivait pour ainsi dire dans l'éternité ou au moins dans l'intemporalité, car les éléments de cette pensée mathématico-mystique ressortissent finale-ment à la théorie de l'être véritable, qui, par-delà Platon, remonte aux Éléates : l'être est éternel, immuable, et si les figures géométriques que nous avons évoquées en sont le symbole, il est clair que cette caractéristique passe aussi à la centuriation dont tout le système repose sur ces figures. Ainsi se trouve fondée pour ainsi dire métaphy-siquement l'intangibilité de la répartition du sol opérée par la centuriation. Que celle-ci relève en dernier lieu de la Limite (τὸ πέρας), dont l'opposition avec l'Indéter-miné (τὸ ἄπειρον) forme l'une des bases de la philoso-phie platonicienne très généralement et très rapidement vulgarisée dans ces concepts aisés, n'est pas de moindre importance : la limite et le terme, objets d'un respect si scrupuleux de la part des Romains, et matérialisés de

52. *Ibid.*, p. 132 l. 8-17.
53. *Ibid.*, p. 133 l. 2-4 ; p. 167 l. 17-18.
54. *Ibid.*, p. 133 l. 4.

façon génialement simple par les pratiques de la centuriation, sont eux-mêmes symbolisés par l'angle droit, élément de base de ces pratiques. Lieux communs si fortement ancrés dans les mentalités qu'il est inutile même
que des textes théoriques romains — nous n'en connais-
sons point, effectivement — aient été rédigés pour les
propager dans les esprits. Si le système de la centuriation
a séduit les Romains dès une époque ancienne, ce n'est
pas seulement à cause de la commodité avec laquelle il
permettait de procéder à l'arpentage de vastes territoires ;
c'est aussi parce qu'une pratique impérialiste était, grâce
à lui, aisément déguisée en divine géométrisation du sol.

## Autres modes de délimitation des terres

Pour être le plus célèbre et le plus caractéristique, la
centuriation n'est pas le modèle unique d'organisation
des terres par les Romains. Nous avons évoqué *supra* la
scamnation, forme ancienne d'organisation des sols ;
mais on connaît aussi l'*ager arcifinius* ou *arcifinalis*,
terre en principe dépourvue d'arpentage et dans laquelle
les limites font l'objet d'un accord privé entre voisins,
ainsi que l'*ager mensura per extremitatem comprehensus*, terre globalement mesurée par le pourtour, qui ne fait
pas non plus l'objet d'une limitation intérieure. Telles
sont les trois catégories de terres que reconnaît Frontin au
début de son traité, terre centuriée et terre scamnée relevant pour lui de la même catégorie de l'*ager limitatus*,
dont il les présente comme des sous-espèces. Les autres
auteurs gromatiques ne contredisent pas ces catégories,
malgré un certain flou dans l'exposé, parfois, sur ce point
comme sur d'autres. De l'*ager mensura per extremitatem
comprehensus*, il n'est pas question chez Hygin le Gromatique, fort logiquement puisque son traité se donne
pour objet d'envisager « l'établissement des *limites* »
dans le contexte de la centuriation. À côté des aspects

juridiques du statut de l'*ager arcifinius*, auxquels il fait allusion comme à une connaissance acquise en 5, 9 puis en 6, 5, Hygin le Gromatique traite de sa délimitation ailleurs qu'en Italie. C'est l'objet du chapitre 20 de la *Constitutio limitum* (toute la fin du traité). Pour éviter toute contestation sur les limites, et pour pouvoir prélever en toute certitude le *uectigal*, on n'en restera pas au système arcifinal habituel tel qu'il est longuement exposé par Siculus Flaccus par exemple. Car les haies, les fossés, les murs de pierre sèche, bref tous les éléments naturels ou artificiels de délimitation admis par l'accord mutuel des propriétaires, peuvent offrir matière à contestation. Aussi Hygin le Gromatique préconise-t-il d'employer, dans le cas de terres qui ne sont pas centuriées parce qu'elles ne sont pas des terres coloniales, un système qui sera très proche de celui de la centuriation — même s'il souligne fortement (20, 2) qu'il ne s'agira pas d'une centuriation *stricto sensu*[55]. Il préconise donc d'avoir recours au système de la scamnation (les unités de superficie, *quadrae*, seront divisées intérieurement en rectangles allongés, *scamna* et *strigae*), dans lequel on retrouvera le caractère essentiel des *limites* alignés selon des lignes droites, *rigores*, et des intersections à angle droit, *uersurae*, avec un bornage tout à fait comparable à celui des centuries d'une *adsignatio*. On pourrait donc avoir l'impression, à lire Hygin le Gromatique, qu'il tend à organiser toutes les terres suivant un système duel[56] : terres coloniales soumises à la centuriation, libres d'impôt, d'une part : c'est le système qui règne en Italie ; et terres soumises à l'impôt, « arcifinales », d'autre part, elles

---

55. Le texte de la *Constitutio limitum* est intéressant parce qu'il indique ici, tout en marquant sa réprobation, que certaines terres, bien que n'étant pas des terres de colonie, ont été organisées suivant le système de la centuriation : « Beaucoup ont divisé ce genre de terre à la manière des colonies par des *decimani* et des *cardines*, c'est-à-dire par centuries, comme en Pannonie » (20, 2).

56. « Presenta chiarissima la differenza di *status* giuridico tra il suolo italico e quello provinciale », écrit L. Toneatto, *op. cit.*, p. 7 n. 12.

aussi organisées suivant un système qui repose sur l'orthogonalité des *rigores* et leur conservation par des bornes. Ainsi est sauvegardée la logique du traité, résumée dans son titre de *Constitutio limitum* : il n'y a de *limites* que dans un système de centuriation ou dans un système de scamnation / strigation, et l'on comprend que ce titre excluait que l'auteur s'intéressât à l'*ager arcifinius* dans sa définition habituelle ou à l'*ager mensura per extremitatem comprehensus*.

Cependant la terre non arpentée officiellement qu'est l'*ager arcifinius* occupe une place importante dans la littérature gromatique, notamment chez Siculus Flaccus et chez Hygin. Sa caractéristique essentielle est dans le fait qu'elle n'est bornée que par des éléments naturels ou construits qui ne doivent rien à la limitation orthonormée. Les éléments naturels, disent les gromatiques, ont préexisté, et les bornages construits ne sont apparus qu'à partir du moment où se sont développées des querelles à propos des limites. Siculus Flaccus et Hygin donnent indifféremment à ce genre de terres le nom d'*arcifinius* (ou *arcifinalis*) et d'*occupatorius*, chacun de ces deux termes se prêtant à une semblable explication d'apparence étymologisante mais de fondement belliqueux. *Arcifinius* viendrait de *arceo* « écarter, repousser » (soit l'ennemi, soit le voisin), et *occupatorius* conserverait le souvenir de l'occupation originelle de ces terres par les Romains victorieux. Ce qui est mis en valeur dans les deux cas, c'est la violence et le danger qui caractérisent, dans la mémoire collective dont les gromatiques pensent se faire l'expression, cette forme d'occupation sentie comme primitive. Les occupants de ce type de terre se sont retranchés derrière des défenses naturelles qui fonctionnent d'ailleurs, parallèlement, comme marques de la limite la plus avancée des peuples ennemis : c'est ce que dit par exemple Hygin, l'homonyme du Gromatique[57].

---

57. Voir le texte p. 284 Lachmann = p. 78 Thulin, et mon article « L'origine du terme *occupatorius* d'après Hygin », dans M. Clavel-

L'impression de conquête du Far West est accentuée encore par le fait que ce sont de larges étendues qui sont offertes à l'appétit des occupants potentiels, au point que ces derniers n'ont aucunement à limiter leur prise de possession à une superficie qu'ils savent pouvoir exploiter, mais peuvent l'étendre à des zones qu'ils imaginent pouvoir mettre en exploitation dans un avenir non précisé : tel est l'enseignement de Siculus Flaccus au début de son traité. Après ce mythe guerrier des origines, les relations de voisinage dans l'*ager arcifinius* paraissent pourtant relever d'une normalité moins agressive. Les voisins peuvent en effet aller jusqu'à se mettre d'accord pour établir des documents privés, sorte de cartes cadastrales de leurs limites, même si ce genre de document, Siculus Flaccus y insiste, n'a aucune valeur juridique, aucune force contraignante pour les uns ni pour les autres, puisqu'il n'y a aucun document officiel sur les bornages et les limites de l'*arcifinius*, qui ne reposent que sur l'*obseruantia* et sur l'accord entre voisins.

Enfin, on ne sait trop dans quelle catégorie ranger l'*ager quaestorius* dont Siculus Flaccus et Hygin sont seuls à parler, et qui paraît être une sorte de souvenir archéologique ; par son origine, il se rapproche d'une terre centuriée puisqu'il a été divisé en carrés de 50 jugères ; mais il n'a pas été assigné nominalement à des colons, et l'État l'a mis en vente par l'entremise des questeurs. Au fil du temps, disent les gromatiques, il est finalement retombé dans la condition de l'*ager arcifinius*, après disparition des bornes qui le limitaient.

## Forma *et* aes *: le plan cadastral*

La *forma*, c'est-à-dire la matrice cadastrale (elle peut être désignée aussi par d'autres noms, dont la liste est

Lévêque et E. Hermon (éd.), *Paysages intégrés et ressources naturelles dans l'Empire romain*, Besançon, PUFC, 2004, p. 39-47.

donnée par Siculus Flaccus[58] ; mais Hygin le Gromatique, *passim*, ne parle que de *forma* et d'*aes* — ce sont les deux termes qu'il emploie de préférence —, et de *typus* en 17, 2 et 5), est véritablement le document de référence pour toute contestation portant sur une terre centuriée, et tous les textes gromatiques ne cessent d'exhorter le *mensor* à s'y référer de façon quasi automatique. Elle existe en deux exemplaires : l'un, en bronze (*aes*), est conservé par la colonie, l'autre est aux archives impériales (*tabularium Caesaris*). Les *formae* les plus célèbres sont pour nous, bien sûr, celles d'Orange (avec plusieurs cadastres)[59]. On a retrouvé récemment à Lacimurga[60] un fragment de *forma* en bronze concernant *Augusta Emerita* sur l'*Anas* (implantation augustéenne) et plus récemment encore, sur l'emplacement du Capitole de Vérone, un autre fragment comportant l'identification de plusieurs centuries de la cadastration antique[61]. Sur la

58. *Et quamuis una res sit forma, alii dicunt perticam, alii centuriationem, alii metationem, alii limitationem, alii cancellationem, alii typon, quod, ut supra diximus, una res est, forma*, « Et bien que le plan cadastral soit une seule chose, les uns appellent *pertica*, d'autres *centuriatio*, d'autres *metatio*, d'autres *limitatio*, d'autres *cancellatio*, d'autres *typos*, ce qui, comme nous l'avons dit plus haut, est une seule chose, le plan » (phrase 203 de la traduction de Besançon = p. 118 Thulin).

59. Voir A. Piganiol, *Les documents cadastraux de la colonie romaine d'Orange*, 16ᵉ supplément à *Gallia*, Paris, 1962.

60. Cf. P. Saez Fernandez, « Estudio sobre una inscripción catastral colindante con Lacimurga », *Habis* 21, 1990, p. 205-227 ; M. Clavel-Lévêque, « Un plan cadastral à l'échelle. La *forma* de bronze de Lacimurga », *Estudios de la Antiguedad*, 1993, 6-7, Barcelone, Bella Terra, p. 175-182.

61. Cf. G. Cavalieri-Manassé, « Un document cadastral du complexe capitolin de Vérone », *DHA* 26/1, 2000, p. 198-200. La découverte est de septembre 1996. Il s'agit d'un fragment (environ 16 cm sur 24) d'une plaque de bronze inscrite que des lignes perpendiculaires divisent en carrés (centuries) ; sont parfaitement lisibles les coordonnées des trois centuries voisines DDI VKIII, DDII VKIII et DDIII VKIII, avec les noms des propriétaires et la surface de leur domaine. Le document paraît datable des années 50 à 30 avant notre ère. Photographie illustrant l'art. cité, p. 198.

*forma*, les centuries sont identifiées par leur qualité juridique (terre « assignée » ou « concédée », p. ex.), par les coordonnées du *decimanus* et du *cardo* qui se croisent à l'angle opposé aux deux axes majeurs, et par le nom des détenteurs des parcelles et la superficie (*modus*) de chacune. Sont aussi mentionnées les terres d'une zone d'assignation qui n'ont pas été attribuées nominalement (*subseciua* ou *subsiciua*, « subsécives »). Certaines *formae* se trouvent manifestement à l'origine des vignettes qui illustrent et enrichissent certains manuscrits (*Arcerianus* A, *Gudianus*, *Palatinus*) et qui ont évolué au cours de la tradition manuscrite. De ces illustrations il sera question ci-après.

## *Qui sont les* mensores *?*

Tout cela entraîne que l'on a eu besoin de *mensores*[62] en nombre de plus en plus grand, au point que sous la bureaucratie de l'Empire s'est créé un véritable corps de ces techniciens, lesquels ont pu accéder aussi à un sta-

---

62. Le mot *mensor* (voir Hygin le Gromatique 2, 11 : *perito mensori* ; 11, 1 : *optimi mensores* ; 17, 4 : *instrumentum mensorum* ; Frontin 1, 3 ; 2, 2 ; 2, 15 : *mensoris interuentum* ; 4, 2-3) n'est pas le seul qui s'applique à ces praticiens, qui ont été désignés de noms différents au fil des différentes époques. Le terme *finitor* est déjà attesté chez Plaute (prologue du *Poenulus*, v. 49) ; il est encore employé à cinq reprises par Cicéron (*De lege agraria* 2, 3) ; mais il est sorti de l'usage à l'époque tardive (IVe siècle) si l'on en croit Nonius Marcellus. D'autres termes sont utilisés par Cicéron : *metator* (*Phil.* 11, 12 ; 14, 10), qui sera usité jusqu'à l'époque tardive (chez Végèce, *Epitoma rei militaris* 2, 7 ; *Code théodosien* 7, 8, 10 ; par ailleurs Frontin, *Strat.* 2, 7, 12, l'emploie à propos des *metatores* d'un camp, comme le fera le Pseudo-Hygin, *De munitionibus castrorum* 37 et 46 ; le *metator* est exactement « celui qui place les *metae* », c'est-à-dire les jalons pour l'arpentage d'un camp) et *decempedator* (*Phil.* 13, 37), hapax formé sur le nom de la *decempeda*, « perche de dix pieds » (aussi appelée *pertica*, voir Frontin, 4, 5), instrument qui fait partie du matériel technique de l'arpenteur romain. Sur l'adjectif *gromaticus*, « gromatique », voir *supra*, n. 13.

tut professionnel particulier, qui leur donnait d'être pris pour arbitres lors de controverses portant sur les terres. Les *mensores* avaient d'abord été, à l'époque républicaine, d'anciens militaires qui avaient eu l'habitude de pratiquer la castramétation. Le magistrat ou la commission agraire à qui incombait la charge de « déduire » une colonie cherchait à s'entourer de techniciens compétents et c'est tout naturellement parmi ses anciens subordonnés (car lui-même était de rang prétorien ou consulaire, c'est-à-dire ancien officier supérieur) que le magistrat les recrutait. Dès le II$^e$ s. avant J.-C., chaque cohorte avait dû compter un *mensor* de grade inférieur à celui de centurion. Sur la technique de ces gens, on verra Polybe 6, 27-32 ; et pour les époques postérieures, le *De munitionibus castrorum* ou *De metatione castrorum* du Pseudo-Hygin[63] et la colonne de Marc Aurèle.

Il y a eu une certaine élévation du niveau social des *mensores* au cours de la République. Le discours *Sur la loi agraire* (*sc.* de P. Servilius Rullus, déc. 64) prononcé par Cicéron mentionne avec les décemvirs prévus par ce projet de loi deux cents *finitores ex equestri loco*[64]. Effectivement, il fallait beaucoup de monde pour mener une entreprise d'arpentage d'une terre assez vaste. Ici, ils ont été pris parmi les chevaliers.

---

63. Les deux dernières éditions de ce traité sont les suivantes : *Hygini qui dicitur de metatione castrorum liber*, ed. A. Grillone, Leipzig, Teubner, 1977 (qui avance, notamment sur des arguments de lexicologie, une datation au milieu du III$^e$ s., qu'il a défendue dans un certain nombre d'articles répertoriés en dernier lieu par lui-même dans « Soluzioni tecniche e linguaggio di un geometra militare del III secolo : lo pseudo-Igino », Atti del Seminario Internazionale di Studi « Letteratura Scientifica e Tecnica Greca e Latina », Messina, 29-31 Ottobre 1997, a cura di P. Radici Colace e A. Zumbo, Messine, 1999, p. 365 n. 1) ; Pseudo-Hygin, *Des fortifications du camp* (*De munitionibus castrorum*), éd. M. Lenoir, Paris, CUF, 1979 (qui pense à l'époque de Trajan).

64. *Sur la loi agraire* 2, 32. Voir C. Nicolet, « Les *finitores ex equestri loco* de la loi Servilia de 63 av. J.-C. », *Latomus* 29, 1970, p. 72-103.

C'est le grand nombre de techniciens nécessaire qui explique que, par un mouvement inverse, les *mensores* sont d'origine sociale de plus en plus humble au cours de l'Empire. C'est qu'il en fallait de plus en plus, eu égard à l'importance des opérations d'arpentage (on a évoqué *supra* le cas de la Tunisie, sous le règne de Tibère, en 29-30, arpentée sur des centaines de kilomètres par la Troisième légion *Augusta*). Du reste, quand un municipe était promu au rang de colonie, il revenait aux *mensores* de centurier son territoire. L'empereur utilisera donc des *mensores* qui pourront même être des esclaves ou des affranchis impériaux : beaucoup d'inscriptions funéraires nous conservent leur souvenir[65]. Mais même les arpenteurs « libéraux », ceux qui sont utilisés par telle ou telle collectivité pour résoudre tel ou tel litige, peuvent avoir la même origine.

Il y a donc séparation, sous l'Empire, entre la profession d'arpenteur et l'état militaire. Et cela s'accompagne de l'éclosion de manuels de formation pour les techniciens de la *professio nostra*. Cette formation incluait des éléments de cosmographie et d'astronomie, les rudiments de la géométrie des surfaces, les techniques de visée et d'arpentage, des éléments juridiques (différents statuts des terres, différentes controverses possibles). Cela suppose un enseignement codifié, des enseignants et des manuels[66]. Les professeurs sont des gens d'expérience (Frontin ferait un bel exemple ; mais les revendications de compétence de Balbus, dans sa préface dédicatoire à Celsus, vont dans le même sens). Les manuels, comme toujours, ont un côté stéréotypé : beaucoup d'éléments de l'enseignement sont identiques de l'un à l'autre (parallélismes évidents et répétitions entre Hygin le Groma-

---

65. Voir G. Chouquer et F. Favory, *op. cit.*, p. 17 ; B. Campbell, *The Writings of the Roman Land Surveyors*, Londres, 2000, p. L n. 150, donne une liste de ces inscriptions.

66. F. T. Hinrichs, *op. cit.*, p. 172-174, pense que les manuels étaient plutôt destinés à la formation des *mensores* privés.

tique, Frontin, Hygin, Siculus Flaccus). Ils constitueront par la suite la collection connue sous l'appellation de *corpus agrimensorum Romanorum* (dont la première mise en forme a été opérée à la fin du Ve s. ou au tout début du VIe, c'est-à-dire sous Théodoric, comme nous le verrons plus loin).

## *Caractéristiques générales et difficultés des textes gromatiques*

Le *corpus agrimensorum* est donc une collection de manuels d'arpentage d'époques différentes (même si certains d'entre eux sont manifestement contemporains), traitant de questions à la fois récurrentes et éventuellement différentes dans le détail[67], qui nous sont parvenus dans un état souvent fragmentaire et corrompu ; la technicité des textes a causé bien des erreurs au cours de l'histoire de leur copie. Ces textes, aujourd'hui encore, sont peu connus, peu accessibles, peu étudiés ; cela s'explique par des difficultés de tous ordres. Le latin des manuels gromatiques est lourd, didactique et répétitif ; les phrases sont concises et parfois, pour cette raison, ambiguës ; la terminologie est à la fois précise et mouvante (comme dans tous les textes techniques gréco-romains). Précisément, ces traités contiennent des passages mathématiques et scientifiques : il s'agit essentiellement de géométrie et d'astronomie (on en trouvera des exemples aux ch. 9, 10 et 11 de la *Constitutio limitum*) ; ces passages, au demeurant, sont souvent corrompus. La complexité de la tradition manuscrite ne contribue pas à rendre la tâche plus aisée.

---

67. F. T. Hinrichs, *op. cit.*, p. 174 n. 38, pense que si des auteurs contemporains ont pu privilégier chacun tel ou tel point dans des traités qui portaient sur le même thème d'ensemble, c'est peut-être qu' « on avait convenu de la division du travail, et que le rassemblement des textes rédigés à la commande d'une administration était planifié dès le début ». Nous livrons ici cette hypothèse pour ce qu'elle vaut.

## La question des illustrations

Les traités techniques de l'Antiquité sont illustrés par leurs auteurs, dans un but de clarification et de pédagogie. On peut le dire de Vitruve ; on pourra le dire, cent ans après lui, de *La Dioptre* d'Héron d'Alexandrie, traité consacré à un appareil dont la construction générale et l'aspect particulier de certaines pièces faisaient l'objet de schémas qui n'ont pas tous été conservés par les manuscrits. Les ouvrages qui composent le corpus gromatique ne font pas exception à cette règle. La tradition manuscrite a conservé un certain nombre de leurs illustrations, même si elles ont été omises dans certains manuscrits.

On peut dire qu'une idée suffisamment approchante de ce que devait être l'illustration d'origine des traités gromatiques est donnée par l'*Arcerianus* A (désigné par le sigle *A*) d'une part, et par le *Palatinus* (*P*) d'autre part, chacun des deux étant le représentant le plus ancien de l'une des deux branches issues de l'archétype perdu. Les illustrations de *A* ont été reproduites dans les deux copies qui ont été faites de ce ms. à l'époque humaniste, *J* et *V* ; celles de *P* sont passées dans *G*[68]. Assez logiquement, C. Thulin a privilégié les illustrations de *A* et de *P*, dont il a inséré des photographies en noir et blanc dans son édition. K. Lachmann avait pour sa part fait redessiner les illustrations, essentiellement d'après *A* et d'après le *Gudianus* (*G*). Les attitudes des éditeurs sont donc différentes, mais elles sont dictées, pourquoi le cacher, par des raisons pratiques et financières. L'idéal serait de pouvoir éditer, à propos de tous les textes, toutes les vignettes gromatiques en couleur. En l'état actuel des choses, c'est un rêve inaccessible. Les deux dernières entreprises de traduction commentée des gromatiques, au cours des dernières années, ont tenté chacune à leur manière de tenir compte de la question des vignettes. B. Campbell a

---

68. Pour tout ce qui concerne la tradition manuscrite, on se reportera à la fin de cette introduction.

regroupé aux p. 277-316 de sa récente édition (2000) la plupart des illustrations de Lachmann (en noir et blanc), tout en supprimant celles qui étaient manifestement erronées et sans intérêt. L'entreprise de traduction commentée poursuivie à Besançon n'a donné aucune illustration dans son premier volume, Siculus Flaccus, ni pour Hygin ; mais pour Hygin le Gromatique elle reproduit les illustrations de Thulin et surtout, pour Frontin, elle donne, en couleur, les reproductions des vignettes de *A* (avec intrusion, p. 19-21, de trois vignettes tirées de *G*). Nous-même avons choisi d'illustrer les textes au moyen des schémas indispensables plutôt qu'en reproduisant les illustrations des mss, vœu irréalisable.

Que les illustrations font partie intégrante du traité dès l'origine, la chose est montrée par l'existence d'appels de figure tout à fait évidents, dont on a des exemples dès le début du traité de Frontin (*hac similitudine*, puis *in hanc similitudinem*, « sur le modèle que voici »), où il s'agit d'illustrer les notions de terre centuriée, scamnée, ou globalement mesurée. De la même manière, les manuscrits illustreront les notions de subsécive, de pâturages communs et de préfecture. Mais dans la mesure où une partie importante de l'enseignement délivré par les grands traités concerne la manière de tracer les *limites* et d'organiser le repérage dans la zone centuriée, telle sera aussi la matière illustrée par de nombreux schémas. Le bornage et sa matérialisation, la forme, la taille et surtout les inscriptions des bornes, sont également présents dans les illustrations, principalement dans celles qui accompagnent le traité d'Hygin le Gromatique. De manière plus générale, les illustrations portent aussi sur les différents marqueurs de limite, qu'ils soient naturels (montagnes, cours d'eau…) ou artificiels (murs de pierre, tombeaux…). Sont illustrées aussi les différentes relations possibles entre la colonie et son territoire, ou entre la colonie et ses préfectures. Enfin, les schémas les plus détériorés au cours de la transmission du corpus sont ceux qui illustrent des opérations technico-géométriques (exemples : seconde méthode de détermina-

tion de la méridienne chez Hygin le Gromatique, ch. 10,
ce qui, à cause de la difficulté du sujet, constitue un
exemple-type ; mais aussi, toutes les figures illustrant la
*uaratio* de Marcus Iunius Nypsius). Nous bornons cette
description aux vignettes d'illustration des traités les plus
anciens et les mieux conservés ; mais il faut dire pourtant
que des textes plus récents, comme ceux qui exposent longuement toutes les catégories de bornes possibles, sont
accompagnés de planches comportant un matériel d'illustration volumineux et détaillé. D'autre part et en opposition, on retrouve dans les figures géométriques accompa-
gnant par exemple le *Podismus* ou les *excerpta* de
Vitruvius Rufus et d'Épaphrodite l'extrême sobriété
caractéristique de ce genre d'ouvrage. Dans ce dernier
cas, les figures (avec les indications numériques éven-
tuelles) sont tracées à l'encre sépia, tandis que la poly-
chromie, doublée d'une certaine recherche esthétique,
caractérise ailleurs les illustrations picturales qui prennent
pour thème un paysage dans sa variété, et qui obéissent à
un codage assez net de la couleur : brun ou rouge pour les
routes, brun ou jaune pour les édifices, mauve et brun
pour les montagnes, vert pour les zones forestières, bleu
pour la mer et pour les cours d'eau...

Ces vignettes gromatiques sont-elles des copies simpli-
fiées de *formae* antiques ? ou s'agit-il de schémas didac-
tiques librement composés ? Il est clair que certains
documents qui ont été conservés, comme les documents
cadastraux d'Orange, manifestent une parenté avec
l'illustration des manuscrits gromatiques dans la mesure
où l'on voit apparaître les centuries, les *limites*, les routes,
les cours d'eau. Aussi bien les documents d'Orange que
les illustrations gromatiques sont légendés : noms de
peuples concernés, surfaces évaluées, sont le minimum
d'information nécessaire à la lecture du document. Il y a
là l'amorce d'une cartographie dont l'exemple le plus
célèbre est la « Carte de Peutinger », sur laquelle routes,
rivières et cités sont figurées d'une manière qui n'est pas

sans évoquer les illustrations des manuscrits groma-tiques[69].

En réalité, on a dû aller de l'un à l'autre dans le sens d'une codification arbitraire à volonté pédagogique, sans même exclure l'intervention de la fiction (ainsi, les colonies sont souvent appelées dans ces vignettes *Colonia Iulia*, ou *Augusta*, ou *Claudia*, sans qu'il y ait référence à une réalité historique précise)[70]. Il est vraisemblable qu'à partir d'illustrations originelles plutôt schématiques, on a pu évoluer vers un embellissement souhaité, un peu comme ont tendance à faire nos propres manuels scolaires qui, au fil des générations, ne cessent d'enrichir leur illustration. De même, outre la qualité de l'illustration, la quantité a vraisemblablement augmenté ; si à l'origine c'étaient vraisemblablement les points fondamentaux ou particulièrement difficiles du texte qui étaient illustrés, la tendance a dû être de généraliser cette pratique, au point que presque tous les passages se sont trouvés pourvus d'une illustration plus ou moins appropriée, surtout sans doute lorsque le

69. La ressemblance la plus intéressante étant peut-être à chercher dans les illustrations reproduites sous les numéros 133-135 dans l'ouvrage de B. Campbell.

70. Sur ces vignettes, voir G. Chouquer et F. Favory, *op. cit.*, p. 53-63, avec de nombreuses reproductions commentées. Voir aussi J. N. Carder, *Art Historical Problems of a Roman Land Surveying Manuscript : the Codex Arcerianus A, Wolfenbüttel*, diss., University of Pittsburgh, New York-Londres, 1978 ; M. Haffner, « Die spätantiken Vorlagen und ein wiederverwendetes spätantikes Frontispiz in der Bildereinleitung eines karolingischen Agrimensorenkodex », *Jahrbuch für Antiken und Christentum* 34, 1991, p. 129-138 ; A. Gonzales, « Par monts et par images. Les paysages d'altitude dans le *Corpus Agrimensorum Romanorum* », *Dialogues d'Histoire Ancienne* 20/1, 1994, p. 309-338 ; *id.*, « La figuration des colonies : occupation du sol et représentation iconographique », dans M. Clavel-Lévêque et R. Plana-Mallart (éd.), *Cité et territoire*, Actes du colloque européen de Béziers 1994, Paris, Les Belles Lettres, 1995, p. 243-262 ; M. Palm, « Zum karolingischischen Agrimensorenkodex Vat. Pal. Lat. 1564 », dans W. Berschin (éd.), *Palatina-Studien*, Bibliothèque Apostolique Vaticane, Cité du Vatican, 1997, p. 157-173.

VIᵉ siècle a vu la première mise en forme de la collection gromatique. Mais l'évolution devait être sensible dès le IIIᵉ siècle, s'il est vrai que le développement du parchemin, à cette époque, encouragea la réalisation de figures descriptives et explicatives désormais plus faciles à faire que sur le traditionnel papyrus. On pourrait sans doute, logiquement, poser l'hypothèse que les figures sépia, les plus frustes, appartiennent à la strate la plus ancienne, les illustrations les plus récentes étant peut-être les polychromes, qui se caractérisent par la plus grande recherche de leur élaboration et de leur coloration. Une autre évolution peut être remarquée : c'est celle qui détache progressivement les figures du texte qu'elles sont censées éclaircir, puisque, si chez Frontin l'appel de figure est dans le texte et le schéma immédiatement visible, comme nous l'avons dit, le commentaire tardif sur Frontin (p. 1-26 Lachmann), qui peut bien dater du VIᵉ siècle, a réservé les figures d'accompagnement dans un *Libellus diazographus* (p. 7 l. 21 et p. 26 l. 26 Lachmann) qui lui fait suite.

## Principaux auteurs du corpus

Outre Hygin le Gromatique et Frontin, dont nous parlerons plus loin, le corpus des *agrimensores* présente des traités attribués à plusieurs auteurs à propos desquels on ne sait, en général, à peu près rien[71].

71. Mais à propos desquels il faut signaler la très récente et très intéressante tentative de caractérisation de J. Peyras, « Colonies et écrits d'arpentage du Haut-Empire », dans M. Garrido-Hory et A. Gonzales (éd.), *Histoire, Espaces et Marges de l'Antiquité. Hommages à M. Clavel-Lévêque*, vol. 2, Besançon, PUFC, 2003, p. 103-155. Parmi les quatre rédacteurs des traités majeurs, l'auteur (voir p. 105 n. 12) en voit deux d'époque flavienne, Hygin le Gromatique et Frontin, et deux postérieurs (sous les premiers Antonins), Hygin et Siculus Flaccus, chacun des quatre ayant sa propre approche des questions gromatiques.

Siculus Flaccus, dans le *De condicionibus agrorum*, traite des modes d'occupation du sol en Italie[72]. On ignore la date à laquelle il a écrit ; on a pensé à le placer entre la fin du principat de Domitien, 96 (car cet auteur, qui parle de cet empereur en disant seulement *Domitianus*, p. 163 l. 13 Lachmann, ne saurait écrire sous les Flaviens), et l'institution des provinces italiques par Dioclétien, 290-291. Mais il faut observer qu'il paraît connaître Frontin[73], et que d'autre part il pourrait avoir été lu par Hygin[74] ; du reste, son analyse de l'*ager occupatorius* laisse penser qu'il est antérieur à Hadrien[75] ; en somme, il aurait pu écrire, lui aussi, autour de la charnière de l'année 100, ce qui ne peut bien sûr être proposé ici qu'à titre d'hypothèse.

Outre l'auteur de la *Constitutio limitum*, deux autres auteurs du corpus portent le nom d'Hygin. L'un a écrit, sous Trajan[76] mais avant la fin de l'année 102, un ouvrage qui nous est parvenu mutilé et qui s'organise autour de trois thèmes : *De limitibus* ; *De condicionibus agrorum* ; *De generibus controuersiarum* ; l'autre, que l'on désigne comme le « Pseudo-Hygin », est l'auteur d'un traité dont le titre est *De munitionibus castrorum* ou *De metatione castrorum*, que nous avons cité plus haut (ce traité ne figure pas dans l'édition Lachmann) ; qu'il ait écrit sous Trajan ou au milieu du IIIe siècle, il ne doit pas être confondu avec le précédent.

---

72. Siculus Flaccus, *De condicionibus agrorum*, introduction, traduction et notes, par M. Clavel-Lévêque, D. Conso, F. Favory, J.-Y. Guillaumin et P. Robin, Naples, 1993.

73. Dont il semble par exemple reprendre la définition du subsécive (Siculus Flaccus p. 120 Thulin = Frontin 1, 5).

74. On peut comparer par exemple les deux auteurs à propos de l'*ager quaestorius* (Siculus Flaccus p. 100 et p. 116 Thulin = Hygin p. 88 et 94 Thulin).

75. Voir J. Peyras, art. cit., p. 105 n. 12.

76. Ces dates se tirent de l'allusion à l'*euocatus* qui est faite p. 84 Thulin, avec la titulature de l'empereur : *Imperator Traianus Augustus Germanicus*, qui n'est pas encore *Dacicus*.

Un certain Balbus a écrit une *Expositio et ratio omnium formarum* au tout début du IIe s. (entre 102 et 106, semble-t-il). Ce traité contient les définitions de base de la géométrie[77] et quelques exercices pratiques ; mais ce que nous en possédons n'est qu'un fragment très

---

77. C'est très intéressant pour les historiens des mathématiques, parce que cela montre qu'il a existé des traductions latines d'Euclide (au moins des définitions et des propositions les plus simples) bien avant celle de Boèce, dans les années 500. Les Romains qui voulaient étudier les mathématiques n'en étaient pas absolument réduits à le faire sur le texte grec. Il a bien fallu, pour la formation des techniciens du cadastre qui ne pouvaient pas être tous des affranchis d'origine grecque, pouvoir travailler sur des textes en latin. D'autre part, une influence héronienne est perceptible sur le contenu de ces traités : par exemple, le tracé de parallèles servant de lignes de base à l'établissement d'une fortification, la détermination de la largeur d'un cours d'eau, celle de la hauteur d'une montagne, trois exemples que donne Balbus (p. 92-93 Lachmann) pour illustrer ce que peut faire le *mensor* en campagne, font chacun l'objet d'un chapitre du traité d'Héron d'Alexandrie sur *La Dioptre* : respectivement ch. 10 (p. 222 l. 19 sq. Schöne) et 22 (p. 260 l. 1-17) ; ch. 9 (p. 220 l. 18 — p. 222 l. 18) ; ch. 2 (p. 190 l. 1-21, qui développe des exemples d'utilisation de la dioptre), 12 (p. 226 l. 19 — p. 230 l. 11) et 13 (p. 230 l. 12 — p. 234 l. 19, avec allusion explicite à la mesure de la hauteur d'une montagne dans la dernière partie du chapitre, p. 234 l. 3-19) ; il faut noter d'ailleurs que les mêmes exemples héroniens, pour illustrer la définition de la « géodésie » (applications techniques de la géométrie), ont été ajoutés à un développement (vol. 4 des œuvres d'Héron d'Alexandrie, éd. J. L. Heiberg, Leipzig, 1912, p. 100 l. 8 sq. : ces exemples sont aux l. 25-26) dont l'auteur, selon Proclus (*Commentaire au Premier livre des Éléments d'Euclide*), serait Géminus (c'est pourquoi ce développement figure en annexe de l'édition de Géminos, *Introduction aux Phénomènes*, par G. Aujac, CUF, 1975 : voir p. 115) ; rien ne s'oppose à ce que l'auteur du remaniement qui a consisté à introduire ces exemples soit Héron lui-même, écrivant dans la 2e moitié du Ier s. ap. J.-C., c'est-à-dire entre Géminus (dont la *Science mathématique* serait de 30 av. J.-C. environ, pour G. Aujac, *op. cit.*, p. XXIV) qu'il démarque et Balbus (entre 102 et 106) dont il devient une source évidente. Mais l'influence héronienne est perceptible aussi sur le vocabulaire technique employé par ces traités géométrico-agrimensoriques : voir mon article sur « La signification des termes *contemplatio* et *obseruatio* chez Balbus et l'influence héronienne sur le traité », *Mémoires XI* du Centre Jean-Palerne, Université de Saint-Etienne, 1992, p. 205-214.

mutilé (le début, précédé d'une lettre de dédicace à un professeur nommé Celsus). Cela suffit pour montrer le but que se proposait l'auteur, la présentation systématique de toutes les figures, et que, contrairement à ce que pensait Mommsen, le titre est bon ; c'est bien *formarum* qu'il faut lire, non pas *mensurarum* comme l'aurait voulu l'érudit allemand, remarquant que les seules choses traitées à fond dans le traité tel qu'il nous apparaît sont les mesures (en fait, les tables de mesures ne sont qu'un préambule indispensable dont s'acquitte Balbus)[78].

Agennius Urbicus aussi est un inconnu. Il est l'auteur d'un *De controuersiis agrorum*, qui se présente comme un commentaire sur Frontin d'après Lachmann, ou sur un *optimus fons*, comme disait Thulin, d'époque domitienne mais qui ne serait pas Frontin. Certains éléments de son traité suggèrent qu'il n'a guère pu écrire avant le milieu du IVe siècle[79].

Il y a d'autres auteurs et d'autres textes, plus tardifs, qui ne sont guère accessibles actuellement que dans l'édition de Lachmann[80]. Encore faudrait-il tenir compte de certains passages des agronomes latins (Caton, Varron, Virgile, Columelle, Pline, Palladius).

Pour autant qu'on puisse le déterminer, il se trouve d'abord, dans le corpus gromatique, une masse de textes qu'il faut placer à la charnière du Ier et du IIe s. ; ensuite un ensemble d'époque constantinienne ; puis un ensemble du VIe s. ou même plus tardif (par exemple, les *Casae litterarum* dénoncent un latin vulgaire dans un milieu italien ; et certains mss insèrent des extraits

---

78. Voir ma traduction commentée du traité de Balbus : Balbus, *Expositio et ratio omnium formarum* ; *Podismus* et textes connexes (extraits d'Épaphrodite et de Vitruvius Rufus ; *De iugeribus metiundis*), introduction, traduction et notes, Naples, Jovene, 1996.

79. Tel est le cas de l'allusion aux médiétés pythagoriciennes, de saveur jamblichéenne (p. 65 Lachmann). Voir là-dessus mon article « L'éloge de la *geometria* chez Agennius Urbicus », *REA* 104, fasc. 3/4, 2002, p. 433-443.

80. Cf. *supra*, n. 4.

d'Isidore de Séville, livre 15 des *Étymologies*). La masse la plus importante est celle des I$^{er}$-II$^e$ s. Ces textes d'époque impériale sont à mettre en rapport avec ce que sont devenus les *mensores* sous l'Empire. Ils ne sont plus les mêmes personnages que sous la République. Leur profession, on l'a dit plus haut, s'émancipe de son rapport originel avec l'arpentage militaire. Les arpenteurs qui sont nécessaires à l'État, à une cité ou à un particulier sont recrutés sur la base d'une formation technique spécifique qui n'est plus celle du centurion à l'armée. Cela suppose, comme on l'a indiqué plus haut, un *enseignement* et la rédaction de *manuels* qui formeront ensuite le corpus agrimensorique. On voit alors surgir dans ces textes, dans leurs préfaces notamment quand ils en possèdent une, le concept de *professio nostra*[81], à laquelle on est fier d'appartenir et au sein de laquelle on n'hésite pas — mais ce sont mœurs universelles de savants — à régler éventuellement ses comptes avec les « chers collègues »[82]. C'est dans ce contexte que s'insère le traité d'Hygin le Gromatique sur la *Constitutio limitum*, aussi minime par la place qu'il occupe dans l'ensemble du corpus gromatique — quelques dizaines de pages — qu'essentiel par son contenu.

---

81. Il est question de la *professio nostra* chez Hygin le Gromatique (20, 3 = p. 205 l. 7-8 Lachmann = p. 168 l. 7-8 Thulin), chez Siculus Flaccus (p. 134 l. 16-17 Lachmann = p. 98 l. 8-9 Thulin), chez Hygin (p. 129 l. 9-10 Lachmann = p. 92 l. 14-15 Thulin) et chez Balbus (p. 93 l. 13 Lachmann).

82. *Foedum enim mihi uidebatur si genera angulorum quot sint interrogatus responderem multa*, « car il m'aurait semblé indigne, si l'on me demandait combien il y a de genres d'angles, de répondre 'beaucoup' » (Balbus, *Expositio…*, p. 93 Lachmann) : cette phrase de la préface dédicatoire à Celsus fait allusion à la manière trop superficielle dont beaucoup de contemporains de Balbus traitent la partie théorique de la discipline agrimensorique, selon lui.

# LA TRADITION MANUSCRITE DES TEXTES GROMATIQUES

Le Moyen Âge a témoigné aux écrits gromatiques suffisamment d'intérêt pour que leur copie soit assurée dans un certain nombre de manuscrits. Si l'on trouve autour de l'abbaye de Corbie des traces d'organisation des sols qui évoquent les pratiques gromatiques, est-ce parce que les moines ont voulu cadastrer leur territoire du fait qu'ils étaient en possession des textes gromatiques, ou bien se sont-ils intéressés aux textes gromatiques parce que leur territoire montrait encore les marques d'une ancienne centuriation ? La même question pourrait être posée à propos d'autres monastères.

Sur la tradition manuscrite du corpus gromatique, les études fondamentales sont celles de L. Toneatto, récemment synthétisées en trois volumes (1994 et 1995) par leur auteur. On pense généralement qu'un archétype disparu est à l'origine de deux classes de manuscrits, celle de l'*Arcerianus* et celle du *Palatinus*, indépendantes l'une de l'autre. Une troisième classe regroupe les manuscrits qui témoignent de la double influence de ces deux traditions.

Les neuf manuscrits de base du corpus gromatique sont désignés par les sigles *A*, *B*, *J*, *V*, *P*, *G*, *E*, *F* et *N*. Il est possible de regrouper ces neuf[83] mss en trois classes : la classe de l'*Arcerianus*, constituée par *A*, *B*, *J* et *V* ; une seconde classe constituée par *G* et *P* ; et une classe mixte regroupant *E*, *F* et *N*.

---

83. Nous disons « neuf », parce que, pour plus de clarté, nous distinguons ici *A* et *B*, bien qu'ils aient été, comme on va le voir immédiatement, réunis en un seul manuscrit, l'*Arcerianus* (Wolfenbüttel Guelferb. 36.23 Aug. 2°).

## La première classe : la classe de l'*Arcerianus*

### 1 – L'*Arcerianus* (*A* et *B*)

L'*Arcerianus* (Wolfenbüttel, Herzog-August-Bibliothek, Guelferb. 36.23 Aug. 2°) tire son nom du fait qu'après une longue migration en Europe centrale[84], il entra en 1566, à Utrecht, dans la bibliothèque du philologue hollandais Johannes Theodoretus Arcer (1538-1604). C'est le plus ancien parmi les mss gromatiques et c'est aussi le plus ancien ms. latin contenant un texte technique. Il est composé de deux mss initialement indépendants, *A* et *B*. *B*, la seconde partie (sans aucune vignette d'illustration), provenant vraisemblablement d'Italie du Nord, et datable de la fin du Ve s. ou du début du VIe, est plus ancien que *A* (les trois mains *A1*, *A2* et *A4* sont intervenues sur *B*, mais inversement il n'y a aucune trace de la main de *B* sur *A*).

D'une date peu postérieure (début du VIe s.) est la première partie du même manuscrit (avec illustrations), appelée *Arcerianus* A et désignée par le sigle *A*. L'origine la plus vraisemblable est la Rome du royaume ostrogoth[85]. Le long règne de Théodoric (qui, en 493, a chassé Odoacre) a été, avant sa fin difficile dans les années 525-526 (reconquête byzantine de l'Italie), un moment de paix et de restructuration d'une Italie qui avait souffert de ses prédécesseurs. Le « premier ministre » (*magister officiorum*) de Théodoric a été Boèce[86], grand esprit dont nous trouvons la trace et l'influence en de multiples domaines. Ce n'est certainement pas un hasard si un renouveau de l'activité en matière de

---

84. Voir L. Toneatto, *op. cit.*, vol. 1, p. 68-69.

85. L. Toneatto, *op. cit.*, vol. 1, p. 14 ; la description détaillée de *A* figure dans le même volume, p. 152-160 ; les critères de datation et l'origine, avec les positions défendues par les différents spécialistes sur ces sujets, p. 160-163.

86. Voir p. ex. J.-Y. Guillaumin, *Boèce, Introduction Arithmétique*, CUF, 1995, Introduction.

textes gromatiques a pu se produire sous ce règne : sous l'impulsion de Boèce et du cercle qui l'entourait, les préoccupations ont été à la fois administratives et scientifiques.

## 2 – Deux apographes de l'*Arcerianus* : *J* et *V*

Parmi les 7 ou 8 copies de l'*Arcerianus* qui ont été effectuées au XVIe s., les deux plus anciennes et les plus intéressantes sont *J* et *V*. On désigne par *J* le *Ienensis* Universitätsbibliothek, ms. Prov. f. 156 ; et par *V* le *Vaticanus latinus* 3132. Ces deux mss sont pourtant indépendants l'un de l'autre, car si *V* a copié l'*Arcerianus* en suivant l'ordre *A* puis *B* (c'est-à-dire l'inverse de l'ordre dans lequel se présente actuellement l'assemblage de l'*Arcerianus*), *J* a d'abord *B* et ensuite *A*. *J*, écrit dans un milieu italien[87], n'a pas été copié avant l'époque d'Érasme, mais il l'a été avant 1559. Le ms. *V* (copié probablement à Rome, après 1504 et peut-être entre 1520 et 1527 ; entré rapidement en possession du Vatican, sans doute dès la seconde moitié du XVIe s.) se distingue en ce qu'il conserve des passages qui ont disparu de l'*Arcerianus*. Comme le copiste de *J*, le copiste de *V* a effectué des corrections dans le cas où le texte de son modèle lui paraissait déficient. Il faut remarquer que *V* est parfois le seul ms. gromatique relevant de la tradition de l'*Arcerianus* à donner la leçon correcte : il ne doit donc pas être négligé.

## La seconde classe : *P* et *G*

Ces deux mss sont les représentants d'une seconde recension du corpus gromatique, qui est à dater du milieu du VIe siècle (après décembre 533, *terminus post quem*

---

87. Voir L. Toneatto, *op. cit.*, vol. 1, p. 68.

fourni par l'insertion dans cette collection d'un élément
du *Digeste* de Justinien). Le plus ancien est le ms. de la
bibliothèque Vaticane, *Palatinus latinus* 1564, sans doute
copié entre 810 et 830 en Basse Rhénanie, désigné par le
sigle *P*. Il s'est d'abord trouvé à Fulda où Sichart[88] l'a
utilisé. Il a ensuite été, en 1564, propriété de Metellus
Sequanus à Cologne, avant de passer à Heidelberg. De la
bibliothèque de Heidelberg, il est venu à Rome en 1623.
Le ms. *G* est le *Gudianus*, c'est-à-dire le ms. de Wolfenbüttel, Herzog-August-Bibliothek, Guelferb. 105 Gud.
lat. 2°. Daté du milieu ou du 3e quart du IXe s., il est originaire de Corbie. Avant de séjourner à Wolfenbüttel, le
ms. avait été la propriété de Gudius, patronyme latinisé
du Danois Marquard Gude (1635-1689), d'où son nom de
*Gudianus*. L'édition des *agrimensores* par Turnèbe a été
faite d'après le *Gudianus*. « Discendente di *P*, con tracce
di contaminazione »[89], ce ms. a donc été copié peu de
temps après *P*.

## La classe « mixte » : *E*, *F* et *N*

Une fois établie la première collection gromatique
dans un milieu gothico-byzantin à l'époque de Théodoric, et après la réorganisation de cette collection opérée
au milieu du VIe siècle, un troisième rédacteur, dans des
conditions mal connues, a utilisé deux manuscrits, l'un
du type de l'*Arcerianus*, l'autre du type du *Palatinus*,
pour former une autre collection. Nous en avons plusieurs témoins.

---

88. J. Sichardus, *Codicis Theodosiani libri XVI. Quibus sunt ipsorum principum auctoritate adiectae Nouellae Theodosii, Valentiniani,
Martiani, cet. Hiis nos adiecimus ex uetustissimis bibliothecis, eo quod
ad ius ciuile pertinerent... L. Volusii Metiani lib. de asse, Iuli Frontini
lib. de controuersiis limitum cum Aggeni Vrbici commentariis*, Basi-
leae, Henricus Petrus, 1528.

89. L. Toneatto, *op. cit.*, vol. 1, p. 270.

1 – Manuscrit *E* (*Erfurtensis*) : Erfurt, Wissenschaftliche Allgemeinbibliothek, Amplon. 4° 362. Il s'agit du quatrième ensemble constitutif de ce ms. du XIe ou du XIIe s., originaire d'Allemagne, qui présente des textes gromatiques[90].

2 – Manuscrit *F* : *Laurentianus* Plut. XXIX.32.

Daté des environs de l'an 800 et originaire de Basse Rhénanie (le milieu est celui de la cour de Charlemagne, d'après B. Bischoff), ce ms.[91] conservé à la bibliothèque Laurentienne de Florence est le plus ancien de ceux que Thulin appelait *codices mixti*[92]. Comme dans *E* dont il est très proche, l'ordre des pages de *F* a considérablement souffert, d'autant que l'ordre des pages de l'archétype lui-même semble avoir été quelquefois brouillé. *F* (et cela est valable aussi de *E*) permet de compléter le contenu de *A*. Si *F* est proche de *E*, il présente souvent des leçons meilleures. *F* comporte 32 folios, dont les 28 premiers portent des textes gromatiques (les derniers portent des textes chrétiens). Le ms. paraît obéir à un souci utilitaire : pas de couleur dans les illustrations, qui du reste ne manifestent pas une grande compréhension du texte.

3 – Manuscrit *N* : *Nansianus* (*Londiniensis* Additional 47679) ; appelé aussi *Scriverianus*.

Ce ms.[93] du XIIe s. (Ouest de l'Allemagne ou Est de la France), qui n'a été redécouvert qu'au XXe siècle par M. Folkerts[94], est très proche de *E* et de *F*. Il a appartenu

90. Description complète de ce quatrième ensemble chez L. Toneatto, *op. cit.*, vol. 1, p. 360 sq.

91. Description détaillée chez L. Toneatto, *op. cit.*, vol. 1, p. 168 sq. (avec bibliographie p. 177-178).

92. Cf. L. Toneatto, *op. cit.*, vol. 1, p. 14.

93. Description détaillée chez L. Toneatto, *op. cit.*, vol. 1, p. 465-490.

94. Voir son article « Zur Überlieferung der Agrimensoren : Schri-

au juriste flamand Frans Nans (1525-1595), puis est
passé, comme d'autres livres de ce personnage, à Pieter
Schrijver (1576-1660). Son originalité par comparaison
avec *E* et *F* est qu'il paraît souvent présenter des leçons
bien meilleures. Mais cela se révèle paradoxalement être
un piège pour l'éditeur qui lui manifesterait trop de
confiance. Car en réalité, *N* est le travail d'un copiste qui,
rencontrant dans le texte des quantités d'erreurs, principalement lorsqu'il s'agit de nombres, les corrige systématiquement : trop systématiquement, parce qu'il n'a
pas compris les fondements techniques du texte. Lorsque
par exemple, dans le texte de M. Iunius Nypsius (p. 288
l. 19-20 Lachmann) tel qu'il apparaît dans *E* et dans *F*,
700 + 1630 font 2400, le copiste de *N*, fâché, corrige le
total en 2330. C'est arithmétiquement indiscutable, mais
cela ôte toute sa substance au texte, que le copiste de *N*
n'a pas compris. C'est au point que lorsque *N* présente un
texte meilleur que l'état lacunaire de *E* et de *F*, le soup-
çon est de rigueur : notre scribe, dans son désir de bien
faire, a cherché à rétablir du sens. Mais on sait que le
meilleur copiste est celui qui copie, sans états d'âme, un
modèle qui peut lui paraître erroné. Les corrections de *N*
ne peuvent se voir attribuer plus de valeur que les suppu-
tations d'un éditeur moderne. Paradoxalement donc, on
se méfiera en principe du texte de *N*, dans l'exacte
mesure où il paraît bien meilleur que les autres.

## Les éditions des textes gromatiques

Johannes Sichart (Sichardus), *Codicis Theodosiani Libri XVI.*
*Quibus sunt ipsorum principum auctoritate adiectae Nouel-*
*lae Theodosii, Valentiniani, Martiani, Maioriani, Seueri,*
*Caii Institutionum lib. II, Iulii Pauli Receptarum sententia-*
*rum lib. V, Gregoriani Codicis lib. V, Hermogeniani lib. I,*

jvers bisher verschollener 'Codex Nansianius' », *Rheinisches Museum*
*für Philologie* 112, 1969, p. 53–70.

*Papiniani Tit. I. Hiis nos adiecimus ex uetustissimis biblio-thecis, eo quod ad ius ciuile pertinerent, & alterius etiam responsa passim in Pandectis legerentur, L. Volusii Metiani lib. de asse, Iulii Frontini lib. de controuersiis limitum cum Aggeni Vrbici commentariis*, Bâle, 1528.

Adrien Turnèbe (Turnebus), *De agrorum conditionibus, & constitutionibus limitum, Siculi Flacci lib. I. Aggeni Vrbici lib. II. Hygeni Gromatici lib. II. Variorum auctorum Ordines finitionum. De iugeribus metiundis. Finium regundorum. Lex Mamilia. Coloniarum pop. Romani descriptio. Terminorum inscriptiones & formae. De generibus lineamentorum. De mensuris & ponderibus. Omnia figuris illustrata*, Paris, 1554.

[Paolo Manuzio], *Sex. Iulii Frontini de coloniis libellus*, [Rome-Venise, 1563]. Il s'agit en réalité, mis sous le nom de Frontin, du *Liber coloniarum*.

Gilles et Nicolas Gilles, *Sex. Iulii Frontini de coloniis liber. Legis Mamiliae Rosciae... capita quaedam. De agris assignatis et constitutionibus limitum...*, Paris, 1588. Là encore, le *Liber coloniarum* est mis sous le nom de Frontin.

Pieter Schrijver (Scriverius), *V. Inl. Fl. Vegetii Renati Comitis aliorumque aliquot ueterum de re militari libri. Accedunt Frontini Strategematibus eiusdem auctoris alia opuscula*, Leyde, 1607.

Nicolas Rigault (Rigaltius), *Auctores finium regundorum*, Paris, 1614.

Andreas Schott, *Tabulae rei nummariae Romanorum Graecorumque ad Belgicam, Gallicam, Hispanicam & Italicam monetam reuocatae... Geometrica et Gromatica*, Anvers, 1615 (contient notamment les extraits de Vitruvius Rufus et d'Épaphrodite).

R[atbod] H[ermann] S[chele], *Hygini Gromatici et Polybii Megalopolitani de castris romanis quae exstant...*, Amsterdam, 1660 (attribution du *De munitionibus castrorum* à Hygin le Gromatique).

Robert Keuchen, *Sexti Iulii Frontini Viri consularis quae extant*, Amsterdam, 1661.

Willem van der Goes (Goesius), *Rei agrariae auctores legesque variae*, Amsterdam, 1674.

Ludovico Antonio Muratori, *Antiquitates Italicae medii aevi*, III, Milan, 1740.

F. Blume, K. Lachmann, A. Rudorff, *Gromatici veteres. Die Schriften der römischen Feldmesser*, Berlin, vol. 1, 1848 (textes et figures), puis vol. 2, 1852 (études et commentaires) ; réimpression Hildesheim, 1967. Cette édition reste l'édition de référence, la plus complète, même si Lachmann, visiblement, a fait porter l'essentiel de ses efforts d'éditeur et de philologue sur les traités que l'on pourrait appeler « classiques », se désintéressant manifestement des textes réputés d'époque plus tardive, surtout s'ils exposaient des données techniques très corrompues par la tradition manuscrite[95].

Le Suédois C. Thulin, avant la première guerre mondiale, avait entrepris une nouvelle édition (*Corpus agrimensorum Romanorum*, Leipzig, 1913, repr. Stuttgart, 1971), modifiant notamment l'attribution de tel ou tel texte à tel ou tel auteur. Mais il est mort en 1914 sans avoir mené son entreprise à son terme. Dans le premier volume de son édition, seul paru, il avait donné la priorité aux quatre traités considérés comme fondamentaux, ceux d'Hygin le Gromatique, de Frontin, d'Hygin et de Siculus Flaccus.

Est en cours à Besançon (dans le cadre d'un réseau international de recherche) une entreprise collective de traduction/commentaire des textes gromatiques, sur le texte de l'édition de C. Thulin. Les volumes déjà parus sont indiqués à la fin de la bibliographie ci-dessous.

Il faut signaler enfin la parution récente du livre de B. Campbell, *The Writings of the Roman Land Surveyors. Introduction, Text, Translation and Commentary*, Londres, Society for the Promotion of Roman Studies, 2000. L'auteur a opéré, parmi les textes gromatiques, un choix qui est pour l'essentiel proche de celui de Lachmann. Ses traductions sont effectuées sur le texte latin édité par Thulin, quand il existe, ou sur celui de l'édition Lachmann.

---

95. Le plus bel exemple de mépris est sans doute dans la manière dont Lachmann a édité (p. 285-295) les restes du très difficile traité de M. Iunius Nypsius sur la *uaratio*.

# BIBLIOGRAPHIE SOMMAIRE

Adam, J.-P., « Groma et chorobate. Exercices de topographie antique », *MEFRA* 94, 1982, 2, p. 1003-1029.

Behrends, O., et Capogrossi Colognesi, L. (éd.), *Die römische Feldmeßkunst : interdisziplinäre Beiträge zu ihrer Bedeutung für die Zivilisationsgeschichte Roms*, Göttingen, 1992.

Botteri, P., « La définition de l'*ager occupatorius* », *Cahiers du Centre G. Glotz* 3, Paris, 1992, p. 45-55.

Bradford, J., *Ancient Landscapes. Studies in Field Archaeology*, Londres, 1957.

Campbell, B., « Shaping the rural environment : surveyors in ancient Rome », *Journal of Roman Studies* 86, 1996, p. 74-99.

Id., *The Writings of the Roman Land Surveyors. Introduction, Text, Translation and Commentary*, Londres, 2000.

Cantor, M., *Die römischen Agrimensoren und ihre Stellung in der Geschichte der Feldmeßkunst. Eine historische-mathematische Untersuchung*, Leipzig, 1875 (repr. Wiesbaden, 1968).

Capogrossi Colognesi, L., « Servitù di passaggio e organizzazione del territorio romano nella media e tarda età repubblicana », dans *Misurare la terra*, p. 28-32.

Carder, J. N., *Art Historical Problems of a Roman Land Surveying Manuscript : The Codex Arcerianus A, Wolfenbüttel*, New York-Londres, 1978.

Castagnoli, F., *Ippodamo di Mileto e l'urbanistica a pianta ortogonale*, Rome, 1956.

Cavalieri-Manassé, G., « Un document cadastral du complexe capitolin de Vérone », *DHA* 26/1, 2000, p. 198-200.

Chao, J. J., Mesa, J. F., Serrano, M., « Un nuevo bronce hallado en la Alcudia », *Ciudades privilegiadas del Occidente Romano*, Saragosse, 1998, p. 417-424.

Chouquer, G., et Favory, F., *L'Arpentage romain*, Paris, 2001.

Classen, C. J., « On the training of the Agrimensores in Republican Rome and related problems : some preliminary observations », *ICS* 19, 1994, p. 161-170.

Clavel-Lévêque, M. (éd.), *Atlas historique des cadastres d'Europe*, vol. 1, Luxembourg, 1998.

Corell, J., *Inscripcions romanes d'Iici, Lucentum, Allon, Dianium i els seus respectius territoris*, Valence, 1999, p. 63-67.

Cranach, Ph. von, *Die opuscula agrimensorum veterum und die Entstehung der kaiserzeitlichen Limitationstheorie*, Bâle, 1996.

Della Corte, M., « Groma », *Monumenti Antichi* 28, 1922, p. 5-100.

Dilke, O. A. W., *The Roman Land Surveyors. An Introduction to the Agrimensores*, Newton Abott, 1971.

*Id.*, *Mathematics and Measurement*, Londres, 1987.

Folkerts, M., « Mathematische Probleme im Corpus Agrimensorum », dans Behrends O. (éd.), *Feldmeßkunst*, p. 311-334.

Gabba, E., « Storia e politica nei Gromatici », dans Behrends O. (éd.), *Feldmeßkunst*, p. 398-409.

Geslin, M.-P., « La marque des *agrimensores* en Brie riobéenne », *Caesarodunum* 17, 1982, p. 115-124.

Gonzales, A., « Par monts et par images. Les paysages d'altitude dans le *Corpus Agrimensorum Romanorum* », *DHA* 20/1, 1994, p. 309-338.

Guillaumin, J.-Y., « Géométrie grecque et agrimensorique romaine : la science comme justification d'une idéologie », *DHA* 20/ 2, 1994, p. 279-295.

*Id.*, « Le tirage au sort dans l'attribution des lots de terre », *DHA* 24/1, 1998, p. 101-124.

*Id.*, « Note sur le document cadastral romain découvert à la Alcudia (Elche, province d'Alicante) », *DHA* 28/1, 2002, p. 113-134.

*Id.*, « *Clusaris, angulus clusaris, latera clusaria* et *quarta portio clusaris* chez Hygin le Gromatique », *DHA* 29/1, 2003, p. 109-125.

Hinrichs, F. T., *Die Geschichte der gromatischen Institutionen. Untersuchungen zu Landverteilung, Landvermessung, Bodenverwaltung und Bodenrecht im römischen Reich*, Wiesbaden, 1974. Traduction française : F. T. Hinrichs, *Histoire des institutions gromatiques*, trad. D. Minary, Paris, 1989.

Josephson, Å., *Casae Litterarum. Studien zum Corpus Agrimensorum Romanorum*, Uppsala, 1950.

Lazzaro, L., « Scoperta di un cippo gromatico a S. Pietro Viminario », *Atti e Memorie dell'Accademia Patavina di Scienze, Lettere ed Arti* 84/3, 1971-1972, p. 191-201.

Le Gall, J., « Les Romains et l'orientation solaire », *MEFRA* 87, 1975, 1, p. 287-320.

Lewis, M. J. T., *Surveying Instruments of Greece and Rome*, Cambridge University Press, 2001.

Mayer, M., et Olesti, O., « La *sortitio* de *Ilici*. Del documento epigráfico al paisaje histórico », *DHA* 27/1, 2001, p. 109-130.

Meng, G., « Sulla determinazione del meridiano alla fondazione di Forum Iulii-Cividale », *Rendiconti dell'Istituto Lombardo* 109, 1975, p. 190-198.

Moatti, C., *Archives et partage de la terre dans le monde romain (II$^e$ siècle avant-I$^{er}$ siècle après J.-C.)*, Rome, 1993.

Mommsen, Th., « Zum römischen Bodenrecht », *Hermes* 27, 1892, p. 79-117 ; repris dans *Gesammelte Schriften* 5, Berlin, 1908, p. 85-122.

*Id.*, « Die Interpolationen des gromatischen Corpus », *BJ* 96-97, 1895, p. 272-292 ; repris dans *Gesammelte Schriften* 7, Berlin, 1909, p. 464-482.

Muzzioni, M. P., « Note sull'ager quaestorius nel territorio di Cures Sabini », *Rendiconti dell'Accademia dei Lincei* 30, 1975, p. 223-230.

Nowotny, E., « Groma », *Germania* 7, 1923, p. 22-29.

Palma, A., « Le strade romane nelle dottrine giuridiche e gromatiche dell'età del principato », *ANRW* 2, 14, 1982, p. 850-880.

Peterson, J., « Trigonometry in Roman cadastres », dans Guillaumin, J.-Y. (éd.), *Mathématiques dans l'Antiquité*, Saint-Étienne, Publ. de l'Université de Saint-Étienne, 1992, p. 185-196.

Peyras, J., « Colonies et écrits d'arpentage du Haut-Empire », dans M. Garrido-Hory et A. Gonzales (éd.), *Histoire, Espaces et Marges de l'Antiquité. Hommages à M. Clavel-Lévêque*, vol. 2, Besançon, PUFC, 2003, p. 103-155.

Piganiol, A., *Les Documents cadastraux de la colonie romaine d'Orange*, Paris, 1962.

Ratti, St., « Le substrat augustéen dans la *Constitutio limitum* d'Hygin le Gromatique et la datation du traité », *DHA* 22/2, 1996, p. 220-238.

*Id.*, « À propos de quelques difficultés gromatiques : sur la datation d'Hygin l'Arpenteur, d'Hygin et sur les mots *decuria* et *pittacium* », *DHA* 24/1, 1998, p. 125-138.

Resina Sola, P., *Frontino. De Agri Mensura*, Grenade, 1983.

Rosenstein, N., « Sorting out the lot in Republican Rome », *AJPh* 116/1, 1995, p. 43-75.

Roth Congès, A., « Modalités pratiques d'implantation des cadastres romains : quelques aspects », *MEFRA* 108, 1996, 1, p. 299-422.

*Ead.*, « *Artis copia*. Questions d'arpentage dans *La Dioptre* et les textes gromatiques romains », dans Argoud, G. et Guillaumin, J.-Y. (éd.), *Autour de La Dioptre d'Héron d'Alexandrie*, Actes du Colloque international de Saint-Étienne (17-19 juin 1999), Saint-Étienne, Publ. de l'Université de Saint-Étienne, 2000, p. 107-147.

Russi, A., et Valvo, A., « Note storiche sul nuovo termine graccano di Celenza Valfortore », *Miscellanea Greca e Romana* 5, 1977, p. 225-249.

Saumagne, C., « Iter populo debetur », *Revue de Philologie* 54, 1928, p. 320-352.

Schiöler, T., « The Pompeii-*groma* in new light », *Analecta Romana* 22, 1994, p. 45-60.

Schulten, A., « Groma », *RE* VII, 2, col. 1881-1886.

Settis, S. (éd.), *Misurare la terra : centuriazione e coloni nel mondo romano*, 5 vol., Modène, 1983-1989.

Tassé, G, « L'origine du terme *decumanus* : quelques considérations sur l'évolution de l'alphabet latin », *Cahiers des études anciennes* 29, 1995, p. 179-184.

Thulin, C., « Eine Ergänzung des Hyginus », *Eranos* 10, 1910, p. 185-199.

*Id.*, « Die Handschriften des Corpus Agrimensorum Romanorum », *Abhandlungen der königl.-preussischen Akademie der Wissenschaften, philosophisch-historische Klasse*, Anhang II, Berlin, 1911.

*Id.*, « Humanistische Handschriften des Corpus Agrimensorum Romanorum », *RhM* 66, 1911, p. 417-451.

*Id.*, « Kritisches zu Iulius Frontinus », *Eranos* 11, 1911, p. 131-144.

*Id.*, « Zur Überlieferungsgeschichte des Corpus Agrimensorum : Exzerpten Handschriften und Kompendien », *Göteborgs Kungl. Vetenskaps- och Vitterhets-Samhälles Handlingar* 14, Göteborg, 1911.

*Id.*, « Der Frontinuskommentar. Ein Lehrbuch der Gromatik aus dem 5.-6. Jahrh. », *RhM* 68, 1913, p. 110-127.

*Id.*, « Adnotationes criticae ad Corpus agrimensorum », *Eranos* 13, 1913, p. 36-50.

Toneatto, L., « Note sulla tradizione del Corpus Agrimensorum Romanorum I : Contenuti e struttura dell'Ars Gromatica di Gisemundus (IX° s.) », *MEFRA* 94, 1982, p. 191-313.

*Id.*, *Codices artis mensoriae. I manoscritti degli antichi opuscoli latini d'agrimensura (V-XIX sec.)*, 3 vol., Spoleto, 1994-1995.

*Id.*, « Agrimensura », *Letteratura scientifica e tecnica di Grecia e Roma* (C. Santini dir.), Rome, 2002, p. 1-28.

Vallat, J.-P., « Le vocabulaire des attributions de terres en Campanie. Analyse spatiale et temporelle », *MEFRA* 91, 1979, p. 977-1014.

## Traductions d'auteurs gromatiques réalisées par le centre de recherche de Besançon :

Siculus Flaccus, *Les conditions des terres*, par M. Clavel-Lévêque, D. Conso, F. Favory, J.-Y. Guillaumin, Ph. Robin, Naples, Jovene, 1993.

Hygin l'Arpenteur, *L'établissement des limites*, par M. Clavel-Lévêque, D. Conso, A. Gonzales, J.-Y. Guillaumin, Ph. Robin, Naples-Luxembourg, Jovene-OPOCE, 1996.

Balbus, *Présentation systématique de toutes les figures. Podismus* et textes connexes (Extraits d'Épaphrodite et de Vitruvius Rufus ; *De iugeribus metiundis*), par J.-Y. Guillaumin, Naples, Jovene, 1996.

Frontin, *L'œuvre gromatique*, par O. Behrends, M. Clavel-Lévêque, D. Conso, A. Gonzales, Ph. von Cranach, J.-Y. Guillaumin, M.-J. Pena, St. Ratti, Luxembourg, OPOCE, 1998.

Hygin, *L'œuvre gromatique*, par O. Behrends, M. Clavel-Lévêque, D. Conso, A. Gonzales, J.-Y. Guillaumin, St. Ratti, Luxembourg, OPOCE, 2000.

(Dans les notes de la présente édition, nous désignons ces traductions par l'expression abrégée « traduction de Besançon »)

# HYGIN LE GROMATIQUE

# INTRODUCTION

## *Les caractéristiques de la* Constitutio limitum

Le traité d'Hygin le Gromatique[1] est un exposé profes-
soral qui n'évite ni les redites ni les morceaux de bravoure. Le ton est impérieux, comme chez l'homonyme
Hygin ou chez Siculus Flaccus (abondance des adjectifs
verbaux d'obligation, des subjonctifs d'exhortation, des
formes *debemus* ou *debebimus*). Les redites sont nombreuses, ce qui donne à l'exposé l'apparence de n'être pas
toujours rigoureusement structuré. Comme dans un cours,
le professeur glisse aussi, de temps en temps, d'une idée à
l'autre, telle considération lui en suggérant telle autre plus
ou moins en rapport avec la première (cf. p. ex. 1, 20 et
note *ad loc.*). Par ailleurs, le texte est enjolivé par des
ensembles dont l'utilité n'est pas d'une évidence immédiate pour le travail de l'arpenteur sur le terrain : on pense
ici à l'éloge d'Archimède (8, 3), à l'excursus astronomique qui le suit (8, 4 sq.) ou tout aussi bien à la seconde
méthode de détermination de la méridienne (ch. 10). C'est
que la formation de l'arpenteur se développe dans plusieurs disciplines complémentaires : géométrie théorique
et appliquée, astronomie, et connaissances juridiques.

1. Le titre de *Constitutio <limitum>* est celui sous lequel le traité a
été édité par Thulin, qui a donc retenu la leçon de *A* (*Constitutio*) en la
complétant du génitif *limitum* d'après un élément du titre que présentent *G* et *P* (*De limitibus constituendis*). L'édition de Lachmann suivait
*G* et *P* et intitulait le traité *De limitibus constituendis*. Quant à nous,
nous avons repris le titre de Thulin.

L'aspect juridique de la plupart des traités gromatiques de référence (Frontin, Hygin, Siculus Flaccus) est essentiel pour Ph. von Cranach[2]. Demeure cependant, aux yeux de cet auteur, un manuel d'enseignement pratique, qui est précisément la *Constitutio limitum* d'Hygin le Gromatique. Mais ce traité lui apparaît comme celui d'un théoricien qui examine les pratiques du passé et condamne éventuellement ce qu'elles ont pu avoir d'erroné en face de la saine théorie de la limitation telle qu'il la conçoit, et non d'un praticien du terrain qui pourrait s'appuyer sur sa propre expérience. Ph. von Cranach verrait volontiers en notre auteur une sorte de Boileau de la gromatique : élaborant après coup un modèle d'après les expériences passées, de lui connues et critiquées, Hygin le Gromatique serait un donneur de leçons, mais se fixer uniquement sur son œuvre reviendrait à s'interdire d'appréhender la réalité telle qu'elle fut et telle qu'elle l'avait précédé. Ce jugement cohérent est peut–être un peu trop systématique, et au fond réducteur. En fait, c'est la multiplicité des possibilités d'organisation des terres, en une pratique finalement assez souple et variable bien qu'elle se réfère toujours à un système donné, qui ressort de la diversité des exemples proposés par les différents auteurs gromatiques en ce qui concerne l'orientation des réseaux, la dimensions des centuries, la taille des lots (*acceptae*).

L'une des obsessions des auteurs gromatiques est de contribuer à éteindre autant qu'il est en leur pouvoir le fléau de la controverse entre propriétaires ou possesseurs voisins. C'est beaucoup plus sensible dans des textes comme le traité sur les controverses attribué à Frontin que chez Hygin le Gromatique. Par exemple, celui-ci ne donne pas la liste des quinze (!) genres de controverses qui sont classiquement distingués d'après Frontin, et qui fourniront encore l'armature du commentaire plus tardif

2. Ph. von Cranach, *Die* Opuscula agrimensorum veterum *und die Entstehung der Kaiserzeitlichen Limitationstheorie*, Schweizerische Beiträge zur Altertumswissenschaft, Friedrich Reinhardt Verlag, Bâle, 1996.

d'Agennius Urbicus. Mais les controverses sont pourtant bien présentes chez notre auteur. Ainsi, en 3, 3, il souligne l'importance, pour le *mensor*, de bien savoir que le *decimanus maximus* et le *decimanus primus* sont un seul et même *decimanus* : faute de quoi le *mensor*, en se trompant de parcelle, ouvrirait lui-même un nouveau sujet de controverse, ce qui serait un comble. En 6, 13, le texte préconise de s'en tenir toujours aux exigences du système d'établissement des *limites*, « pour écarter toute controverse sur les confins et tout risque de spoliation ».

En fait, du point de vue juridique, la *Constitutio limitum* se donne surtout pour objet de bien marquer la différence de statut entre les terres coloniales (libres d'impôt) et les terres provinciales, vectigaliennes. Hygin le Gromatique écrit ainsi (20, 3) : « Il doit y avoir une différence entre une terre libre de charges et une terre vectigalienne. En effet, de même que leurs conditions sont diverses, de même le tracé de leurs mesures [*c'est-à-dire leur système d'arpentage*] doit être différent ». C'est que des litiges peuvent toujours surgir en ce qui concerne les redevances qui sont dues (20, 5) : « Pour éviter, dans l'estimation de ces terres, tout abus consécutif à de fausses déclarations, il faut porter aux mesures une attention scrupuleuse. En effet, aussi bien en Phrygie que dans l'Asie tout entière, des causes de ce genre ont provoqué des désaccords aussi nombreux qu'en Pannonie » : la contestation de l'impôt peut venir de la contestation de la superficie, si celle-ci a été établie d'une manière insuffisamment claire. Le système de la strigation, préconisé par Hygin pour les terres vectigaliennes, permet d'enfermer les parcelles dans un maillage fiscal implacable, aussi assuré que celui de la centuriation dont ces terres ne sont, au fond, pas dignes.

Le traité est-il un manuel scolaire à l'usage des *mensores* qui veulent se former, ou un livre du professeur, ou une compilation de notes de lecture ou de notes de cours ? La question se pose ici comme à propos de tant de manuels scientifiques ou techniques de l'Antiquité.

Nous inclinerions plutôt à voir dans la *Constitutio limi-tum* une documentation aussi complète que possible des-tinée à être mise entre les mains de personnages déjà relativement formés ; des connaissances de base, en effet, sont supposées acquises pour l'utilisation raisonnée et efficace de l'enseignement qui est ici donné : il n'est que de penser à la méthode exposée en 11, 9-11 pour tra-cer une parallèle à une ligne inaccessible (méthode que l'on trouve aussi au ch. 10 de *La Dioptre* d'Héron d'Alexandrie, d'à peine quelques années antérieure à la *Constitutio limitum*, selon toute probabilité[3]).

## Les références idéologiques

Dans un article paru dans les *Dialogues d'Histoire Ancienne*, St. Ratti a souligné « le grand nombre d'allu-sions à Auguste que fait Hygin le Gromatique »[4]. Notre auteur fait ainsi l'éloge de la *clementia* qui trouve sa plus belle manifestation dans les assignations, dont le *princeps* fait bénéficier aussi bien ses propres vétérans que ceux d'Antoine et de Lépide (5, 6). Le texte même — ou du moins le vocabulaire — des *Res Gestae Diui Augusti* affleure sous certaines expressions d'Hygin le Groma-tique[5]. Or, on sait que Vespasien se plut à reprendre des

3. Sur la datation d'Héron et du traité sur *La Dioptre*, cf. en dernier lieu D. Raïos, « La date de Héron d'Alexandrie : témoignages internes et cadre historico-culturel », dans les *Actes* du Colloque International *Autour de la Dioptre d'Héron d'Alexandrie* (Saint-Étienne, 17-19 juin 1999), *Mémoires XXI* du Centre Jean-Palerne, Publ. de l'Université de Saint-Étienne, 2000, p. 19-36.

4. St. Ratti, « Le substrat augustéen dans la *Constitutio limitum* d'Hygin le Gromatique et la datation du traité », *DHA* 22/2, 1996, ici p. 220 (l'art. occupe les p. 220-238).

5. Voir St. Ratti, art. cit., p. 224-228, qui relève notamment : *Augustus colonos fecit alios in Italia, alios in prouinciis* (Hygin) en face de : *Id primus et solus omnium qui deduxerunt colonias militum in Italia aut in prouinciis (...) feci* (*Res Gestae* 16, 1) ; *pace parta* (Hygin) en face de : *cum per totum imperium populi Romani terra marique esset parta uictoriis pax* (*Res Gestae* 13) ; et le fait que le

thèmes politiques augustéens[6], et ces nombreux rappels n'auraient rien de surprenant sous la plume d'un contemporain du fondateur de la dynastie flavienne. Les deux princes, en particulier, ont été soucieux d'afficher leur *clementia*, de se comporter comme s'ils étaient des citoyens ordinaires ; il est vrai que tous deux ont pris le pouvoir à l'issue d'une période de guerres civiles et que leur préoccupation constante est de mettre un terme à ces affrontements fratricides. D'où les thèmes de la glorification de la clémence, de la paix civile, de la restauration de l'État et de la stabilité retrouvée (voir surtout le ch. 5 du traité d'Hygin le Gromatique). Ces considérations nous introduisent à la question de la datation de la *Constitutio limitum*.

## L'auteur et la datation

On ne sait rien du personnage qui a écrit la *Constitutio limitum*. On connaît de nombreux auteurs de l'Antiquité romaine qui répondent au nom d'Hygin. Sans parler même du secrétaire d'Auguste, auteur des *Fabulae*, le domaine gromatique à lui seul nous offre trois Hygin, comme nous l'avons vu plus haut. C'est pour cette raison, du reste, que l'on a coutume d'accoler au nom de celui qui nous intéresse ici l'épithète de « Gromatique », pour le différencier des deux autres (qui l'étaient aussi !). Ce sont, nous l'avons dit, Hygin, l'auteur d'un traité qui ne nous est parvenu que sous forme fragmentaire, et qui écrivait au début du règne de Trajan, avant 102 ; et le Pseudo-Hygin, auteur, comme nous l'avons dit *supra*, du *De metatione* (ou *De munitionibus*) *castrorum*, au IIe ou au IIIe s. S'agissant d'Hygin dit « le Gromatique », les seuls renseignements qui permettront de lui donner une certaine personnalité et de lui assigner une date aussi précise que possible sont à tirer de son propre ouvrage.

Gromatique place *Emerita* en Béturie, utilisant donc une documentation antérieure à la création de la Lusitanie en 16/15 av. J.-C.
6. Cf. St. Ratti, art. cit., p. 233 n. 98.

De façon générale, il existe chez les spécialistes une nette tendance à assigner aux auteurs gromatiques romains des datations à la fois imprécises et relativement basses. Une évolution a cependant commencé à se dessiner dans les années récentes. Ainsi, pour Ph. von Cranach, Hygin le Gromatique devrait être « remonté » du IIe siècle (après son homonyme Hygin) à la fin du Ier siècle. Il est possible d'affiner cette estimation — et c'est ce qu'a fait St. Ratti, dont je résume ici l'argumentation — en ayant recours à des éléments épars dans le texte du Gromatique ; on s'apercevra qu'il est en réalité antérieur d'un quart de siècle à son homonyme, et qu'il faut sans doute placer la rédaction de la *Constitutio limitum* sous le principat de Vespasien.

Le passage d'Hygin le Gromatique concernant la musique des sphères (8, 4) ne donne pas les mêmes tons ou demi-tons entre les planètes que le passage de Pline (*HN* 2, 84) consacré au même sujet : il semble qu'Hygin ne connaisse pas ce texte de Pline. Or, l'*Histoire naturelle* a été dédiée à Titus en 77, quoique peut-être publiée seulement après la mort de l'auteur en 79. Cette observation conduit à placer la rédaction du traité d'Hygin le Gromatique avant 77-79.

D'autre part, Vespasien est célèbre pour sa politique de récupération des *subseciua*, ces parcelles non assignées à l'intérieur de la limitation et sur lesquelles s'étaient installés un certain nombre de possesseurs. Cette politique inaugurée par Vespasien et d'abord poursuivie par Domitien entraîna en Italie des réactions si fortes que Domitien fut obligé d'y mettre fin et de conforter dans leur possession les occupants des subsécives. Cette affaire, à laquelle fait allusion Suétone (*Dom.* 9, 12), est bien attestée dans ce que Lachmann a appelé le livre 2 de Frontin (p. 54 Lachmann), dans le texte d'Hygin (l'homonyme de notre auteur ; p. 78 et 97 Thulin) et chez Siculus Flaccus (p. 128 Thulin) ; il y en a une trace épigraphique dans l'inscription d'Orange[7], datée de 77. Or, Hygin le Gro-

---

7. Cf. A. Piganiol, *Les documents cadastraux de la colonie romaine d'Orange*, 15e supplément à *Gallia*, 1962, p. 79.

matique n'en souffle mot. Il faut croire qu'il a écrit avant ces événements.

Mais bien peu avant. Car un passage de la *Constitutio limitum* (16, 1) dit expressément qu'un des rôles du *mensor* consiste à établir un relevé soigneux des subsécives, « pour que, quand l'empereur le voudra, il sache combien d'hommes peuvent être déduits en ce lieu… ». Il est vrai que n'importe quel empereur pouvait chercher à connaître à tout moment l'état des subsécives. Mais sous Vespasien, les dispositions prises à cet égard furent d'une ampleur et d'une systématisation uniques. On est sans doute fondé à trouver dans ces lignes une allusion aux opérations préparatoires de ce qui parut un coup de force de Vespasien[8].

Enfin, Hygin le Gromatique (6, 6) fait allusion à la colonie d'Ammaedara en Afrique, et cette colonie fut fondée en 75 après J.-C. ; on a là un *terminus post quem* tout à fait indiscutable, mais en outre, l'admiration que l'auteur professe pour le système qui a présidé à la *constitutio limitum* de cette colonie (6, 7) pourrait bien être un éloge direct adressé à Vespasien.

Les indices s'accumulent et convergent pour conduire à placer avec le plus de vraisemblance la rédaction du traité d'Hygin le Gromatique entre 75 et 77, sous le principat d'un Vespasien à tel point imitateur d'Auguste que les éléments qui, dans la *Constitutio limitum*, renvoient à ce prince, sont parfaitement explicables. Nous aurions alors en cet ouvrage le premier en date des grands traités qui constituent le corpus gromatique, antérieur même à l'œuvre gromatique de Frontin dont certains passages paraissent le résumer[9].

Dans ces conditions, il paraît possible de dépasser (et même de contredire à propos du rapport chronologique

8. Vespasien fut censeur avec Titus de 74 à sa mort (Dessau, *ILS*, 3, p. 266) ; en 73, il est *censor designatus* (*ILS*, 8903) ; voir Suétone, *Vie de Vespasien* 8. C'est dès les débuts de sa censure qu'il s'est saisi de la question des subsécives.

9. Comme l'a noté St. Ratti, art. cit., p. 229.

entre Frontin et Hygin le Gromatique) la formulation
vague du dernier spécialiste de la tradition manuscrite des
textes gromatiques à s'être exprimé sur cette question,
L. Toneatto[10], pour lequel la *Constitutio limitum*, qui utilise
Frontin, « non è datata per il momento con precisione :
risale comunque all'ampio periodo che si apre con la ste-
sura del manuale di Frontino, usato dall'ignoto autore, e si
conclude, forse, con l'epoca dominata dai primi Severi
(anni 196-217). » Peut-on poser une succession chronologique Hygin le Gromatique — Frontin — Siculus Flaccus
— Hygin, tous ces auteurs ayant écrit, en somme, entre les
années 75 et les toutes premières années du IIe siècle ?
Cela n'est pas invraisemblable et pourrait se recommander
de quelques constatations faites sur les textes[11] ; cependant
la question demeure difficile et discutée.

## Le texte d'Hygin le Gromatique dans la tradition manuscrite

Pour la présente édition du traité d'Hygin le Gromatique, nous avons utilisé de façon continue les cinq mss
*A*, *B*, *E*, *G* et *P* ; soit les deux représentants de la première classe (*A* et *B*), les deux représentants de la
seconde classe (*G* et *P*), et un représentant de la classe
mixte (*E*). D'autre part, malgré la méfiance dont il faut
souvent s'armer en face de *N*, nous avons cependant
donné en apparat critique un certain nombre de leçons de
ce manuscrit, et cela pour deux raisons opposées : nous
avons voulu offrir quelques exemples de sa « réécriture » du texte (ainsi en 5, 4 ou en 20, 17) ; par ailleurs,
il faut bien dire qu'en 8, 6 par exemple, *N* est le seul
manuscrit à présenter l'excellente leçon *solistitiali*, indispensable pour sauver le sens du texte.

---

10. L. Toneatto, *Codices artis mensoriae*, Spoleto, t. 1, 1994, p. 6.
11. Cf. *supra*, Introduction générale, n. 73 et 74.

L'*Arcerianus* B, privé de toute illustration comme on l'a indiqué plus haut, contient sur deux colonnes le texte de la *Constitutio limitum* aux f. 136va-155va (numérotation de L. Toneatto ; f. 208-283 dans la numérotation de Lachmann et Thulin), avec omission de 1, 23 et de la dernière phrase de 2, 8 et, après 7, 1, interversion des ensembles 7, 2-11, 9 (—> *agemus*) et 11, 9-11 (depuis *Si uero*).

Le texte de la *Constitutio limitum* est aux f. 41v-66r (numérotation de L. Toneatto) de l'*Arcerianus* A (ce qui correspond aux f. 110-159 de la numérotation Lachmann-Thulin). Toutefois, le texte manque depuis 5, 5 après *numeraret* jusqu'à 6, 13 où il reprend à *Itaque…* Ensuite, il manque à nouveau 13, 9-13 ; puis le texte s'interrompt encore dans le cours de 17, 3 (après *adsignata*) et reprend au début de 18, 1 (*Agrum*).

Le *Palatinus* donne le texte de la *Constitutio limitum* aux f. 82v-108v. Le texte est seulement amputé de son début : il ne commence qu'en 1, 6 (*Ab hoc exemplo…*). Ensuite, il est complet, mais se présente dans la succession des quatre ensembles suivants : 1) 1, 6 jusqu'à la fin de 7, 1 (*disconuenit*) ; 2) *Si uero in* (dans 11, 9) jusqu'à la fin de 11, 11 ; 3) 7, 2 jusqu'à *agemus* (dans 11, 9) ; 4) 11, 12 jusqu'à la fin. L'ordre des ensembles n° 2 et n° 3 est donc inversé, comme dans *B*. D'autre part, il y a un doublon aux f. 149rv, puisque, sous le titre *De limitibus constituendis*, on y voit revenir un passage fabriqué par soudure de 1, 6-9 avec 20, 11-12 (avec, à la fin, *uocauerunt* au lieu de *cludemus*).

Le *Gudianus* présente aux f. 45v-67r de la numérotation de L. Toneatto (= f. 90-133 de la numérotation de Lachmann et de Thulin) le texte d'Hygin le Gromatique amputé des premières phrases, comme dans *P*, et commençant donc seulement en 1, 6 (*Ab hoc exemplo…*). Même succession des mêmes quatre ensembles que nous venons de définir à propos du *Palatinus*. Même doublon, f. 102rv de la numérotation de L. Toneatto (= f. 203-204 de la numérotation de Lachmann-Thulin). Similitude parfaite du *Gudianus* avec le *Palatinus*.

L'*Erfurtensis* donne (sous le titre *Incipit Siculi Flacci de condicionibus agrorum*) plusieurs ensembles de la *Constitutio* aux f. 90r-96v dans la numérotation de L. Toneatto (= f. 35-48 dans la numérotation de Lachmann). Un premier « bloc » est aux f. 90r-92v ; il s'agit de 1, 9-3, 8 (il manque donc le début du texte d'Hygin le Gromatique). Aux f. 92v-93r s'intercalent ensuite des passages du *Liber coloniarum*. Vient ensuite un second « bloc » d'Hygin le Gromatique, aux f. 93r-96v ; il est formé de trois ensembles : 1) 4, 1-7, 1 ; 2) 11, 9 (depuis *Si uero*)-11, 11 ; 3) 7, 2-10, 5 (fin à peine tronquée : le passage s'interrompt après *F in G et*). Là encore, l'ordre des ensembles n° 2 et n° 3 est inversé, comme dans *B*, *P* et *G* ; mais en outre, il manque 10, 6-11, 9 (jusqu'à *agemus*). Il manque aussi, bien sûr, toute la fin du texte d'Hygin le Gromatique.

Dans le *Nansianus*, le texte, amputé de son début (1, 1-9), est réparti en deux blocs séparés par un extrait du *Liber coloniarum*. Le premier ensemble (f. 58v-62r selon la numérotation de L. Toneatto[12]) va de 1, 10 jusqu'à la fin du ch. 3. Le second ensemble (f. 63r-75v) commence au début du ch. 4 et va jusqu'à la fin de la *Constitutio*.

On peut tenter d'illustrer schématiquement ces données par le tableau de la page suivante (p. 71), dans lequel les couleurs grisées font ressortir les passages du texte qui figurent dans le manuscrit concerné (en gris plus foncé, les passages qui reviennent deux fois dans *P* et dans *G*).

Un certain nombre d'autres mss contiennent des fragments du traité d'Hygin le Gromatique. Ils n'apportent rien à l'établissement du texte et nous ne les avons donc

---

12. Pour obtenir la numérotation inscrite sur le manuscrit, il faut chaque fois retrancher 3 au chiffre de L. Toneatto.

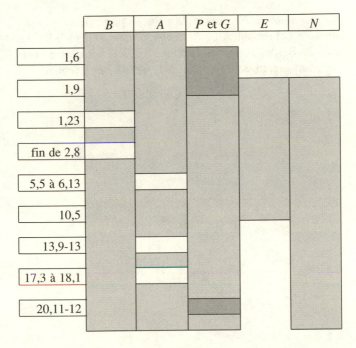

pas pris en compte. Nous n'en citerons ici que quelques exemples pris parmi les plus anciens, renvoyant pour le détail au récent ouvrage exhaustif de L. Toneatto. Nous signalerons ainsi un ms. originaire de Corbie, le *Farnesianus*, c'est-à-dire le ms. de Naples, Bibliothèque Nationale, V.A.13, du milieu ou du 3ᵉ quart du IXᵉ siècle, f. 23v (1, 6 : *Ab hoc exemplo...* etc.) ; puis f. 28r-30v (2, 22 jusqu'à la fin de 10, 9 : *omni tempore conuenit*). Également originaire de Corbie (milieu ou 3ᵉ quart du IXᵉ s. lui aussi), le ms. de Paris, Bibliothèque Nationale, lat. 13955, dont les derniers folios (f. 168v-169v) donnent 8, 1 : *Quaerendum est primum...* jusqu'à 8, 9 : *consumitur ; ex hoc ibidem mediam*. Le premier ensemble du ms. de Cambridge, Trinity College, R.15.14 (début Xᵉ s.) donne (f. 67rv) un fragment du texte d'Hygin le Gromatique à partir de *Ab hoc exemplo* (1, 6), puis (f. 90r-96r) à partir de *Multi solis ortum* (7, 1) jusqu'à *omni tempore conuenit* (10, 9). Le ms. de Berne, Burgerbibliothek, 87 (XIe s.), donne (13r) un court extrait commençant à 1, 6 : *Ab hoc exemplo*.

# AVERTISSEMENT

Dans un but de simplification des références, nous avons introduit dans le texte d'Hygin le Gromatique des subdivisions en chapitres (chiffres romains en gras, suivis d'un point, dans le texte latin ; chiffres arabes en gras, suivis d'un point, dans la traduction française) et en paragraphes (chiffres arabes en gras, entre parenthèses, aussi bien dans le texte latin que dans la traduction française), qui n'existaient pas dans les éditions précédentes ni, *a fortiori*, dans les manuscrits.

L'orthographe a été unifiée et normalisée. Ainsi, nous avons toujours écrit *decimanus* (non pas *decumanus*), *kardo* (non pas *cardo*), *subseciuum* (non pas *subsiciuum*), *adsign-* (non pas *assign-*). Les hésitations sur ces graphies, en effet, ne nous paraissent pas signifiantes dans la mesure où un même manuscrit n'use pas toujours de la même graphie, et nous avons préféré donner un texte qui puisse se prêter par exemple à des recherches lexicales systématiques par informatique. Les intertitres entre crochets droits sont de nous.

En ce qui concerne les figures et les dessins dont le texte est accompagné dans *A*, *E*, *G* et *P*, l'idéal eût été, comme nous l'avons dit *supra*, de pouvoir les reproduire toutes. Cependant, certaines ajoutent peu de chose à l'exposé : c'est le cas de celle qui dessine un rectangle allongé avec la mention *scamnum* pour illustrer cette notion à la fin du traité. Nous n'avons donc conservé, en les plaçant en fin de volume, que celles qui paraissaient véritablement utiles. Du reste, nous avons purement et simplement refait une figure géométrique comme celle sur laquelle il faut lire l'exposé géométrique de 11, 9-11, les figures des manuscrits étant erronées.

Il nous reste à dire que ce travail a été facilité par celui qui avait été effectué il y a une dizaine d'années au sein de l'équipe bisontine (Institut des Sciences et Techniques de l'Antiquité) lors de la préparation de la première traduction commentée de ce texte (voir la bibliographie). En particulier, nous avons conservé dans la présente édition — et signalé par l'abréviation (Bes.) — un certain nombre de notes qui avaient été élaborées dans ce contexte, même si nous les avons éventuellement modifiées. Cela nous conduit à présenter des remerciements aux collègues et amis en compagnie desquels s'était effectuée notre première prise de contact avec le traité d'Hygin le Gromatique : M. Clavel-Lévêque, D. Conso, A. Gonzales, St. Ratti et, pour tout ce qui touche aux questions juridiques, O. Behrends. En dehors de l'équipe bisontine, nous remercions B. Vitrac pour une correspondance éclairante à propos de la seconde méthode de détermination de la méridienne (ch. 10). Enfin, nous exprimons notre gratitude toute spéciale à l'égard d'A. Roth Congès qui s'est amicalement chargée de la mise en forme des figures regroupées en fin de volume, et de St. Ratti qui a bien voulu assumer la tâche ingrate de réviseur, dont il s'est acquitté avec un soin méticuleux et en prodiguant des conseils très avisés.

# CONSPECTVS SIGLORVM

## Codices qui semper citantur

*A* = Wolfenbuttelensis Guelferb. 36.23 Aug. 2°
Arcerianus A dictus, saec. VI° ineunte
*B* = Arcerianus B, saec. V° exeunte / VI° ineunte
*E* = Erfurtensis Amplon. 4° 362, saec. XI° / XII°
*G* = Wolfenbuttelensis Guelferb. 105 Gudianus lat.
2°, saec. IX° exeunte
*P* = Vaticanus Palatinus 1564, saec. IX° ineunte

## Codices qui aliquoties citantur

*N* = Londiniensis Add. 47679 (siue Nansianus nun-
cupatus siue Scriuerianus), saec. XII°

## Notae

*add.* : addidit
*def.* : deficit
*del.* : deleuit
*des.* : desinit
*inc.* : incipit
*secl.* : seclusit
*transt.* : transtulit
*ac* : ante correctionem
*pc* : post correctionem
*codd.* : codices
*edd.* : editores

*P149r, G203* : quorum codicum quae folia iterum locos
quosdam Hygini Gromatici continent qui
iam superioribus foliis leguntur.

*Ba.* :    Barthel
*Ca.* :    Campbell
*Go.* :    Goesius
*La.* :    Lachmann
*Mo.* :    Mommsen
*Ri.* :    Rigaltius
*Ru.* :    Rudorff
*Sch.* :    Schulten
*Th.* :    Thulin
*Tu.* :    Turnebus

# HYGIN LE GROMATIQUE

# L'ÉTABLISSEMENT DES *LIMITES*

[Éloge du système d'établissement des *limites*. Son origine]

**1. (1)** Parmi toutes les opérations[1] de l'arpentage[2], la plus éminente dans la tradition est l'établissement des *limites*[3]. **(2)** Il possède en effet une origine céleste[4] et une continuité ininterrompue, et, pour ceux qui opèrent les divisions, un système de tracé rectiligne adaptable avec une certaine latitude[5], une belle tenue des plans cadastraux[6], sans compter l'élégance de l'arrangement des terres elles-mêmes. **(3)** C'est que l'établissement des *limites* n'est pas sans tenir compte du système du monde, puisque les *decimani* sont dirigés selon la course du soleil[7] et les *cardines* d'après l'axe du monde. **(4)** C'est d'après cela qu'à l'origine ce système d'arpentage a été constitué par la science des haruspices[8] étrusques[9], parce que[10] ceux-ci ont divisé le monde en deux parties selon la course du soleil : ils ont appelé « droite » celle qui était sous le septentrion, et « gauche » celle qui était au midi,

# HYGINI GROMATICI
# CONSTITVTIO \<LIMITVM\>

**I. (1)** Inter omnes mensurarum ritus eminentissima tra-
ditur limitum constitutio. **(2)** Est enim illi origo caelestis
et perpetua continuatio, cum quadam latitudine recturae
diuidentibus ratio tractabilis, formarum pulcher habitus,
ipsorum etiam agrorum speciosa designatio. **(3)** Constituti enim limites non sine mundi ratione, quoniam decimani secundum solis decursum diriguntur, kardines a
poli axe. **(4)** Vnde primum haec ratio mensurae constituta
ab Etruscorum haruspicum [uel auctorum habet, quorum
artificium] disciplina, quod illi orbem terrarum in duas
partes secundum solis cursum diuiserunt : dextram
appellauerunt quae septentrioni subiacebat, sinistram

*Tit.* HYGINI GROMATICI CONSTITVTIO LIMITVM *Th.* : INC.
HYGYNI CONSTITVTIO *A* INC. LIB. HYGINI GROMATICVS *B^{ac}*
INC. LIB. HYGINI GRO *B^{pc}* INC. KYGENI *(sic)* AVGVSTI
LIBERTI DE LIMITIBVS CONSTITVENDIS *GP* HYGINI DE LIMI-
TIBVS CONSTITVENDIS *La. def. E.*
    **I. (1)** eminentissima *B^{ac} La.* : siue actus e. *A Th.* e. s. a. *B^{pc} def.
EGP.*
    **(2)** latitudine *La. Th.* : -em *AB def. EGP* ‖ pulcher *A* : pulcher ei *B^{ac}*
pulchre rei *B^{pc} def. EGP* ‖ etiam *A* : et *B def. EGP.*
    **(3)** constituti *B* : constitui *A def. EGP* ‖ ratione *B* : -em *A def. E
GP* ‖ decursum *A^{ac}B* : cursum *A^{pc} def. EGP* ‖ axe *B* : -em *A def. EGP.*
    **(4)** uel — artificium *del. A^{pc} La. Th., quod habent A^{ac}B def. EGP* ‖
secundum *A^{pc}B* : bis *A^{ac} def. EGP*

en allant de l'orient vers l'occident, parce que le soleil et la lune regardaient de ce côté ; ils ont tracé une seconde ligne du midi au septentrion et à partir de cette ligne prise comme milieu, ils ont appelé la partie qui était au delà *antica*, et celle qui était en deçà *postica*[11]. (**5**) D'où vient que ce mode d'établissement est assigné à l'entrée des temples[12].

## [Les deux axes majeurs ; étymologie de leur nom]

(**6**) C'est sur ce modèle[13] que les anciens ont enfermé les mesures des terres dans des lignes longitudinales orthonormées[14]. (**7**) Ils ont d'abord établi deux *limites* : l'un, dirigé[15] de l'orient à l'occident, et ils l'ont appelé *duocimanus*[16], au motif qu'il divise la terre en deux parties et qu'il sert à dénommer tout le territoire[17] ; le second, du midi au septentrion, qu'ils ont appelé *cardo*, du nom de l'axe du monde[18]. (**8**) Le *duocimanus* a ensuite été appelé *decimanus*. Pourquoi *decimanus* viendrait-il de *decem* (« dix ») plutôt que de *duo* (« deux ») ? De même que nous disons maintenant *dipondium*[19] pour *duopondium* et *uiginti* (« vingt ») quand les anciens disaient *duouiginti*, de même *duocimanus* est devenu *decimanus*[20].

quae ad meridianum terrae esset, <ab oriente ad> occasum, quod eo sol et luna spectaret ; alteram lineam duxerunt a meridiano in septentrionem et a media ultra anticam, citra posticam nominauerunt. (5) Ex quo haec
constitutio liminibus templorum adscribitur.

(6) Ab hoc exemplo antiqui mensuras agrorum normalibus longitudinibus incluserunt. (7) Primum duos limites
constituerunt : unum qui ab oriente in occidentem dirigeretur ; hunc appellauerunt duocimanum, ideo quod
terram in duas partes diuidat et ab eo omnis ager nominetur ; alterum a meridiano ad septentrionem, quem kardinem nominauerunt a mundi kardine. (8) Duocimanum
postea decimanum appellauerunt. Quare decimanus a
decem potius quam a duobus ? Sicut dipundium nunc
dicimus duopondium, et quod dicebant antiqui duouiginti
nunc dicimus uiginti, similiter duocimanus decimanus est
factus.

esset *B* : esse *A def. EGP* ‖ ab oriente ad *add. La. Th.* ‖ sol et *A* :
solent *B def. EGP* ‖ in septentrionem *A* : ad s. *B def. EGP* ‖ media *B* :
-am *A def. EGP* ‖ anticam *AB* : -a *La. Th. def. EGP* ‖ posticam *AB* :
-a *La. Th. def. EGP*.

(**5**) liminibus *A$^{pc}$* : limitibus *A$^{ac}$B def. EGP* ‖ adscribitur *A* : scribitur *B def. EGP*.

(**6**) ab hoc *ABGP* : a uoce *G203P149r def. E* ‖ mensuras *GP* : mensores *AB def. E* ‖ normalibus *AB* : normalis *GP def. E*.

(**7**) dirigeretur *ego* : dirigeret *AGP* diriget *B om. G203P149r def.
E* ‖ duocimanum *GP Th.* : duodecimanum *AB La.* decimanum *G203
P149r def. E* ‖ partes diuidat *AB* : d. p. *GP* diuideret p. *G203P149r
def. E* ‖ alterum *ABGP* : a. limitem *G203P149r def. E* ‖ a mundi
*ABGP* : hoc est a m. *G204P149r def. E* ‖ kardine *G204P149r* : -em
*ABGP def. E*.

(**8**) duocimanum *PG204P149rTh.* : duodecimanum *ABG La. def.
E* ‖ decimanus[1] *B* : *om. AGP def. E* ‖ a decem *ABG$^{pc}$G204P149r* : ad
d. *G$^{ac}$P def. E* ‖ a duobus *AG* : ad d. *BP def. E* ‖ dipundium *B* : du- *A*
duo pundi *P* duo pondi *G def. E* ‖ duopundium *AB* : dupondium *GP
def. E* ‖ duocimanus *PG204P149r Th.* : duodecimanus *ABG La. def. E*.

## [Les autres *limites* ; étymologie du mot *limes*]

**(9)** Quant aux autres *limites*, ils les ont faits plus étroits et ils ont appelé *prorsi*[21] ceux qui regardaient l'orient[22], *transuersi* ceux qui regardaient le midi[23]. **(10)** Les *limites* tirent leur nom de *limus*[24], c'est-à-dire du mot ancien pour « transversal » ; et *limus* est aussi le nom du *cinctus*[25], parce qu'il a une bande de pourpre transversale ; même origine pour les seuils (*limina*) des portes. **(11)** Ensuite, aux *prorsi* et aux *transuersi*, ils ont donné le nom de *limites*, tiré de *limen* (« seuil »), parce que ce sont eux qui garantissent la circulation dans les terres[26]. **(12)** Ensuite, chez certains, les *limites* ont reçu un nom tiré de la nature du lieu et ceux qui regardent vers la mer sont appelés *maritimi*, ceux qui regardent vers la montagne *montani*[27]. **(13)** Donc, toute longueur[28], dans cette organisation rectiligne, est en toute raison appelée *limes* : que nous disions *decimanus* ou *limes*, cela ne fait aucune différence.

## [Hiérarchisation des *limites*]

**(14)** Le premier *decimanus* est appelé *decimanus maximus*, et il en est de même pour le premier *cardo* ; car ils ont une largeur supérieure à celle des autres[29]. **(15)** Parmi

(9) Reliquos limites fecerunt angustiores et qui spectabant in orientem prorsos, qui ad meridianum transuersos
appellauerunt. (10) Limites autem appellati a limo, id est
antiquo uerbo transuersi : nam et limum cinctum ideo
quod purpuram transuersam habeat ; item limina ostiorum. (11) Postea et prorsos et transuersos limites appellauerunt a liminibus, quod per eos agrorum itinera
seruentur. (12) Postea apud quosdam nomina a loci
natura acceperunt, et qui ad mare spectant maritimi
appellantur, qui ad montem montani. (13) Omnis ergo
huius recturae longitudo rationaliter limes appellatur :
nec interest quicquam decimanum aut limitem dicamus.

(14) Decimanus autem primus maximus appellatur,
item kardo : nam latitudine ceteros praecedunt. (15) Alii

(9) fecerunt *AEGP* : uiginti erunt *B* ‖ orientem *AEGP* : o. dicebant
*B* ‖ prorsos *EGP* : -us *A^{ac}BG204P149r* pronus *A^{pc}*.
(10) appellati *BGP* : a limo ap. *AE* ‖ a limo *AGP* : a l. alii *B om.*
*E* ‖ id est *ABGP* : i. e. ab *E* ‖ *post* transuersi *add.* quod dicunt poetae
limis oculis *N* ‖ et limum *GP* : id l. *AB* ad linum *E* ‖ cinctum *GP* :
conclusum hoc est concinctum *AB* -i h. e. c. *E*.
(11) postea *AEGP* : et p. *B* ‖ prorsos *GP* : -us *ABE* ‖ transuersos
*BEGP* : -us *A* ‖ liminibus *ABGP* : limitibus *E* ‖ seruentur *ABE* : -antur
*GP*.
(12) apud quosdam *ABGP* : *om. E* ‖ nomina a loci natura *EGP* : a
loci natura nomen *AB* ‖ qui ad mare *GP* : quia a. m. *B* quia m. *E* qui
ad marem *A* ‖ spectant *A* : -abant *B* expectant *EGP* ‖ maritimi appellantur qui ad montem montani *AB* : m. a. q. a monte m. *E* maritimos
qui ad montem montanos appellauerunt *GP*.
(13) omnis *EGP* : -es *AB* ‖ recturae *GP* : mensurae et r. *ABE* ‖
rationaliter *A^{ac}* : rationabiliter *A^{pc}BE* rationalis *GP* ‖ decimanum aut
limitem dicamus *ABE* : dec. dic. an l. *GP* utrum dec. an l. dicamus *N*.
(14) autem *ABGP* : *om. E* ‖ item *ABE* : idem *GP* ‖ nam *GP* : suam
*A* sua *BE* qui sua *N* ‖ latitudine *BEGP* : -em *A* ‖ ceteros *GP* : -as *A*
*BE* ‖ praecedunt *ABGP* : -it *E*.
(15) alii limites sunt *ABE* : s. a. l. *GP*

les *limites*, les uns sont des *actuarii*, d'autres des *linearii*.
(**16**) Le *limes actuarius* est celui qui a été tracé le premier[30] ; c'est également chaque cinquième *limes* à partir
de lui ; si l'on compte ce dernier avec le premier, ce sera
le sixième, puisque cinq centuries sont enfermées par six
*limites*. (**17**) Les autres *limites*, dans l'intervalle, sont
appelés *linearii* et, en Italie, *subrunciui*[31]. (**18**) Pour ce
qui est des *actuarii*, à l'exception du *decimanus maximus*
et du *cardo maximus*, ils ont une largeur de 12 pieds. Sur
ces *limites*, le passage est dû au peuple[32], comme sur une
voie publique : cela a été stipulé par les lois Sempronia,
Cornelia et Iulia[33]. Certains de ces *limites* ont une largeur
supérieure à 12 pieds, comme ceux dont le tracé suit une
voie publique militaire[34] : ils ont en effet la largeur de la
voie publique. (**19**) Certains arpenteurs n'ont établi les
*limites linearii* que pour déterminer leurs mesures ; et
s'ils passent entre deux possesseurs dont ils marquent les
confins, ils reçoivent une largeur conforme à la loi
Mamilia[35]. En Italie, les *linearii* sont aussi soumis à un
droit de passage public, sous le nom de *subrunciui* ; ils
ont une largeur de 8 pieds. Les fondateurs des colonies
les ont rendus publics pour permettre le transport des
récoltes. (**20**) En effet[36], on a aussi assigné des posses-

limites sunt actuarii, atque alii linearii. **(16)** Actuarius
limes est qui primus actus est, et ab eo quintus quisque ;
quem si numeres cum primo, erit sextus, quoniam
quinque centurias sex limites cludunt. **(17)** Reliqui medii
limites linearii appellantur, in Italia subrunciui. **(18)** Actuarii autem extra maximos decimanum et kardinem habent
latitudinem ped. XII. Per hos iter populo sicut per uiam
publicam debetur : id enim cautum est lege Sempronia et
Cornelia et Iulia. Quidam ex his latiores sunt quam ped.
XII, ut hi qui sunt per uiam publicam militarem acti :
habent enim latitudinem uiae publicae. **(19)** Linearii
limites a quibusdam mensurae tantum disterminandae
causa sunt constituti et si finitimi interueniunt, latitudinem secundum legem Mamiliam accipiunt. In Italia eti*am*
itineri publico seruiunt sub appellatione subrunciuorum :
habent latitudinem ped. VIII. Hos conditores coloniarum
fructus asportandi causa publicauerunt. **(20)** Nam et pos-

actuarii *AEGP* : quaestuarii *B* ‖ atque *E* : adque *B* aquem *A om.*
*GP* ‖ linearii *GP* : -ris *B* lineales *AE*.

**(16)** limes est *ABE* : e. l. *GP* ‖ et ab eo *ABE Th.* : ab eo *GP La.* ‖
quisque quem *AGP* : quisquam quem *B* quinquies in *E* ‖ si *AGP* : *om.*
*BE* ‖ numeres *AG* : numeris *BEP* ‖ quinque *GP* : *om. ABE* ‖ centurias
*GP* : -ae *ABE* ‖ sex limites *ABGP* : senis limitibus *E* ‖ cludunt *GP* :
-untur *A* clauduntur *BE* ‖ *post* clauduntur *add.* lineari subrunciui
subiunguntur *B*.

**(17)** linearii *AEGP* : *om. B* ‖ italia *BEGP* : -am *A^{ac}* siciliam *A^{pc}* ‖
*post* subrunciui *add.* subiunguntur *BE* subiuntur *A* qui subiunguntur *N*.

**(18)** maximos *AEGP* : -um *B* ‖ habent latitudinem *ABE* : l. h. *GP* ‖
hos *AEGP* : eos *B* ‖ iter *ABGP* : item *E* ‖ id *ABE* : ita *GP* ‖ et corne-
lia *AGP* : et concordia *E om. B* ‖ quam ped. XII *ABE* : a XII pedibus
*GP* ‖ ut *GP Th.* : uel *AB* quam *E* uelut *La.* ‖ militarem *GP* : limitarem
*AB* limites *E* ‖ acti *ABGP* : actum *E* ‖ latitudinem² *AB* : -es *GP* latum
*E*.

**(19)** a quibusdam *AB* : q. *E om. GP* ‖ disterminandae *ABGP* : de-
*E* ‖ causa *BGP* : -ae *AE* ‖ constituti *ABGP* : -ae *E* ‖ legem mamiliam
*B* : lege mamilia *A* legem amiliam *GP* legem aemiliam *E* ‖ italia
*A^{ac}EP^{pc}* : -am *BGP^{ac}* sicilia *A^{pc}* ‖ etiam *Th.* : et in *AB* et *E om. GP*
*La.* ‖ itineri publico *AEGP* : -is ubi eo *B* ‖ VIII *ABGP* : VIIII *E* ‖ hos
conditores coloniarum *EGP* : h. conditiores c. *A om. B* ‖ fructus aspor-
tandi *GP* : f. exportandi *AE* e. f. *B*.

sions d'une étendue plus restreinte, selon l'estimation de leur fertilité. Ainsi donc, tous les *limites* ont reçu leur largeur non seulement pour la mesure des terres, mais aussi pour le passage public.

[Orientation cardinale des *limites* majeurs : théorie et exceptions]

(21) La direction des *limites* se conforme à la coutume ancienne ; c'est pourquoi la mesure des terres ne regarde pas toujours vers l'orient plutôt que vers l'occident. Quand c'est vers l'orient, c'est comme dans le cas des édifices sacrés ; en effet, les anciens architectes[37] ont écrit que les temples regardent normalement vers l'occident ; mais ensuite, on a décidé de tourner tout monument religieux vers le côté du ciel d'où la terre reçoit la lumière. C'est ainsi que les *limites* aussi sont établis vers l'orient.

(22) Beaucoup, ignorant le système de l'univers, ont suivi la course du soleil, c'est-à-dire son lever et son coucher, ce qui ne peut être appréhendé en une seule fois[38] par l'instrument en fer[39]. Quoi donc ? Une fois les auspices pris[40] et la *groma* mise en station, éventuellement en présence du fondateur en personne, ils ont pris le lever du soleil au plus près et ils ont lancé des *limites* dans les deux directions, mais de cette façon le *cardo* n'a pu correspondre avec la sixième heure[41]. (23) Et certains[42], pour

sessiones pro aestimio ubertatis angustiores sunt adsignatae. Ideoque limites omnes non solum mensurae sed et
publici itineris causa latitudines acceperunt.

(21) Secundum antiquam consuetudinem limites diriguntur ; quare non omnis agrorum mensura in orientem
potius quam in occidentem spectat. In orientem sicut
aedes sacrae ; nam antiqui architecti in occidentem templa recte spectare scripserunt ; postea placuit omnem
religionem eo conuertere ex qua parte caeli terra illuminatur. Sic et limites in orientem constituuntur.

(22) Multi, ignorantes mundi rationem, solem sunt
secuti, hoc est ortum et occasum, quod in semel comprehendi ferramento non potest. Quid ergo ? Posita auspicaliter groma, ipso forte conditore praesente, proximum
uero ortum comprehenderunt et in utramque partem
limites emiserunt, quibus kardo in horam sextam non
conuenerit. (23) Et quidam, ne proximarum coloniarum

(20) aestimio $A^{pc}EGP$ : extimio $B$ om. $A^{ac}$ ‖ ubertatis $BEGP$ : -es
$A$ ‖ adsignatae $ABGP$ : -i $E$ ‖ limites omnes $ABGP$ : o. l. $E$ ‖ latitudines $BEGP$ : -is $A$.

(21) consuetudinem $AB$ : constitutionem $GPE$ ‖ non omnis $GP$ :
nostri omnes $ABEN$ ‖ mensura $GP$ : -am $ABEN$ ‖ orientem[1] $BGP$ : -e
$AE$ ‖ occidentem[1] $AGP$ : -e $BE$ ‖ spectat $La. Th.$ : -ant $A$ -anti $B$ expec-
tat $GP$ -ant $E$ spectare faciunt $N$ ‖ orientem[2] $GP$ : -e $ABE$ ‖ nam
$AEGP$ : n. et $B$ ‖ occidentem[2] $BGP$ : -e $AE$ ‖ recte spectare $AB$ : r.
expectare $E$ e. r. $GP$ ‖ terra $BGP^{pc}$ : -am $AEP^{ac}$ ‖ illuminatur $GP$ :
-abantur $A$ -abitur $B$ -abunt $E$ ‖ orientem[3] $GP$ : -e $ABE La.$ ‖ constituuntur $GP$ : -entur $AE$ -erunt $B$.

(22) quod in semel $GP$ : quotiens s. $ABE$ quod is semel $La. Th.$ ‖
comprehendi ferramento $AE Th.$ : f. c. $GP La.$ ferramentum c. $B$ ‖ quid
$ABGP$ : qui $E$ ‖ posita $AE$ : postea $GP$ om. $B$ ‖ auspicaliter $AEGP$ : aut
specialiter $B$ ‖ in utramque partem $GP$ : in utraque parte $AB$ partem
$E$ ‖ limites[1] $ABGP$ : -is $E$ ‖ emiserunt $ABE$ : duxerunt $GP$ ‖ quibus
$ABGP$ : quo $E$ ‖ horam sextam $AGP Th.$ : -a -a $BE La.$ ‖ conuenerit
$AB$ : -niret $E$ -niet $GP$.

(23) om. $B$

éviter de tracer des *limites* parallèles à ceux des colonies voisines, ont négligé le système du ciel[43] et établi un mode de mesure tel qu'il assurait seulement la superficie[44] des centuries et la longueur des *limites*. (**24**) Certains ont suivi la longueur du territoire et ont fait le *decimanus* dans la plus grande longueur[45]. (**25**) Certains ont opéré une conversion complète et orienté le *decimanus* au midi et le *cardo* à l'orient, comme dans l'*ager Campanus* qui s'étend autour de Capoue[46].

## [Superficie des centuries]

(**26**) Quant à la superficie des centuries[47], certains l'ont fixée selon l'extension du territoire ; en Italie, les triumvirs ont donné aux centuries cinquante jugères[48] ; ailleurs, c'est deux cents[49] ; à Crémone, 210 jugères[50] ; le divin Auguste, à Emerita, en Béturie[51], a donné aux centuries 400 jugères[52] et, dans le cadre de cette division, les *decimani* ont 40 *actus* de long et les *cardines* 20 *actus*[53], le *decimanus* regardant vers l'orient.

## [Contacts entre cadastres voisins]

(**27**) Ensuite, dans certaines colonies, le territoire de la *pertica*[54], c'est-à-dire de la première assignation, est structuré par tel système de *limites* ; et celui de la préfecture[55] par un autre[56]. (**28**) Dans le territoire d'Emerita[57],

limitibus ordinatos limites mitterent, relicta caeli ratione,
mensuram constituerunt qua tantum modus centuriarum
et limitum longitudo constaret. (24) Quidam agri longitudinem secuti et qua longior erat fecerunt decimanum.
(25) Quidam in totum conuerterunt et fecerunt decimanum in meridianum et kardinem in orientem, sicut in
agro Campano qui est circa Capuam.

(26) Modum autem centuriis quidam secundum agri
amplitudinem dederunt ; in Italia triumuiri iugerum quinquagenum ; aliubi ducenum ; Cremonae iugerum CCX ;
diuus Augustus in Baeturia Emeritae iugerum CCCC,
quibus diuisionibus decimani habent longitudinis actus
XL, kardines actus XX, decimanus est in orientem.

(27) Quibusdam deinde coloniis perticae fines, hoc est
primae adsignationis, aliis limitibus, aliis praefecturae
continentur. (28) In Emeritensium finibus aliquae sunt

mitterent *AGP* : intermitterent *E* ‖ qua tantum *A* : quibus t. *GP*
quantum *E* ‖ constaret *AGP* : staret *E* distaret *N*.
(24) et qua *ABGP* : et quia *E*.
(25) totum *GP* : -am *AB* -o *E* ‖ et fecerunt *AEGP* : *om. B* ‖ in meridianum *BGP* : et m. *AE* ‖ et kardinem *AGP* : k. *B* in k. *E* ‖ in orientem
*ABGP* : orientis *E* partem orientis *N* ‖ sicut *ABEP* : sicuti *G* ‖ circa
*BEGP* : circum *A* ‖ capuam *EGP* : -a *B* capiam *A*.
(26) italia *AGP* : -am *BE* ‖ aliubi *ABGP* : alii *E* ‖ ducenum *AGP* :
decentenum *B* uicenum *E* ‖ cremonae *GP* : -a *ABE* ‖ iugerum[2] *Th*. :
iugera *ABEGP* iug. *La*. ‖ baeturia emeritae *GP La*. : betuna emerita *A*
uetunae merita *BE* ueturia emeritae *Th*. ‖ iugerum[3] *Th*. : iugera
*ABEGP* iug. *La*. ‖ CCCC *ABGP* : CCC *E* ‖ diuisionibus *AEGP* :
soliuisionibus *B* ‖ longitudinis *AGP* : -em *B* -e *E* ‖ actus XL *AEGP* :
actos in orientem n̄ XL *B* ‖ decimanus — orientem *AEGP* : *om. B* ‖
*post* orientem *add*. cardo in septentrione *N*.
(27) quibusdam *AGP* : quidam *BE* ‖ deinde *AGP* : de *E om. B* ‖
coloniis *AGP* : colonis *B* incolanis *E* ‖ adsignationis *EGP* : in a. *AB* ‖
praefecturae *BEGP* : -a *A* ‖ continentur *BEGP* : -etur *A*.
(28) emeritensium *ABGP* : amertensium *E* ‖ aliquae *A^{pc}BGP* : aliis
quae *A^{ac}E*

on trouve un certain nombre de préfectures dont les *deci-mani* sont dirigés de la même manière[58] vers l'orient, les *cardines* vers le midi ; mais dans les préfectures des régions de Mullica et de Turgalium[59], les *decimani* ont 20 *actus*, les *cardines* 40 *actus*[60]. (**29**) Il arrive aussi que les *limites* soient orientés différemment d'une préfecture à l'autre[61], si bien que, dans les inscriptions sur le bronze, on a par exemple 120 jugères entre l'ancien *limes*[62] et le nouveau : ce sont les subsécives[63] de l'autre partie.

## [Inscriptions des bornes]

**2.** (**1**) Ensuite, ces divisions des terres sont structurées par les inscriptions sur les pierres, qui sont aussi variées que les tracés des *limites*. (**2**) Les uns les ont gravées sur le sommet, d'autres sur les côtés, en se conformant à l'usage de leur région ; beaucoup ont gravé seulement les pierres du *decimanus maximus* et du *cardo maximus* et ont posé les autres sans inscription, sans les différencier ; ces bornes, parce qu'aucun signe ne montre la place qu'elles occupent dans la numérotation, sont appelées muettes. (**3**) Le divin Auguste, dans ses assignations, a fait planter à tous les angles de centuries des pierres portant inscrit le numéro des *limites* ; dans l'adjudication

praefecturae quarum decimani aeque in orientem diriguntur, kardines in meridianum ; sed in praefecturis Mullicensis et Turgaliensis regionis decimani habent actus
XX, kardines actus XL. (29) Nam et in alia praefectura
aliter conuersi sunt limites, ut habeant in aeris inscriptionibus inter limitem nouum et ueterem iugera forte CXX :
haec sunt alterius partis subseciua.

II. (1) Hae deinde agrorum diuisiones lapidum inscriptionibus tam uariis continentur quam et limitum actibus.
(2) Alii uertices, alii latera, regionibus suis obsecun-
dant*es*, multi tantum decimani maximi et kardinis lapides
inscripserunt, reliquos sine inscriptione ad parem posuerunt ; quos ideo quod nulla significatione appareat a
quoto loco numerentur mutos appellant. (3) Diuus Augustus in adsignationibus suis numero limitum inscriptos
lapides omnibus centuriarum angulis defigi iussit : nam

quarum decimani *ABGP* : quadrum decimanum *E* ‖ aeque *AEGP* :
*om. B* ‖ orientem *ABGP* : -e *E* ‖ mullicensis *BE* : multicensis *A* mulli-
ciensis *GP* ‖ regionis *A* : -es *B* -um *GP* -ibus *E* ‖ actus *bis AEGP* : -os
*bis B*.
(29) in alia *ABE* : a. *GP* ‖ habeant *ABE* : -at *GP* ‖ in aeris *GP* : itineris *ABE* ‖ forte *ABGP* : *om. E* ‖ CXX *ABE* : septuaginta *GP* ‖ partis
*BEGP* : -i *A*.
II. (1) hae *EGP* : haec *AB* ‖ quam *A^{pc}BEGP* : quem *A^{ac}* ‖ et *AB*
*GP* : *om. E*.
(2) uertices *ABGP* : u. amphorarum *E* ‖ obsecundantes *Th.* : -dant
*ABE La.* -damur *GP* ‖ multi tantum *ABE* : tetrantum *GP* ‖ decimani
maximi *AE* : maxime decumano *GP* decimani *B* ‖ et kardinis *GP* : et
-es *A* et -es et *E om. B* ‖ inscripserunt *AGP* : scripserunt *BE* ‖ inscrip-
tione *GP* : scriptione *AE* -em *B* ‖ ad parem *AGP* : apparem *B* et parem
*E* adparenti *Go.* ‖ posuerunt *ABE* : apposuerunt *GP* ‖ quos *AB* : quod
*GP* reliquos quoque *E* ‖ quod *ABE* : qui *GP* ‖ appareat *ABE* : -ent
*GP* ‖ quoto *GP* : toto *ABE* ‖ numerentur *AEGP* : -antur *B* ‖ mutos
*GP* : -us *A* multos *BE*.
(3) in adsignationibus *ABE* : a. *GP* ‖ numero *GP* : -um *AE* -os *B* ‖
limitum *AEGP* : militum *B* ‖ inscriptos *AGP* : scriptos *BE* ‖ omnibus
*ABGP* : -es *E* ‖ angulis *ABGP* : -os *E*

publique de cette entreprise[64], non seulement il imposa les dispositions qui devaient s'appliquer aux *limites* publics, mais encore il stipula qu'il ne devait pas manquer des bornes, de chêne, entre les lots. **(4)** Certains ont inscrit le sommet des pierres, en indiquant seulement le numéro des *limites* : d'autres ont gravé le numéro des centuries elles-mêmes, comme certains l'ont fait sur les côtés des pierres. **(5)** Ou bien on a inscrit les pierres sur le sommet, comme c'est l'habitude pour le *decimanus maximus* et le *cardo maximus*, et l'on a inscrit aussi de cette façon les bornes plus lointaines selon ce qu'exigeait la succession de leurs numéros. **(6)** D'autre part, on a voulu que la limitation soit enfermée par des inscriptions permettant de comprendre à quelle centurie appartenaient les pierres. Même ainsi, ce type d'inscription n'est pas clair[65]. **(7)** Voici comment on inscrit selon ce système une pierre qui se trouve dans la région « à gauche et au delà »[66] : à cette pierre revient le quart de fermeture[67] encore vide d'inscription ; voici comment se présente l'inscription[68] : *SD VK*[69] ; dans la région « à droite et au delà », on inscrit de la même façon des chiffres iden-

locatione operis huius non solum quod ad publicos
limites pertineret iniunxit, uerum etiam inter acceptas ne
robore*i* deessent termini cauit. (**4**) Inscripserunt quidam
uertices lapidum et limitum tantum numerum significaue-
runt ; alii ipsarum centuriarum sic quemadmodum qui in
lateribus inscripserunt. (**5**) V*el* in uertice lapides sic inscripserunt quemadmodum in decimano maximo et in kardine solet : sic et ulteriores secundum numer*or*um suorum postulationem inscripserunt. (**6**) Voluerunt autem
limites inscriptionibus cludi ita ut cuius centuriae essent
lapides intelligeretur. Sic quoque haec inscriptio obscura
est. (**7**) Lapis autem in regione S et V hac ratione sic inscribitur : quarta enim illi lapid*i* portio clusaris uacat
ab inscriptione ; est ergo talis inscriptio : SD VK ; in
regione dextra et ultra idem numeri sic inscribuntur ; in

locatione *ABGP* : -em *E* ‖ ad *BEGP* : a *A* ‖ inter *ABGP* : in *E* ‖
roborei *Ri.* : roboret *A* robores *BGP* robur et *E* robur et decor *N* ‖ deessent termini *A* : t. d. *E* d. terminos *B* d. *GP* ‖ cauit *A* : cauis *E om.*
*BGP*.

(**4**) inscripserunt *A* : scripserunt *BE om. GP* ‖ quidam uertices
*ABE* : *om. GP* ‖ lapidum *AE* : et l. *B om. GP* ‖ et limitum *ABE* : *om.*
*GP* ‖ alii *BGP* : *bis A* alia *E* ‖ sic *AEGP* : *om. B*.

(**5**) uel *Th.* : ut *ABE om. GP* aut *La.* ‖ in[1] *BGP* : inter *AE* ‖ uertice
*GP* : -ces *ABE* ‖ inscripserunt[1] *A* : -ant *GP* scripserunt *BE* ‖ quemad-
modum *AEGP* : quem *B* ‖ maximo *ABGP* : *om. E* ‖ in[3] *A* : *om. BE*
*GP* ‖ solet *ABGP* : -ent *E* ‖ ulteriores *ABE* : -is *GP* ‖ numerorum *La.*
*Th.* : numerum *ABEGP* ‖ suorum *ABE* : suum *GP* ‖ postulationem
*ABGP* : -es *E* ‖ inscripserunt[2] *AGP* : scripserunt *BE*.

(**6**) limites *ABGP* : *om. E* ‖ inscriptionibus *AEGP* : scriptionibus
*B* ‖ cludi *EGP* : clau- *AB La. Th.* ‖ lapides intelligeretur *Th.* : l. -ren-
tur *ABE La.* lapis intelligeretur *GP* ‖ inscriptio *ABGP* : scriptio *E*.

(**7**) regione[1] *EGP* : -em *AB* ‖ S *La.* : I *AE* primam *B om. GP* ‖ V
*AEGP* : quintam *B* ‖ sic inscribitur *GP La. Th.* : s. i. quemadmodum
supra *AB* sic scribitur q. supra *E* ‖ quarta *E* : -am *AB* quadrata *GP* ‖ illi
*ABEGP Th.* : illic *La.* ‖ lapidi *Th.* : -es *ABE* -is *La. om. GP* ‖ portio
*ABGP* : *om. E* ‖ clusaris *ABGP* : -es *E* ‖ uacat *GP* : uocas *A* uocatur
*BE* ‖ inscriptione *ABGP* : -ibus *E* ‖ talis *AEGP* : aliis *B* ‖ SD VK
*AEGP* : *om. B* ‖ dextra et ultra *AB* : dextratae et ultratae *GP* extra ultra
*E* ‖ idem *ABGP* : inde enim *E* ‖ inscribuntur *ABGP* : scribuntur *E*

tiques ; même chose dans la région « à gauche et en deçà »[70] et dans la région « à droite et en deçà »[71]. (8) Réunissant maintenant les quatre pierres toutes ensemble, c'est le quart vide qui revient à ces pierres que nous devons prendre en considération, celui qui enferme dans sa région la centurie désignée par les lettres. C'est ainsi que, avec leurs intervalles réguliers, les différentes centuries sont enfermées aussi par ces inscriptions. (9) Pour lire les inscriptions des pierres, nous devons partir du *decimanus maximus* et du *cardo maximus*. (10) Il est normal que le côté de la pierre reçoive l'inscription, puisqu'il peut contenir des chiffres plus longs : car ces chiffres ne sont pas faciles à inscrire sur le sommet[72]. C'est sur le côté que l'on inscrit *DDLXXXXVIII VKLXXV*[73]. (11) Si cette inscription est placée conformément au système, c'est le mieux ; cependant, qu'elle soit même gravée de n'importe quelle façon, elle n'aura aucun secret pour l'arpenteur expérimenté, puisque la pierre par laquelle la centurie est fermée est bien définie.

[Identité entre le *decimanus maximus* et le *decimanus primus*, entre le *cardo maximus* et le *cardo primus* ; relation avec la question des *quintarii*]

3. (1) Nombreux sont ceux que l'établissement des *limites* induit en erreur, soit qu'ils comprennent mal l'ins-

regione sinistra et citra, in regione dextra et citra eidem
numeri sic inscribuntur. **(8)** Comparemus nunc omnes
quattuor lapides in unum et intueamur eorum quartas
partes uacantes quae in suis regionibus centurias litteris
intra cludunt. Sic et in suo interuallo distantes centurias
his inscriptionibus cludunt. **(9)** Inspiciamus a maximo
decimano et kardine lapidum inscriptiones. **(10)** Latera
autem lapidum recte inscribuntur, quoniam ampliores
numeros capiunt : nam uerticibus inscribi non facile possunt. Inscribitur lateribus DDLXXXXVIII VKLXXV.
**(11)** Quae inscriptio si ratione ponatur, est optima ; licet
et quomodocumque inscripta sit, perito mensori non late-
bit, quoniam certus est lapis quo centuria cluditur.

**III. (1)** Multos limitum constitutiones in errorem dedu-
cunt, dum aut inscriptionem parum intellegunt aut aliter

in regione[1] *ABE La. Th.* : sic et in r. *GP* ‖ sinistra *ABGP* : ultra *E* ‖
in regione dextra et citra *GP* : *om. ABE* ‖ eidem *GP* : eis- *AB* eis *E* ‖
numeri *AGP* : -is *B om. E* ‖ sic *AB* : *om. EGP* ‖ inscribuntur *AGP* :
scribuntur *B* describuntur *E*.
**(8)** comparemus *BE* : -amus *GP* comperimus *A* ‖ nunc *ABGP* :
ergo n. *E* ‖ partes — regionibus *ABGP* : *om. E* ‖ intra cludunt *BGP* :
includunt *AE* ‖ sic et in suo interuallo *AEGP* : *om. B* ‖ distantes *GP* :
-ante *A* -ant *E om. B* ‖ centurias *AGP* : -ae *E om. B* ‖ his inscriptionibus *GP* : in h. i. *E* in h. scriptionibus *A om. B* ‖ cludunt *AGP* : *om. BE*.
**(9)** kardine *AEGP* : kardi *B* ‖ lapidum *ABEG* : l. singulorum *P* ‖
inscriptiones *AEGP* : -em *B*.
**(10)** recte *ABGP* : -a *E* ‖ inscribuntur *AGP* : scribuntur *BE* ‖
ampliores *ABGP* : -em *E* ‖ numeros *BGP* : -us *A* -um *E* ‖ nam *ABE
La. Th.* : n. in *GP* ‖ inscribi *ABGP* : scribimus *E* ‖ non *GP* : nostri *AB*
tres *E* ‖ facile *ABE* : f. omnia *GP* ‖ possunt inscribitur *ABGP* : scribuntur *E* ‖ lateribus *ABE* : enim l. *GP* ‖ VIII *AEGP* : VIIII *B* ‖ LXXV
*ABGP* : LXXX *E*.
**(11)** quae *GP* : q. finis *E* qua f. *A* q. fines *B* ‖ inscriptio *ABGP* :
scriptio *E* ‖ est *ABE* : erit *GP* ‖ licet *GP* : aliquid *ABE* ‖ et *ABGP* : det
*E* ‖ inscripta *AGP Th.* : -us *B* -um *La.* scripta *E* ‖ sit *AEGP* : s. lapis
*B* ‖ non *GP* : nostro non *ABE* ‖ lapis *ABE* : lapide *GP* ‖ cluditur *AGP* :
clau- *BE*.
**III. (1)** dum aut *GP* : dum *ABE* ‖ inscriptionem *AE* : -e *B* -ibus *GP*.

cription, soit qu'ils comptent autrement les *limites*. **(2)** Certains veulent que le *decimanus primus* soit un *limes* et le *maximus* un autre ; et quand ils sont partis du *decimanus maximus*, après avoir parcouru les *actus* de la centurie, ils donnent le numéro un au *limes* qui est en réalité le second. Ensuite, quand ils parviennent au terrain qui est en cause, ils inventent une controverse nouvelle et ouvrent un litige sur d'autres lots que ceux qui sont en cause, en voulant qu'il y ait deux *decimani* et deux *cardines* qui soient premiers. **(3)** Si cela était, il y aurait aussi, entre le *decimanus maximus* et celui dont ils veulent faire le *decimanus* n° 1, une centurie qui aurait une autre dénomination : on l'appellerait par exemple « entre le *decimanus maximus* et le *primus* ». **(4)** Mais puisque celui-là précisément est *primus* qui est aussi *maximus*, les centuries qui sont contiguës au *decimanus maximus* et au *cardo maximus* sont inscrites *DDI VKI*[74], *SDI VKI*[75], *DDI KKI*[76] et *SDI KKI*[77]. **(5)** Pour nous, donc, sera *primus* celui qui est également *maximus*[78]. **(6)** Mais, s'agissant des *limites quintarii*[79], ils veulent aussi que chaque cinquième *limes* soit un *quintarius*. Mais non ! car entre *quintus* et *quintarius*, il y a une différence : le *quintus* est

limites numerant. (2) Volunt esse quidam decimanum alium primum, alium maximum ; et cum exierunt a decimano maximo, peractis centuriae actibus, primum limitem numerant qui est secundus. Deinde ad agrum de quo agitur cum perueniunt, nouam controuersiam inueniunt et de aliis quam de quibus agitur acceptis litigant, dum uolunt esse primos decimanos duos et duos kardines. (3) Hoc si esset, inter decimanum maximum et quem uolunt primum et centuria aliter appellaretur : forte diceretur « inter decimanum maximum et primum ». (4) Sed quoniam is ipse primus est qui et maximus, continuo a decimano maximo et kardine centuria inscribitur DDI VKI et SDI VKI et DDI KKI et SDI KKI. (5) Erit ergo nobis is primus qui et maximus. (6) Sed et de limitibus quintariis quintum quemque quintarium uolunt. Porro autem inter quintum et quintarium interest aliquid : quintus est qui quinto loco numeratur, quintarius qui quinque

---

(2) uolunt *E* : -ent *B* -ant *AGP* ‖ alium[1] *AEGP* : *bis B* ‖ alium[2] *ABEP* : alii *G* ‖ exierunt *AB* : -int *EGP* ‖ peractis centuriae *GP* : -us c. *AE* peracturiae *B* ‖ ad *ABE* : *om. GP* ‖ agrum *GP* : a. uenerunt *AB* a. ueniunt *E* ‖ cum perueniunt *BGP* : *om. AE* ‖ controuersiam inueniunt *ABE* : i. c. *GP* ‖ de quibus *B* : de quo *AE* quibus *GP* ‖ agitur acceptis *ABGP* : *om. E* ‖ uolunt *GPE* : -ent *AB* ‖ primos *AEGP* : -us *B* ‖ decimanos *AEGP* : -us *B* ‖ duos et *ABGP* : *om. E.*

(3) si *ABE* : si sic *GP* ‖ esset *BEGP* : esse *A* ‖ et centuria *AE* : c. *BGP* ‖ appellaretur *GP* : -atur *AB* -antur *E* ‖ diceretur *ABGP* : discerneretur *E.*

(4) is *A* : his *B om. EGP* ‖ et[1] *GP* : est *ABE* ‖ a *ABGP* : *om. E* ‖ centuria inscribitur *ABGP* : scribuntur centuriae *E* ‖ DDI VKI *GP* : DD primum VK *B* deinde primum VKI *AE* ‖ et SDI VKI *edd.* : TI SDP VK *AE* SDT VKP *B om. GP* ‖ et DDI KKI *ABE* : *om. GP* ‖ et SDI KKI *GP* : et SDI KK *AE* est DI KI *B.*

(5) nobis is *La. Th.* : n. his *GP* duobus *ABE* ‖ qui et maximus *GP* : q. est m. *AE* quis *B.*

(6) sed *ABE* : sic *GP* ‖ quemque *GP* : quemquem *AB* quem *E* ‖ et quintarium *AEGP* : et quartarium *B* ‖ qui quinto loco *ABGP* : quinto l. quem *E* ‖ numeratur *ABGP* : -ant *E* ‖ qui quinque — esse *GP* : *om. ABE*

celui qui vient en cinquième position dans la numérotation, le *quintarius* celui qui enferme cinq centuries. Celui
dont ils veulent faire le cinquième, c'est en réalité le
sixième. De fait, dans les propositions de lois, selon les
termes de ce qui a été voté, on a stipulé que « chaque
cinquième *limes* à partir du *decimanus maximus* devait
être agrandi à la largeur d'un chemin »[80]. Sans doute
l'interprétation de cette loi[81] serait-elle ambiguë, si les
plans cadastraux de ces époques n'avaient chaque
sixième *limes* plus large[82] que la signalisation qui désigne
d'habitude les *limites* mineurs. **(7)** Expliquons maintenant avec plus de soin ce qu'ils ont voulu dire par « à
partir du *decimanus maximus* chaque cinquième plus
large ». « À partir du *decimanus* » : puisqu'il y avait le
*decimanus*, on a placé ensuite cinq *limites* dont le tout
dernier a été fait plus large ; une fois qu'on leur a ajouté
le *decimanus*, cela fait six. **(8)** Ils ont voulu que la même
pratique soit observée aussi pour le reste de la limitation : de même qu'à partir du *decimanus maximus* on
comptait cinq *limites*, dont le dernier devait être plus
large, de même aussi, à partir du *quintarius* dont la largeur venait d'être définie, on a décidé que l'on ajoutait
cinq *limites* et que l'on conservait au dernier sa largeur
caractéristique[83].

centurias cludit. Hunc uolunt esse quintum, qui est sextus. Nam et legum lat*io*nibus, quemadmodum perlatum
est, sic cauerunt « a decimano maximo quintus quisque
spatio itineris ampliaretur ». Erat sane interpretatio legis
huius ambigua, nisi eorum temporum formae sextum
quemque limitem latiorem haberent significatione qua
solent minores. (**7**) Tractemus nunc diligentius quid dixerint « a decimano maximo quintum quemque latiorem ».
« A decimano » : quoniam decimanus erat, positi sunt
deinde quinque limites, quorum nouissimus factus est
latior ; his cum decimanus accessit, sex fiunt. (**8**) Eam-
dem obseruationem et in reliqua limitum parte esse
uoluerunt : quemadmodum a decimano maximo quinque
limites ducebantur, quorum esset summus latior, sic et ab
eo quintario cui iam spatium definitum erat quinque
adiectis limitibus summo latitudinem suam seruari placuit.

quintum *GP* : -us *AB* -us est *E* ‖ lationibus *Th*. : latoribus *BEGP*
*La*. lateribus *A* ‖ quemadmodum *AEGP* : *om*. *B* ‖ cauerunt *ABE La*.
*Th*. : c. ut *GP* ‖ ampliaretur *GP* : appellaretur *AE* appellatur *B* ‖ nisi
*GP* : enim *AE om*. *B* ‖ temporum *ABE* : *om*. *GP* ‖ formae *ABGP* : fue-
rit *E* ‖ sextum *AEGP* : s. VI *B* ‖ quemque *A* : quemquam *E* VI quem-
quem *B* quinque *GP* ‖ haberent *AGP* : habere *BE* ‖ significatione
*BGP* : -em *AE* ‖ solent *AE* : -et *B* et *GP* ‖ minores *GP* : -em *ABE* -em
transire *N*.

(**7**) tractemus *AGP* : -amus *B* transire hactenus *E* ‖ quid *AGP* :
quidquid *B* qui *E* ‖ dixerint *GP* : -im *AB* duxerint *E* ‖ decimano[1]
*AEGP* : decimo *B* ‖ maximo *AEGP* : -ae *B* ‖ a decimano[2] *ABE* : d. *G*
*P* ‖ quoniam *ABEGP Th*. : quom *Tu*. *La*. ‖ positi *ABEP Th*. : bis *G*
positus positi *Tu*. *La*. ‖ deinde quinque limites *AGP* : d. l. q. *E* DD V
limites *B* ‖ est *BGP* : *om*. *AE* ‖ cum *GP* : quam *AE* qua *B*.

(**8**) et in *ABE* : in *GP* ‖ reliqua *AEGP* : -am *B* ‖ parte *EGP* : -em *A*
-es *B* ‖ uoluerunt *ABE* : u. ut *GP* ‖ quemadmodum *AEGP* : ad modum
quem *B* ‖ sic *AEGP* : sit *B* ‖ et *BEGP* : *om*. *A* ‖ cui iam *AB* : cuius-
quam *E* cum *GP* ‖ quinque adiectis *AGP* : quique adiecti *B* V abiectis
*E* ‖ seruari placuit *ABGP* : p. s. *E*.

[Synthèse provisoire et transition]

**4. (1)** Nous avons entrepris d'exposer la manière dont les anciens ont tracé les *limites* ; aussi, je ne juge pas étranger à mon propos de passer en revue toutes les questions. **(2)** Oui, ce serait une indigne faute de négligence[84], quand notre exposé porte sur l'établissement des *limites*, de laisser de côté tant d'exemples fournis par la pratique.

[Rappel historique : les assignations après les guerres civiles et sous Auguste]

**5. (1)** Donc, une fois mis un terme à leurs œuvres accomplies pendant de grandes guerres[85], les hommes illustres de Rome, pour renforcer l'État, établirent des villes qu'ils assignèrent soit à des vainqueurs, citoyens du peuple romain, soit à des soldats libérés du service, et qu'ils appelèrent colonies du fait de leur nouvelle consécration à la culture de la terre[86]. **(2)** Les vainqueurs auxquels furent assignées les colonies sont ceux qui avaient porté les armes à cause des circonstances ; en effet, la république du peuple romain n'eut pas assez de moyens pour faire face à l'accroissement du nombre de soldats : la terre était alors une récompense et valait comme retraite militaire[87]. **(3)** Beaucoup de légionnaires eurent la

**IIII. (1)** Quemadmodum ab antiquis acti sint limites tractare coepimus : itaque persequi omnia non alienum iudico. **(2)** Foeda est enim neglegentiae culpa, cum de constitutione disputemus, praeterire tot operum exemplaria.

**V. (1)** Finitis ergo ampliorum bellorum operibus, augendae rei publicae causa illustres Romanorum uiri urbes constituerunt quas aut uictoribus populi Romani ciuibus aut emeritis militibus adsignauerunt et ab agrorum noua dedicatione culturae colonias appellauerunt. **(2)** Victoribus autem adsignatae coloniae his qui temporis causa arma acceperant ; non enim tantum militum incremento r(es) p(ublica) p(opuli) R(omani) habuit : erat tunc praemium terra et pro emerito habebatur. **(3)** Multis

---

**IIII. (1)** ab antiquis acti *AGP* : ant. acti *B* abundanti studio qui *E* ‖ sint *AEGP* : sunt *B* ‖ limites *AEGP* : -is *B* ‖ coepimus *ABE* : incipimus *GP* ‖ itaque *ABGP* : ita *E* ‖ alienum *GP* : -o *ABE* ‖ iudico *GP* : -cio *ABE*.

**(2)** foeda *AEGP* : fida *B* ‖ est enim *ABGP* : enim est *E* ‖ neglegentiae culpa *GP* : culpae neglegentia *ABE* culpa neglegentiae *La. Th.* ‖ constitutione *ABGP* : constructione *E* ‖ disputemus *ABGP* : -amus *E* ‖ exemplaria *ABE* : exempla *GP*.

**V. (1)** ampliorum *AEGP* : -em *B* ‖ augendae *AEGP* : auget de *B* ‖ publicae *AGP* : *om. BE* ‖ causa *AEGP* : c. ex *B* ‖ illustres *GP* : -is *ABE* ‖ aut[1] *ABGP* : augusti *E* ‖ populi romani ciuibus *B* : PR ciuibus *GP* praecibus *AE* ‖ aut[2] *ABE* : autem *GP* ‖ emeritis *ABGP* : meritis *E* ‖ noua *ABE* : -ae *GP* ‖ culturae *AEGP* : -as *B* ‖ colonias *AEGP* : *om. B*.

**(2)** autem *ABGP* : *om. E* ‖ adsignatae coloniae *BGP* : adsignatas colonias appellauerunt uictoribus autem adsignatae coloniae *A* colonias adsignatas appellauerunt *E* ‖ his *ABGP* : hi *E* ‖ acceperant *GP* : -unt *B* coeperunt *A* ceperunt *E* ‖ non *GP* : nostri *ABE* ‖ enim *ABGP* : autem *E* ‖ incremento *ABGP* : -a *E* ‖ res publica populi romani *E* : RPPR *GP* res PPR *A^{pc}* R IMP PR *A^{ac}* res priuatae *B* rei publicae populus romanus *La. Th.* ‖ habuit erat tunc *AGP* : habuerant t. *B* habuit erat enim t. *E* ‖ terra *AEGP* : -ae *B* ‖ emerito *GP* : merito *AB* praemiis uel meritis *E* ‖ habebatur *GP* : -bant *ABE*.

**(3)** multis *AEGP* : milites *B*

chance de terminer heureusement les guerres et de parve-
nir, depuis le premier grade du service militaire, au labo-
rieux repos de l'agriculture. Ils étaient déduits[88] avec
leurs enseignes, leur aigle, leurs centurions[89] et leurs tri-
buns : la quantité de terre était donnée proportionnellement au grade[90]. (4) Certains rapportent que par la suite
on fixa une limite pour les campagnes et que c'était après
le centième engagement contre l'ennemi que les soldats
étaient déduits sur des terres à cultiver[91]. (5) Le divin
Jules, homme énergique[92] et dompteur de nombreuses
nations[93], tint le soldat en action dans des campagnes si
incessantes qu'il comptait les victoires, mais oubliait le
grand nombre des engagements. En effet, il retint ses soldats au delà de leur temps de service, puis licencia des
vétérans mutinés à la suite de cette mesure[94], mais bientôt, comme les mêmes, implorant son pardon, lui deman-
daient de les reprendre à son service, il les reprit, puis,
après un certain nombre de campagnes, les déduisit, la
paix étant alors acquise[95].

(6) Le divin Auguste, de même, après avoir assigné la
paix à l'univers tout entier, traita sur un pied d'égalité les

legionibus contigit bella feliciter transigere et ad laborio-
sam agri culturae requiem primo tirocinii gradu peruenire. Nam cum signis et aquila et primis ordinibus ac tribunis deducebantur ; modus agri pro portione officii
dabatur. (4) Ferunt quidam postea indictum modum belli,
et expleta centesima hostium congressione ad colenda-
rum *d*eductos terrarum agros. (5) Diuus Iulius, uir acerri-
mus et multarum gentium domitor, tam frequentibus bel-
lis militem exercuit ut dum uictorias numeraret,
congressionum multitudinem obliuisceretur. Nam milites
ultra stipendia emerita detinuit, recusantes deinde ueteranos dimisit, mox eosdem ipsos ueniam commiliti*i*
rogantes recepit, et post aliquot bella parta iam pace
deduxit.

(6) Aeque diuus Augustus i*am* adsignata orbi terrarum
pace exercitus qui aut sub Antonio aut Lepido militaue-

---

legionibus *AEGP* : -nes *B* ‖ contigit *AEGP* : -tegit *B* ‖ bella *ABE* :
-um *GP* ‖ culturae *ABGP* : -am *E* ‖ requiem *GP* : qui in *AB* quin *E* ‖
gradu peruenire *GP* : g. peruenerint *B* graditer ueniret *A* grauiter uenire
*E* ‖ nam *AEGP* : om. *B* ‖ signis et aquila et *AGP* : s. et a. *B* signa seba-
qui et *E* ‖ primis *ABGP* : -i *E* ‖ tribunis *A^{pc}EGP* : -i *A^{ac}B* ‖ portione
*BEGP* : -em *A*.

(4) ferunt *ABGP* : fuerunt *E* ‖ postea indictum *ABE* : i. p. *GP* ‖ et
expleta centesima *ABGP* : om. *E* ‖ congressione *GP* : -em *AE* consen-
sione *B* ‖ ad *BEGP* : ab *A* ‖ deductos *La. Th.* : re- *AGP* reductus *BE* ‖
terrarum agros *GP* : om. *ABE*.

(5) domitor *ABGP* : dominator *E* ‖ tam *BGP* : om. *AE* ‖ frequentibus *AEGP* : -tius *B* ‖ dum *GP* : num *A^{ac}* non *A^{pc}B* non nostrorum *E* ‖
uictorias *ABE* : uictor *GP* ‖ numeraret *AB* : innumerat *GP* munera *E* ‖
*post* numeraret *def. A* ‖ congressionum *EGP* : et congestionum *B* ‖
multitudinem *BE* : -es *GP* ‖ milites *GP* : -em *BE* ‖ ultra *GP* : intra
*BE* ‖ emerita *GP* : merito *E om. B* ‖ eosdem *GP* : eodem *BE* ‖ ueniam
*BGP* : conueniat *E* ‖ commilitii *La. Th.* : cum militi *GP* commilitones
*E* humiliter *B* ‖ recepit *EGP* : repetit *B* ‖ parta iam pace *La. Th.* : paria
iam pacem *B* facta in pace *GP* pacem iam puram *E*.

(6) iam *ego suadente Th.* : in *GP La. om. BE del. Th.* ‖ adsignata
*GP* : -atum *E* -auit *B* ‖ orbi *EGP* : om. *B* ‖ pace *GP* : -em *BE* ‖ aut[1]
*BGP* : om. *E* ‖ antonio *BE* : -nino *GP* ‖ militauerant *GP* : -unt *BE*

armées qui avaient servi sous Antoine ou Lépide et les soldats de ses propres légions, et les établit comme colons les uns en Italie, d'autres dans les provinces. (7) Pour certains, après avoir détruit des cités ennemies, il fonda de nouvelles villes ; il en déduisit d'autres dans d'anciens *oppida* ; et il leur donna le titre de colons. (8) Aux villes aussi qui avaient été déduites par des rois ou par des dictateurs[96], et que les guerres civiles survenues avait épuisées, il redonna le titre de colonie[97], il augmenta le nombre de leurs citoyens[98] et aussi, pour certaines, leur territoire. (9) C'est pour cette raison qu'en de nombreuses régions le tracé de l'ancien mesurage est recoupé par de nouveaux *limites* tracés dans une inclinaison différente : de fait, les pierres des anciens carrefours[99] sont encore visibles ; il en est ainsi en Campanie, sur le territoire de Minturnes[100], où la nouvelle assignation est structurée par des *limites* au delà du Liris ; en deçà du Liris, on a assigné par la suite d'après les déclarations des anciens possesseurs, là où, après les échanges de terrains convenables, on a, tout en laissant les bornes de la première assignation, instauré un mode de possession arcifinal[101].

## [Les différentes manières d'établir les deux *limites* majeurs]

**6. (1)** Il y a donc eu de nombreuses façons de commencer l'établissement des *limites*. **(2)** Dans certaines colonies, le *cardo maximus* et le *decimanus maximus* ont

rant pariter et suarum legionum milites colonos fecit, alios in Italia, alios in prouinciis. (7) Quibusdam deletis hostium ciuitatibus nouas urbes constituit, quosdam in ueteribus oppidis deduxit et colonos nominauit. (8) Illas quoque urbes quae deductae a regibus aut dictatoribus fuerant, quas bellorum ciuilium interuentus exhauserat, dato iterum coloniae nomine numero ciuium ampliauit, quasdam et finibus. (9) Ideoque multis regionibus antiquae mensurae actus in diuersum nouis limitibus inciditur : nam tetrantum ueterum lapides adhuc parent, sicut in Campania finibus Minturnensium, quorum noua adsignatio trans fluuium Lirem limitibus continetur, citra Lirem postea adsignatum per professiones ueterum possessorum, ubi iam opportunarum finium commutatione relictis primae adsignationis terminis more arcifinio possidetur.

VI. (1) Multis ergo generibus limitum constitutiones inchoatae sunt. (2) Quibusdam coloniis kardo maximus et decimanus non longe a ciuitate oriuntur. Nam in proximo

italia *E* : -am *BGP* ǁ prouinciis *EGP* : p. his *B*.

(7) urbes constituit *BGP* : c. u. *E* ǁ quosdam *BGP* : quas- *E* ǁ in ueteribus *GP* : u. *BE* a u. *N*.

(8) illas *BGP* : -is *E* ǁ urbes *BGP* : urbibus *E* ǁ quae *EGP* : q. et *B* ǁ fuerant *BGP* : erant *E* ǁ quas *GP* : qui *BE* ǁ interuentus *GP* : -is *B* -um *E* ǁ nomine numero *E* : num. nom. *GP* nomen numerum *B* ǁ ampliauit *EGP* : humiliabit *B*.

(9) regionibus *BGP* : leg- *E* ǁ actus *GP* : aliae *BE* ǁ diuersum *GP* : -is *BE* ǁ nouis *GP* : nobis *BE* ǁ limitibus *EGP* : mili- *B* ǁ inciditur *EGP* : -de- *B* ǁ tetrantum *GP* : et tantum *BE* ǁ ueterum *BGP* : -es *E* ǁ campania *BGP* : -ae *E* ǁ lirem[1] *B* : -e *E* -am *GP* ǁ continetur *BE* : -entur *GP* ǁ citra *EGP* : contra *B* ǁ professiones *GP* : -em *BE* ǁ possessorum *E* : possessionum *BGP* ǁ opportunarum *BGP* : adpor- *E* ǁ commutatione *EGP* : -em *B* ǁ relictis *EGP* : relectis *B*.

VI. (1) multis *BGP* : -a *E*.

(2) coloniis *EGP* : -nis *B* ǁ decimanus *BE* : DM *GP* ǁ non longe *GP* : noster *BE* ǁ oriuntur *GP* : oritur *BE* ǁ nam in *BE* : n. et in *GP* ǁ proximo *EGP* : -os *B*

leur origine non loin de la cité. En effet, ils doivent être à proximité immédiate[102] ; mieux même, si cela est possible, partir de l'intérieur même de la colonie[103] ; mais quand un ancien municipe est transféré dans le droit colonial[104], comme les murs et les autres édifices publics[105] sont déjà érigés, il ne peut recevoir ses premiers *limites* qu'en dehors.

(3) Beaucoup ont suivi les facilités offertes par le terrain, et c'est là où ils allaient assigner la plus grande quantité de terre qu'ils ont établi le *decimanus maximus* et le *cardo maximus*[106]. (4) C'est un fait que les anciens, à cause des surprises et des dangers des guerres, ne se contentaient pas de ceindre leurs villes de murs, mais choisissaient aussi des sites accidentés et perchés sur des rochers, où leur meilleure défense devait être la nature même du terrain. Beaucoup de ces zones rocheuses voisines des villes n'ont pu recevoir de *limites* en raison de la difficulté du terrain, et on les a laissées[107] soit pour qu'elles offrent des forêts à la communauté[108], soit, s'il n'y poussait rien, pour qu'elles restent vides. Ces villes, pour avoir le vaste territoire d'une colonie, se sont vu attribuer des territoires de cités voisines, et c'est sur le sol le meilleur qu'ont été établis le *decimanus maximus* et le *cardo maximus* : ainsi en Ombrie, dans le territoire d'Hispellum[109].

esse debe*n*t, immo, si fieri potest, ex ipsa colonia inchoari : sed cum uetusta municipia in ius coloniae transfe-
runtur, stantibus iam muris et ceteris moenibus limites
primos nisi a foris accipere non possunt.

(3) Multi facilitatem agri secuti, et ubi plurimum erant
adsignaturi, ibi decimanum maximum et kardinem
constituerunt. (4) Antiqui enim propter subita bellorum
pericula non solum erant urbes contenti cingere muris,
uerum etiam loca aspera et excelsa *s*axis eligebant, ubi
illis maximum propugnaculum esset et ipsa loci natura.
Haec uicina urbibus rupium multitudo limites accipere
propter loci difficultatem non potuit, sed relicta est, ut aut
siluas rei publicae praestaret, aut, si sterilis esset, uacaret.
His urbibus ut haberent coloniarum uastitatem uicinarum
ciuitatum fines sunt attributi, et in optimo solo decimanus
maximus et kardo constituti, sicut in Vmbria finibus Hispellatium.

debent *G* : -et *BEP* ‖ immo *EGP* : hommo *B* ‖ ex ipsa *GP Th*. : ista
*E* insta *B* in ipsa *La*. ‖ inchoari sed *GP* : inchoaris et *BE* ‖ cum *ego* :
quoniam *BE* q̄m *G* quotiens *P* quom *La*. *Th*. ‖ uetusta *GP* : uetustata *E*
uersuta *B* ‖ in ius *BGP* : intus *E* ‖ iam *BGP* : etiam *E* ‖ primos *EGP* :
-us *B* ‖ foris *EGP* : -as *B*.

(3) facilitatem agri *BE* : a. f. *GP* ‖ erant adsignaturi *BGP* : erat
adsignandum *E* ‖ maximum *BGP* : *om*. *E* ‖ kardinem *BE* : KM *GP*.

(4) subita *BGP* : -am *E* ‖ pericula *BGP* : perluuiem *E* ‖ erant urbes
contenti cingere muris *B* : e. contenti u. m. cingere *GP* erunt m. c. *E* ‖
excelsa saxis *Th*. : e. *GP* factis *BE* confragosa saxis *La*. ‖ eligebant
*GP* : allegabuntur *B* -bantur *E* ‖ ubi illis *GP* : ut milex *B* humiles *E* ut
illis *N* ‖ maximum *B Th*. : -o *E* amplissimum *GP La*. ‖ propugnaculum
*BGP* : -o *E* ‖ et ipsa *B* : i. *GP* ista *E* ‖ rupium *GP* : ruptum *BE* ‖ difficultatem *EGP* : -e *B* ‖ non potuit sed *GP* : nostri potuissent *BE* ‖ est
*EGP* : *om*. *B* ‖ siluas *BE* : -a *GP* ‖ si sterilis esset uacaret *EGP* : ses-
tilis essent bacarent *B* ‖ ut haberent *GP* : haberet *BE* ‖ ciuitatum *EGP* :
-tium *B La*. *Th*. ‖ solo *EGP* : *om*. *B* ‖ et kardo *E* : et KM *GP* est kardo
*B* ‖ constituti *GP* : -us *BE* ‖ umbria *BGP* : -ae *E* ‖ hispellatium *E* :
spellatium *GP* spellantium *B*.

**(5)** Dans certaines colonies, on a établi le *decimanus maximus* de telle sorte qu'il contienne la voie consulaire qui traverse la colonie ; ainsi en Campanie, dans la colonie d'Anxur[110] : le *decimanus maximus* suit le tracé de la voie Appienne ; les terres susceptibles d'être mises en culture ont reçu des *limites*[111] ; la partie restante est fermée par des falaises[112] ; elle est bornée à son extrémité, à la manière arcifinale[113], par des signes visibles[114] et par des noms de lieux.

**(6)** Dans certaines colonies établies postérieurement, comme à Ammaedara[115] en Afrique, le *decimanus maximus* et le *cardo maximus* partent de la cité et, en passant par les quatre portes, selon l'usage des camps, en tant que voies les plus larges, s'alignent sur les *limites*. **(7)** C'est le plus beau système d'établissement des *limites*. En effet, la colonie structure les quatre régions de la *pertica*[116] et elle est partout voisine des colons[117] ; pour les habitants[118] aussi, le trajet conduisant au forum est équivalent depuis chaque partie de la *pertica*. **(8)** C'est ainsi que, dans les camps aussi, la *groma* est placée au carrefour de sorte que l'on puisse s'y réunir comme à un forum[119].

**(9)** Tel est le système d'établissement des *limites* que nous devrons observer si du moins la nature du terrain

(5) Quibusdam coloniis decimanum maximum ita constituerunt ut uiam consularem transeuntem per coloniam contineret, sicut in Campania coloniae Anxurnati : decimanus maximus per uiam Appiam obseruatur ; fines qui culturam accipere potuerunt et limites acceperunt ; reliqua pars asperis rupibus continetur, terminata in extremitate more arcifinio per demonstrationes et per locorum uocabula.

(6) Quibusdam coloniis postea constitutis, sicut in Africa Admederae, decimanus maximus et kardo a ciuitate oriuntur et per quattuor portas more castrorum ut uiae amplissimae limitibus diriguntur. (7) Haec est constituendorum limitum ratio pulcherrima. Nam colonia omnes quattuor perticae regiones continet et est colentibus uicina undique ; incolis quoque iter ad forum ex omni parte aequale. (8) Sic et in castris groma ponitur in tetrante qua uelut ad forum conueniatur.

(9) Hanc constituendorum limitum rationem seruare debebimus si huic postulationi uel locorum natura suffra-

(5) quibusdam *EGP* : quibus iam *B* ‖ coloniis *GP* : colonis *B* locis *E* ‖ ita *BGP* : *om. E* ‖ consularem *GP* : *om. BE* ‖ transeuntem *BGP* : trans fontem *E* ‖ in campania coloniae *BGP* : per campaniae coloniam *E* ‖ axurnati *edd.* : axurnas *GP* exornati *BE* ‖ obseruatur *BGP* : -antur *E* ‖ culturam *GP* : cultum *B* cultas *E* ‖ et limites acceperunt *BGP* : *om. E* ‖ rupibus *BGP* : -di- *E* ‖ et *BGP* : *om. E* ‖ per *BE* : *om. GP.*

(6) quibusdam *EGP* : quibus *B* ‖ coloniis *GP* : -nis *B* locis *E* ‖ admedera *B* : -ae *GP* ad me dederat *E* adrumetina *N* ‖ maximus *GP* : *om. BE* ‖ kardo *B* : k. ex his *GP* k. ex his actum ita *E* ‖ oritur *EGP* : orioritur *B* ‖ portas *BGP* : partes uel p. *E* ‖ more *E* : in more *BGP* in morem *La. Th.* ‖ ut *B* : et *E om. GP* ‖ amplissimae *B* : -is *EGP* ‖ diriguntur *GP* : -antur *B* -atur *E*.

(7) pulcherrima nam *GP* : pulchra inmane *B* p. inmanem *E* ‖ colonia *GP* : -ae *BE* ‖ omnes *BE* : -is *GP* ‖ regiones *BGP* : -is *E* ‖ continet *GP* : -ent *BE* ‖ est *EGP* : ex *B* ‖ iter ad *GP* : et erat *BE*.

(8) groma *BGP* : tr- *E* ‖ in tetrante qua *Th.* : in tetrantem q. *GP La.* inpetrantem aquam *B* intret item aquam *E* inter iter et aquam *N* ‖ forum *BGP* : f. ex qua parte *E* ‖ conueniatur *B* : -itur *EGP*.

(9) hanc *EGP* : haec *B* ‖ debebimus *B* : debemus *EGP* ‖ si *BE* : sic *GP* ‖ uel *BE Th.* : et *GP La.* ‖ suffragabit *E* : -auit *BGP*.

consent à ses exigences. **(10)** Souvent en effet, à cause d'un port, la colonie est placée près de la mer. Son territoire ne peut déborder sur l'eau, c'est-à-dire qu'il est borné par le rivage ; et puisque la colonie, précisément, est sur le rivage, son territoire ne peut être divisé en quatre régions toutes égales à partir du *decimanus maximus* et du *cardo maximus*. **(11)** Certaines colonies, à cause des commodités ainsi offertes pour l'approvisionnement en eau, sont adossées à une hauteur ; là aussi[120], le *decimanus maximus* ou le *cardo maximus* est alors interrompu par des lieux laissés[121] ; tel est le cas si le territoire de la colonie s'étend au delà de la montagne. **(12)** De nombreuses colonies ont aussi pour limite, précisément, des montagnes ; c'est pourquoi la *pertica* ne peut être divisée en quatre régions égales, mais le tracé rectiligne des *limites* doit être conservé en totalité dans l'autre direction.

**(13)** Ainsi donc, si la nature du terrain le permet, nous devons observer le système ; sinon, ce qui se rapproche le plus de notre[122] système, pour écarter toute controverse sur les confins et tout risque de spoliation[123]. Si nous procédons autrement, chacun[124] aura la mesure qui lui revient, les *decimani* seront appelés par le nom qui leur est propre et les *cardines* de même, les confins seront

gabit. (10) Saepe enim propter portum colonia ad mare ponitur. Cuius fines aquam non possunt excedere, hoc est litore terminantur ; et cum sit colonia ipsa in litore, fines a decimano maximo et kardine in omnes quattuor partes aequaliter accipere non potest. (11) Quaedam propter aquae commodum monti applicantur ; quarum aeque decimanus maximus aut kardo relictis locis interciditur : ita, si trans montem coloniae fines perducuntur. (12) Multas colonias et ipsi montes finiunt ; propter quod quattuor regionibus aequaliter pertica non potest diuidi, sed in alteram partem tota limitum rectura seruetur.

(13) Itaque si loci natura permittit, rationem seruare debemus ; sin autem, proximum rationi nostrae, quominus aliquid de finibus fiat aut amissionis periculum habeat. Si aliter egerimus, mensura sua unicuique constabit, decimani suo nomine appellabuntur, tantumdem kar-

(10) portum *BGP* : positam *E* ‖ colonia *GP* : -iam *BE* ‖ mare *EGP* : marem *B* ‖ aquam *B* : ad a. *GP* ad quam *E* ‖ non possunt *GP* : nostri p. *BE* ‖ excedere *EGP* : -ci- *B* ‖ hoc est *BEGP Th.* : hae et *La.* ‖ et cum sit colonia ipsa *BE* : cum et ipsa colonia sit *GP* ‖ in omnes *BE* : o. *GP* ‖ accipere *BGP* : *om. E* ‖ non potest *edd.* : non possunt *GP* nostri potest *B* erunt *E*.

(11) aeque *BGP* : aquae *E* ‖ aut *GP* : et *BE* ‖ kardo *BE* : KM *GP* ‖ relictis *BE* : -us *GP* ‖ perducuntur *BGP* : -antur *E*.

(12) et *GP* : *om. BE* ‖ finiunt *BE* : efficiunt *GP* ‖ quod *BE* : quos *GP* ‖ regionibus *GP* : regiones ob *BE* ‖ aequaliter *BGP* : aequalitem *E* ‖ non potest *GP* : nostra id est *BE* ‖ diuidi sed *EGP* : diuidisset *B* ‖ in alteram partem *BGP* : altera parte *E* ‖ seruetur *BEGP Th.* : uertetur *coni. La.*

(13) itaque *denuo A* ‖ loci *AEGP* : -o *B* ‖ rationem *AEGP* : -e *B* ‖ rationi *ABGP* : -is *E* ‖ nostrae *ABE* : non *GP La. Th.* ‖ quominus *GP* : quod minus *AE* quod ad nos *B* ‖ aut amissionis *GP* : fiat autem amissionis *AE* fiat admissi in his *B* ‖ habeat *AEGP* : -eas *B* ‖ aliter *ABEGP Th.* : taliter *La.* ‖ cuique *BEGP* : quique *A* ‖ decimani *AEGP* : decimi *B* ‖ suo *BGP* : sui *AE* ‖ nomine *A^{pc}BEGP* : -is *A^{ac}* ‖ appellabuntur *GP* : -abitur *A* -antur *B* -abatur *E* ‖ tantumdem *GP* : tantum de *ABE* ‖ kardines *GP* : -is *AB* -ibus *E*

fixés par des bornes ; il ne manquera rien à l'ouvrage,
que le système[125] ; il jouira cependant de considération
parmi les spécialistes[126]. **(14)** En effet, ces colonies[127]
n'ont subi aucun tort au motif que les *cardines* tiennent la
place des *decimani* et les *decimani* celle des *cardines*[128].
L'ensemble du réseau des *limites* est structuré par des
angles droits, l'extrémité a été fixée selon les règles de
mesurage, il n'y a aucune contestation sur les confins, ni
de la part de la *respublica* ni de la part du possesseur[129].
**(15)** Dans ces colonies, le système de mesurage est bien
établi, ce qui ne l'est pas est le système des *limites* ; et
l'on peut parler de mesure d'une autre terre, ou de mesure
faite à gauche, c'est-à-dire inverse[130]. **(16)** Puisque l'appellation même des *cardines* est tirée du nom de l'axe du
monde[131], il n'y a aucune raison de les diriger de l'orient
vers l'occident. **(17)** Que conclure, donc ? Le *decimanus
maximus* a beau ne pas avoir de débouché du fait de l'in-
terposition des hauteurs ou de la mer, qu'il respecte
cependant le système et que, jusqu'à l'endroit où le *decimanus* s'interrompt, les centuries, à intervalles réguliers,
soient dénommées à partir de lui[132].

dines, fines terminis obligabuntur ; nihil operi deerit nisi
ratio ; habebit tamen inter professores existimationem.
(14) Nam nec illis coloniis hoc nomine quicquam iniuriae
factum est, quod kardines loco decimanorum obseruantur, decimani loco kardinum. Omnis limitum connexio
rectis angulis continetur, extremitas mensuraliter obligata
est, nihil res publica, nihil possessor de finibus queritur.
(15) Constat illis ratio mensurae, limitum ratio non
constat ; et potest dici mensura *orbis* alterius aut certe
sinistra, hoc est inuersa. (16) Cum ipsa kardinum appellatio a mundi kardine nominetur, quare ab oriente in occidentem diriga*n*tur nulla est ratio. (17) Quid ergo ? Licet
exitum decimanus maximus non habeat oppositis montibus aut mari, habeat tamen rationem et ab eo in eam partem qua defecerit aeque suo interuallo centuriae nomi-
nentur.

fines *GP* : sine *AB* siue *E* ‖ obligabuntur *BEGP* : -bantur *A* ‖ nihil
*ABGP* : si n. *E* ‖ habebit *AEGP* : ferbebit *B* ‖ professores *BEGP* : pro-
fessiores *A*.

(14) coloniis *GP* : -nis *ABE* ‖ hoc nomine quicquam *BE* : q. h. n.
*GP* h. n. quiquam *A* ‖ iniuriae *edd.* : -a *A* -am *BE* incuriae *GP* ‖ est
*GP* : erit *ABE* ‖ obseruantur *AB* : -abuntur *E* et *GP* ‖ decimani *AEGP* :
d. uero *B* ‖ loco[2] *BEGP* : -i *A* ‖ kardinum *ABGP* : ordinum *E* ‖ omnis
*GP* : -es *ABE* ‖ connexio rectis *AGP* : conexo r. *B* conexiores *E* ‖
continetur *ABGP* : -entur *E* ‖ mensuraliter *AEGP* : mensurali per *B* ‖
res publica *BGP* : rei publicae *AE* ‖ queritur *E* : quae- *ABGP*.

(15) constat[1] *ABGP* : c. enim *E* ‖ dici *BGP* : deci *A* decimani *E* ‖
orbis *Th.* : urbis *ABEGP La.*

(16) appellatio *GP* : -one *AE* -onem *B* ‖ a *BGP* : *om. AE* ‖ mundi
kardine *GP* : k. m. *A* kardinem m. *BE* ‖ quare *ABE* : quae *GP* ‖ est
*AEGP* : e. ergo *B* ‖ occidentem *EGP* : -e *AB* ‖ dirigantur *ego* : -atur
*ABGP La. Th.* -itur *E*.

(17) exitum decimanus maximus *ABE* : d. m. e. *GP* ‖ non *GP* :
noster *ABE* ‖ oppositis *GP* : -us *AE* -os *B* ‖ habeat[2] *AEGP* : -et *B* ‖
tamen rationem *ABGP* : mensurationem *E* ‖ in eam *ABE* : ineam ad
*GP* ‖ defecerit *ABGP* : deferit *E* ‖ suo *B* : sua *AE* in suo *GP*.

## [Origine du système d'établissement des *limites*]

**7. (1)** Il faut donc examiner l'origine de ce système. Beaucoup, comme nous l'avons dit plus haut[133], ont visé le lever et le coucher du soleil ; or, cet astre est en perpétuel mouvement et ne peut être visé en fonction de sa course, puisque les points de son lever et de son coucher varient avec la nature du terrain. Ainsi, un ordonnancement des *limites* qui utilise ce système ne peut jamais convenir ailleurs[134]. **(2)** Ceux qui ont utilisé ce système pour l'établissement des *limites* ont été trompés par la grandeur de l'univers : ils ont cru avoir une vue complète du lever et du coucher ; ou bien peut-être, conscients de l'erreur, l'ont-ils négligée, se satisfaisant de déterminer le lever et le coucher seulement pour telle région. **(3)** Bien plus, ils ont prétendu, à ce que l'on rapporte, que pour chaque région prise en particulier, le lever est l'endroit où l'on voit poindre le soleil, le coucher celui où on le voit disparaître ; c'est sur ces points qu'ils se sont efforcés d'aligner leurs mesures. **(4)** Mais même dans la région considérée, le soleil ne peut être correctement pris en visée, si l'on ne place pas le *ferramentum* à égale distance du lever et du coucher. Et il est difficile de savoir où se trouve ce point, puisque c'est en différentes parties du monde[135] que l'on fait des mesures. **(5)** Et s'il y a par

**VII. (1)** Quaerenda est ergo huius rationis origo. Multi, ita ut supra diximus, solis ortum et occasum comprehenderunt, qui est omni tempore mobilis nec potest secundum cursum suum comprehendi, quoniam ortus et occasus signa a locorum natura uarie ostenduntur. Sic et limitum ordinatio hac ratione comprehensa semper altera alteri disconuenit. **(2)** Hos qui ad limites constituendos hac ratione sunt usi fefellit mundi magnitudo, qui ortum et occasum peruidere crediderunt ; aut forte scierunt errorem et neglexerunt, ei contenti tantum regioni ortum et occasum demetiri. **(3)** Immo contendisse feruntur ortum eum esse singulis regionibus unde primum sol appareat, occasum ubi nouissime desinat : hactenus dirigere mensuram laborauerunt. **(4)** Quid quod nec illa ipsa regione solis conspectus recte potest deprehendi, nisi aequalibus ab ortu et occasu diastematibus ferramentum ponatur ? Quod in qua parte sit scire difficile est, quoniam in diuersis orbis terrarum partibus mensurae aguntur. **(5)** Et illa ipsa regione, <si> sit illi forte ex altera

**VII. (1)** multi ita *AEGP* : multis *B* ‖ ortum *GP* : -u *AE* -us *B* ‖ occasum *GP* : -u *AE* occansus *B* ‖ mobilis *EGP* : -es *A om. B* ‖ nec *AEGP* : ne *B* ‖ ortus et occasus *A^{ac}BEGP* : or- est oc- *A^{pc}* ‖ a *ABP^{ac}* : ad *GP^{pc} om. E* ‖ natura *ABE* : -am *GP* ‖ uarie *E* : -ae *A* -as *B* uane *G P* ‖ altera alteri *GP* : alteri I *B* aliter *AE* ‖ *post* disconuenit *in ABEGP sequitur* si uero e propinquo — ordinata AC, *sc. XI, 9-11*.

**(2)** hac *AEGP* : ac *B* ‖ sunt usi *edd.* : u. s. *GP* s. ut sisi *A* sunt si se *B* sunt ut si *E* ‖ qui² *ABE* : q. se *GP* ‖ ortum *BGP* : -u *A* -us *E* ‖ occasum *ABGP* : -us *E* ‖ forte *ABGP* : certe *E* ‖ scierunt *GP* : sciret *B* insciret *A* scire *E* ‖ errorem *ABGP* : terrorem *E* ‖ neglexerunt *BEGP* : -int *A* ‖ et contenti *ABE* : c. ei *GP* ‖ regioni *ABGP* : -is *E*.

**(3)** feruntur *ABGP* : -unt *E* ‖ eum esse singulis regionibus *AE* : s. r. eum esse *GP* cum esset s. r. *B* ‖ appareat *AGP* : aperiat *BE* se a. *N* ‖ desinat *ABE* : descendat *GP*.

**(4)** quid quod *GPE* : quidquid *AB* ‖ nec *AGP* : *om. BE* ‖ conspectus *AEGP* : -um *B* ‖ aequalibus *GP* : aequali *ABE* ‖ quoniam *ABE* : quia *GP* ‖ orbis *GP* : -e *E* urbis *AB*.

**(5)** et illa *AEGP* : et in illa *B* ‖ ipsa *AEGP* : *om. B* ‖ si *add. Tu.* ‖ illi *ABE* : -a *GP* ‖ altera *ABGP* : latera *E*

exemple, dans la région considérée, d'un côté une plaine sur plusieurs milles, de l'autre une montagne assez proche du *ferramentum*, le soleil, inévitablement, est plus longtemps visible depuis la zone la plus découverte, tandis que du côté où s'élève la montagne, il disparaît rapidement. **(6)** Et si le *cardo* ou le *decimanus* a son origine non loin de la montagne, comment peut-on viser correctement la course du soleil, si celui-ci s'est couché sur le *ferramentum*, alors qu'au delà de la montagne il brille encore, et éclaire encore la plaine dans la zone plus éloignée ?

## [Excursus astronomique : l'univers et sa taille]

**8. (1)** La première question qui se pose est celle de la grandeur de l'univers, du système des levers et des couchers, de la taille de la terre par rapport à l'univers. Il nous faut recourir aux rudiments de la gnomonique[136], art sublime et divin : car l'élan qui nous porte vers le vrai ne saurait se développer que par le recours aux mouvements de l'ombre. **(2)** On ne saurait en effet avoir une vue d'ensemble du lever ni du coucher, pas même depuis l'extrémité du monde, puisque, selon les savants, la terre est le point central[137] de la sphère céleste et que, placée sous le soleil, à une grande distance, elle en reçoit la vie[138]. **(3)** En effet Archimède, illustre intelligence et

parte campus per multa milia, mons ex altera et propior
ferramento, necesse est ex illa parte apertiore sol longius
conspiciatur, ex hac deinde qua mons imminet parere cito
desinat. **(6)** Et si kardo a monte non longe nascatur siue
decimanus, quomodo potest cursus comprehendi recte,
cum ferramento sol occiderit et trans montem sol adhuc
luceat et eisdem ipsis adhuc campis in ulteriore parte res-
plendeat ?

**VIII. (1)** Quaerendum est primum quae sit mundi
magnitudo, quae ratio oriundi aut occidendi, quanta sit
mundo terra. Aduocandum est nobis gnomonices sum-
mae ac diuinae artis elementum : explicari enim deside-
rium nostrum ad uerum nisi per umbrae momenta non
potest. **(2)** Ortum enim aut occasum ne ab extrema quidem parte orbis terrarum peruidere quisquam potest, cum
a sapientibus tradatur terram punctum esse caeli et infra
solem amplo diastemate spiritum sumere. **(3)** Nam et

ex *ABGP* : *om. E* ‖ propior *GP^{pc}* : proprior *P^{ac}* prior *A* priore *BE* ‖
apertiore *AB* : -iori *GP* -ior *E* ‖ sol *AGP* : sut *B* sub *E* ‖ hac *BEGP* :
ac *A* ‖ qua *ABE* : quam *GP* ‖ parere *EGP* : -et *A* parire *B*.

**(6)** a monte non longe *ABE* : n. l. a m. *GP* ‖ potest *ABGP* : non
p. *E* ‖ cursus *GP* : -u *ABE* ‖ comprehendi *AB* : recte *GP* comprehenso
*E* ‖ recte *AB* : comprehendi *GP* recto *E* ‖ montem *BEGP* : -e *A* ‖ sol
adhuc *ABE Th.* : a. *GP La.* ‖ eisdem *AEGP* : hisdem *B* ‖ ulteriore *AE* :
-i *GP* -em *B* ‖ parte *AEGP* : -em *B*.

**VIII. (1)** quaerendum *B* : -a *AEGP* ‖ oriundi *GP* : o. mundi *ABE* ‖
quanta *GP* : -i *AB* quod *E* ‖ mundo *ABGP* : -i *E* ‖ gnomonices *GP* :
-cae *A* VI nominicae *B* non modicae *E* ‖ elementum *GP* : flumentum *B*
fru- *A* fructum *E* ‖ explicari *ABGP* : -are *E* ‖ ad *GP* : ac *ABE* ‖ nisi
*AEGP* : ac *B* ‖ umbrae *AEGP* : -arum *B*.

**(2)** aut *GP* : aut in *AB* et *E* ‖ ne *ABGP* : nec *E* ‖ quidem *EGP* :
-dam *A* quaedam *B* ‖ parte orbis terrarum *E* : partem o. t. *AB* o. t. parte
*GP* ‖ quisquam *ABGP* : quisque *E* ‖ tradatur *EGP* : -itur *AB* ‖ terram
*AEGP* : -a *B* ‖ caeli *ABGP* : CAP *E* ‖ spiritum *ABE* : -us *GP* ‖ sumere
*AE* : substernere *B* sustineri *GP*.

grand découvreur[139], a écrit, d'après la tradition, un traité
sur le nombre de grains de sable que pourrait contenir
l'univers si on l'en emplissait[140]. Il nous faut donc croire
qu'il eut devant les yeux la grandeur divine de l'univers[141]. Il nous faut dire comment, en tant de siècles, il a
été le seul mortel[142] capable de savoir cela : il a été le
seul à y faire tendre ses efforts et, s'il l'a découvert, c'est
grâce à l'accroissement des ombres.


## [La musique des sphères]

(4) Quand ils[143] décrivent la terre comme le point central du ciel, c'est pour dire que de la voûte céleste au
cercle de Saturne il y a un intervalle[144] d'un demi-ton,
*hemitonion* en grec ; ensuite, de Saturne à Jupiter, un
demi-ton ; ensuite, de celui-ci à Mars, un ton ; ensuite,
de Mars au soleil, trois fois l'intervalle du ciel à Saturne,
c'est-à-dire trois demi-tons[145] ; ensuite, du soleil à
Vénus, autant que de Saturne à Jupiter, un demi-ton ;
ensuite, de Vénus à Mercure, un demi-ton ; ensuite, de
Mercure à la lune, autant : un demi-ton ; de la lune à la
terre, la même distance que de la voûte céleste à Jupiter :
un ton. Ainsi montrent-ils que la terre est le point central
du ciel ; et la musique aussi repose, selon la tradition, sur
ces intervalles.

Archimeden, uirum praeclari ingenii et magnarum rerum
inuentorem, ferunt scripsisse quantum arenarum capere
posset mundus, si repleretur. Credamus ergo illum diuinarum rerum magnitudinem ante oculos habuisse. Qua
ratione dicamus tot saeculis unus mortalium hoc scire
potuerit : unus propter hoc laborauit et per incrementa
umbrarum deprehendit.

(4) Caeli autem punctum esse terram sic describunt,
quod dicant a polo ad Saturni circulum interuallum esse
quod Graeci hemitonion appellant ; a Saturno deinde ad
Iouem hemitonion ; ab hoc deinde ad Martem tonon ; a
Marte deinde ad solem ter tantum esse quantum a polo ad
Saturnum, hoc est trihemitonion ; a sole deinde tantum
esse ad Venerem quantum a Saturno ad Iouem, hemitonion ; a Venere deinde ad Mercurium hemitonion ; a
Mercurio deinde ad lunam tantumdem, hemitonion ; a
luna ad terram tantum quantum a polo ad Iouem, tonon.
Sic terram punctum caeli esse ostendunt ; nam et ars
musica per haec diastemata constare fertur.

(3) uirum *BEGP* : ue- *A* ‖ ferunt scripsisse *BE* : s. f. *GP* fuerunt s.
*A* ‖ posset *La. Th.* : possit *GP* potest *AE* donec *B* ‖ repleretur *AEGP* :
r. qua ratione dicamus tot saeculis unum *B* ‖ qua ratione — saeculis
*AEGP* : *om. B* ‖ incrementa umbrarum *ABE* : u. i. *GP.*

(4) esse terram *GP La.* : -t. esse certam *ABE* t. e. *Th.* ‖ dicant
*EGP* : -am *AB* ‖ a polo[1] *GP* : apollo *ABE* ‖ interuallum — graeci
*AEGP* : *om. B* ‖ appellant a saturno *GP* : app- s. *AE om. B* ‖ ad iouem
hemitonion *BGP* : h. ad i. *AE* ‖ hoc[1] *AEGP* : hac *B* ‖ ad martem
*AEGP* : *om. B* ‖ tonon *Th.* : -um *GP La.* ponum *A* ponunt *E om. B* ‖ a
marte deinde *AEGP* : *om. B* ‖ tantum[1] *EGP* : tantumdem *AB* ‖ a polo[2]
*GP* : apollo *ABE* ‖ trihemitonion *B* : -ium *AGP* -ium diuinarum rerum
magnitudinem habuisse *E* ‖ a sole *GP* : a solem *B* ad s. *AE* ‖ hemitonion[3] *B* : -ium *AEGP* ‖ a uenere *AEGP* : ergo a u. *B* ‖ tantumdem
hemitonion *AEGP* : h. t. *B* ‖ a polo[3] *GP* : apollo *ABE* ‖ tonon[2] *GP* :
tinon *A[ac]* trihemitonion *A[pc]* hemitonion *B om. E* ‖ sic *ABGP* : *om. E* ‖
nam *ABE* : *om. GP* ‖ ars musica *GP* : artes musicas *ABE.*

[Le soleil ; les cinq cercles célestes]

(**5**) Quant au soleil, il est représenté comme plus grand
que la terre d'un certain nombre de parties[146] ; la lumière
du jour est évidemment produite par lui ; la nuit est
l'ombre portée sur la moitié de la terre elle-même ; quant
à la voûte céleste, ils la divisent par cinq cercles en six
parties. Comme dit Virgile :

> *Cinq zones occupent le ciel ; l'une est toujours rou-*
> *      geoyante*
> *De soleil éclatant, toujours torride de feu.*
> *Loin de part et d'autre, à droite et à gauche,*
> *      s'étendent,*
> *Sombres, les deux prises par la glace et les noires*
> *      pluies.*
> *Entre elles et la médiane, deux sont accordées aux*
> *      malheureux mortels*
> *Par la faveur divine ; entre ces deux est frayé le*
> *      chemin*
> *Sur lequel la succession des signes tourne oblique-*
> *      ment[147].*

(**6**) Voici donc les noms que l'on assigne à ces cinq
cercles. Le plus haut, limite de la région la plus froide,
est appelé septentrional ; le second après lui s'appelle
solsticial ; après celui-ci, le cercle qui divise le ciel par
moitié est dit équinoxial, parce que le soleil, quand il est
sur ce cercle, rend égales les heures du jour et celles de la
nuit. Ensuite, celui qui est le plus proche de l'équinoxial

(5) Solem autem ampliorem aliquot partibus quam terram describunt, et quod palam est ab eo illuminari diem,
noctem esse in dimidium ipsius terrae obumbrationem,
polum ipsum quinque circulis diuidunt in sex partes.
Sicut ait Vergilius :

> Quinque tenent caelum zonae, quarum una corusco
> semper sole rubens et torrida semper ab igni.
> Quam circum extremae dextra laeuaque trahuntur
> caeruleae, glacie concretae atque imbribus atris.
> Has inter mediamque duae mortalibus aegris
> munere concessae diuum, et uia secta per ambas,
> obliquus qua se signorum uerteret ordo.

(6) Quinque ergo circulis haec nomina adsignant.
Summum frigidissimae partis finem septentrionalem
appellant ; secundum ab eo solistitialem ; ab hoc deinde
qui medium polum diuidit, aequinoctialem, quod in eo
sol diei et noctis horas aequet. Ab hoc deinde qui est
aequinoctiali proximus, brumalem appellant : nam et

---

(5) terram *AEGP* : -a *B* ‖ illuminari diem *ABE* : d. i. *GP* ‖ obumbrationem *ABE* : -e *GP* ‖ ipsum *BEGP* : ipsius *A* ‖ circulis *AEGP* : -i
*B* ‖ ait *ABE* : *om. GP* ‖ uergilius *AB* : uir- *EGP* ‖ caelum *EGP* : -os *B*
-us *A* ‖ una *BEGP* : -o *A* ‖ corusco *AEGP* : -us *B* ‖ rubens *GP* : -et
*ABE* ‖ igni *GP* : -e *E* igni est *B* i. et citera *A* ‖ extremae *AEGP* : -a
*B* ‖ trahuntur *BEGP* : -antur *A* ‖ caeruleae *BEGP Th.* : -lea *A La.* ‖ gla-
cie *E* : -ciae *AGP La.* hac gregiae *B* ‖ atris *EGP* : utris es *B* diris siue
hatris *A* ‖ duae *AEGP* : *om. B* ‖ diuum *AEGP* : *om. B* ‖ ambas *EGP* :
umbras *AB* ‖ obliquus qua se *EGP* : obliquos est qui nec *AB* ‖ uerteret
*GP* : uerterit *E* uertitur *AB*.

(6) haec *AEGP* : hae *B* ‖ summum *AEGP* : -ae *B* ‖ finem *EGP* :
primae *AB* ‖ septentrionalem *EGP* : -e *A* septrione *B* ‖ solistitialem
*AB* : solstitialem *GP* solsticialis *E* ‖ diuidit *GP* : d. et *AB* diuidet *E* ‖
eo *N* : eum *ABEGP La. Th.* ‖ noctis *AEGP* : -i *B* ‖ horas *AEGP* : ora
*B* ‖ aequet *AGP* : se a. *B* aequas et *E* ‖ qui est aequinoctiali *EGP* : q.
c. aequinoctiales *A* a. q. e. *B* ‖ proximus *BEGP* : -os *A* ‖ brumalem
*ABGP* : umbrales *E*

s'appelle brumal ; il est symétrique[148] du cercle solsticial. L'opposé du septentrional s'appelle l'austral. Quant
au cercle du zodiaque, dont on dit que le soleil ne fran-
chit jamais les limites, il s'étend en diagonale du cercle
solsticial[149] au cercle brumal, de sorte qu'il coupe en
deux moitiés de chaque côté le cercle méridional.
(7) C'est sur ce cercle[150], c'est-à-dire au-dessous[151] de
lui, que circule le soleil, qui fait le tour de la terre en
vingt-quatre heures. Le total de ces 24 heures fait toujours, dit-on, un même intervalle ; car la durée des
heures augmente ou diminue toujours en alternance[152].
Voilà précisément ce que montrent les mouvements des
ombres. En effet, quand le soleil arrive au milieu de sa
course, toutes les ombres qu'il produit dans notre quadrant[153] sont tournées vers le climat méridional. À partir
de là, l'ombre est décrite à l'exemple de la partie opposée
qui est éclairée aux mêmes heures[154]. (8) Peut-être pour-
rait-on hésiter sur le parallèle[155] terminant notre qua-

solistitiali est ordinatus. Septentrionali deinde se*s*contra-
rium austrinalem appellant. Circulus autem zodiacus,
cuius fines sol negatur excedere, ex circulo solistitiali ad
brumalem per diagonum *ex*tenditur ita ut meridianum circulum ex utraque parte medium secet. (7) Per hunc sol,
hoc est infra, ire fertur et orbem terrarum uiginti et quattuor horis circumire. Harum ferunt XXIIII horarum iunctarum semper unum esse interuallum : nam increscendi
aut decrescendi inter ipsas horas alternam esse mutationem. Hoc ipsum per umbrarum motus ostenditur. Nam
cum sol orbem medium conscendit, umbras omnium
rerum in hoc nostro tetartemorio meridiano axi facit ordinatas. Ab hoc enim exemplo sescontrariae partis, quae
uidetur eisdem horis illuminari, umbra describitur.
(8) Dubium fortasse esset de parallelo nostri tetartemorii,

solistitiali *edd.* : -e *AB* -is *G*$^{pc}$ solstitialis *EG*$^{ac}$*P* ‖ septentrionali
*ABGP* : -is *E* ‖ sescontrarium *La. Th.* : secontrarium *GP* si- *A* contra-
rium *B* est contrarius *E* ‖ zodiacus cuius *AGPE* : c. z. *B* ‖ fines sol
*AGPE* : s. f. *B* ‖ solistitiali *N* : aequinoctiali *ABEGP La. Th.* ‖ ad *GP* :
a *B* per *AE* ‖ brumalem *AEGP* : -i *B* ‖ extenditur *Go. Th.* : ostenditur
*GP La.* -untur *AB om. E* ‖ ita *ABGP* : *om. E* ‖ ut meridianum circulum
ex utraque parte *AB* : ut ex utr. p. mer. c. *GP* c. ex utr. p. *E* ‖ secet
*ABGP* : sed et *E.*
   (7) per hunc sol hoc est *BGP* : hoc est per hunc sol *AE* ‖ infra ire
fertur *BGP La.* : intrare fertur id est hoc eis infra ire fertur *A* intrare —
eis infra fertur *E* intra ire fertur *Sch. Th.* ‖ et[1] *EGP* : *om. AB* ‖ circumire *BEGP Th.* : circuire *A La.* ‖ ferunt *ABGP* : *om. E* ‖ iunctarum
*ABGP* : iuncturam *E* ‖ semper *ABGP* : per *E* ‖ increscendi *ABE* : cres-
cendi *GP* ‖ mutationem *AEGP* : immu- *B* ‖ ipsum *AE* : -ud *BGP* ‖
ostenditur *ABE* : deprehenditur *GP* ‖ rerum *ABE* : *om. GP* ‖ in hoc
*GP* : in hoc forte parte nostri et artemono *AB* in hac f. p. n. e. a. *E* ‖
tetartemorio *edd.* : -mori *GP* tretantemorio *A* tetrantem monorio *E*
cetarmonos *B* ‖ axi *BGP* : XXI *AE* ‖ ordinatas *ABGP* : ornata *E* ‖ ab
*ABGP* : sub *E* ‖ sescontrariae *GP* : sisc- *A* sit c. *B* si c. *E* ‖ partis *GP* :
-es *ABE* ‖ uidetur *ABGP* : -entur *E* ‖ eisdem *AEGP* : his- *B* ‖ umbra
*AGP* : -ae *B* -as *E* ‖ describitur *ABGP* : -untur *E.*
   (8) esset *GP* : orbi de caelo uel *AE om. B* ‖ parallelo *E* : -on *AB*
*GP* ‖ nostri *ABGP* : -o *E* ‖ tetartemorii *GP* : tetrantem horis *BE* ite-
trantemoris *A*

drant[156], si l'océan méridional était répandu le long du
cercle du zodiaque ; en effet, les quatre parties de la terre
sont séparées par la mer, et les hommes ne peuvent sortir
de l'un de ces quarts. Mais puisque l'océan méridional
est situé sous le cercle méridional[157], lequel est coupé en
son milieu par le zodiaque, il apparaît que tout ce qui est
entre le cercle solsticial[158] et le cercle méridional, à partir
du tropique terrestre, à l'orient, est au delà de la course
du soleil : c'est ce que certains appellent la région de la
zone opposée ; et tout ce qui, à partir du tropique terrestre, est à l'occident entre le cercle brumal et le cercle
méridional[159] appartient à notre partie du monde, si nous
suivons la course du soleil, puisque sur toutes les terres
de notre partie, quand on regarde l'occident, le soleil projette les ombres vers la droite[160], sauf dans les régions qui
vont de la limite de l'Égypte jusqu'à l'océan, là où finit
le cercle équinoxial. **(9)** Ces terres, dit-on, sont habitées
par les Arabes, les Indiens, et d'autres peuples. Chez eux,
quand on regarde l'occident, les ombres se projettent vers
la gauche ; d'où il apparaît qu'ils sont situés au delà de la
course du soleil. Comme dit Lucain[161] :

si secundum zodiaci circuli cursum oceanus meridianus
interueniret : nam totius terrae quattuor partes mari diui-
duntur, nec ultra hominibus quartae partis ire permittitur.
Sed quoniam oceanus meridianus subiacet circulo meridiano, quem zodiacus medium secat, apparet inter *solisti*-
tialem et meridianum circulum a media terra quidquid est
in oriente ultra cursum solis esse, quam regionem quidam
sescontrariae partis appellant ; et quidquid a media terra
in occidente inter brumalem et meridianum circulum
subiaceat nostrae esse partis, si solis cursum sequamur,
quoniam omnibus terris in hac parte in occidentem spectantibus umbras in dextrum emittit, exceptis illis quae
sunt ab Aegypti fine usque ad oceanum, qua finit circulus
aequinoctialis. **(9)** Has terras ferunt inhabitare Arabas,
Indos et alias gentes. Apud hos in occidentem spectantibus umbrae in sinistrum emittuntur ; ex quo apparet eos
ultra solis cursum positos. Sicut ait Lucanus :

circuli *ABGP* : -um *E* ‖ oceanus[1] *GP* : -um *AB om. E* ‖ meridianus[1]
*AEGP* : -um *B* ‖ mari *ABGP* : terrae m. *E* ‖ nec *ABGP* : nam *E* ‖
hominibus *AEGP* : hominum *B* ‖ quartae *ABGP* : IIIIor *E* ‖ partis
*GP* : -es *ABE* ‖ ire permittitur *GP* : praetermittitur *AB* -untur *E* ‖ oceanus[2] *ABGP* : -um *E* ‖ meridianus[2] *ABE* : -o *GP* ‖ secat medium *ABE* :
m. s. *GP* ‖ solistitialem *ego* : aequinoctialem *codd.* ‖ a[1] *GP* : *om. AB*
*E* ‖ quidquid[1] *AEGP* : quod *B* ‖ oriente *AEGP* : -em *B* ‖ cursum *GP* :
-us *A* -u *B* concursus *E* ‖ quam *ABGP* : quod *E* ‖ regionem *GP* : -i
*ABE* ‖ sescontrariae *AGP* : sex centuriae *B* asses contrariae *E* ‖ partis[2]
*GP* : -es *ABE* ‖ in occidente *AB* : in -em *GP* ab occidente *E* ‖ subiaceat *AB* : -et *EGP* ‖ partis[3] *EGP* : -es *AB* ‖ cursum *BEGP* : -u *A* ‖ hac
*GP* : VIIma numero *A* VII numeria *B* septem milia annorum numero
*E* ‖ in occidentem *GP* : in -e *AB* expectantibus *E* ‖ spectantibus *AGP* :
in occidentem *E om. B* ‖ dextrum *AEGP* : -am *B* ‖ emittit *AEGP* :
demisit *B* ‖ exceptis *ABE* : -o *GP* ‖ quae *GP* : qui *ABE* ‖ aegypti
*ABGP* : -o *E* ‖ fine *GP* : -em *ABE* ‖ qua *GP* : quae *AB* quia *E*.

**(9)** ferunt *BE* : fertur *GP* feruntur *A* ‖ inhabitare *AB* : habitare *E*
inhabitabiles *GP* ‖ arabas *edd.* : -es *E* -us *AB om. GP* ‖ indos *AEGP* :
-us *B* ‖ occidentem *GP* : -e *AE* oriente *B* ‖ spectantibus *AGP* : expec-
*BE* ‖ sinistrum *AGP* : -am *E* -o *B* ‖ emittuntur *AEGP* : alii demittunt
emitricuntur *B* ‖ cursum *EGP* : -u *AB* ‖ positos *EGP* : -o *A* -us *B* ‖ ait
*ABEP* : et *G*

*Vous êtes arrivés, Arabes, en une terre inconnue,*
*étonnés que les bois n'étendent pas leur ombre à*
*gauche.*

Ajoutons que, en Égypte, l'ombre disparaît à midi[162] :
cela nous permet de comprendre que c'est là que se
trouve le milieu de la terre.

## [Détermination de la méridienne : première méthode]

**9. (1)** Le mieux est donc de prendre l'ombre à la
sixième heure et d'en faire le point de départ des *limites,*
pour qu'ils soient toujours parallèles au méridien ; il
s'ensuit que la ligne menée de l'orient ou de l'occident
est perpendiculaire à la première. **(2)** Pour commencer[163],
nous décrirons un cercle sur le sol, en terrain plat, et nous
placerons en son centre le *skiotheron*[164], dont l'ombre, à
un moment donné, entrera dans le cercle : ce procédé est
plus sûr que de prendre la ligne de l'orient et de l'occident. **(3)** Nous observerons comment l'ombre se réduit à
partir du lever du soleil. Ensuite, quand elle arrivera au
cercle, nous marquerons ce point de la circonférence. De

Inuisum uobis, Arabes, uenistis in orbem,
umbras mirati nemorum non ire sinistras.

Nam et Aegypto medio die umbra consumitur ; ex hoc
ibidem mediam terrae partem esse comprehendimus.

**VIIII. (1)** Optimum est ergo umbram hora sexta deprehendere et ab ea limites inchoare, ut sint semper meridiano ordinati ; sequitur deinde ut et orientis occidentisque linea huic normaliter conueniat. **(2)** Primum
scribemus circulum in loco plano in terra, et in puncto
eius sciotherum ponemus, cuius umbra et intra circulum
aliquando intret : certius est enim quam orientis et occidentis deprehendere. **(3)** Attendemus quemadmodum a
primo solis ortu umbra cohibeatur. Deinde cum ad circuli
lineam peruenerit, notabimus eum circumferentiae locum.

inuisum *ABEGP* : ignotum *codd. Lucani* ‖ arabes *EGP* : -is *AB* ‖
orbem *EGP* : u- *AB* ‖ mirati nemorum *BGP* : miratio n. *A* miratione
horum *E* ‖ ire *ABGP* : rem *E* ‖ sinistras *GP* : -is *AE* -a *B* ‖ et aegypto
medio *ABGP* : ex m. a. *E* ‖ die umbra *ABGP* : mediae umbrae *E* ‖
consumitur *BGP* : -etur *A* -untur *E* ‖ ibidem *BGP* : ibi *AE* ‖ mediam
*BEGP* : -a *A* ‖ terrae partem *AEGP* : p. t. *B*.

**VIIII. (1)** est ergo *ABGP* : ergo est *E* ‖ umbram *EGP* : -a *B* -ae
*A* ‖ hora sexta *AB* : -ae -ae *EGP* ‖ deprehendere *ABGP* : ap- *E* ‖
limites *ABE* : -em *GP* ‖ inchoare *BEGP* : i. orae *A* ‖ deinde *ABE* : om.
*GP* ‖ et orientis *AGP* : et o. et *B* o. et *E* ‖ occidentisque *AB* : occiden-
tique *GP* occidentis aequa *E* ‖ conueniat *ABGP* : -it *E*.

**(2)** primum scribemus *edd.* : p. scribimus *ABE* scribemus p. *GP* ‖
circulum *ABGP* : -os *E* ‖ in loco plano in terra *ABE* : in t. l. p. *GP* ‖
puncto *ABGP* : -is *E* ‖ sciotherum *GP* : s. et iterum *A* scio iterum *E* si
iterum *B* ‖ ponemus *GP* : -amus *ABE* ‖ umbra *ABGP* : -am *E* ‖ et intra
*ABGP* : i. *E* ‖ certius *ABE* : -tus *GP* ‖ est enim *ABGP* : enim est *E* ‖
quam *ABGP* : quod *E* ‖ et[3] *AEGP* : *om. B* ‖ deprehendere *BGP* :
-derunt *AE*.

**(3)** attendemus[1] *GP* : -imus *B* tendimus *A* ostendimus *E* ‖ a *GP* :
*om. ABE* ‖ primo *AGP* : -um *BE* ‖ ortu *AGP* : -um *BE* ‖ cohibeatur
*AEGP* : cogebatur *B* ‖ deinde *ABE* : dein *GP* ‖ ad *BEGP* : at *A* ‖ circuli *A^{pc}BEGP* : -um *A^{ac}* ‖ notabimus[1] *ABE* : -uimus *GP*

la même façon, nous observerons l'ombre quand elle sortira du cercle, et nous ferons une marque sur la circonférence. **(4)** Auront donc été marqués deux points du cercle, l'endroit où l'ombre y entre et celui où elle en sort : d'un point à l'autre, nous mènerons une ligne droite, et nous marquerons le milieu de cette droite. Par ce point, il faudra élever une droite à partir du centre du cercle. **(5)** C'est au moyen de cette ligne que nous orienterons le *cardo,* et c'est d'elle que nous ferons partir perpendiculairement les *decimani,* en ligne droite. Et de quelque point de cette ligne que nous repartions à angle droit, nous établirons correctement un *decimanus.*

## [Détermination de la méridienne : seconde méthode]

**10. (1)** Il existe aussi un autre procédé[165], dans lequel on prend trois ombres pour déterminer le méridien. **(2)** En terrain plat, nous placerons le gnomon AB, et nous marquerons trois quelconques de ses ombres, C, D, E. Ces ombres, nous prendrons perpendiculairement la largeur dont elles sont distantes l'une de l'autre[166]. Si c'est avant midi que nous plaçons le gnomon, l'ombre la plus longue sera la première ; si c'est après midi, ce sera la dernière. **(3)** Ces ombres, ensuite, nous les reporterons

Similiter exeuntem umbram e circulo attendemus, et cir-
cumferentiam notabimus. (4) Notatis ergo duabus circuli
partibus intrantis umbrae et exeuntis loco, rectam lineam
a signo ad signum circumferentiae ducemus, et mediam
notabimus. Per quem locum recta linea exire debebit a
puncto circuli. (5) Per quam lineam kardinem dirigemus,
et ab ea normaliter in rectum decimanos emittemus. Et ex
quacumque eius lineae parte normaliter interue*r*terimus,
decimanum recte constituemus.

X. (1) Est et alia ratio, qua tribus umbris comprehensis
meridianum describamus. (2) Loco plano gnomonem
constituemus AB, et umbras eius qualescumque tres
enotabimus CDE. Has umbras normaliter comprehendemus quanta latitudine altera ab altera distent. Si ante
meridiem constituemus, prima umbra erit longissima ; si
post meridiem, erit nouissima. (3) Has deinde umbras pro

umbram *AGP* : -a *BE* ‖ e *ABGP* : *om. E* ‖ circulo *ABGP* : -um *E* ‖
attendemus *AGP* : -imus *E* apprehendimus *B* ‖ notabimus *BE* :
-uimus *AGP*.

(4) notatis *BGP* : notantes *AE* ‖ duabus *BGP* : -obus *AE* ‖ circuli
*ABGP* : -is *E* ‖ intrantis *AEGP* : -es *B* ‖ loco *ABGP* : -um *E* ‖ rectam
*ABGP* : -um *E* ‖ a signo *GP* : *om. ABE* ‖ ducemus *AGP* : -imus *BE* ‖
et mediam *GP* : sed media *ABE* ‖ notabimus³ *BEGP* : -uimus *A* ‖
debebit *ABE* : debet *GP*.

(5) dirigemus *BGP* : -imus *AE* ‖ rectum *codd. Th.* : -am *La.* ‖ decimanos *GP* : -us *A* -um *BE* ‖ emittemus *AGP* : -imus *BE* ‖ interuerteri-
mus *La. Th.* : -uenerimus *AB* -ueniremus *E* inuenerimus *GPᵖᶜ* inueni-
remus *Pᵃᶜ* ‖ decimanum recte *AEGP* : *om. B* ‖ constituemus *GP* :
-imus *AE om. B*.

X. (1) qua *ABGP* : quae *E* ‖ comprehensis *BGP* : c. contra ex ea sit
*A* c. contra ex ea sint *E* ‖ describamus *AB* : -imus *EGᵖᶜ* -emus *GᵃᶜP*.

(2) gnomonem *GP* : gnomon *BE* ingnomon *A* ‖ AB et *AGP* : habet
*BE* ‖ umbras *ABGP* : -a *E* ‖ qualescumque *edd.* : -lis- *A* q LC q *GP* ab
aequali qualecumque *B om. E* ‖ tres enotabimus *edd.* : t. -uimus *AGP*
praesentamus *B om. E* ‖ CDE has umbras *ABGP* : *om. E* ‖ comprehendemus *GP* : -imus *ABE* ‖ altera¹ *AGP* : alter *B om. E* ‖ distent *AGP* :
dicet *B* distendi *E* ‖ si ante *AGP* : a. *BE* ‖ constituemus *AB* : -imus *GP*
-untur *E* ‖ si post *ABGP* : sed p. *E* ‖ erit² *ABE* : *om. GP*.

sur l'abaque[167] proportionnellement à la règle à plusieurs
pieds[168], et nous les conserverons ainsi sur le terrain[169].
(4) Soit donc le gnomon AB, la surface plane B. Prenons
l'ombre la plus grande et marquons-la sur la surface
plane par le point C ; de la même façon, marquons la
seconde sur la surface plane par le point D ; et de même
la troisième, par le point E ; de sorte qu'il y ait sur la
base les segments BE, BD, BC, de longueurs proportionnelles[170]. (5) Menons les hypoténuses, de C en A et de D
en A. Maintenant, du centre A et avec un rayon (A)E,
décrivons un cercle[171]. Menons ensuite des lignes parallèles à la base, c'est-à-dire à la surface plane, depuis les
intersections des hypoténuses et de la circonférence et
perpendiculairement[172] à partir de ces intersections : de F
en G et de I en K[173]. (6) Ensuite, nous appliquerons la
ligne la plus longue, GF, à l'ombre la plus grande, et
depuis le point B nous marquerons GF[174] ; et la seconde
ligne à la seconde ombre, et nous marquerons KI[175].
Ensuite, des points F et I, nous mènerons une droite ; de
même, de C et de D, qui sont des extrémités des ombres.
Ces deux lignes se couperont l'une l'autre au point T.

portione ad multipedam in tabula describemus, et sic in
terra seruabimus. (4) Sit ergo gnomon AB, planitia B.
Tollamus umbram maximam et in planitia notemus signo
C ; secundam similiter in planitia notemus signo D ; sic
et tertiam signo E ; ut sint in basi pro portione longitudinis suae BE, *BD*, *BC*. (5) Eiciamus hypotenusas ex C in
A et ex D in A. Nunc puncto A et interuallo E circulum
scribamus. Ordinatas deinde lineas basi, hoc est planitiae, eiciamus in cathetum ex praecisuris hypotenusarum
et circumferentiae, ex F in G et ex I in K. (6) Longissi-
mam deinde lineam GF maximae umbrae imprimemus, et
ab signo B notabimus GF ; secundam lineam umbrae
secundae notabimus KI. Deinde ex signo F et I rectam
lineam eiciemus ; itemque ex C D, finibus umbrarum.
Hae duae lineae altera alteram compraecident signo T.

(3) portione *ABGP* : -em *E* ‖ multipedam *GP* : murtiperas *A* morti-
feras *B* mortiperas *E* ‖ describemus *G^{pc}P* : -imus *ABEG^{ac}* ‖ terra *ABE* :
-am *GP* ‖ seruabimus *EGP* : -uimus *AB*.
(4) AB *AGP* : ad *BE* ‖ maximam *AGP* : -a *BE* ‖ et *ABGP* : *om. E* ‖
planitia *EGP* : -iam *A* -iem *B* ‖ signo C *La. Th.* : signum C *AB om. EGP* ‖
secundam *edd.* : -um *AB om. EGP* ‖ similiter in planitia notemus *AB* :
*om. EGP* ‖ signo D *GP* : signum D *ABE* ‖ sic *AEGP* : sed *B* ‖ tertiam
*B* : -a *AE* terram *GP* ‖ signo E *EGP* : signum E *A* signum scribamus E
*B* ‖ in basi *Th.* : in uasi *BGP* em basi *A La.* in lineas *E* ‖ pro *ABGP* : ipso
*E* ‖ portione *GP* : -em *ABE* ‖ BD BC *Th.* : DC *ABGP La.* D *E*.
(5) eiciamus *GP* : et sciamus *A* et scimus *B* sed sciamus *E* ‖ hypo-
tenusas ex *GP* : ypot *A* ypotin ex *B* hypotenusa *E* ‖ C in A *GP* : CNA
*AB* CHA *E* ‖ et ex D in A *ABGP* : et exinde DIIA *E* ‖ puncto A
*AEGP* : p. *B* ‖ interuallo E *ABGP* : i. C *E* ‖ circulum *AEP* : circum *B*
*om. G* ‖ scribamus *ABGP* : -imus *E* ‖ ordinatas *AEGP* : -os *B* ‖ basi
*AEGP* : -is *B* ‖ praecisuris *ABGP* : priscis horis *E* ‖ et circumferentiae
*BGP* : id c. *A* item c. *E* ‖ ex F in G *GP* : ex F in GE *A* ex finge *B* signo
F HG *E* ‖ et ex I in K *GP* : et ex I N K *A* et exiin *B* E et *E* ‖ *post* E et
*def. E*.
(6) lineam GF *AB* : l. *GP* ‖ maximae umbrae *AGP* : m. umbras *B* ‖
notabimus *AB* : -uimus *GP* ‖ secundam *GP* : -um *AB* ‖ notabimus
*BGP* : -uimus *A* ‖ KI *GP* : KC *A* KT *B* ‖ ex signo *AGP* : et ex s. *B* ‖
F et I *edd.* : F et in I *GP* FI *A* si *B* ‖ hae *GP* : haec *A* ue *B* ‖ altera *GP* :
alter *AB* ‖ signo T *GP* : signum T *AB*.

**(7)** Nous mènerons ensuite une ligne droite à partir de T et de E ; cette ligne sera celle du lever et du coucher. **(8)** De cette droite, nous mènerons une droite à angle droit, c'est-à-dire perpendiculairement : cette dernière droite sera parallèle au méridien. **(9)** Nous placerons le tétrant[176] lui-même sur les mêmes points, et nous verrons alors les quatre régions du ciel, avec lesquelles s'accorde en toute circonstance le tracé des *limites*, si on l'établit selon ce procédé.

## [L'établissement des différents *limites* : difficultés et solutions]

**11. (1)** Si le lieu dans lequel est établie la colonie est cultivé, c'est de l'intérieur même de la cité[177] que nous ferons partir le *decimanus maximus* et le *cardo maximus* ; de même si la colonie est établie à partir du sol[178]. **(2)** Le tracé du *decimanus maximus* et du *cardo maximus* devra être confié à des arpenteurs chevronnés ; ce sont eux encore qui devront chaque fois fermer les *quintarii*[179], pour éviter toute erreur dans l'ouvrage, car la chose est difficile à corriger sans perdre la face une fois que le tracé a été effectué sur un large espace. **(3)** En cas d'erreur due au *ferramentum* ou à la visée[180], le défaut de visée apparaît tout de suite sur un seul *quintarius* et la rectification est supportable.

**(4)** Les *subrunciui*[181] offrent moins de risques d'erreur. Il faut cependant les tracer avec autant de soin, pour éviter le retard qui serait imposé s'il fallait les rectifier eux aussi. **(5)** Beaucoup ont tracé des *limites* continus et en

(7) Eiciemus deinde rectam lineam ex T et E, quae erit ortus et occasus. (8) Ex hac in rectum rectam lineam eiciemus, hoc est normaliter : haec erit meridiano ordinata. (9) Eisdem signis *tetrantem* ipsum constituemus, et intuebimur quattuor caeli partes, quibus limitum ordinatio hac ratione constituta omni tempore conuenit.

**XI.** (1) Si locus in quo colonia constituitur cultus erit, ex ipsa ciuitate maximum decimanum et kardinem incipiemus ; ita si colonia ab solo constituetur. (2) Decimanum m. autem et kardinem optimi mensores agere debebunt, idem et quintarios ad singula cludere, ne quis error operi fiat, quod post amplum actum emendare sine rubore difficile est. (3) Quod si aut ferramenti uitium aut conspiciendi fuerit, uana contemplatio in uno quintario statim paret et tolerabilem habet emendationem.

(4) Subrunciui minus erroris habent periculum. Hos tamen aeque diligenter agere oportet, ne quam et hi recorrigendi moram praestent. (5) Multi perpetuos limites

---

(7) et E *GP* : E T E *A* et ae *B* ‖ quae *AGP* : qui *B*.

(8) ex *AGP* : et ex *B* ‖ hac *BGP* : ac *A* ‖ haec erit *AGP* : accidet *B* ‖ ordinata *AGP* : -am *B*.

(9) tetrantem *Th. suadente La.* : et *AB La.* id *GP* ‖ ordinatio hac ratione *AGP* : ordinatione *B* ‖ *post* conuenit *hic* multi — utuntur *habent AB quae in XI, 5 recte poni debent.*

**XI.** (1) cultus *GP* : cuius *AB* ‖ ipsa *AGP* : -am *B* ‖ ciuitate *GP* : -em *AB* ‖ solo *GP* : -e *AB* ‖ constituetur *AB* : -itur *GP*.

(2) m *GP* : *om. AB* ‖ optimi *GP* : -e *A* -um *B* ‖ quintarios *edd.* : -us *AB* -um *GP* ‖ ad singula *codd. La. Th.* : ad signa *Go.* ‖ cludere *BGP* : clau- *A La. Th.* ‖ operi *GP* : -i *AB* ‖ emendare sine rubore *AB* : finem r. e. *GP.*

(3) aut[1] *GP* : autem *AB* ‖ uitium *AB* : uictum *GP* ‖ uana *La. Th.* : uaria *A* uaria uaria *B* una *GP* ‖ statim *AGP* : instatim *B* ‖ paret *AGP* : app- *B* ‖ emendationem *BGP* : -es *A.*

(4) erroris *GP* : -es *AB* ‖ hos *GP* : hoc *AB* ‖ aeque *GP* : neque *AB* ‖ agere *A* : agi *GP* habere *B* ‖ hi *GP* : hic *AB* ‖ recorrigendi *GP* : hae corrigendi *A* haec c. *B* ‖ praestent *GP* : -et *AB.*

persévérant ainsi dans leurs opérations, ils se sont trompés, comme nous l'avons trouvé sur le territoire d'anciennes colonies, plus fréquemment dans les provinces,
où l'on ne se sert du *ferramentum* qu'aux intersections.
**(6)** Nous tendrons un cordeau de jalon en jalon et, sur ce
cordeau, nous cultellerons[182] au fil à plomb. Nous planterons des pieux actuaires[183] portant chacun son numéro
inscrit, chaque fois à intervalle de cent vingt pieds, de
manière qu'apparaisse la mesure effectuée pour le partage des lots. Nous donnerons aux *limites* la largeur
qu'exige la loi pour chacun[184] et nous imposerons leur
viabilité sur toute la longueur. **(7)** En effet, pour ceux qui
effectuent les tracés, ce qui compte le plus, c'est la continuité du tracé rectiligne du *limes* ; on ne peut s'en écarter que par négligence. **(8)** Dans les zones cultivées, le
mieux sera pour nous de marquer le *limes* par des
sillons[185]. **(9)** Cependant, même en prenant en visée des
points éloignés, nous tracerons un *limes*. S'il y a deux
points éloignés[186] qui puissent pourtant être visés à la
perpendiculaire depuis une ligne droite, de manière que
l'on puisse, après avoir obtenu les longueurs, égaler la
ligne la plus longue à la longueur de la plus courte en
plaçant un point à partir duquel on mènera jusqu'à l'intersection de la ligne la plus courte une ligne droite paral-

egerunt et in illa operis perseueratione peccauerunt, sicut
in ueterum coloniarum finibus inuenimus, frequentius in
prouinciis, ubi ferramento nisi ad interuersuram non
utuntur. **(6)** Lineam autem per metas extendemus et per
eam ad perpendiculum cultellabimus. Actuarios palos suo
quemque numero inscriptos inter centenos uicenos pedes
defigemus, ut ad partitionem acceptarum mensura acta
appareat. Limitibus secundum suam legem latitudines
dabimus, et aperiri in perpetuum cogemus. **(7)** Plurimum
enim agentibus praestat acti limitis perpetua rectura : ex
hoc deuerti nisi per neglegentiam non potest. **(8)** Cultis
locis limitem sulcis optime seruabimus. **(9)** Prensis tamen
in conspectu longinquo signis limitem agemus. Si uero in
*long*inquo sint duo signa quae ex recta linea normaliter
conspici possint, ut excussis longitudinibus longiorem
lineam ad breuioris longitudinem signo posito aequemus,
ex quo ad interuersuram breuioris lineae rectam lineam

**(5)** egerunt *AGP* : elegerunt *B* ‖ perseueratione *GP* : -em *AB* ‖ peccauerunt *AB* : *om. GP* ‖ inuenimus *BGP* : -iamus *A* ‖ frequentius *GP* :
recentius *AB* ‖ in prouinciis *GP* : in probantis *A* improbandi *B* ‖ interuersuram *BGP* : -a *A* ‖ utuntur *GP* : -antur *AB*.

**(6)** extendemus *AGP* : -imus *B* ‖ eam *AGP* : eum *B* ‖ actuarios
*BGP* : -us *A* ‖ quemque *GP* : *om. AB* ‖ inscriptos *AGP* : scriptos *B* ‖
uicenos *AGP* : uicinos *B* ‖ defigemus *AGP* : -imus *B* ‖ ut *GP* : et
*AB* ‖ ad partitionem *GP* : appartitione *A* ad partionem *B* ‖ appareat
*AB* : apperiri *GP* ‖ latitudines *AGP* : -is *B* ‖ cogemus *AGP* : -imus *B*.

**(7)** acti *AGP* : actituarii *B* ‖ limitis *GP* : -es *AB* ‖ hoc *AGP* : hac
*B* ‖ nisi *GP* : ne *AB* ‖ neglegentiam *B* : -a *AGP*.

**(8)** cultis *BGP* : -i *A* ‖ sulcis *AGP* : -i *B* ‖ seruabimus *AGP* : -uimus
*B*.

**(9)** prensis *GP* : praeses *A* praesens *B* ‖ in *B* : ins *A om. GP* ‖ age-
mus *AGP* : au- *B* ‖ si uero *denuo E* ‖ longinquo *ego* : propinquo *codd.*
*La. Th.* ‖ quae *AEGP* : *om. B* ‖ ex *BGP* : *om. AE* ‖ recta *AE* : relicta
*BGP* ‖ excussis *AGP* : excursis *B* ex suis *E* ‖ ad[1] *E* : ab *A* a *B om.*
*GP* ‖ longitudinem *AGP* : longiorem *B* lineae rectam *E* ‖ posito *ABE* :
opp- *GP* ‖ aequemus *ABGP* : -abimus *E* ‖ interuersuram *BEGP* : -a
*A* ‖ breuioris *AB* : b. quae sit duorum signorum conspectorum *GP om.*
*E* ‖ lineae *ABGP* : *om. E* ‖ rectam lineam *AGP* : recta *B om. E*

lèle à la ligne déterminée par les deux points visés, nous
y parviendrons à l'aide du *ferramentum*[187]. **(10)** Soit
donc, pour représenter la visée, la figure ABCD. À présent, depuis la ligne établie en premier lieu, celle qui est
entre B et D, visons le point qui est en A[188]. Après avoir
fait avancer un peu[189] le *ferramentum* sur l'alignement[190],
nous dicterons quelques jalons à la perpendiculaire à partir du point E[191]. Après avoir à nouveau fait avancer un
peu le *ferramentum* au point F, nous viserons le point A
de sorte que le point G coupe l'alignement mené depuis
E, et quels que soient les nombres[192], nous ferons toujours comme suit : comme FE aura été à EG, ainsi traite-
rons-nous FB[193] ; ce sera la longueur de la visée entre B
et A[194]. On procédera de la même manière pour l'autre
côté[195]. **(11)** Ensuite, nous marquerons par le point H[196]
de combien il[197] aura été plus long[198], et de ce point nous
rejoindrons le point B par une ligne droite[199] qui sera
parallèle à AC.

iniungamus, quae sit duorum signorum conspectorum
lineae ordinata, ferramento explicabimus. **(10)** Sit ergo
forma conspectus ABCD. Nunc ex linea primum constituta, quae est inter B et D, conspiciamus signum quod est
in A. Prolato exiguum per rigorem ferramento normaliter
paucas dictabimus metas ex signo E. Prolato iterum exiguum ferramento in signum F, signum <A> conspiciemus ita ut rigorem ex E missum secet signum G, et quicumque numeri fuerint sic obseruabimus : quomodo
fuerit FE ad EG, sic et FB tractabimus : erit longitudo
conspectus inter BA. Eadem ratione et alteram partem
conspiciemus. **(11)** Quanto deinde longior fuerit, signo
notabimus H, et ex hoc signo in B rectam lineam iniungemus, quae erit ordinata AC.

iniungamus *ABGP* : *om. E* ‖ sit *GP* : sunt *ABE* ‖ conspectorum
*ABGP* : inspec- *E* ‖ ordinata *GP* : -ae *ABE* ‖ explicabimus *AB* : -cabis
*GP* -cuimus *E*.

**(10)** ABCD *GP* : ABABCD *ABE* ‖ ex *AE* : est *B om. GP* ‖ B et D
*AB* : B EL D *E om. GP* ‖ conspiciamus *AGP* : -imus *BE* ‖ in A *ego* :
inter B et A *ABE La. Th.* inter BA *GP* ‖ prolato[1] *AEGP* : -um *B* ‖ rigorem *EGP* : -e *A* -es *B* ‖ dictabimus *E* : -uimus *AB* -bis *GP* ‖ ex signo
E *ABGP* : et s. et *E* ‖ exiguum[2] *ABGP* : e. per rigorem *E* ‖ in signum
F *GP* : in signo F *AE* et signo F *B* ‖ signum A *ego* : s. *codd. La. Th.* ‖
conspiciemus *A* : -imus *BE om. GP* ‖ ita ut *ABGP* : aut *E* ‖ ex E missum *ABGP La. Th.* : ex se m. *E* ‖ secet *GP* : setet *A* sedet *B* sed et *E* ‖
numeri *ABGP* : -um *E* ‖ fuerit *E* : fecerit *ABGP* ‖ FE ad EG *edd.* :
F EADG *GP* FAEDETG *A* F eadem et G *B* FAEDETG *E* ‖ sic et FB
*ego* : sic EB *A* sic E et B *B* sic et B *E* si GFEB *GP* si et FB *La. Th.* ‖
tractabimus *AEGP* : -uimus *B* ‖ conspectus *AEGP* : -tui *B* ‖ inter BA
*ABGP* : haec *E* ‖ ratione *BEGP* : -em *A* ‖ et alteram *GP* : si a. *AE* si
altera *B* ‖ partem *AEGP* : -e *B* ‖ conspiciemus *GP* : *om. ABE*.

**(11)** quanto *AGP* : quando *BE* ‖ signo[1] *EGP* : sic *AB* ‖ notabimus
*GP* : n. conspiciemus *ABE* ‖ et *ABE* : *om. GP* ‖ hoc signo *AE* : s. h.
*GP* h. signum *B* ‖ iniungemus *AGP* : -imus *BE* ‖ AC *AEGP* : hac *B*
*qui* normaliter paucas dictauimus moetas exigno et prolato iterum exiguum ferramentum *add.* ‖ *post* AC *def. E*.

**(12)** Si nous commençons les *limites* après que la ville aura été établie, c'est de sa proximité immédiate que nous ferons partir le *decimanus maximus* et le *cardo maximus*[200], et nous leur donnerons la largeur qu'exige la loi pour chacun.

**(13)** Si, en raison de la difficulté du terrain, les *limites* ne peuvent[201] avoir leur point de départ près de la ville, c'est alors dans la région où nous allons procéder à l'assignation que nous établirons le *decimanus maximus* et le *cardo maximus,* de manière que les *decimani* conservent le parallélisme avec la ligne du lever au coucher du soleil, et les *cardines* avec celle du midi au septentrion[202].

**(14)** Aux *limites,* nous donnerons[203] les largeurs exigées par la loi et la constitution du divin Auguste[204] : au *decimanus maximus,* 40 pieds, au *cardo maximus,* 20 pieds, à tous les *limites actuarii, decimani* et *cardines,* 12 pieds, aux *subrunciui,* 8 pieds[205].

## [Les bornes qui définissent les centuries ; leurs inscriptions]

**12. (1)** Aux intersections, nous planterons des pierres siliceuses ou volcaniques, ou d'une qualité qui ne soit pas inférieure ; elles seront polies, de forme arrondie, épaisses d'un pied, et ne devront pas avoir moins de deux pieds et demi en terre et d'un pied et demi hors de terre[206].

**(2)** Il nous faut avoir un unique système d'inscription[207]. Voici donc celui qu'il nous faut choisir comme étant la plus sûre de toute manière d'opérer[208], et dont nous devons nous servir de préférence à tout autre.

(**12**) Si limites post urbem constitutam inchoabimus, ex proximo decimanum maximum et kardinem incipiemus, eisque latitudinem secundum legem suam dabimus.

(**13**) Si propter locorum difficultatem prope urbem limites inchoari non poterint, tunc in ea regione ubi adsignaturi erimus decimanum maximum et kardinem constituemus sic ut decimani ordinationem ortus et occasus teneant, kardines meridiani et septentrionis.

(**14**) Limitibus latitudines secundum legem et constitutionem diui Augusti dabimus, decimano maximo pedes XL, kardini maximo pedes XX, actuariis limitibus omnibus decimanis et kardinibus pedes XII, subrunciuis pedes VIII.

**XII.** (**1**) In mediis tetrantibus lapides defigemus ex saxo silice aut molari aut ne deteriore, politos, in rotundum crassos pedem, in terram ne minus habeant pedes IIS, supra terram sesquipedem.

(**2**) Inscribendi nobis una sit ratio. Hanc itaque ex omni opere certissimam eligamus, et hac potissimum utamur.

(**12**) limites *GP* : -em *AB* ‖ constitutam *AB* : conditam *GP* ‖ ex proximo decimanum maximum *AB* : ex decimano M primum *GP* ‖ incipiemus *AGP* : inspiciemus *B* ‖ eisque *GP* : est qua *A* ex qua *B* ‖ latitudinem *AB* : -es *GP*.

(**13**) prope *BGP* : propter *A* ‖ tunc *AGP* : nunc *B* ‖ ea regione *GP* : eam regionem *AB* ‖ kardinem *GP* : k. sic *AB* ‖ constituemus *AGP* : -imus *B* ‖ sic ut *AGP* : si *B* ‖ kardines *B* : -em *A* -is *GP*.

(**14**) latitudines *AGP* : -em *B* ‖ constitutionem *GP* : consuetudinem *A* consecrationem *B* ‖ actuariis *AB* : a. autem *GP* ‖ et *GP* : *om. AB La. Th.* ‖ pedes VIII *GP* : limitibus p. VIII *B* p. VIII limitibus p. VIII *A*.

**XII.** (**1**) in mediis *GP* : omnibus in m. *A* o. tamen m. *B* ‖ tetrantibus *AGP* : testantibus *B* ‖ defigemus *AGP* : designemus *B* ‖ molari *GP* : -arum *A* malario *B* ‖ deteriore *BGP* : -i *A* ‖ in rotundum *AGP* : rotundos *B* ‖ crassos *AGP* : grasso *B* ‖ habeant *GP* : -at *AB* ‖ IIS *AGP* : IIS duo semis *B* ‖ supra *AB* : super *GP*.

(**2**) inscribendi *BGP* : in scribendis *A* ‖ nobis *AB* : nominis *GP* ‖ hac potissimum *GP* : ac potissima *A* ad p. *B*.

**(3)** Sur le *decimanus maximus* et sur le *cardo maximus*, nous devons inscrire toutes les pierres sur le front des centuries[209], et les autres[210] sur les côtés de fermeture ; en effet, toutes les centuries ont chacune un angle de fermeture[211]. Commençons donc, pour poser les pierres, par le *decimanus maximus* et le *cardo maximus*, avec l'inscription convenable : « *decimanus maximus, cardo maximus* » ; « *decimanus maximus, cardo* numéro tant ». **(4)** Appliquons à présent des centuries[212], une par une, au *decimanus maximus* et au *cardo maximus*. Toutes les quatre ont maintenant chacune trois pierres en place[213] ; il s'ensuit qu'elles n'ont que l'angle de fermeture et lui seul qui soit vide, et cela pour chacune d'elles ; c'est là que l'on devra inscrire *DDI VKI*[214], *SDI VKI*[215], *DDI KKI*[216], ou *SDI KKI*[217] ; voilà à quoi il faudra se conformer pour toutes les autres aussi[218]. **(5)** Dans ces angles, nous devons planter des pierres sur le côté[219] desquelles nous inscrirons la désignation des centuries, de haut en bas, en direction du sol[220]. Nous inscrirons *SDI VKI* sur la partie de la pierre qui sera en même temps en *SDI* et au delà du premier *cardo*. [Puisque cela ne tient pas en largeur sur la partie plane, nous mettrons l'inscription sur la pierre à l'endroit où, en réalité, elle devra la porter[221].] Même chose pour *DDI VKI* ; même chose pour *SDI KKI* ; <même chose pour *DDI KKI*>. **(6)** Puisque c'est à

(3) Decimano maximo et kardine maximo omnes lapides in frontibus inscribamus, reliquos in lateribus clusaribus ; omnes enim centuriae singulos angulos habent clusares. Incipiamus ergo ponere lapides a decimano maximo et kardine inscriptione qua debet : « decimanus maximus, kardo maximus » ; « decimanus maximus, kardo totus ». (4) Applicemus nunc singulas centurias maximo decimano siue kardini. Hae omnes quattuor ternos lapides iam positos habent ; sequitur ut illis unus tantum clusaris angulus uacet, hoc est singuli ; quibus debebit inscribi DDI VKI et SDI VKI et DDI KKI et SDI KKI ; sic et in ceteris obseruare debebimus. (5) His angulis lapides defigamus quibus centuriarum appellationes lateribus adscribemus ad terram deorsum uersus. SDI VKI in ea parte lapidis inscribemus quae erit SDI, aeque ultra <K> primum. [Quod quoniam in latitudinem exponi in hac planitia non potest, inscripturam lapidi applicabimus, qua in re ipsa lapis habere debebit.] Sic et DDI VKI ; sic et SDI KKI ; <sic et DDI KKI>. (6) Quo-

(3) kardine *A Th.* : kardini *BP La.* : -is *G* ‖ maximo *A* : *om. BGP* ‖ in frontibus *GP* : in frontes *A om. B* ‖ in² *AB* : *om. GP* ‖ centuriae *BGP* : -a *A* ‖ angulos *A* : *om. BGP* ‖ habent *AGP* : -eant *B* ‖ kardine inscriptione *GP* : -is -is *A* -es -es *B* ‖ qua *AGP* : quas *B* ‖ kardo maximus decimanus maximus *AB* : d. totus k. m. *GP* ‖ kardo totus *BGP* : *bis A.*

(4) siue *AB* : et *GP* ‖ hae *AGP* : haec *B* ‖ ternos *AB* : quaternos *GP* ‖ iam positos *B* : i. -us *A* inpositos *GP* ‖ uacet *GP* : haec et *AB* ‖ singuli *AGP* : -is *B* ‖ debebit *AB* : debet *GP* ‖ inscribi *BGP* : scribi *A* ‖ DDI *BGP* : dextro decimanum I *A* ‖ VKI¹ *AGP* : VIKKI *B* ‖ et SDI VKI *AGP* : *om. B* ‖ KKI¹ *AGP* : KK *B*.

(5) his *BGP* : h. ad *A* ‖ lateribus *AB Th.* : in l. *GP La.* ‖ adscribemus *B* : -imus *A* describemus *GP* ‖ lapidis *GP* : -es *AB* ‖ inscribemus *GP* : -imus *B* scribimus *A* ‖ quae *AGP* : qua *B* ‖ ultra K primum *Go. La. Th.* : u. p. *AB* V I *GP* ‖ quod quoniam — debebit *ut glossam secl. Th.* ‖ quoniam in *AGP* : non iam *B* ‖ latitudinem *edd.* : alti- *ABGP* ‖ planitia *BGP* : -am *A* ‖ inscripturam *edd.* : -a *B* scriptura *A* inscriptionem *GP* ‖ qua *Th.* : quam *ABGP La.* ‖ lapis *GP* : lapides *B* lapis amplicauimus quam in re ipsa lapis *A* ‖ DDI VKI *GP* : *om. AB* ‖ sic et DDI KKI *add. La.*

partir d'un seul centre que l'ensemble de la série des centuries est organisé en quatre régions, la première centurie[222], elle seule, est le point de départ de l'accroissement[223] de toutes les inscriptions que l'on enferme
chaque fois dans l'angle : en effet, tout ce qui répond à la
désignation « au delà du premier *cardo* » continue de
s'appeler « au delà du premier » jusqu'à la limite
extrême ; même chose pour « en deçà[224] (du premier
*cardo*) » ; même chose pour « à droite[225] (du premier
*decimanus*) » et « à gauche[226] (du premier *decimanus*) ».
**(7)** Et quand toutes les pierres auront été posées sur le
*decimanus maximus*[227] ou sur le *cardo maximus*, il manquera chaque fois, dans la succession des centuries, la
quatrième pierre ; nous devons la placer et y inscrire la
dénomination de la centurie. Ensuite, quand nous aurons
placé la quatrième pierre d'une de ces centuries, seul sera
vide à l'emplacement suivant[228] le quatrième angle de la
centurie : c'est là qu'il faut inscrire le numéro qui lui est
propre. **(8)** À la fin, nous aurons en visée[229], selon des
lignes diagonales, tous les angles de fermeture des centuries. De cette façon, dans l'ensemble de l'ouvrage, ce
sont les angles extérieurs par rapport à l'inscription du
*decimanus maximus* et du *cardo maximus* qui ferment les
centuries.

## [Désignation des cas particuliers]

**13. (1)** Lorsque nous aurons borné toutes les centuries
avec des pierres inscrites, ce qu'ils[230] assigneront à la
*respublica*[231], bien que ce soit enserré dans des *limites,*
nous en marquerons le périmètre par un bornage
privé[232] et nous le ferons apparaître sur le plan cadastral,
selon le cas, comme « forêts » ou comme « pâturages

niam ab uno umbilico in quattuor partes omnis centuriarum ordo componitur, ab unius primae centuriae incremento omnes inscriptiones singulis angulis cluduntur :
quidquid enim ultra primum kardinem nominatur per-
seuerat usque ad extremum finem ultra primum uocari.
Sic et K : similiter D aut S. **(7)** Et cum DM siue kardine
omnes lapides positi fuerint, per successionem singulis
centuriis quartus lapis deerit, cui posito centuriae appella-
tionem inscribere debemus. His deinde cum quartum
lapidem posuerimus, sequenti loco centuriae quartus
angulus tantum uacabit, quo numerus inscribatur ipsius.
**(8)** Ad summam omnes clusares angulos centuriarum
lineis diagonalibus comprehendemus. Sic et in toto opere
exteriores anguli centurias cludunt ab inscriptione decimani maximi et kardinis maximi.

**XIII. (1)** Cum centurias omnes inscriptis lapidibus ter-
minauerimus, illa quae rei publicae adsignabunt, quamuis
limitibus haereant, priuata terminatione circumibimus, et
in forma ita ut erit ostendemus, siluas siue pascua publica

---

**(6)** omnis *GP* : -es *AB* ‖ ab unius *AGP* : ab u. *B* ‖ incremento
*AGP* : adinpraemente *B* ‖ omnes *AB* : -ium *GP* ‖ quidquid *GP* : quis-
quis *AB* ‖ nominatur *A Th.* : numeratur *GP La.* -antur *B* ‖ K *GP* :
kardo *AB* ‖ D *GP* : decimanus *AB* ‖ S et cum DM *GP* : secum decimanus maximus *A* secundum *B*.

**(7)** kardine *Th.* : -i *GP La.* -es *AB* ‖ fuerint *AGP* : -ant *B* ‖ deerit
*GP* : debebit *AB* ‖ cui *AGP* : sui *B* ‖ centuriae *AB* : -arum *GP* ‖ appel-
lationem *AB* : -es *GP* ‖ debemus *GP* : debebit *AB* ‖ his deinde cum
*GP* : hisdem id es cum *B* hisdem in decumanum *A* ‖ loco *BGP* : -i *A* ‖
tantum uacabit quo *GP* : zantum uocabitur quod *AB*.

**(8)** clusares *BGP* : -ales *A* ‖ comprehendemus *GP* : -imus *AB* ‖ toto
*BGP* : tuto *A* ‖ centurias *AGP* : -a *B* ‖ inscriptione *BGP* : -em *A* ‖
maximi et kardinis *AGP* : *om. B*.

**XIII. (1)** inscriptis *GP* : in se certis *A* in se incertis *B* ‖ quae *AGP* :
q. et *B* ‖ priuata terminatione *AGP* : -am -em *B* ‖ circumibimus *A Th.* :
circuibimus *BGP La.* ‖ forma *GP* : -am *AB* ‖ erit *AGP* : aere *B* ‖ ostendemus *GP* : -imus *AB* ‖ siluas *BGP* : -a *A* ‖ siue pascua publica *AB* :
*om. GP*

publics »[233], ou les deux à la fois. (**2**) Tout l'espace sur lequel cela s'étendra, nous le remplirons par l'inscription, pour que, sur le plan cadastral aussi, l'étendue du terrain soit indiquée par l'espacement des lettres. L'extrémité de ces forêts, nous la bornerons d'angle en angle.

(**3**) De la même manière, nous bornerons les fonds exceptés ou concédés[234] et, sur le plan cadastral, nous les indiquerons par des inscriptions, comme nous indiquerons les terrains publics[235]. (**4**) Les fonds concédés, nous les ferons apparaître de la même façon : par exemple « *fundus Seianus*, concédé à L. Manilius, fils de Seius »[236]. (**5**) Dans les assignations du divin Auguste, les fonds exceptés et les fonds concédés ont des conditions diffé-rentes. Ont été « exceptés » les fonds des gens qui s'étaient bien comportés[237] : leur condition les fait rele-ver totalement du droit privé, sans qu'ils doivent aucune redevance à la colonie, et les maintient dans le sol du peuple romain. (**6**) Ont été « concédés » les fonds qui ont bénéficié d'une faveur, alors qu'il était interdit à qui-conque de posséder plus que la limite fixée par l'édit. (**7**) Donc, de même que les surplus des anciens posses-seurs[238] sont ramenés dans le droit de la colonie, ainsi en est-il pour les surplus de ceux à qui il a été permis de posséder davantage. (**8**) Car les fonds de tous ont été par lui[239] achetés au fur et à mesure des retours et assignés au soldat. Nous les inscrirons donc comme « concédés », de sorte qu'ils se perpétuent sur le bronze.

siue utrumque. (2) Quatenus erit, inscriptione replebimus, ut et in forma loci latitudinem rarior litterarum dispositio demonstret. Harum siluarum extremitatem per omnes angulos terminabimus.

(3) Eadem ratione terminabimus fundos exceptos siue concessos, et in forma sicut loca publica inscriptionibus demonstrabimus. (4) Concessos fundos similiter ostendemus, ut « fundus Seianus concessus Lucio Manilio Sei filio ». (5) In adsignationibus enim diui Augusti diuersas habent condiciones fundi excepti et concessi. Excepti sunt fundi bene meritorum, ut in totum priuati iuris essent nec ullam coloniae munificentiam deberent, et essent in solo populi Romani. (6) Concessi sunt fundi e*i* quibus indultum est, cum possidere unicuique plus quam edictum continebat non liceret. (7) Quemadmodum ergo eorum ueterum possessorum relicta portio ad ius coloniae reuocatur, sic eorum quibus plus possidere permissum est. (8) Omnium enim fundos secundum redit*us* coemit et militi adsignauit. Inscribemus ergo concessos sic ut in aere permaneant.

utrumque *AB* : utrim- *GP*.

(2) erit *AB* : fuerit *GP* ‖ inscriptione *GP* : -em *A* terminationem *B* ‖ demonstret *AGP* : -at *B*.

(3) forma *AGP* : -as *B* ‖ sicut *GP* : sic *AB*.

(4) ostendemus *A* : -imus *B* inscribemus *GP* ‖ lucio *BGP* : a l. *A* ‖ sei filio *A* : C fil *GP om. B*.

(5) bene *GP* : paene *AB* ‖ totum *BGP* : tuto *A* ‖ nec *GP* : inhaec *A* inhae *B* ‖ ullam coloniae *La. Th.* : ullae c. *A* c. ullam *GP* c. *B* ‖ deberent *GP* : haberent *AB* ‖ et *B* : *om. AGP*.

(6) ei *La. Th.* : et *AB* e *GP* ‖ indultum est *A* : e. i. *BGP* ‖ cum *AGP* : *om. B* ‖ edictum *A* : reditum *GP* peditum *B*.

(7) quemadmodum *AGP* : quam *B* ‖ reuocatur *AGP* : -cabitur *B* ‖ sic eorum *GP* : citerorum *A* ce- *B* ‖ permissum *AGP* : com- *B*.

(8) fundos *AGP* : f. ceterorum quibus plus possidere commissum est omnium enim funeros *B* ‖ reditus coemit *N* : -os c. *AGP* meritum *B* ‖ militi *AGP* : militiam *B* ‖ inscribemus *AGP* : scribimus *B* ‖ concessos *AB* : fundos *GP* ‖ in *AB* : *om. GP* ‖ aere *BGP* : re *A* ‖ permaneant *AB* : -at *GP* ‖ *post* permaneant *def. A*.

(**9**) De même, tout ce qui aura été assigné au territoire appartiendra en propre à la ville, et il ne sera licite ni de le vendre ni de l'aliéner du domaine public. Nous l'inscrirons comme « donné au territoire pour son entretien[240] », comme les forêts et les pâtures publiques.

(**10**) Ce qui aura été donné à l'*ordo* de la colonie, nous l'inscrirons sur le plan cadastral comme « forêt et pâturages », par exemple « Semproniens », « comme ils ont été assignés aux *Iulienses* »[241]. D'où il apparaîtra que ces terres appartiennent à l'*ordo*[242].

(**11**) De même, dans les endroits où il se sera trouvé un bois sacré, des lieux sacrés ou des sanctuaires, nous les mesurerons par le pourtour[243] et nous inscrirons leur nom. Ce n'est pas une mince preuve d'ancienneté qu'apporte le document, si les mesures et les noms des lieux remarquables sont bien attestés par les inscriptions du bronze.

(**12**) Si une région, sur l'extrémité[244], n'a pas reçu de *limites*, nous indiquerons que ce lieu est vide par l'inscription « lieu exclu »[245]. Et ensuite, nous fixerons la ligne d'extrémité par des bornes de pierre placées à bonne distance les unes des autres et par des autels portant inscrits le nom du fondateur et les frontières de la colonie. Si l'on parle de région « exclue », c'est parce qu'elle est enfermée par la ligne de frontière, mais se trouve au delà des *limites*[246]. (**13**) Et si la ligne de frontière n'a pas été enfermée par des *limites*[247], le mieux sera de relier son pourtour au moyen du *ferramentum* à partir d'angles droits et de poser des bornes selon ce procédé[248]. (**14**) S'il se trouve une hauteur escarpée et difficile, nous

(9) Aeque territorio si quid erit adsignatum, id ad ipsam urbem pertinebit nec uenire aut abalienari a publico licebit. Id « datum in tutelam territorio » adscribemus, sicut siluas et pascua publica.

(10) Quod ordini coloniae datum fuerit, adscribemus in forma « silua et pascua », ut puta « Semproniana », « ita ut fuerunt adsignata Iuliensibus ». Ex hoc apparebit haec ad ordinem pertinere.

(11) Aeque lucus aut loca sacra aut aedes quibus locis fuerint mensura comprehendemus, et locorum uocabula inscribemus. Non exiguum uetustatis solet esse instrumentum, si locorum insignium mensurae et uocabula aeris inscriptionibus constent.

(12) Si qua regio in extremitate limites non acceperit, eum locum uacantem significabimus hac inscriptione : « locus extra clusus ». Et extremitatem deinde terminis lapideis obligabimus, interposito ampliore spatio, et aris inscriptis conditoris nomine et coloniae finibus. Extra clusa regio ideo quod ultra limites finitima linea cluditur. (13) Linea autem finitima si limitibus comprehensa non fuerit, optimum erit extremitatem ad ferramentum rectis angulis obligare et sic terminos ponere. (14) Si fuerit

---

(9) id ad ipsam *GP* : et adiectam *B* ‖ id datum *GP* : sed dum *B* ‖ territorio[2] *GP* : -ii *B* ‖ adscribemus *edd.* : -imus *B* -i *GP* ‖ siluas *GP* : -is *B*.

(10) quod ordini *GP* : quo ordine *B* ‖ adscribemus *GP* : -imus *B* ‖ ut puta *GP* : remota *B* ‖ semproniana ita ut *GP* : sempronia ut ait *B* ‖ fuerunt *GP* : fuerat *B* ‖ iuliensibus *GP* : iuncte axibus *B* ‖ ex *GP* : et ex *B* ‖ haec ad ordinem *GP* : ita et ordine *B*.

(11) aeque *BGP* : ea lege *N* ‖ mensura *GP* : -am *B* ‖ comprehendemus *GP* : -imus *B* ‖ inscribemus *GP* : -imus *B* ‖ uetustatis *GP* : -ibus *B* ‖ mensurae *GP* : *om. B* ‖ constent *GP* : -et *B*.

(12) in *GP* : *om. B* ‖ acceperit *GP* : adpeteres *B* ‖ hac *GP* : hanc *B* ‖ inscriptione *GP* : -is *B* ‖ et extremitatem *B Th.* : extr. *GP La.* ‖ deinde *GP* : eamque *B* ‖ ultra *GP* : intra *B*.

(13) non *GP* : *om. B* ‖ et sic terminos ponere *B* : *om. GP*.

(14) si fuerit mons *denuo* A

placerons de rocher en rocher des marques signalant la frontière et, là où cela sera possible, des inscriptions ; nous reporterons ces indications sur le plan cadastral, de la même façon [également en Sicile, où il y a des montagnes hautes et escarpées[249]]. **(15)** En plaine, bien que les subsécives de toutes les centuries soient enfermés par des pierres inscrites, nous devrons pourtant, en des lieux précis, placer des autels de pierre, dont l'inscription indiquera, sur le côté dirigé vers la *pertica,* la limite de la colonie, et sur l'autre, celui qui regardera vers l'extérieur, les communautés voisines. **(16)** Là où les frontières feront un angle, nous poserons des autels triangulaires. De même, aussi, dans les zones montagneuses. **(17)** Et ces autels doivent être établis par les deux cités ; en effet, les cités voisines devront, dans les mêmes endroits, consacrer des autels avec le nom de l'empereur[250] et avec l'inscription de leurs frontières.

## [Le tirage au sort pour l'attribution des lots de terre]

**14. (1)** Une fois le terrain limité[251], nous comparerons le nombre des futurs détenteurs de lots à la superficie des lots, nous estimerons combien peut en contenir une centurie et nous tirerons au sort. Ce sont en effet les terres cultivées dont on fait l'estimation pour donner aux soldats émérites le prix de leurs services. **(2)** Si dans telle *pertica* nous avons fait des centuries de deux cents

mons asper et confragosus, per singulas petras finitimas
notas imponemus et ubi potuerit inscriptiones : sic et in
forma significabimus [praeterea in Sicilia, ubi montium
altitudo et asperitas est]. **(15)** Nam in planis quamuis
omnium centuriarum subseciua lapidibus inscriptis com-
prehendantur, certis tamen locis aras lapideas ponere
debebimus, quarum inscriptio ex uno latere perticae
applicato finem coloniae demonstret, ex altero, qua foras
erit, adfines. **(16)** Vbi fines angulum facient, ternum angulorum aras ponemus. Sic et in locis montuosis. **(17)** Et
has utraeque ciuitates constituant : adfines enim eisdem
locis nomine imperatoris et finium earum inscriptione
aras consecrare debebunt.

**XIIII.** **(1)** Agro limitato, accepturorum comparationem
faciemus ad modum acceptarum, quatenus centuria
capere possit aestimabimus, et in sortem mittemus.
Solent enim culti agri ad pretium emeritorum aestimari.
**(2)** Si in illa pertica centurias ducenum iugerum fecerimus et accipientibus dabuntur iugera sexagena sena

imponemus *GP* : -imus *AB* ‖ praeterea — asperitas est *secl. La. Th.*
*quod habent AB om. GP.*

**(15)** planis *AB* : planitiis *GP* ‖ quamuis *GP* : q. in *AB* ‖ applicato
*edd.* : -ae *AB* applicito *GP* ‖ finem *GP* : -e *A* sine *B* ‖ demonstret *G^{ac}* :
-at *G^{pc}P* -as *A* -es *B* ‖ altero *GP* : -a *A* -am *B*.

**(16)** fines *GP* : finiet *AB* ‖ facient *A* : f. et *GP* facies *B* ‖ ternum
*AGP* : terminum *B* ‖ angulorum *AB* : angulum *GP* ‖ ponemus *AGP* :
-imus *B* ‖ sic et *AB* : s. *GP*.

**(17)** utraeque *GP* : utras- *AB* ‖ et finium *AGP* : nec f. *B* ‖ earum
*AB* : suarum *GP* ‖ inscriptione *AB* : -ibus *GP*.

**XIIII. (1)** accepturorum *AGP* : -ptorum *B* ‖ comparationem *GP* :
-um *AB* ‖ acceptarum *AGP* : -ptorarum *B* ‖ quatenus *BGP* : quo- *A* ‖
centuria *GP* : -am *AB* ‖ possit *GP* : -is *AB* ‖ sortem *GP* : -e *AB* ‖ mittemus *AGP* : -imus *B* ‖ emeritorum *GP* : mementorum *A* momentorum *B*.

**(2)** in *AGP* : *om. B* ‖ centurias *GP* : -a *A* -ae *B* ‖ ducenum *AB* :
ducentenum *GP* ‖ fecerimus *AGP* : faceremus *B* ‖ dabuntur *GP* :
-bitur *AB*

jugères chacune et si l'on donne aux bénéficiaires d'un lot soixante-six jugères deux tiers, une centurie devra revenir à trois hommes et nous y bornerons pour eux trois parts de façade égale[252]. (**3**) Nous mettrons dans l'urne tous les noms, inscrits sur des tablettes, et c'est l'ordre de sortie qui déterminera ceux qui devront tirer le premier lot de centuries. Et ainsi de suite selon cet exemple. (**4**) S'ils se sont mis d'accord pour constituer des groupes de trois pour le tirage au sort des trois qui doivent recevoir le premier lot de centuries, après la constitution des groupes de trois, nous inscrirons chaque nom sur une tablette. (**5**) Par exemple, s'il y a eu un tel accord entre Lucius Titius[253] fils de Lucius, Seius fils de Titus, Agerius fils d'Aulus, vétérans de la cinquième légion Alaudae, nous inscrirons un seul d'entre eux sur une tablette et nous noterons dans quel rang il sera sorti. (**6**) Si c'est l'urne qui établit le groupe de trois, nous inscrirons chaque nom sur une tablette, et le premier groupe de trois sera constitué par les noms qui seront sortis du premier jusqu'au troisième. Et ainsi de suite. (**7**) Ces groupes de trois établis par tirage au sort, certains les ont appelés « tablettes », parce qu'ils étaient enregistrés dans des livres, et du terme de « première tablette de cire » ils ont

besses, unam centuriam tres accipere debebunt, in qua
illis tres partes aequis frontibus determinabimus. (3) Omnium nomina sortibus inscripta in urnam mittemus et
prout exierint primam sortem centuriarum tollere debebunt. Eodem exemplo et ceteri. (4) Quod si illis conuenerit ut conternati sortiri debeant qui tres primam centuriarum sortem accipere debeant, conternationum factarum
singula sortibus nomina inscribemus. (5) Vt si conuenerit
Lucio Titio Luci filio, Seio Titi filio, Agerio Auli filio,
ueteranis legionis quintae Alaudae, ex eis unum sorti
nomen inscribemus et quoto loco exierit notabimus.
(6) Si conternationem urna faciet, singulis sortibus singulorum nomina inscribemus, et a primo usque ad tertium
qui exierit erit prima conternatio. Sic et ceterae. (7) Has
conternationes sublata sorte quidam tabulas appellauerunt, quoniam codicibus excipiebantur, et a prima cera

besses *GP* : S *A* semis *B* ‖ tres *AB* : t. homines *GP* ‖ qua *AGP* :
quid *B* ‖ partes aequis *BGP* : *om. A* ‖ frontibus *GP* : partibus *AB*.

(3) omnium *AB* : o. ergo *GP* ‖ mittemus *A* : -imus *B* deiciemus
*GP* ‖ prout exierint *AB* : mota primo quoque ternos comparauimus qui
primi exierint *GP* ‖ centuriarum *BGP* : -am *A* ‖ tollere — centuriarum
sortem *om. B* ‖ tollere *A* : ducere *GP* ‖ exemplo *GP* : *om. A*.

(4) conuenerit ut *A* : permissum erit ut inter conuenientes conter-
nentur *GP* ‖ debeant[1] *A* : debebunt *GP* ‖ primam *GP* : -um *A* unam
*coni. La.* ‖ centuriarum *edd.* : -am *A* -ae *GP* ‖ conternationum *GP* : -e
*A* -em *B* ‖ inscribemus *AGP* : scribimus *B*.

(5) si *AGP* : id *B* ‖ lucio titio luci filio *AB* : L T L F *GP* ‖ seio *B* :
et P SEIO *GP om. A* ‖ titi *A* : -o *B*  T *GP* ‖ agerio *AB* : et AGGERIO
*GP* ‖ auli *A* : A *GP* bullo *B* ‖ legionis *A* : leg. *GP* legionariis *B* ‖ quin-
tae *GP* : -a *A* -o *B* ‖ alaudae *GP* : allauel *A* ala quinto *B* ‖ eis *AB* : his
*GP* ‖ sorti *GP* : sortium *AB* ‖ nomen *GP* : nomina *AB* ‖ inscribemus
*AGP* : -imus *B* ‖ quoto *AGP* : qui quinto *B*.

(6) si *GP* : sic *AB* ‖ urna *AGP* : unam *B* ‖ faciet *AB* : -es *GP* ‖ singulis — a primo *GP* : dum *AB* ‖ erit *B* : *om. AGP* ‖ prima *GP* : una
*AB*.

(7) conternationes *BGP* : -e *A* ‖ quidam *BGP* : quidem *A* ‖ appellauerunt[1] *BGP* : -ant *A* ‖ codicibus *AB* : iudicibus *GP* ‖ excipiebantur
*AGP* : -atur *B* ‖ a prima *AGP* : ad primam *B* ‖ cera *AGP* : -am *B*.

tiré l'appellation de « première tablette »[254]. **(8)** Ensuite, une fois terminé le tirage au sort des groupes de trois, nous inscrirons toutes les centuries, chacune sur une tablette, et nous les mettrons dans l'urne : alors la centurie qui sera sortie en premier reviendra au premier groupe de trois. **(9)** Mettons que ce soit par exemple la centurie « à droite du *decimanus* n° 35, au delà du *cardo* n° 47 »[255] : ce sont les trois de la première tablette qui devront la recevoir ; ce que nous inscrirons ainsi sur les livres du bronze[256] : « Tablette numéro un : à droite du *decimanus* n° 35, au delà du *cardo* n° 47 : à Lucius Terentius, fils de Lucius, de la tribu Pollia, 66 $\frac{2}{3}$ jugères ; à Gaius Numisius, fils de Gaius, de la tribu Stellatina, 66 $\frac{2}{3}$ jugères[257] ; à Publius Tarquinius, fils de Gnaeus, de la tribu Terentina[258], 66 $\frac{2}{3}$ jugères ». Et sur cet exemple la suite des tirages[259].

## [Les zones non assignées de la *pertica*]

**15. (1)** Nous devrons assigner la terre, selon la loi du divin Auguste, « jusqu'où seront allées la faux et la charrue »[260], sauf si le fondateur y a changé quelque chose. **(2)** Il faut d'abord assigner la terre qui se trouve vers l'extrémité, pour que les confins soient tenus par les possesseurs comme par des bornes[261] ; ensuite, les parties intérieures de la *pertica*. **(3)** Si des pâtures ou des forêts ont été concédées à des domaines, nous inscrirons sur les plans cadastraux selon quel droit elles ont été données.

primam tabulam appellauerunt. **(8)** Peracta deinde conternationum sortitione omnes centurias sortibus per singulas
inscribemus et in urnam mittemus ; inde quae centuria
primum exierit ad primam conternationem pertinebit.
**(9)** Sit forte centuria DDXXXV VKXLVII ; hanc ex
prima tabula tres accipere debebunt. Quod in aeris
libris sic inscribemus : « Tabula prima : DDXXXV
VKXLVII : L. Terentio L. filio Pol(lia) iugera LXVIsz ;
C. Numisio C. F. Ste(llatina) iugera LXVIsz ; P. Tarquinio Cn. F. Ter(entina) iugera LXVIsz ». Eodem exemplo
et ceteras sortes.

**XV. (1)** Adsignare agrum secundum legem diui
Augusti eatenus debebimus « qua falx et arater exierit »,
nisi ex hoc conditor aliquid immutauerit. **(2)** Primum
adsignare agrum circa extremitatem oportet, ut a possessoribus uelut terminis fines obtineantur ; ex eo interiores
perticae partes. **(3)** Si qua compascua aut siluae fundis
concessae fuerint, quo iure datae sint formis inscribemus.

**(8)** conternationum *BGP* : -e *A* ‖ sortitione *GP* : sortitorum *A* sor-
tiorum *B* ‖ sortibus *AGP* : *om. B* ‖ inscribemus *AGP* : scribimus *B* ‖
mittemus *AGP* : -imus *B*.

**(9)** sit *BGP* : si *A* ‖ XLVII *A$^{pc}$GP* : XXXVII *B* LXVIII *A$^{ac}$* ‖ hanc ex
prima — VKXLVII *GP* : *om. AB* ‖ L. terentio *AGP Th.* : lucio t. *B
La.* ‖ L *AGP Th.* : luci *B La.* ‖ filio *AB* : F *GP* ‖ pol *AGP* : pollioni *B* ‖
iugera$^1$ *B* : -o *A* iug *GP* ‖ LXVI$^1$ *AGP* : LVI *B* ‖ sz$^1$ *BGP* : s *A* ‖ C$^1$
*GP* : G *A Th.* gaio *B La.* ‖ numisio *AB* : N *GP* ‖ C$^2$ *GP* : G *A om. B* G
*La. Th.* ‖ F$^1$ *AGP La. Th.* : filio *B* ‖ stellatina *Th.* : iste *GP om. AB
La.* ‖ sz$^2$ *BGP* : s *A* ‖ P tarquinio *GP Th.* : ollo *AB* aulo *La.* ‖ Cn F *GP
Th.* : numerio filio *AB* numerii filio *La.* ‖ terentina *Th.* : ter *GP* stil *A*
stellioni *B* stellatina *La.* ‖ sz$^3$ *BGP* : s *A* ‖ et ceteras *GP* : c. *A* ceterae *B*.

**XV. (1)** adsignare *BGP* : signare *A* ‖ secundum *AGP* : secum *B* ‖
arater *AB* : aratrum *GP* ‖ ex *GP* : ea *AB* ‖ conditor *AGP* : -tori *B*.

**(2)** fines *AGP* : -is *B*.

**(3)** compascua *AGP* : conspicua *B* ‖ fundis *AB* : -os *GP* ‖ fuerint
*AGP* : -it *B* ‖ datae *AB* : -a *GP* ‖ inscribemus *A* : -imus *B* inferemus
*GP*.

(**4**) Dans beaucoup de colonies, l'immensité du territoire a surpassé[262] l'assignation[263], et comme il restait plus de terre qu'on n'en avait donné, on l'a donnée en commun aux possesseurs les plus proches, sous l'appellation de pâturages communs. (**5**) Ces pâturages, nous les ferons apparaître sur le plan cadastral en les enfermant de la même façon[264]. Ils les ont reçus en plus de leurs lots, mais pour les posséder en commun[265]. (**6**) Dans beaucoup d'endroits, les domaines ont aussi reçu des pâturages communs pris sur ce qui a été concédé dans l'assignation[266]. Ils les possèdent à titre de faveur de la colonie et on doit inscrire sur le plan cadastral « pâturages publics des *Iulienses* » ; ils supportent en effet eux aussi une redevance, même faible[267].

## [Le cas des subsécives]

**16.** (**1**) Nous devrons établir le livre de tous les subsécives pour que, quand l'empereur le voudra[268], il sache combien d'hommes peuvent être déduits dans ce lieu ; mais[269] s'ils ont été concédés à la colonie, nous inscrirons sur le bronze « concédés à la colonie ». (**2**) Ainsi, s'ils ont été concédés à la *respublica,* nous inscrirons sur le bronze « subsécives concédés », par exemple « aux *Iulienses* ».

## [Enregistrement administratif des données]

**17.** (**1**) Toutes les indications cadastrales[270], nous les inscrirons à la fois sur les plans et sur les tables du bronze : « donné et assigné », « concédé », « excepté »,

(4) Multis coloniis immanitas agri uicit adsignationem, et cum plus terrae quam datum erat superesset, proximis possessoribus datum est in commune nomine compascuorum. (5) Haec in forma similiter comprehensa ostendemus. Haec amplius quam acceptas acceperunt, sed ut in commune haberent. (6) Multis locis, quae in adsignatione sunt concessa, et ex his compascua fundi acceperunt. Haec beneficio coloniae habent ; in forma « compascua publica Iuliensium » inscribi debent : nam et uectigal quamuis exiguum praestant.

XVI. (1) Subseciuorum omnium librum facere debebimus, ut quando uoluerit imperator, sciat quot in eum locum homines deduci possint ; aut si coloniae concessa fuerint, « concessa coloniae » in aere inscribemus. (2) Ita si rei publicae concessa fuerint, in aere « subseciua concessa » ut « Iuliensibus » inscribemus.

XVII. (1) Omnes aeris significationes et formis et tabulis aeris inscribemus, « data adsignata », « concessa »,

(4) multis GP : centum C m. A C m. B ‖ coloniis AGP : -nis B ‖ immanitas AB : -mu- GP ‖ uicit GP : uicti AB ‖ nomine GP : -um AB.
(5) forma AGP : -am B ‖ similiter AB : mensuraliter GP ‖ comprehensa ostendemus La. Th. : c. -imus B comprehensam ostendimus A comprehendimus GP.
(6) concessa et lex GP : concessae lex AB concessa ex La. ‖ forma GP : -am AB ‖ iuliensium AGP : tu- B ‖ nam GP : om. AB ‖ praestant GP : -at AB.
XVI. (1) facere AGP : facile B ‖ debebimus GP : scire d. AB ‖ sciat BGP : -as A ‖ quot GP : quod AB ‖ concessa[1] AB : -ae GP ‖ inscribemus[1] AGP[pc] : -imus BP[ac].
(2) ita AB : om. GP ‖ si GP : om. AB ‖ fuerint — concessa[4] GP : eodem facies AB ‖ iuliensibus AGP : et iuliensium B ‖ inscribemus GP : -imus B scribemus A.
XVII. (1) aeris AB Th. : om. GP La. ‖ significationes GP : -em A B ‖ formis et AB : formas GP ‖ tabulis aeris AB : a. t. GP ‖ inscribemus AGP : inserimus B ‖ adsignata BGP : et signata A

« rendu et échangé contre le sien », « rendu à l'ancien possesseur »[271], et toute autre inscription en abrégé qui sera en usage doit également rester sur le bronze. **(2)** Les livres du bronze[272] et le plan[273] de l'ensemble de la *pertica*, dessiné avec ses lignes, en accord avec les bornages qui y ont été effectués, et comportant la mention des voisins, nous les apporterons au *tabularium* de César[274]. **(3)** Et tout ce qui aura été concédé ou assigné par faveur à la colonie, soit à proximité d'elle-même, soit à l'intérieur d'autres cités, nous l'inscrirons dans le livre des faveurs[275]. **(4)** Et tout autre élément concernant la documentation des arpenteurs devra être en possession non seulement de la colonie[276], mais aussi du *tabularium* de César, signé de la main du fondateur. **(5)** Nous organiserons le plan de l'ensemble de la *pertica* de telle manière qu'il montre tous les *limites* de la mesure effectuée ainsi que les lignes des subsécives[277].

## [Les lots et leurs compléments]

**18. (1)** La terre brute[278] des provinces, nous l'assignerons de la manière que nous avons dite plus haut. Mais si un municipe est transféré dans le droit de colonie, nous examinerons la condition de la région et c'est selon ses exigences particulières que nous ferons l'assignation. **(2)** Dans nombre de lieux, les fondateurs ont acheté l'ensemble du secteur, dans beaucoup d'autres, ils ont privé

« excepta », « reddita commutata pro suo », « reddita
ueteri possessori », et quaecumque alia inscriptio singu-
larum litterarum in usu fuerit et in aere permaneat.
(2) Libros aeris et typum perticae totius lineis descriptum
secundum suas determinationes adscriptis adfinibus tabu-
lario Caesaris inferemus. (3) Et si qua beneficio concessa
aut adsignata coloniae fuerint, siue in proximo siue inter
alias ciuitates, in libro beneficiorum adscribemus. (4) Et
quidquid aliud ad instrumentum mensorum pertinebit non
solum colonia sed et tabularium Caesaris manu conditoris subscriptum habere debebit. (5) Typum totius perticae
sic ordinabimus ut omnes mensurae actae limites et subseciuorum lineas ostendat.

**XVIII. (1)** Agrum rudem prouincialem sic adsignabimus quemadmodum supra diximus. Si uero municipium
in coloniae ius transferetur, condicionem regionis excu-
tiemus et secundum suam postulationem adsignabimus.
(2) Multis locis conditores uniuersum locum coemerunt,

---

commutata pro suo *GP* : c. *AB* ‖ reddita ueteri possessori *edd.* : r.
pro suo u. p. *AB* ueteri possessori *GP* ‖ quaecumque *BGP* : quas- *A* ‖
fuerit *AGP* : -int *B* ‖ et *ABGP Th.* : ut *coni. La.* ‖ in aere permaneat
*AGP* : in aeris permaneant *B*.

(2) libros aeris et *AGP* : libris et *B* ‖ typum perticae totius *A* : p. ty.
to. *B* ty. to. p. *GP* ‖ lineis *AB* : linteis *GP* ‖ determinationes *AB* :
terminationes *GP*.

(3) adsignata *AGP* : -ae *B* ‖ *post* adsignata *def. A* ‖ adscribemus
*GP* : -imus *B*.

(4) et quidquid *GP* : ut q. *B* ‖ ad *GP* : *om. B* ‖ colonia *GP* : -ae
*B* ‖ tabularium *GP* : -o *B* ‖ subscriptum *GP* : -a *B* ‖ debebit *B* : debet
*GP*.

(5) typum totius perticae sic — ostendat *BGP La.* : *del. Th.*

**XVIII. (1)** agrum *denuo A* ‖ diximus *AB* : dixi *GP* ‖ coloniae ius
*Ru. Th.* : -am eius *ABGP La.* ‖ transferetur *AGP* : -fertur *B* ‖ excutie-
mus *GP* : -imus *B* -emus *A* ‖ suam *AGP* : *om. B*.

(2) coemerunt *GP* : -rint *A* -rit *B*

de la possession de leurs fonds ceux qui s'étaient mal comportés[279]. Cependant, là où il y a eu aussi quelque chose de concédé aux bonnes grâces de quelqu'un, dans les conditions de cette sorte intervient la formule « concédé à l'ancien possesseur et à la *respublica* »[280]. (**3**) Cette terre, nous l'assignerons selon la loi donnée[281] ou, s'il en est décidé ainsi, selon la loi du divin Auguste, « jusqu'où seront allées la faux et la charrue »[282]. (**4**) Cette loi est susceptible d'interprétation. Certains pensent que seule est concernée la terre en culture : pour moi, elle dit qu'il faut assigner la terre utile. Le but est d'éviter qu'à celui qui reçoit un lot, on n'assigne toute sa superficie en bois ou en pâture. (**5**) Quant à celui qui aura reçu la majeure partie de sa superficie en terres cultivées, il sera excellent qu'aux termes de la loi il reçoive une part de forêt pour compléter sa superficie. Il se fera ainsi que les uns recevront de la forêt contiguë à leur parcelle, d'autres sur des hauteurs, éventuellement au delà de leur quatrième voisin[283].

## [Les lots situés sur plusieurs centuries]

**19.** (**1**) Tout d'abord, donc, nous enfermerons le terrain dans des *limites*, c'est-à-dire que nous établirons la centuriation. (**2**) Ensuite nous bornerons les lots : toute superficie qui dépasse le *limes*[284] doit être réunie à l'autre partie du lot[285] et c'est ainsi qu'elle doit être gravée dans le bronze. (**3**) Voici de quelle façon tu inscriras les tablettes du tirage au sort : par exemple, si un lot s'étend

multis male meritos fundorum possessione priuauerunt.
Vbi tamen aliquid concessum est et gratiae, in eius modi
condicionibus interuenit « C V P et rei publicae ».
(3) Hunc agrum secundum datam legem aut si placebit
secundum diui Augusti adsignabimus eatenus « qua falx
et arater ierit ». (4) Haec lex habet suam interpretatio-
nem. Quidam putant tantum cultum nominari : ut mihi
uidetur, utilem ait agrum adsignare oportere. Hoc erit ne
accipienti siluae uniuersus modus adsignetur aut pascui.
(5) Qui uero maiorem modum acceperit culti, optime
secundum legem accipiet aliquid siluae ad implendum
modum. Ita fiet ut alii sibi iunctas siluas accipiant, alii in
montibus ultra quartum forte uicinum.

**XVIIII. (1)** Primum ergo agrum limitibus includemus,
hoc est centuriabimus. **(2)** Deinde acceptas terminabimus : quicumque modus limitem excedit commalleolari
debet et sic in aere incidi. **(3)** Sortes autem sic inscribes :
ut si una accepta duas, tres, pluresue centurias continebit,

multis *GP* : -os *AB* ‖ possessione *AGP* : -es *B* ‖ aliquid concessum
est *AB* : c. e. a. *GP* ‖ condicionibus *AB* : enim assignationibus *GP* ‖ rei
publicae *AB* : RP *GP*.
(3) hunc *A* : nouum h. *B* sup *GP* ‖ adsignabimus *AB* : adsignare
debebimus *GP* ‖ eatenus *AGP* : om. *B* ‖ qua *AB* : quas *GP* ‖ falx et
arater *AB* : false taratrum *GP* ‖ ierit *AB* : exierit *GP*.
(4) habet *AB* : om. *GP* ‖ utilem ait *La. Th.* : -e a. *GP* alii *AB* ‖ oportere *GP* : om. *AB* ‖ accipienti *N* : -e *GP* accipiet *AB*.
(5) uero *BGP* : om. *A* minorem aut *N* ‖ acceperit culti *AB* : c. a. *GP* ‖
siluae *AB Th.* : et s. *GP La.* ‖ modum *AB La. Th.* : acceptae m. *GP* ‖
ita fiet *AB* : hoc ipsud euenit *GP* ‖ sibi iunctas siluas *AB* : siluas sibi i.
*GP* ‖ quartum *GP* : quattuor *AB* ‖ forte *BGP* : fori *A* ‖ uicinum *AGP* :
-os *B*.
**XVIIII. (1)** ergo *GP* : om. *AB secl. La. Th.* ‖ includemus *AGP* :
-imus *B* ‖ centuriabimus *AB* : c. separabimus *GP*.
(2) terminabimus *A* : et t. *GP* terminibus *B* ‖ excedit *AB* : -et *GP* ‖
commalleolari *GP* : -mallolari *A* -mallari *B* ‖ debet *AB* : debebit *GP*.
(3) autem *GP* : om. *AB secl. La. Th.* ‖ ut *BGP* : om. *A* ‖ si *GP* : om.
*AB* ‖ tres *AB* : aut t. *GP*

sur deux centuries, sur trois, ou davantage[286], nous inscrirons sur une seule tablette ces centuries et quelle quantité du lot elles contiennent. Par exemple, si l'on donne $66\frac{2}{3}$ jugères répartis sur trois centuries, $6\frac{2}{3}$ jugères sur la centurie *DDI KKI*, 15 jugères sur la centurie *DDI KKII* et 45 jugères sur la centurie *DDII KKII*, ces centuries[287] devront être réunies sur une seule tablette. Tout le reste se fera à cet exemple. **(4)** Après le tirage au sort, nous conduirons les bénéficiaires sur le terrain et leur assignerons leurs confins. **(5)** Une fois les confins assignés et les autres zones mesurées réparties, nous porterons à la *respublica*, comme je l'ai dit plus haut[288], les plans cadastraux et tout ce qui concernera les mesures, mis en ordre par le fondateur.

## [La terre arcifinale soumise au vectigal]

**20. (1)** La terre arcifinale[289] soumise au vectigal, nous devons l'assujettir à la mesure de sorte qu'elle soit conservée définitivement à la fois par des tracés rectilignes et par un certain bornage. **(2)** Beaucoup ont divisé ce genre de terre à la manière des colonies par des *decimani* et des *cardines*, c'est-à-dire par centuries, comme en Pannonie[290] ; à mon sens, la mesure de ce sol doit être faite selon un autre système[291]. **(3)** Car il doit y avoir une

has centurias et quantum ex accepta habeant in una sorte inscribemus. Vt si dabitur LXVIs*z* et per tres centurias separabitur, DDI KKI iugera VIs*z*, DDI KKII iugera XV, et DDII KKII iugera XLV, has una sors continere debebit. Sub hoc exemplo et cetera fient. (**4**) Sortitos in agrum deducemus et fines adsignabimus. (**5**) Finibus adsignatis et ceteris mensuris parti*tis* formas et quaecumque ad mensuras pertinebunt ita ut supra dixi <a> conditor*e* ordinata r(ei) p(ublicae) *in*feremus.

**XX. (1)** Agrum arcifinium uectigalem ad mensuram sic redigere debemus ut et recturis et quadam terminatione in perpetuum seruetur. (**2**) Multi huius modi agrum more colonico decimanis et kardinibus diuiserunt, hoc est per centurias, sicut in Pannonia : mihi autem uidetur huius soli mensura alia ratione agenda. (**3**) Debet enim

ex accepta *A^{pc}* : ex -am *B* excepta *A^{ac}GP* ‖ in *AGP* : et *B* ‖ inscribemus *AGP* : -imus *B* ‖ dabitur — has una *om. B* ‖ LXVIs*z La. Th.* : LXVIs *A* LXVII si *GP* ‖ centurias *GP* : uias uias *A* ‖ DDI KKI *La. Th.* : ADI KKI *GP* deinde I KKI *A* ‖ VIs*z GP* : VIsC *A* ‖ DDI KKII *La. Th.* : et DDI KKI *GP* deinde I KKII *A* ‖ et DDII KKII *La. Th.* : et deinde II KKII *A* et DD KK *GP* ‖ XLV *A* : XXXV *GP* ‖ has *A* : haec *GP* ‖ exemplo et *GP* : ex. *AB* ‖ cetera fient *AB Th.* : reliqua *GP La.*

(**4**) sortitos — adsignabimus *GP* : *om. AB*.

(**5**) finibus adsignatis *B Th.* : f. -as *A om. GP La.* ‖ et ceteris *A Th.* : haec et aeris *B om. GP La.* ‖ mensuris *B Th.* : mensoris *A om. GP La.* ‖ partitis *Th.* : partibus *AB om. GP La.* ‖ formas et quaecumque — supra dixi *GP La. Th.* : *om. AB* ‖ a conditore *Th.* : conditori *A^{ac}B* conditor *A^{pc} om. GP La.* ‖ ordinata *Th.* : -am *B* ordinae *A om. GP La.* ‖ r(ei) p(ublicae) inferemus *Th.* : praeferemus *A* -imus *B om. GP La.*

**XX. (1)** debemus *AGP* : debebimus *B* ‖ quadam *AGP* : quae- *B* ‖ terminatione *AGP* : -em *B*.

(**2**) huius modi agrum *AB* : h. agri mensuram *G* h. agro m. *P* ‖ kardinibus *AB* : KDB *GP* ‖ per *AGP* : *om. B* ‖ centurias *GP* : uias *AB* ‖ pannonia *AGP* : parinota *B* ‖ autem *GP* : *om. AB secl. La. Th.* ‖ soli mensura *GP* : modi *AB* ‖ agenda *GP* : -um *AB*.

différence entre une terre libre de charges et une terre vectigalienne. En effet, de même que leurs conditions sont diverses, de même le tracé de leurs mesures doit être différent[292]. Et notre profession ne s'enferme pas dans un champ d'action si étroit qu'elle ne puisse tracer aussi dans chaque province des *limites* pour un marquage privé. (**4**) Or, les terres vectigaliennes ont un grand nombre de régimes. Dans certaines provinces, on verse une part définie de la récolte, tantôt le cinquième, tantôt le septième, ou bien de l'argent, et cela en fonction de l'estimation du sol. En effet, des valeurs définies ont été établies pour les terres, comme en Pannonie : terre labourée de première catégorie, de deuxième catégorie, pré, forêt à glands, forêt ordinaire, pâture[293]. Pour toutes ces terres, le vectigal a été fixé par jugère en fonction de la fertilité.

(**5**) Dans l'estimation[294] de ces terres, pour éviter tout abus consécutif à de fausses déclarations[295], il faut apporter aux mesures un soin méticuleux. En effet, aussi bien en Phrygie que dans l'Asie tout entière, des causes de ce genre provoquent des différends aussi nombreux qu'en Pannonie. (**6**) C'est pourquoi il faut prendre les mesures

aliquid interesse inter agrum immunem et uectigalem.
Nam quemadmodum illis condicio diuersa est, mensurarum actus dissimilis esse debet. Nec tam anguste professio nostra concluditur ut non etiam per singulas prouin-
cias priuatas limitum obseruationes dirigere possit.
(4) Agri autem uectigales multas habent constitutiones.
In quibusdam prouinciis fructus partem praestant certam,
alii quintas, alii septimas, alii pecuniam, et hoc per soli
aestimationem. Certa enim pretia agris constituta sunt, ut
in Pannonia arui primi, arui secundi, p*ra*ti, siluae glandi-
ferae, siluae uulgaris, pascuae. His omnibus agris uectigal *est* ad modum ubertatis per singula iugera constitutum.

(5) Horum aestimatio*ne* n*e* qua usurpatio per falsas
professiones fiat, adhibenda est mensuris diligentia. Nam
et in Phrygia et tota Asia ex huius modi causis tam frequenter disconuenit quam in Pannonia. (6) Propter quod

(3) enim aliquid *GP* : *om. AB secl. La. Th.* ‖ agrum *GP* : *om. AB
secl. La. Th.* ‖ nam *AGP* : num *B* ‖ quemadmodum *AGP* : quam *B* ‖
mensurarum *Th.* : mensurarumque *GP* cum *AB* mensurarum quoque
*La.* ‖ actus *AGP* : -os *B* ‖ dissimilis esse debet *AB* : de. e. di. *GP* ‖ professio nostra concluditur *GP* : possessio concludetur *A* possessor sic
cluditur *B* ‖ ut *AGP* : *om. B* ‖ priuatas *AB* : -is *GP* ‖ possit *BGP* : -et *A*.
(4) autem *GP* : *om. AB secl. La. Th.* ‖ prouinciis *GP La.* : *om. AB
Th.* ‖ fructus partem *AGP* : -um parem *B* ‖ praestant certam *AB* :
constitutam p. *GP* ‖ alii quintas alii septimas *GP* : aliquis acias aliis
etiam *B* aliqui acias alii sepias *A* ‖ alii pecuniam *AB* : nunc multi p.
*GP* ‖ hoc *AB* : hanc *GP* ‖ soli *GP* : solitam *A* asolata *B* ‖ enim *GP* :
*om. AB secl. La. Th.* ‖ arui primi — omnibus agris *GP* : singulas *(*singulis *B)* species culturae uel siluarum *AB* ‖ prati *Ri.* : partis *GP* ‖ uectigal est *La. Th.* : uectigalis *GP om. AB* ‖ ad modum *GP* : secundum *A*
moetu *B* ‖ ubertatis *GP* : -em *AB* ‖ per singula iugera constitutum *GP* :
*om. AB.*
(5) horum — per falsas *om. AB* ‖ aestimatione *ego* : aestimatio *BG*
aestimio *Ri. La. Th.* ‖ ne qua *Tu. La. Th.* : in qua *GP* ‖ professiones fiat
*GP* : alia opiniones sint *A om. B* ‖ adhibenda — diligentia *om. B* ‖ nam
et in *GP* : nam et *A* alii etiam et *B* ‖ phrygia *AGP* : -ae *B* ‖ causis tam
*AGP* : causa acta *B* ‖ in pannonia *AB* : et in p. *GP*.

de la terre vectigalienne à partir de *rigores* précis[296] et en fixer chaque élément par des bornes[297]. **(7)** À certaines intersections, il faudra planter des pierres polies, carrées, avec des inscriptions et des lignes, là où l'exigera le mesurage. **(8)** Pour la largeur de tous les *rigores*, nous observerons les règles de largeur des *limites*. **(9)** Dans l'intervalle défini par les *limites*, nous tracerons les mesures par *strigae* et par *scamna*, comme les anciens[298]. **(10)** Nous donnerons au *decimanus maximus* et au *cardo maximus* une largeur de 20 pieds ; aux *limites transuersi*, entre lesquels se présentent deux fois des *scamna* et une fois des *strigae*[299], douze pieds ; aux *limites prorsi*, entre lesquels sont enfermés quatre *scamna* et quatre *strigae*[300], douze pieds également ; et aux autres *rigores linearii*, huit pieds. **(11)** Nous devrons réaliser l'ensemble du carroyage de cet arpentage avec la longueur ou la largeur plus grande de moitié[301] : et ce qui sera plus long dans le sens de la largeur, c'est un *scamnum*, dans le sens de la longueur, une *striga*[302]. **(12)** Nous établirons en premier

huius agri uectigalis mensuram a certis rigoribus comprehendere oportet ac singula terminis fundari. (7) Quibusdam interuersuris lapides politos, quadratos, inscriptos,
lineatos defigere in eam partem qua res exiget oportebit.
(8) Omnium rigorum latitudines uelut limitum obseruabimus. (9) Interstitione limitari mensuras per strigas et
scamna agemus, sicut antiqui. (10) Latitudines dabimus
decimano maximo et K pedes XX, et limitibus transuer-
sis, inter quos bina scamna et singulae strigae interueniunt, pedes duodenos, itemque prorsis limitibus, inter
quos scamna quattuor et quattuor strigae cluduntur, pedes
duodenos, reliquis rigoribus lineariis ped. octonos.
(11) Omnem mensurae huius quadraturam dimidio longiorem siue latiorem facere debebimus ; et quod in latitudinem longius fuerit scamnum est, quod in longitudinem, striga. (12) Primum constituemus decimanum

(6) a certis *AGP* : apertis *B* ‖ ac singula *La. Th.* : ad s. *AB* et ad s.
*GP*.

(7) interuersuris *GP* : -as *AB* ‖ quadratos *GP* : ut hos *AB* ‖ lineatos
*AB* : et l. *GP* ‖ defigere *BGP* : defigerent *A* ‖ qua *AGP* : quae *B* ‖ res
*BGP* : rex *A* ‖ exiget *B* : -it *AGP*.

(8) rigorum *GP* : agrorum *AB* ‖ limitum *GP* : -em *AB* ‖ obseruabimus *AB* : seruabimus *GP*.

(9) interstitione *La. Th.* : -i *GP* -em *AB* ‖ mensuras *Th.* : -a *GP* uer-
suras *AB* mensuram *La.* ‖ et scamna *AGP* : et per s. *B* ‖ agemus *GP* :
-imus *AB* ‖ sicut antiqui *AGP* : ut antiquis *B*.

(10) decimano maximo *BGP* : DM d. m. *A* ‖ et[2] *GP* : eis *AB* ‖ singulae *AGP* : -a *B* ‖ duodenos[1] *AGP* : XVII *B* ‖ itemque *GP* : item qui
*AB* ‖ inter quos *GP* : i. quo *A* in quos *B* ‖ et quattuor *B* : et q. pedes
*GP om. A* ‖ cluduntur *AGP* : in- *B* ‖ pedes duodenos *A* : duodenis *GP*
p. XVII *B* ‖ lineariis ped. octonos *AGP* : lineares ped. VIII huic agri
mensuras more colonico decimanis et kardinibus diuiserunt *B*.

(11) omnem — dimidio *om. A* ‖ omnem *GP* : -ium *B* ‖ huius *BGP* :
cuius *G204P149r* ‖ quadraturam *GP* : cultura *B* ‖ facere debebimus
*GP* : f. -bis *AB* antiquo agrimensores fecerunt *G204P149r* ‖ quod
*BGP* : quid *A* ‖ est *A* : fit *B* appellare *GP* appellauerunt *G204P149r* ‖
striga *AGP* : -am *B* -as *G204P149r*.

(12) constituemus *ABGP* : constituerunt *G204P149r*

lieu le *decimanus maximus* et le *cardo maximus*, et à partir d'eux nous enfermerons les *strigae* et les *scamna*[303]. (**13**) Nous tracerons avec soin les *limites actuarii*, et nous y planterons des pierres inscrites, en y ajoutant le numéro des *scamna*. (**14**) Nous partirons du *decimanus maximus* et du *cardo maximus* pour placer les inscriptions, comme sur les *quintarii*. Sur la première pierre, nous inscrirons *DM KM* ; ensuite, à partir d'elle, sur chaque *limes actuarius*, nous inscrirons de la même façon sur les pierres « *DM limes* n° 2 », « *KM limes* n° 2 ». (**15**) Nous couvrirons avec cette signalisation les *limites* qui séparent les quatre régions[304]. (**16**) Ensuite, au quatrième angle des carrés[305], nous poserons des pierres du type que voici : avec l'inscription abrégée « *DD V<K>*[306], *striga* n° 1, *scamnum* n° 1[307] ». Et cela est le propre des pierres placées sur les côtés ; sur le front, nous mettrons l'indication de la région : *DD VK*[308]. (**17**) Nous devrons donc examiner les pierres inscrites aux angles des carrés. (**18**) C'est à l'intérieur de *strigae* et de *scamna* de ce

maximum et kardinem maximum, et ab his strigas et scamna cludemus. (**13**) Actuarios autem limites diligenter agemus, et in eis lapides inscriptos defigemus adiecto scamnorum numero. (**14**) Primum a DM et K incipiemus inscriptiones uelut in quintariis ponere. Primo lapidi inscribemus DM KM ; ab hoc deinde singulis actuariis limitibus similiter per ipsos inscribemus « DM limes II », « KM limes secundus ». (**15**) Hac significatione omnium quattuor regionum limites comprehendemus. (**16**) His deinde quartis quadrarum angulis lapides eius generis ponemus sub hac inscriptione litteris singularibus : « DD V*K* striga prima, scamn*um* I ». Et hoc in lateribus lapidum ; in fronte autem regionis indicium : DD VK. (**17**) Nunc quadrarum angulis lapides inscriptos inspiciamus. (**18**) Intra has strigas et scamna omnem agrum sepa-

maximum[2] *ABGP* : m. sicut supra diximus *G204P149r* ‖ his *AB Th.* : eis *GP La.* ‖ cludemus *AGP* : -imus *B* uocauerunt *G204P149v.*

(**13**) autem *GP* : *om. AB secl. La. Th.* ‖ diligenter *AB* : diligentissime *GP* ‖ agemus *GP* : -imus *AB* ‖ eis *AGP* : eos *B* ‖ inscriptos *GP* : d. i. *B* scriptos *A* ‖ defigemus *AGP* : -imus *B* ‖ numero *GP* : -um *AB.*

(**14**) primum *AGP* : *om. B* ‖ a DM *GP* : a D *AB* ‖ incipiemus *GP* : -imus *AB* ‖ uelut *AGP* : uel *B* ‖ inscribemus *AGP* : -imus *B* ‖ KM[1] *BGP* : Kmus *A* ‖ ab hoc *AB* : ad hoc *GP* ‖ singulis *GP* : -ae *AB* ‖ similiter *AB* : si limites *GP* ‖ ipsos *BGP* : -o *A* ‖ inscribemus *BGP* : -es *A.*

(**15**) hac *GP* : *om. AB* ‖ significatione *GP* : -em *AB* ‖ limites *AGP* : -em *B* ‖ comprehendemus *GP* : -imus *AB.*

(**16**) deinde *AGP* : dd *B* ‖ quartis *GP* : partis *A* -es *B* ‖ quadrarum *GP* : quadratum *AB* ‖ eius *ABGP Th.* : eiusdem *La.* ‖ ponemus *AGP* : -imus *B* ‖ DD VK[1] *Ba.* : DDV *BGP La. Th.* deinde quinta *A* ‖ striga prima *AB* : -am -am *GP* ‖ scamnum *ego suadente Th.* : -o *AGP La.* -a *B* ‖ I *Ca.* : II *ABGP La. Th.* ‖ et hoc *A* : hoc *BGP* ‖ fronte *A* : -es *B* -em *GP* ‖ DD VK[2] *AGP* : deinde quintus K *A.*

(**17**) nunc quadrarum *GP* : n. posituram *A* n. cohituram *B* hinc posterioribus omnibus rationibus ad perfectum terminatis iam deinceps *N* ‖ lapides *GP* : lapideis *AB.*

(**18**) intra *AB* : inter *GP* ‖ et scamna *AGP* : et et s. *B*

genre que nous répartirons[309] tout le territoire[310], nous vérifierons que l'ensemble de sa disposition est conforme à ce qui est juste, et, en accord avec cela, nous devrons dessiner le plan cadastral du terrain[311].

rabimus, cuius totam positionem ad uerum formatam inspiciemus, secundum quod rei praesentis formam describamus.

uerum *AB* : -am *GP* ‖ inspiciemus *B* : -amus *GP* in scientiam *A* ‖
quod rei *GP* : r. q. *AB* ‖ formam *AB* : -a *GP* ‖ EXPLICIT LIBER
HYGENI GROMATICVS *GP* LIBER HYGINI GROMATICVS EXP
*B* EXP KYGYNI *(sic)* GROMATICI CONSTITVTIO FELICITER *A*.

# FRONTIN

# INTRODUCTION

Frontin (*Sex. Iulius Frontinus*) est parmi les auteurs du corpus gromatique une exception notable dans la mesure où l'on peut sans doute, dans son cas, mettre un personnage derrière le nom. C'est même un personnage bien connu s'il s'agit, comme c'est très hautement vraisemblable, de l'auteur des *Aqueducs de Rome* et des *Stratagèmes*. Né vers 30 et mort vers 104, il a été préteur urbain en 70, consul trois fois en 73, 98 et 100, gouverneur de Bretagne de 74 à 78, proconsul d'Asie en 85-86 ou 86-87, *curator aquarum* en 97. La carrière se reconstitue nettement, et elle a quelque chose de remarquable dans sa continuité sous les règnes de différents empereurs, et essentiellement des Flaviens[1].

Entre les *Strategemata*, les écrits gromatiques et le *De aquis*, on ne voit guère de rapports au premier coup d'œil. Pourtant celui qui a rédigé le *De aquis* l'a fait en s'appuyant sur une expérience technique acquise en tant que *curator*, et nous tenons en ce traité un ouvrage que l'expérience livre à un public[2] concerné par cet aspect de la technique. L'œuvre gromatique témoigne évidemment

---

1. Sur la vie de Frontin, voir W. Eck, « Die Gestalt Frontins in ihrer politischen und sozialen Umwelt », dans *Wasserversorgung im antiken Rom : Sextus Iulius Frontinus, curator aquarum*, Munich, 1982, p. 48 sq.

2. Les *Stratagèmes* sont explicitement rapportés à la volonté de l'auteur d'être utile à un public : c'est l'*usus aliorum*, dit-il (1, préf. 3) qui l'a poussé à entreprendre cette tâche.

des mêmes motivations. Dans les deux cas, il semble qu'on ait affaire à des traités écrits après coup par un haut fonctionnaire qui a pratiqué tel ou tel domaine technique. Le cas de Vitruve n'était au fond pas très différent. Si la *cura aquarum* exercée sous Nerva a suggéré à Frontin son livre sur les aqueducs, il est possible que son traité gromatique soit né d'une activité administrative antérieure, sous les Flaviens, avec des fonctions judiciaires qui l'auraient conduit à s'occuper des problèmes du territoire[3], limitations et controverses ; ces fonctions officielles l'auraient conduit à donner, dans le *De agrorum qualitate*, la définition des terres sur lesquelles l'empereur pouvait avoir des prétentions et qui pouvaient être l'objet de controverses entre le prince et les *res publicae* locales[4] ; peut-être aussi eut-il l'occasion de pratiquer les techniques de la centuriation en tant que gouverneur de Bretagne. En tout cas il paraît hasardeux de vouloir trouver entre les fonctions de *curator aquarum* et celles d'un spécialiste de l'arpentage un tel décalage social que, si Frontin a été l'un, il n'aurait pu être l'autre, comme semble le penser B. Campbell[5], qui laisse entendre, sur la foi de cet argument, que le Frontin gromatique n'est peut-être pas — ou même n'est vraisemblablement pas — le même auteur que celui des *Stratagèmes* et des *Aqueducs*. Plutôt que d'opposition et d'incompatibilité, nous préférons parler de complémentarité entre ces différentes catégories d'écrits. Nous évitons ainsi la difficulté, sans doute un peu gratuite, d'avoir à parler d'un traité sans auteur connu et attribué à Frontin par l'erreur d'un copiste, et celle, comparable, de devoir imaginer un Sex-

---

3. Comme le pense W. Eck, *op. cit.*, p. 57.

4. Voir Ph. von Cranach, *Die* Opuscula agrimensorum veterum *und die Entstehung der Kaiserzeitlichen Limitationstheorie*, Schweizerische Beiträge zur Altertumswissenschaft, Friedrich Reinhardt Verlag, Bâle, 1996, p. 46 sq.

5. B. Campbell, *The Writings of the Roman Land Surveyors. Introduction, Text, Translation and Commentary*, Londres, 2000, p. XXVIII.

tus Iulius Frontinus qui serait sensiblement de la même époque que le *curator aquarum*, qui aurait mené lui aussi une carrière de fonctionnaire, qui aurait produit aussi une œuvre technique, dont certains points d'ailleurs ne seraient pas sans rapport avec les problèmes d'adduction d'eau (celle-ci n'étant guère séparable de l'organisation des territoires) — mais qui ne serait pas le Sextus Iulius Frontinus connu…

Lachmann avait édité un Frontin de 58 pages ; celui de Thulin est beaucoup plus maigre. Aux 33 premières pages de ses *Schriften der römischen Feldmesser*, l'éditeur allemand avait ajouté (p. 34-58) comme tiré aussi *ex libro Frontini secundo* un ensemble de texte portant essentiellement sur les controverses et d'ailleurs commenté par un certain Agennius Urbicus sous le titre de *De controuersiis agrorum* (p. 59 sq. de l'édition Lachmann). Mommsen n'a accepté comme « frontiniennes » que les pages 1 à 34 de Lachmann. À sa suite, Thulin a refusé à Frontin la paternité des textes édités par Lachmann p. 34 sq. et commentés par Agennius. Celui-ci aurait, pour Thulin, commenté un *fons optimus* qui ne serait pas Frontin ; quant à la distinction, à l'intérieur de l'ouvrage d'Agennius Urbicus, entre le texte commenté et le texte-commentaire, Thulin admet volontiers celle qui a été établie par Lachmann, et d'ailleurs rendue visuellement perceptible dans leurs éditions respectives par la différence des caractères dans la typographie. Pour en revenir à la distinction entre ce qui est frontinien et ce qui ne l'est pas, le critère retenu est simple : ne sont accordés à Frontin que les passages que les mss présentent effectivement sous son nom. Nous nous conformons à cette position qui est celle de Thulin. Pour prendre le cas de l'*Arcerianus* A, nous commencerons au f. 61 (ligne 1 : *Agrorum qualitates sunt tres…*), c'est-à-dire au début du texte attribué à Frontin par le titre du f. 60 (*inc. Iuli Frontini De agrorum qualitate Filiciter*, sic) et nous irons jusqu'au f. 82 l. 10 (… *quousque res exegerit perducere*, fin de 4, 6 dans notre édition[6]). Ces mots sont suivis, dans *A*, de l'indication suivante : *Iuli Frontonis* (sic) *liber exp. feliciter. Inc. lib. Augusti Caesaris et Neronis*, qui ouvre sur le *Liber coloniarum*, lequel va occuper les f. 83 à 109, suivi par le traité d'Hygin le Gromatique (f. 110 à 161), à la fin duquel on lit : *Exp. Kygyni* (sic) *Gromatici Constitutio Feliciter. Inc. Ageni Vrbici De controuersiis agrorum* (f. 161 en bas). C'est donc bien à Agennius Urbicus qu'est attribué le texte qui commence effectivement au f. 163 (le f. 162 est tout entier occupé par une illustration), mais dans lequel Lachmann avait pensé pouvoir isoler des passages frontiniens commentés par ce personnage inconnu. Nous laisserons donc cela à Agennius Urbicus ou à sa source inconnue.

Nous n'aurons en conséquence qu'un nombre assez réduit de pages attribuables véritablement à Frontin, et il y a bien des chances pour qu'il s'agisse d'*excerpta* d'une œuvre dont nous aurions perdu l'intégralité. Dans ces pages, on peut repérer quatre ensembles cohérents en eux-mêmes mais non pas entre eux. Les titres qui les précèdent et les définissent ne doivent pas faire illusion. Un seul (le deuxième) est peut-être d'origine, un autre (le premier) est dû à l'auteur des *excerpta*, et les deux derniers ont été mis par Thulin respectivement en tête des deux ensembles restants. Sans chercher à découvrir entre ces quatre ensembles un fil directeur qui n'existe pas ou qui n'existe plus, nous allons donner la substance de chacun.

1 - Les différentes catégories de terres. Tel est le sens du titre donné par un copiste à cette première section : *De agrorum qualitate*, littéralement « La qualité des terres ». Il y a trois *qualitates*, mais la première est elle-même subdivisée en deux sous-catégories. Les trois *qualitates* recouvrent la terre « divisée et assignée », la terre « mesurée

---

6. Le passage sur la cultellation (notre 4, 7) se trouve plus haut dans le ms. *A* (au folio 74) ; il a été remonté dans le texte par Thulin, que nous avons suivi sur ce point.

par le périmètre » et la terre « arcifinale ». Il n'y a là rien
d'original, et tel est l'enseignement de tous les auteurs gromatiques. Mais l'originalité de Frontin est dans la manière
rigoureuse et logique avec laquelle il présente ces *qualitates*, au point que l'on peut synthétiser son enseignement
dans le tableau suivant, en conservant la hiérarchie des-
cendante qu'il établit entre les trois *qualitates* :

| qualification | sous-catégories éventuelles | éléments de marquage | arpentage | localisation | existence d'une *forma* | existence de subsécives |
|---|---|---|---|---|---|---|
| terre divisée | *ager limitatus* | *limites* (*decimani* et *cardines*) | dans la seconde dimension : en superficie | colonies | oui | oui |
| et assignée | *ager strigatus ager scamnatus* | *rigores* | | *ager publicus* des provinces | | |
| terre mesurée par le périmètre | | | dans la première dimension : longueur de la ligne périmétrale | territoire des cités (sol tributaire) + domaines privés | en principe non | |
| terre arcifinale | | 1) éléments naturels (ruisseaux, pentes…) 2) éléments artificiels du paysage (voies, fossés…) 3) bornes surajoutées | aucun | | non | non |

L'emploi du mot *qualitas* pour désigner les trois
catégories de terres est propre à Frontin. Chez les autres
gromatiques, on trouve *condicio*, de résonance plus juridique. Avec *qualitas*, traduction du grec ποιότης imagi-
née par Cicéron dans les *Académiques* (1, 24), on est
dans le vocabulaire de la philosophie et de la rhétorique ;
mais aussi dans le vocabulaire des techniciens, puisque le
mot est fréquent chez Vitruve, Columelle et Pline l'Ancien tout aussi bien que chez Quintilien. Quant aux rai-

sons pour lesquelles Frontin a écrit un *De agrorum qua-litate*, Ph. von Cranach a cru pouvoir les reconnaître dans la nécessité de définir les terres sur lesquelles Vespasien pouvait faire valoir ses droits, dans le cadre de ses efforts de rétablissement du budget de l'État[7].

2 - Les controverses (*De controuersiis*, titre attesté dans la tradition manuscrite). Des quatre grands traités groma-tiques, c'est Frontin qui présente la liste de controverses la plus complète, avec un total de quinze. Hygin le Groma-tique a une seule occurrence de *controuersia*, avec une seule situation de controverse à laquelle il fasse allusion (3, 2 dans notre édition) : c'est le cas d'une erreur du *men-sor* qui, ayant pris le *cardo primus* comme différent du *maximus*, se trompe dans la numérotation des centuries et va chercher une controverse dans la centurie où elle n'est pas. Siculus Flaccus n'aura que trois occurrences éparses du mot *controuersia*, et Hygin, qui manifestera de nouveau la prétention d'un exposé structuré sur les controverses, après avoir envisagé une forme de controverse *de iure ter-ritorii* et une forme de controverse *de modo*, ne présentera que sept *genera controuersiarum* dans sa liste systéma-tique (p. 123-124 Lachmann). La liste de Frontin com-prend les controverses « sur la position des bornes, sur l'alignement, sur la limite, sur la terre nue, sur la superfi-cie, sur la propriété, sur la possession, sur l'alluvionne-ment, sur le droit du territoire, sur les subsécives, sur les lieux laissés ou sur les lieux enfermés extérieurs, sur les lieux publics, sur les lieux sacrés ou religieux, sur la pro-tection contre les eaux de pluie, sur les droits de pas-sage ». À titre de comparaison, la liste parallèle d'Hygin donnera les controverses *de alluuione atque abluuione, de fine, de loco, de modo, de iure subseciuorum, de iure ter-ritorii* ; auront disparu la *de positione terminorum*, la *de rigore*, la *de proprietate*, la *de possessione*, la *de locis relictis et extra clusis*, la *de locis publicis*, la *de locis*

7. Ph. von Cranach, *op. cit.*, p. 40-43.

*sacris aut religiosis*, la *de aqua pluuia arcenda* et la *de uiis* ; par rapport à celle de Frontin, la liste d'Hygin est réduite de moitié. Mais la présence, au sein de la série des quinze controverses de Frontin, de la *de locis publicis*, de la *de locis relictis et extra clusis*, et de la *de locis sacris et religiosis*, suggère à Ph. von Cranach[8] une conclusion qui le conforte dans la datation qu'il imagine pour les écrits gromatiques de Frontin : il y a là une série de possibilités de procès dans lesquels il s'agit de terres occupées, mais dont l'occupation est controversée — par l'autorité impériale, on peut l'imaginer aisément, soucieuse d'entreprendre la récupération de ces terres, ce qui est l'un des traits bien connus de la politique de Vespasien, puis de Titus et de Domitien dans ses débuts.

3 - Les *limites*. La plus grande partie de cet ensemble, intitulé *De limitibus* par Thulin, se présente en un parallélisme étroit avec le texte correspondant d'Hygin le Gromatique. Origine étrusque de la limitation, présentation de la terminologie technique avec recours à l'étymologie et définition des différents termes, théorie et pratique (avec des exemples empruntés à des cas précis) dans l'établissement des centuriations sont des sujets que le Gromatique traite de manière tout à fait semblable au début de son ouvrage. Dans les deux traités, l'ordre hiérarchique de présentation des *limites* est descendant : on part du *decimanus maximus* et du *cardo maximus* et l'on traite ensuite des *quintarii* pour terminer par le cas de tous les autres *limites*. Sont abordées ensuite chez Frontin la centurie et les mesures de longueur et de superficie qui la définissent, l'*actus* et le jugère. Enfin, d'une manière beaucoup plus concise que le texte d'Hygin le Gromatique, Frontin parle de l'orientation des axes principaux sur les points cardinaux et des exceptions apportées au système, avec leurs justifications (nécessité de distinguer les systèmes cadastraux de deux colonies limitrophes).

8. Ph. von Cranach, *op. cit.*, p. 49.

4 - L'art de l'arpenteur. C'est sûrement, avec l'ensemble consacré aux controverses, la partie la plus originale de l'œuvre gromatique de Frontin, et peut-être aussi la plus difficile. Nulle part ailleurs, si ce n'est chez Marcus Iunius Nypsius avec lequel Frontin se trouve ainsi en relation de complémentarité sur ce point, ne sont abordées les questions techniques afférentes au tracé d'une limitation et à la manière de résoudre les difficultés que l'on rencontre au cours de l'exécution (ou, chez Nypsius, de la restitution) de ce tracé. Le texte est abscons, au moins de prime abord, et on ne peut pas parler d'un exposé technique extrêmement rigoureux et techniquement complet. Ce sont plutôt les grands principes qui sont réitérés. Tel est le cas, de manière presque caricaturale, dans le célèbre passage sur la « cultellation » (le substantif *cultellatio*, d'ailleurs, n'apparaît jamais en latin, où l'on ne trouve que des formes du verbe *cultellare*). Ce passage a été extrêmement corrompu par la tradition manuscrite, ce qui donne, chez Lachmann et chez Thulin, deux textes véritablement très différents, surtout vers la fin du passage. Quant à nous, nous ne saurions prétendre en avoir procuré la version définitive, qu'il s'agisse du texte latin ou de sa traduction ; certains points restent obscurs, mais l'image sur laquelle se construit le texte — celle des plantations à flanc de coteau — est claire et tout à fait attendue, avec son caractère paysan, pour suggérer le bien-fondé de la cultellation. Mais les grands principes sont aussi réitérés en ce qui concerne la manière de mesurer le pourtour d'une zone dont la ligne de limite n'est pas constituée de segments rectilignes, mais de courbes irrégulières. En ce cas, on mesure tout d'abord d'un seul coup la plus grande partie possible de l'intérieur de la zone concernée : idéalement, ce pourrait être un rectangle dont les quatre côtés s'appuient du plus près possible sur les courbes de l'*extremitas*. Reste, ensuite, à mesurer les superficies comprises entre la partie centrale et la ligne sinueuse d'extrémité : on ramènera, par approxi-

mation, cette ligne sinueuse à une succession de segments rectilignes, de chaque angle on mènera une perpendiculaire tombant sur l'un des côtés du grand rectangle intérieur, et l'on aura ainsi toute une succession de petits triangles rectangles, ou de trapèzes, que l'on mesurera les uns après les autres, et dont les superficies viendront s'adjoindre à celle de la grande aire centrale pour donner la surface totale de la zone en question. Cette méthode, qui présente une parenté certaine avec celles qui sont exposées par Héron d'Alexandrie dans *La Dioptre* (ch. 23 et 25), est rappelée au §1 puis au §3 du *De arte mensoria*. L'autre difficulté évoquée par ce quatrième ensemble est celle que font surgir les obstacles que le terrain dresse quelquefois devant l'arpenteur, et que celui-ci doit éviter (*uitare*, §4). L'auteur recommande la plus grande précision dans la cultellation : mieux vaut se hâter lentement plutôt que de gâcher l'ouvrage en se précipitant ; et il suggère la manière de procéder quand on se trouve en face d'une dépression, soit de largeur importante, soit au delà de laquelle on peut viser.

Dans les problématiques et dans les manières de les résoudre, ce quatrième ensemble rejoint donc très souvent les écrits, eux aussi extrêmement abîmés par la tradition manuscrite et réduits à des bribes d'apparence parfois incompréhensible, de Marcus Iunius Nypsius. En attendant une nouvelle édition de ces textes capitaux, on pourra, consultant le texte de Nypsius dans l'édition Bouma[9], se reporter aux développements et aux commentaires d'A. Roth Congès dans les *MEFRA* 108 (1996).

C'est sans doute un débat voué à la stérilité que de vouloir trancher les questions afférentes à la structure initiale de l'œuvre gromatique de Frontin d'après les fragments qui nous en sont conservés. On ne pourra jamais prouver qu'il s'agissait, comme le pensait Lachmann, de

---

9. J. Bouma, *Marcus Iunius Nypsus. Fluminis Varatio - Limitis Repositio*, Frankfurt am Main, 1993.

deux livres dont le premier traitait des catégories de terres et des controverses, le second des *limites* et de la technique de l'arpentage (sans compter les passages commentés par Agennius Urbicus, et attribués à Frontin par Lachmann). On ne pourra sans doute pas prouver le contraire non plus. Nous pensons qu'il est raisonnable d'admettre que les quatre ensembles ici édités remontent bien à un Frontin qui est celui des *Aqueducs de Rome*, car en inventer un autre, de même époque et de mêmes préoccupations, nous paraît assez gratuit ; et s'il faut proposer une datation pour ce « livre 1 » de Frontin, nous suivrons volontiers Ph. von Cranach[10] et nous verrons ce livre écrit le plus vraisemblablement entre 78 et 82. En somme, nous pensons que mieux vaut tenter de comprendre et d'expliquer précisément les passages obscurs que recèlent ces quatre ensembles (et surtout le quatrième), plutôt que d'en accorder ou refuser la paternité à tel ou tel auteur. C'est en tout cas vers ce but que nous avons fait tendre nos efforts — de très longs efforts, en proportion de la brièveté du texte concerné.

## LE TEXTE DE FRONTIN

Nous avons utilisé, pour l'établissement du texte de Frontin, quatre des manuscrits que nous avions utilisés pour le traité d'Hygin le Gromatique, à savoir *A*, *P*, *G* et *E* ; le texte de Frontin est absent de *B*. Nous leur avons ajouté *F* et *N*. Par ailleurs, nous avons utilisé, pour un certain nombre de leçons intéressantes, le manuscrit *V* (l'un des deux apographes de l'*Arcerianus* réalisés au XVIe siècle)[11]. Comme celui du Gromatique, le texte de Frontin a été passablement maltraité par la tradition manuscrite, comme on va le voir ci-après.

Dans l'*Arcerianus A*, le texte de Frontin se trouve aux f. 60-82 selon la numérotation de Lachmann et de Thulin,

---

10. Ph. von Cranach, *op. cit.*, p. 132.
11. Pour la présentation de ces manuscrits, voir *supra*, fin de l'Introduction, générale p. 45 sq.

c'est-à-dire aux f. 16vb-27v de L. Toneatto. Les f. 16vb-
23r présentent en continuité toute la première partie du
texte, c'est-à-dire l'intégralité du *De agrorum qualitate* et
du *De controuersiis*, soit depuis *Inc. Iuli Frontini de
agrorum qualitatem* (sic) *filiciter* (sic). *Agrorum qualitates sunt tres...* (1, 1) jusqu'à la fin de 2, 17. Aux f. 23rv
on trouve ensuite la fin du *De limitibus* (3, 13 : *Sunt et
aliae...* jusqu'à ... *appellatur*). Au f. 23v toujours, on a le
texte sur la cultellation, amputé de sa fin (4, 7 : *Cultellandi ratio...* jusqu'à ... *quam si ex plano nascatur*). Les
f. 24r-25v portent un ensemble du *De limitibus* (depuis
*diuidebat agrum dextra*, fin de 3, 2, jusqu'à *ubi proxima*,
fin lacunaire de 3, 12). Le ms. enchaîne (f. 25v-27v) avec
le *De arte mensoria*, depuis son début (4, 1 : *Principium
artis...*) jusqu'à la fin de 4, 6 (*exegerit perducere*).

Dans le *Palatinus* (*P*), les f. 11r-12r ont l'intégralité du
*De agrorum qualitate*, depuis le début du texte : *Iuli
Frontini de agrorum qualitate. Agrorum qualitates...* (1,
1) jusqu'à ... *finitima linea clauditur* (sic), fin de 1, 6.
Aux f. 12r-13v on a ensuite le texte du *De controuersiis*,
depuis *Item controuersiae. Materiae controuersiarum...*
(2, 1) jusqu'à ... *aliquis possederit ut alueum*, phrase
inachevée (2, 12).

*Gudianus* (*G*) : ce sont les f. 5r-8v qui contiennent
(sans les figures) des passages de Frontin, de la manière
suivante : aux f. 5r-6r, l'intégralité du *De agrorum qualitate*, depuis le début du texte : *Iuli Frontini de agrorum qualitate. Agrorum qualitates...* (1, 1) jusqu'à
... *finitima linea clauditur* (sic), fin de 1, 6. Aux f. 6r-8r
on a ensuite le texte complet (il ne manque que le dernier mot de 2, 17, *disputationem*) du *De controuersiis*,
depuis *Item controuersiae. Materiae controuersiarum...*
(2, 1) jusqu'à la fin de 2, 17 : ... *inter adfines molient*
(sic). Suit aux f. 8rv le paragraphe *Sunt et aliae...*
jusqu'à ... *praefectura appellatur*, c'est-à-dire notre 3,
13. Enfin, le texte sur la cultellation (4, 7 : *Cultellandi
ratio...* jusqu'à ... *quam si ex plano nascatur*) se trouve
au f. 8v.

*Erfurtensis* (*E*) : le f. 79r donne le *De agrorum quali-*
*tate* 1, 4 : *Incipit mensura rationabilium agrorum. Ager*
*est arficinius...* jusqu'à *... nullum* (sic) *subseciuorum*
*interuenit* (1, 4). Suit aux f. 79r-80r le *De controuersiis* 2,
11-14 depuis *De subseciuis controuersia est...* jusqu'à
*... modus est restituen(dus)*, la fin du §14 étant donc
légèrement tronquée. On retrouve plus loin (après des
passages de M. Iunius Nypsius) un deuxième « bloc » de
Frontin, aux f. 80v-81r : le f. 80v porte un fragment du
passage sur la cultellation, qui commence par *numerum*
*occupat...* et va jusqu'à la fin : *... recte cultellabitur* ;
vient à la suite (f. 80v-81r) le début du *De limitibus* (3, 1-7
tronqué) : *Limitum prima origo...* jusqu'à *... dicunt poe-*
*tae*. Il faut ensuite se transporter aux f. 82rv pour rencon-
trer le *De arte mensoria* privé de son début : il commence à *rectorum angulorum ratione constringi...* (4, 1)
et va jusqu'à la fin de 4, 6 (*... quatenus res exegerit per-*
*ducere debemus. Iuli Frontini Siculi liber I explicit*). Après
deux passages de M. Iunius Nypsius, nouvel ensemble
frontinien depuis le f. 83r jusqu'au f. 84v : f. 83rv *De*
*controuersiis* (fin de 2, 14 : *—dus habeat enim et miso-*
*lea...* jusqu'à fin de 2, 17 : *disputationem*) ; f. 83v = 3,
13 puis 4, 7 (tronqué : le texte s'interrompt après *nec*
*maiorem*) et, se poursuivant sur le f. 84r, 3, 7 (depuis
*limis oculis*) jusqu'à la fin de 3, 12 (*... ubi proxima*). Le
passage suivant de Frontin (f. 84rv) est le début du *De*
*arte mensoria*, depuis *Principium artis...* (4, 1) jusqu'à
*... mensoris esse et habitura* (4, 2). Plus loin, le f. 88r
contient deux lignes du *De controuersiis* (2, 17, incom-
plet : *Est et controuersiae genus...* jusqu'à *... earum*
*quae in fine sunt*). On voit à quel jeu de puzzle il faut
consentir : par exemple, remettre le f. 80r devant le f. 83r
(*restituen* + *dus*), ou encore le f. 84v devant le f. 82r
(*habitura*, à lire *habita* + *rectorum angulorum ratione*),
ou le f. 83v devant le f. 80v (*nec maiorem* + *numerum*
*occupat*). L'ordre des feuillets de l'archétype, visiblement, avait été bouleversé. On va retrouver la même dif-

ficulté, avec les mêmes découpages, à propos du *Lauren-tianus*.

*Laurentianus* (*F*) : premier ensemble frontinien aux f. 17v-19v : 17v-18r *De agrorum qualitate* depuis *Incipit mensura rationabilium agrorum. Ager est arcifinius...* (1, 4) jusqu'à ... *nullum* (sic) *subseciuorum interuenit* (fin de ce paragraphe) ; 18r-19v *De controuersiis* (2, 11-14, la fin de ce paragraphe étant tronquée) : *De subseciuis controuersia est...* jusqu'à ... *modus est restituen(dus)*. Deuxième ensemble frontinien aux f. 21rv-22rv : f. 21r, fragment du passage sur la cultellation (4, 7), qui com-mence par *numerum occupat...* et va jusqu'à la fin : ... *recte cultellabitur* ; f. 21v-22rv, le début du *De limiti-bus* (3, 1-7 tronqué) : *Limitum prima origo...* jusqu'à ... *dicunt poetae*. Plus loin (f. 24rv), on trouve le *De arte mensoria* privé de son début : il commence à *rectorum angulorum ratione constringi...* (4, 2) et va jusqu'à la fin de 4, 6 (... *quatenus res exegerit perducere debemus. Iuli Frontini Siculi explicit liber primus*). Aux f. 26r-27r, un fragment du *De controuersiis* (fin de 2, 14 : —*dus habeat enim et misolea...* jusqu'à fin de 2, 17 : *disputa-tionem*) ; toujours au f. 27r, notre 3, 13 puis, se poursui-vant sur le f. 27v, le passage sur la cultellation (4, 7) tron-qué (le texte s'interrompt après *nec maiorem*) ; en bas du même f. 27v, l'ensemble 3, 7 (depuis *limis oculis*) jus-qu'à la fin de 3, 8 (... *montanos*). Il suffit de se reporter à ce que nous avons écrit ci-dessus à propos du contenu frontinien de l'*Erfurtensis* pour constater que le contenu du *Laurentianus* lui est absolument identique, à cette dif-férence près que le dernier extrait du *Laurentianus* est plus bref que sa version dans l'*Erfurtensis*, et que d'autre part — différence plus importante — il manque à la fin des passages frontiniens du *Laurentianus* l'extrait du *De arte mensoria* que l'on trouve à la fin des extraits de l'*Erfurtensis*. L'identité de découpage se double par ailleurs d'une identité de texte presque complète. Comme il demeure pourtant un certain nombre de leçons diffé-

rentes, nous avons laissé à *F* sa place dans l'apparat critique à côté de *E*, quand cela a paru utile.

Dans le *Nansianus* (*N*), on trouve un « bloc » de Frontin aux f. 32r à 38r (numérotation de L. Toneatto[12]), puis,
plus loin, trois folios isolés : le f. 47r et les f. 49rv. Le
f. 32r contient, sous le titre *Mensurae rationabilium
agrorum*, un passage du *De agrorum qualitate* depuis
*Ager est arcifinius...* jusqu'à *... nullum genus* (*sic* ; la leçon
correcte est *ius*) *subseciuorum interuenit* (c'est-à-dire
l'ensemble 1, 4). Il y a ensuite une lacune dans le texte
puisque les f. 32v-34r donnent seulement la seconde moitié du *De controuersiis* : depuis *De subseciuis controuersia est...* (2, 11) jusqu'à *disputationem* (2, 17). Vient
ensuite, toujours au f. 34r, la fin du passage intitulé *De
limitibus* par Thulin (3, 13 : *Sunt et aliae limitum condiciones...* jusqu'à *... praefectura appellatur*). Les f. 34rv
présentent le célèbre passage sur la cultellation (4, 7). Les
f. 34v-37r ont le *De limitibus* depuis le début (3, 1 :
*Limitum prima origo...*) jusqu'à *... ubi proxima sibi plagarum caeli conuersio fuit* (fin de 3, 12), les cinq derniers
mots venant compléter le texte qui est lacunaire dans les
autres mss, complément qui ne se trouve que dans *N* et
que l'on prendra avec toutes les réserves nécessaires, car
c'est visiblement un ajout du copiste lui-même. Les
f. 37r-38r contiennent le texte que Thulin a intitulé *De
arte mensoria* depuis *Principium artis...* (4, 1) jusqu'à
*... quatenus res exegerit perducere debemus. Iulii Fron-
tini Siculi liber primus explicit feliciter* (fin de 4, 6). Le f.
47r contient le *De agrorum qualitate* depuis *Ager per
strigas et scamna diuisus...* (1, 2) jusqu'à *priuatorum
agrorum mensurae aguntur* (1, 3). Les f. 49rv présentent
en continuité la fin du *De agrorum qualitate* et le début
du *De controuersiis* (*Aliud genus...*, dans 1, 5, jusqu'à *...
ad quos fundos pertinere debeat discutitur* — sic —, 2, 7).

---

12. L. Toneatto, *Codices artis mensoriae...*, p. 469 sq. Pour retrouver la numérotation portée sur le ms. lui-même, il faut chaque fois reti-
rer 3 au chiffre de L. Toneatto.

Il est possible de présenter, d'après les constatations précédentes, le tableau suivant :

|  |  | A | P | G | E | F | N |
|---|---|---|---|---|---|---|---|
| 1. *De agrorum qualitate* | 1 |  |  |  |  |  |  |
|  | 2 |  |  |  |  |  |  |
|  | 3 |  |  |  |  |  |  |
|  | 4 |  |  |  |  |  |  |
|  | 5 |  |  |  |  |  |  |
|  | 6 |  |  |  |  |  |  |
| 2. *De controuersiis* | 1 |  |  |  |  |  |  |
|  | 2 |  |  |  |  |  |  |
|  | 3 |  |  |  |  |  |  |
|  | 4 |  |  |  |  |  |  |
|  | 5 |  |  |  |  |  |  |
|  | 6 |  |  |  |  |  |  |
|  | 7 |  |  |  |  |  |  |
|  | 8 |  |  |  |  |  |  |
|  | 9 |  |  |  |  |  |  |
|  | 10 |  |  |  |  |  |  |
|  | 11 |  |  |  |  |  |  |
|  | 12 |  |  |  |  |  |  |
|  | 13 |  |  |  |  |  |  |
|  | 14 |  |  |  |  |  |  |
|  | 15 |  |  |  |  |  |  |
|  | 16 |  |  |  |  |  |  |
|  | 17 |  |  |  |  |  |  |
| 3. *De limitibus* | 1 |  |  |  |  |  |  |
|  | 2 |  |  |  |  |  |  |
|  | 3 |  |  |  |  |  |  |
|  | 4 |  |  |  |  |  |  |
|  | 5 |  |  |  |  |  |  |
|  | 6 |  |  |  |  |  |  |
|  | 7 |  |  |  |  |  |  |
|  | 8 |  |  |  |  |  |  |
|  | 9 |  |  |  |  |  |  |
|  | 10 |  |  |  |  |  |  |
|  | 11 |  |  |  |  |  |  |
|  | 12 |  |  |  |  |  |  |
|  | 13 |  |  |  |  |  |  |
| 4. *De arte mensoria* | 1 |  |  |  |  |  |  |
|  | 2 |  |  |  |  |  |  |
|  | 3 |  |  |  |  |  |  |
|  | 4 |  |  |  |  |  |  |
|  | 5 |  |  |  |  |  |  |
|  | 6 |  |  |  |  |  |  |
|  | 7 |  |  |  |  |  |  |

Ce tableau n'a pas d'autre ambition que de faire ressortir visuellement, dans les zones grisées, les différents ensembles du texte de Frontin tels qu'ils sont présents dans les différents manuscrits. Mais, en particulier, il ne reprend pas toutes les données fournies précédemment sur la répartition de ces ensembles par folios, ni les problèmes de bouleversement de l'ordre de ces folios dans tel ou tel ms.

Le « remontage » du traité de Frontin (ou de l'ordre des *excerpta* que nous en possédons) d'après le texte des mss est une opération de patience pour laquelle on dispose tout de même d'indices sûrs et que nous ne reprendrons pas ici dans son ensemble. Attardons-nous seulement sur le cas de 3, 13 (fin du *De limitibus*) et de 4, 7 (la cultellation), deux passages qui apparaissent dans les mss *A*, *G* et *N* à une autre place que celle qui leur a été impartie par Thulin, que nous suivons. Ces deux paragraphes se suivent au f. 83v de *E*, où ils viennent après 2, 17 (même chose aux f. 27rv de *F*). Constatation identique dans *A* f. 23rv. *P* n'a ni l'un ni l'autre des deux paragraphes, mais *G* les présente dans la même ordonnance que *A*, c'est-à-dire unis et venant à la suite de 2, 17 (dans *G*, du reste, 4, 7 s'interrompt après *nascatur*, comme dans *A*). Les f. 34rv de *N* permettent les mêmes constatations. La tradition manuscrite (sauf *P* évidemment) est donc unanime à enchaîner 2, 17-3, 13-4, 7. Lachmann (p. 26-27) l'a suivie ; mais Thulin a déplacé 3, 13 et 4, 7 de manière à les faire figurer, le premier à la fin du *De limitibus* (p. 14-15 de son édition), le second à la fin du *De arte mensoria* (p. 18-19). Nous pensons qu'il a bien fait, parce que les premiers mots de 3, 13, *limitum condiciones*, se présentent davantage comme une notation finale *De limitibus* que comme une conclusion sur les controverses ; de même, le passage sur la cultellation ne vient guère naturellement après 3, 13 (Lachmann a même tiré argument de cela pour supprimer, à la fin de 3, 13, les mots *siue solidum siue cultellatum fuerit*, introduits ici, pensait-il, seulement pour ménager une transition avec le passage sur la cultellation qui suit dans les mss). Ce passage sur la cultellation a beaucoup mieux sa place dans le *De arte mensoria* : non pas au début, où il n'aurait rien à faire devant *principium artis...* ; non pas entre les différents développements, qui s'enchaînent avec une certaine logique ; aussi est-il préférable de le reléguer à la fin, sans affirmer pour cela que telle est sa place normale parce qu'il revient sur une méthode de mesure utilisée en terrain très accidenté, et que justement c'est de terrains accidentés qu'il a été question dans ce qui le précède ; l'argument ne serait pas bon, parce que la cultellation n'est pas autre chose que la mesure à l'horizontale, qui se pratique donc ailleurs, c'est évident, que sur les seules pentes montagneuses.

Comme avec Hygin le Gromatique, il nous a été donné d'abord de prendre un premier contact avec Frontin dans le cadre du travail collectif mené à Besançon au sein de l'équipe de l'ISTA, en collaboration avec O. Behrends, M. Clavel-Lévêque, D. Conso, Ph. von Cranach, A. Gonzales, M. J. Pena et St. Ratti ; à eux tous vont nos remerciements amicaux. Nous souhaitons aussi exprimer ici une gratitude tout à fait particulière envers Anne Roth Congès, avec laquelle de longs échanges nous ont permis de mieux comprendre une quantité de détails difficiles du texte de Frontin, et qui ne nous a pas ménagé les éclaircissements apportés par sa grande compétence. Enfin, St. Ratti a bien voulu effectuer une révision minutieuse qui a permis de corriger un certain nombre de bévues.

# AVERTISSEMENT

Pour des raisons d'économie, nous n'avons cité *V* et *N* que quand ils présentaient une leçon intéressante. Nous avons jugé inutile de mentionner la plupart des leçons aberrantes, erreurs visibles du copiste, sans intérêt pour l'établissement du texte.

Nous avons introduit dans le texte de Frontin, comme dans celui d'Hygin le Gromatique, des subdivisions en chapitres (chiffres romains en gras, suivis d'un point, dans le texte latin, chiffres arabes en gras, suivis d'un point, dans la traduction française) et en paragraphes (chiffres arabes en gras, entre parenthèses, aussi bien dans le texte latin que dans la traduction française), qui n'existaient pas dans les éditions précédentes ni dans les manuscrits.

# CONSPECTVS SIGLORVM

**Codices qui semper citantur**

$A =$ Wolfenbuttelensis Guelferb. 36.23 Aug. 2°
Arcerianus A dictus, saec. VI° ineunte
$E =$ Erfurtensis Amplon. 4° 362, saec. XI° / XII°
$F =$ Florentinus Plut. 29.32, saec. IX°
$G =$ Wolfenbuttelensis Guelferb. 105 Gudianus lat.
2°, saec. IX° exeunte
$P =$ Vaticanus Palatinus 1564, saec. IX° ineunte
$N =$ Londiniensis Add. 47679 (siue Nansianus nun-
cupatus siue Scriuerianus), saec. XII°

**Codices qui aliquoties citantur**

$V =$ Vaticanus 3132, saec. XVI°

**Notae**

*add.* : addidit
*def.* : deficit
*del.* : deleuit
*des.* : desinit
*inc.* : incipit
*secl.* : seclusit
*transt.* : transtulit
*ac* : ante correctionem
*pc* : post correctionem

*codd.* : codices
*edd.* : editores

*E21, E31* : quorum codicum quae folia iterum locos
quosdam Iulii Frontini continent qui iam
superioribus foliis leguntur.

*Ag.* : Agennius Urbicus
*Hy.* : Hyginus Gromaticus
*Go.* : Goesius
*La.* : Lachmann
*Mo.* : Mommsen
*Ri.* : Rigaltius
*Ru.* : Rudorff
*Sa.* : Salmasius
*Sch.* : Schulten
*Schm.* : Schmidt
*Scr.* : Scriverius
*Si.* : Sichardus
*Th.* : Thulin
*Tu.* : Turnebus

# FRONTIN

## 1. LES CATÉGORIES DE TERRES

**(1)** Il y a trois catégories de terres : la première est celle de terre divisée et assignée, la deuxième, celle de terre mesurée par l'extrémité[1], la troisième, celle de terre arcifinale, qui n'est embrassée par aucune mesure.

**(2)** Ainsi donc, la terre divisée et assignée est celle des colonies. Elle peut avoir deux conditions[2] : suivant la première, et c'est le plus fréquent[3], elle est structurée par des *limites* ; suivant la seconde, l'assignation a été faite selon un système de lignes droites très rapprochées déterminant les possessions[4], comme à Suessa Aurunca, en Campanie[5]. Tout ce qui, conformément à cette condition, a été délimité dans le sens de la longueur, est dit délimité par *strigae* ; et tout ce qui l'a été dans le sens de la largeur est dit délimité par *scamna*[6]. Ainsi donc, la terre limitée est structurée par des *decimani* et des *cardines*, d'après le modèle que voici[7]. La terre délimitée par *strigae* et par *scamna* a été divisée et assignée selon l'usage ancien, sur le modèle que voici[8], qui régit l'occupation des terres publiques dans les provinces.

# SEX. IVLIVS FRONTINVS

## I. DE AGRORVM QVALITATE

(1) Agrorum qualitates sunt tres : una agri diuisi et adsignati, altera mensura per extremitatem comprehensi, tertia arcifini, qui nulla mensura continetur.

(2) Ager ergo diuisus adsignatus est coloniarum. Hic habet condiciones duas : unam qua plerumque limitibus continetur, alteram qua per proximos possessionum rigores adsignatum est, sicut in Campania Suessae Auruncae. Quidquid autem secundum hanc condicionem in longitudinem est delimitatum, per strigas appellatur ; quidquid per latitudinem, per scamna. Ager ergo limitatus hac similitudine decimanis et kardinibus continetur. Ager per strigas et per scamna diuisus et adsignatus est more antiquo in hanc similitudinem qua in prouinciis arua publica coluntur.

*Tit.* INC. IVLI FRONTINI DE AGRORVM QVALITATE FILICI-TER *A* IVLI FRONTINI DE AGRORVM QVALITATE *GP*.

**I.** (1) extremitatem *V* : ea ex- *A* extremitates *GP* ‖ arcifini *GP* : arco- *A* con- *V*.

(2) unam qua *GP* : unamque *A* ‖ alteram qua *GP* : alteramque *A* ‖ adsignatum $A^{ac}$ : -am $A^{pc}$ –a *GP* ‖ auruncae *Th.* : aruncae *GP La.* arrunce *A* ‖ latitudinem $V^{pc}$ *Go.* : altitudinem $AGPV^{ac}$ ‖ *ab* ager per strigas *inc.* *N* ‖ hanc similitudinem *AN* : hac similitudine *GP* ‖ arua publica coluntur *AGP* : agros publicos colunt *N*.

(3) La terre mesurée par le pourtour est celle dont la superficie a été assignée dans son ensemble à une cité, par exemple aux *Salmanticenses*[9] en Lusitanie ou aux *Palantini*[10] en Espagne citérieure ; et dans bon nombre de provinces, c'est en bloc que le sol tributaire[11] a été délimité pour les populations. Les terres privées sont aussi mesurées de la même manière[12]. Ce genre de terre, en bien des endroits, a été consigné sur un plan cadastral par les arpenteurs, comme une terre limitée, bien qu'ils se soient contentés d'en mesurer le pourtour[13].

(4) La terre arcifinale est celle qui n'est embrassée par[14] aucune mesure. Ses limites se conforment à l'ancienne observance[15] : ce sont des cours d'eau, des fossés, des hauteurs, des voies, des arbres poussés antérieurement[16], des lignes de partage des eaux[17], et tous les lieux qui ont pu être tenus auparavant par un possesseur[18]. Car la terre arcifinale, comme le dit Varron, tire son nom du fait qu'on en a repoussé l'ennemi[19]. Par la suite, avec l'intervention de litiges, on s'est mis à jalonner de bornes les endroits où elle finit. À propos de ce genre de terre, il n'y a aucune intervention du droit des subsécives[20].

(5) Le subsécive est ce qui tire son nom de la ligne subsécante[21]. Il y a deux genres de subsécives : le premier est ce qui, aux extrémités des terres assignées, n'a

(3) Ager est mensura comprehensus cuius modus uniuersus ciuitati est adsignatus, sicut in Lusitania Salmanticensibus aut in Hispania citeriore Palantinis ; et in compluribus prouinciis tributarium solum per uniuersitatem populis est definitum. Eadem ratione et priuatorum agrorum mensurae aguntur. Hunc agrum multis locis mensores, quamuis extremum mensura comprehenderint, in formam in modum limitati condiderunt.

(4) Ager est arcifinius qui nulla mensura continetur. Finitur secundum antiquam obseruationem fluminibus, fossis, montibus, uiis, arboribus ante missis, aquarum diuergiis et si qua loca ante a possessore potuerunt obtineri. Nam ager arcifinius, sicut ait Varro, ab arcendis hostibus est appellatus : qui postea interuentu litium per ea loca quibus finit terminos accipere coepit. In his agris nullum ius subseciuorum interuenit.

(5) Subseciuum est quod a subsecante linea nomen accepit [subseciuum]. Subseciuorum genera sunt duo : unum quod in extremis adsignatorum agrorum finibus

---

(3) salmanticensibus *Sch.* : salma- *AGPN* ‖ in hispania *GP* : h. *NV* spaniam *A* ‖ citeriore *GPN* : -em *A* ‖ palantinis *Ri.* : pala- *AGPN La.* ‖ in compluribus *Th.* : c. *AGP La.* et pluribus *N* ‖ tributarium solum *AN* : -us –us *GP* ‖ definitum *A* : -us *GPN* ‖ *post* aguntur *def. N* ‖ limitati *La.* : limitum *AGP* limitatorum *Go.*

(4) *ab* ager *inc. EF cum tit.* INCIPIT MENSVRA RATIONABILIVM AGRORVM *et N cum tit.* MENSVRA RATIONABILIVM AGRORVM ‖ finitur *AGP* : f. autem *EFN* ‖ uiis *AGP* : *om. EFN* ‖ diuergiis $A^{pc}GNPV$ : -gies $A^{ac}F$ dimergies *E* ‖ loca *A* : l. hoc est quae *GP* l. coluerunt *EFN* ‖ ante a *GP* : antea *FN* ante *AE* a uetere *La.* ‖ possessore *AGP* : -es *EFN* ‖ potuerunt *AGP* : potuit *EF* prout potuit *N* ‖ ait uarro *AGP* : *om. EFN* ‖ hostibus *AGP* : extremitatibus *N om. EF* ‖ qui *AEFGP* : sic qui *N* ‖ litium *AGP* : limitum *EFN* ‖ finit terminos *AGP* : finitur minus *EFN* ‖ coepit *AGP* : concepit *EF* conceperit *N* ‖ ius *AGP* : genus *N om. EF* ‖ *post* interuenit *et insequentem figuram def. EFN.*

(5) subseciuum[2] *del. Go.* ‖ adsignatorum agrorum finibus *Ag.* : adsignatur agr. f. *A* adsignatorum finium *GP*

pu être constitué en centurie complète[22] ; un autre genre
de subsécive est ce qui s'interpose au milieu de l'assignation et des centuries entières[23]. De fait, toute surface
qui, entre quatre *limites*, n'aura pas été assignée[24],
conserve cette appellation, parce que la superficie qui
reste après l'assignation est enfermée et découpée par
une ligne[25]. Et aussi, dans le tracé du reste de la zone
arpentée[26], nous appelons subsécive tout ce qui se trouve
entre la ligne orthonormée et l'extrémité[27].

(**6**) Il y a aussi une terre dont la condition est semblable à celle des subsécives, c'est la terre exclue[28] et non
assignée ; si elle n'a été donnée ni à la *respublica*[29] du
Peuple Romain ou à celle de la colonie dont la limite
l'entoure, ou à celle d'une ville pérégrine, ni à des lieux
sacrés ou religieux, ni à des lieux relevant du Peuple
Romain, elle demeure, par le droit des subsécives, au
pouvoir de celui qui pourrait l'assigner[30]. La terre exclue
est celle qui se trouve entre la ligne de frontière et les
centuries ; elle est ainsi appelée parce qu'elle est enfermée par la ligne de frontière, mais se trouve au delà des
*limites*[31].


## 2. LES CONTROVERSES

(**1**) Les controverses portent sur deux matières : la
limite et la terre nue. Dans l'une ou dans l'autre est
contenu tout désaccord à propos d'une terre. Mais
puisque, dans ces deux catégories, il y a des controverses

centuria expleri non potuit ; aliud genus subseciuorum quod in mediis adsignationibus et integris centuriis inter-uenit. Quidquid enim inter IIII limites minus [quam intra clusum est] fuerit adsignatum in hac remanet appella-tione, ideo quod is modus qui adsignationi superest linea cludatur et subsecetur. Nam et reliquarum mensurarum actu quidquid inter normalem lineam et extremitatem interest subseciuum appellamus.

(6) Est et ager similis subseciuorum condicioni extra clusus et non adsignatus ; qui si rei publicae populi Romani aut ipsius coloniae cuius fine circumdatur siue peregrinae urbis aut locis sacris aut religiosis ac quae ad populum Romanum pertinent datus non est, iure subse-ciuorum in eius qui adsignare potuerit remanet potestate. Ager extra clusus est qui inter finitimam lineam et centu-rias interiacet ; ideoque extra clusus, quia ultra limites finitima linea cludatur.

## II. DE CONTROVERSIIS

(1) Materiae controuersiarum sunt duae, finis et locus. Harum alterutra continetur quidquid ex agro disconuenit. Sed quoniam in his quoque partibus singulae controuer-

quam intra clusum est *seclusi suadente Mo*. ‖ quod is *GP* : quae his *A* quae is *V* ‖ adsignationi *A* : -is *GP* ‖ actu *A* : -us *GP* ‖ appellamus *A* : -atur *GP*.

(6) *denuo N* ‖ et ager *A* : ager *GPN* ‖ populi romani *GPN* : PR *A* ‖ urbis *A* : -i *GPN* ‖ ac quae *ego suadente Th*. : aequae $A^{pc}P$ aequam $A^{ac}$ quae *NV* aut quae *La*. *Th*. ‖ pertinent *AN* : pertinentibus *GP* ‖ potestate *AN* : -em *GP* ‖ qui *AGP La*. : et qui *Th*. ‖ inter *La*. : intra *AGP* extra *N* ‖ quia ultra *GPN* : qui intra *A* ‖ limites *AGP* : lineas *N* ‖ finitima *AGP* : -i *N* ‖ lineam *AGP* : limitis *N* ‖ cludatur *A* : clauditur *GPN*.

**II.** *tit*. de controuersiis *AN* : item controuersiae *GP*.

(1) materiae controuersiarum *AGP* : materiarum controuersiae *N* ‖ harum *AN* : h. condicio *GP* ‖ disconuenit *AN* : de his interuenit *GP*

dont chacune a un statut différent, il faut en donner les noms précis. Ainsi donc, selon le recensement que j'ai pu en faire, il y a quinze[32] genres de controverses : sur la position des bornes, sur l'alignement, sur la limite, sur la terre nue, sur la superficie, sur la propriété, sur la possession, sur l'alluvionnement, sur le droit du territoire, sur les subsécives, sur les lieux laissés ou sur les lieux exclus, sur les lieux publics, sur les lieux sacrés ou religieux, sur le contrôle de l'eau de pluie, sur les droits de passage.

(2) Il peut y avoir controverse sur la position des bornes entre deux ou entre plusieurs voisins : entre deux, sur le point de savoir si les bornes sont dans l'alignement des autres bornes, c'est-à-dire dans leur système ; entre plusieurs, sur le point de savoir si elles forment un *trifinium* ou un *quadrifinium*. Une fois que l'arpenteur est certain de la position des bornes, si elles ne sont pas en accord avec la possession dans la période la plus récente, cela crée diverses controverses entre les possesseurs voisins et, à partir de l'état premier, l'un va par exemple faire un procès à propos de la terre nue, un autre sur la limite.

(3) Il y a controverse sur l'alignement[33], relevant de la catégorie de la controverse sur la limite[34], chaque fois qu'une action se développe entre deux ou plusieurs voisins à propos de l'alignement des bornes ou des autres marques à l'intérieur des cinq pieds fixés par la loi Mamilia[35].

(4) La controverse sur la limite[36] est semblable [il est bien certain que j'ai déjà parlé plus haut de la catégorie de la limite[37]] ; en effet, elle relève de la même loi, et l'action porte aussi sur la largeur de cinq pieds ; mais

siae diuersas habent condiciones, proprie sunt nominan-
dae. Vt potui ergo comprehendere, genera sunt controuersiarum XV : de positione terminorum, de rigore, de fine,
de loco, de modo, de proprietate, de possessione, de
alluuione, de iure territorii, de subseciuis, de locis publicis, de locis relictis et extra clusis, de locis sacris et religiosis, de aqua pluuia arcenda, de itineribus.

(2) De positione terminorum controuersia est inter
duos pluresue uicinos : inter duos, an in rigore sint ceterorum siue ratione ; inter plures, trifinium faciant an quadrifinium. De horum positione cum constitit mensori, si
secundum proximi temporis possessionem non conue-
niunt, diuersas attiguis possessoribus faciunt controuersias, et ab integro alius forte de loco alius de fine litigat.

(3) De rigore controuersia est finitimae condicionis
quotiens inter duos pluresue <per> terminos ordinatos
siue quae alia signa secundum legem Mamiliam intra
quinque pedes agitur.

(4) De fine similis est controuersia [nec dubium est
quin supra de finis condicione dixerim] ; nam et eadem
lege continetur et de quinque pedum agitur latitudine ;

diuersas *AN* : d. proprias *GP* ‖ proprie *N* : -ae *AGP* ‖ XV *AN* :
numero XV *GP* ‖ de proprietate *AGP* : proprietatis *N* ‖ de locis relictis et extra clusis *AGPN* : *om. Th.* ‖ aqua *AGP* : -ae *N* ‖ pluuia *A* : -ae
*GP* pluuialis *N* ‖ arcenda *AGP* : ascensu *N*.

(2) duos *GPN* : -as *A* ‖ pluresue *GP* : plures *A* uel p. *N* ‖ in rigore
*GPN* : r. *A* ‖ sint *La.* : sit *AGPN Th.* ‖ ratione *Mo.* : -es *A* –is *GPNV* ‖
faciant *La.* : -at *AGPN Th.* ‖ positione *Mo.* : opinione *AGPN* ordinatione *La.* ‖ cum *AGP* : *om. N* ‖ mensori si *GP* : mensuris *A* in mensoris definitione *N* ‖ et *A* : sed *GP* ‖ possessionem *AGP* : -es quae si *N* ‖
ab *GPN* : ad *A* ‖ fine *AGP* : f. lineae *N* ‖ litigat *AGP* : -ant *N* ‖ *post*
litigant *def. N*.

(3) condicionis *GP* : -es *A* ‖ per *addidi suadente Th.* ‖ quae *GP* : q.
in *A* ‖ mamiliam *GP* : -a *A*.

(4) nec dubium — dixerim *del. La.* ‖ eadem *GPV* : aedem *A* ‖ et de
quinque pedum *GP* : *om. A* ‖ latitudine *GP* : -is *A*

sont aussi des controverses sur la limite toutes les actions portant sur les tracés sinueux par lesquels sont renfermées les terres arcifinales, par exemple les extrémités de champ, les promontoires, les sommets de hauteurs, les cours de rivières ou cet élément naturel que l'on appelle un talus[38].

(**5**) Il y a controverse sur la terre nue[39] pour tout ce qui sort de la largeur dont on a parlé ci-dessus[40], et dont la mesure n'est pas mentionnée par le demandeur. Cette controverse est fréquente dans les terres arcifinales, où elle est suscitée par la variété des marques indicatrices : fossés, cours d'eau, arbres poussés antérieurement, différence des cultures.

(**6**) La controverse sur la superficie[41] concerne la terre assignée. Car il s'agit de la revendication propre fondée sur les anciens noms[42] ; par exemple, si L. Titius a reçu les trois quarts de son lot dans la centurie *DDIII KKIIII*[43] ou si, ce qui revient au même, il en a un quart dans une centurie attenante quelconque[44] : il s'agit d'un ensemble dans lequel le *limes* ne fait pas limite, même s'il supporte une servitude de passage public[45]. Pour les autres terres, il y a controverse sur la superficie toutes les fois que celle-ci ne cadre pas avec ce qui a été promis.

(**7**) On a une controverse sur la propriété[46] le plus souvent lorsque, comme en Campanie[47], les forêts qui vont avec la terre cultivable sont à part, sur les hauteurs, au delà du quatrième ou du cinquième voisin[48], ce qui entraîne des discussions sur le point de savoir à quels domaines doit en revenir la propriété. Il y a aussi la pro-

sed de fine quidquid per flexus quibus arcifinii agri continentur, ut per extrema *a*rui aut promuntoria aut summa
montium aut fluminum cursus aut locorum naturam a*gi-
tur* quam supercilium appellant.

(5) De loco controuersia est, quidquid excedit supra
scriptam latitudinem, cuius modus a p*e*tente non proponi-
tur. Haec autem controuersia frequenter in arcifiniis agris
uariorum signorum demonstrationibus exercetur, ut fossis, fluminibus, arboribus ante missis, aut culturae discri-
mine.

(6) De modo controuersia est in agro adsignato. Agitur
enim de antiquorum nominum propria defensione, ut si
L. Titius dextra decimanum tertium citra kardinem quartum acceperit sortis suae partes tres siue quod huic
simile, quartam habeat in quacumque proxima centuria :
huic enim uniuersitati limes finem non facit, etiam si
publico itineri seruiat. Nam et in ceteris agris de modo fit
controuersia, quotiens promissioni modus non quadrat.

(7) De proprietate controuersia est plerumque <quom>
ut in Campania cultorum agrorum siluae absunt in montibus ultra quartum aut quintum forte uicinum ; propterea
proprietas ad quos fundos pertinere debeat dis*p*utatur.
Est et pascuorum proprietas pertinens ad fundos, sed in

arcifinii *GP* : -fines *A* ‖ per *A^{pc}GP* : pes *A^{ac}* ‖ arui *La.* : rui *A om.*
*GP* ‖ aut promuntoria *A* : conpromontoria *GP* ‖ naturam *V* : -a *AGP* ‖
agitur quam *Th.* : aliquam *A^{ac}* alii quam *A^{pc}* aliis q. *V om. GP*.

(5) quidquid *AGP Th.* : quom quid *La.* ‖ supra *GP* : quidquid *A* ‖ a
petente *La.* : ad patentem *AGP*.

(6) propria *GP* : propri *A* ‖ L. *GP* : L. C. *A* ‖ quartum *La.* : -am
*AGP* ‖ siue *AGP* : seius *falso coni. La.* ‖ simile *GP Th.* : -em *A La.* ‖
habeat *A^{pc}GP* : -et *A^{ac}* ‖ itineri *GP* : -is *A* ‖ seruiat *GP* : -it *A* ‖ et in
*A* : in *GP* ‖ promissioni *Go.* : -is *GP* repromissioni *A*.

(7) *denuo N* ‖ quom *add. Schm.* ‖ siluae absunt *AGP* : siluestria
sunt *N* ‖ propterea *GP* : quae *N om.* A ‖ debeat *GP* : -ant *V excisum ex
A* ‖ disputatur *La.* : discutiatur *GPV* discutitur *N excisum ex A* ‖ est et
pascuorum — pro indiuiso *om. N*

priété des pâturages, qui revient aux domaines, mais en commun ; c'est pourquoi ces pâturages, en bien des endroits de l'Italie, sont dits communs, et dans certaines provinces indivis. De fait, les héritages ou les ventes entraînent aussi des controverses de ce genre, et les procès qu'elles suscitent relèvent du droit ordinaire[49].

(8) Il existe une controverse sur la possession[50], à propos de laquelle on procède selon l'interdit, c'est-à-dire d'après le droit ordinaire.

(9) La controverse sur l'alluvionnement[51] est suscitée par les dommages causés par les cours d'eau. Elle comporte de nombreux cas particuliers[52].

(10) La controverse sur le droit du territoire[53] porte sur ce qui appartient à la ville elle-même [ou sur ce qui, se trouvant à l'intérieur du *pomerium* de cette ville, ne devra pas être occupé par des constructions privées. Je parle de l'endroit que l'*ordo* lui-même ne pourra, en vertu d'aucun droit, séparer du domaine public[54]]. Il existe deux catégories pour cette controverse : la première concerne le sol urbain, la seconde le sol agreste, celui qui aura été assigné pour l'entretien de la ville[55] ; [de sol urbain : celui qui aura été donné ou réservé pour les bâtiments publics]. On dit que le droit de ce sol, bien que le divin Auguste en ait traité dans un discours sur le statut des municipes, peut s'étendre jusqu'aux villes voisines, dont une très grande part du territoire a été, par la volonté du fondateur, attribuée à la colonie, et une certaine partie

commune ; propter quod ea compascua multis locis in
Italia communia appellantur, quibusdam prouinciis pro
indiuis*o*. Nam et per hereditates aut emptiones eius generis controuersiae fiunt, de quibus iure ordinario litigatur.

(8) De possessione controuersia est, de qua ad interdictum, hoc est iure ordinario, litigatur.

(9) De alluuione fit controuersia fluminum infestatione. Haec *autem* multas habet condiciones.

(10) De iure territorii controuersia est de *his* qu*a*e ad
ipsam urbem pertinen*t* [siue quod intra pomerium eius
urbis erit, quod a priuatis operibus obtineri non oportebit.
Eum dico locum quem nec ordo nullo iure a publico
poterit amouere]. Habet autem condiciones duas, unam
urbani soli, alteram agrestis, quod in tutelam rei fuerit
adsignatum urbanae ; [urbani, quod operibus publicis
datum fuerit aut destinatum]. Huius soli ius quamuis
habita *o*ratione diuus Augustus de statu municipiorum
tractauerit, in proximas urbes peruenire dicitur, quarum
ex uoluntate conditoris maxima pars finium coloniae est

indiuiso *Ri.* : -a *AGP* ‖ et *A* : *om.* *GPN* ‖ de quibus *GP* : quae *A*
quae finiuntur *N* ‖ litigatur *GPN* : -antur *A*.

(8) controuersia *AGP* : fit c. *N* ‖ de qua *AGP* : de aqua et hoc *N* ‖
hoc est iure ordinario *AGP Th.* : *del. La.* ‖ litigatur *AGP* : terminatur
litigatur *N*.

(9) fit *AGP* : fluuii fiunt *N* ‖ controuersia *AGP* : -ae *N* ‖ fluminum
infestatione *AGP* : huius modi multae *N* ‖ haec *N Th.* : hae *A* hinc *GP*
*La.* ‖ autem *Sch. Th.* : fundi *GP La.* fundi ratio *N recisum ex A* ‖ habet
*AN Th.* : -ent *GP La.*

(10) *def. N* ‖ de iure — eius urbis *recisa ex A* ‖ de his quae *La.* :
denique *GP* ‖ pertinent *La.* : -ens *GP* ‖ siue quod — amouere *secl.*
*Schm.* ‖ quod[1] *GP Th.* : quid *La.* ‖ publico *AGP Th.* : populo *La.* ‖
condiciones *A* : -tio- *GP* ‖ agrestis *AGP Th.* : agrestis agrestis *Tu. La.*
‖ tutelam *A* : -a *GP* ‖ fuerit[1] *A* : -at *GP* ‖ urbanae urbani *Tu.* : urbanae
*GP* –i *A* ‖ urbani quod — destinatum *secl. Th.* ‖ fuerit[2] *A* : -at *GP* ‖
oratione *Go.* : ratione *AGP* ‖ diuus *GP* : -i *A* ‖ augustus *GP* : -i *A* ‖
quarum *AGP Th.* : quoniam *Ru. La.*

des édifices publics[56] incluse dans l'assignation à l'extrémité de la *pertica*[57] : dans le Picenum par exemple, à ce
que l'on rapporte, une partie de l'oppidum des *Interamnates Praetuttiani*[58] est entourée par la limite des *Asculani*. [Pour revenir sur ce sujet, on dit que c'était un
*conciliabulum*, ensuite transféré dans le droit de municipe.] Car tous les municipes anciens n'ont pas leur
propre privilège. [En effet, tout ce qui relève du privilège
d'une colonie ou d'un municipe est dit relever du droit du
territoire. Mais pour expliquer l'origine de ce terme, le
territoire est ce qui a été établi pour terroriser l'ennemi[59].]

(**11**) Il y a controverse sur les subsécives[60] toutes les
fois qu'une centurie qui, pour partie ou dans sa totalité,
n'a pas été assignée, a cependant un possesseur. Par
ailleurs, tout ce qui, pris sur l'extrémité de la *pertica*, sera
détenu par le possesseur le plus proche ou par un autre,
relèvera de la controverse sur les subsécives[61].

(**12**) Il y a controverse sur les lieux publics[62], appartenant soit au peuple Romain, soit à des colonies ou à des
municipes, chaque fois que quelqu'un aura pris possession de lieux qui n'auront jamais été assignés ni vendus :
par exemple, l'ancien lit d'un cours d'eau appartenant au
Peuple Romain, que le courant, après avoir interposé une

attributa, aliqua portio moenium extremae perticae adsignatione inclusa, sicut in Piceno fertur Interamnatium
Praetuttianorum quamdam oppidi partem Asculanorum
fine circumdari. [Quod si ad haec reuertamur, hoc conciliabulum fuisse fertur et postea in municipii ius relatum].
Nam non omnia antiqua municipia habent suum priuilegium. [Quidquid enim ad coloniae municipiiue priuilegium pertinet, territorii iuris appellant. Sed si rationem
appellationis huius tractemus, territorium est quidquid
hostis terrendi causa constitutum est.]

(11) De subseciuis controuersia est quotiens aliqua
pars centuriae siue tota non est adsignata et possidetur.
Aut quidquid de extremitate perticae possessor proximus
aliusue detinebit, ad subseciuorum controuersiam pertinebit.

(12) De locis publicis siue populi Romani siue coloniarum municipiorumue controuersia est quotiens ea loca
quae neque adsignata neque uendita fuerint umquam aliquis possederit, ut alueum fluminis ueterem populi
Romani, quem uis aquae interposita insula et diuisis

portio *AGP Th.* : portione *Ru. La.* ‖ attributa *GP* : -e *A* ‖ extremae
*GP* : -a *A* ‖ adsignatione *A* : -is *GP* ‖ interamnatium *Go.* : inter montium *AGP* ‖ praetuttianorum *La.* : -cu- *AGP* ‖ fine *GP* : -em *A* ‖ quod
si — reuertamur *secl. Go. La. Th.* ‖ hoc conciliabulum — relatum *secl.
Go. Th.* ‖ non *GP* : *recis. ex A falso del. La.* ‖ quidquid — appellant
*secl. Sch. Th.* ‖ quidquid *GP* : quoddam *A* ‖ sed si — constitutum est
*secl. La. Th.*
(11) de subseciuis *denuo EFN* ‖ siue *AFGP* : *om. EN* ‖ aut
*AEFGNP* : nam et *dubitanter coni. Th.*
(12) ea loca *EFN* : ea *AGP* ‖ uendita *AFGNP* : uendit *E* ‖ fuerint
*AFGP* : sunt *N om. E* ‖ umquam *La.* : quam *A* quae *GP* quas *F* aquas
*E om. N* ‖ possederit *AGP* : possidebit *EFN* ‖ *post* alueum *def. P* ‖
ueterem *AEF* : -e *G* –es *N* ‖ populi *EFGN* : in p. *A* ‖ quem *EFN* :
quam *AG* ‖ uis *EFGN* : uim *A* ‖ aquae *EFN* : aq *A* aqua *G* ‖ interposita *GNV* : -e *A* interiecta *EF* ‖ et diuisis *ego* : et diuisi *AEFG* diuisit
*N* elisa *La.* exclusae *Th.*

île et séparé en deux le terrain du possesseur le plus proche, aura abandonné[63] ; ou des forêts, dont les documents anciens, en bien des endroits, nous apprennent qu'elles appartiennent au Peuple Romain : par exemple, tout près, chez les Sabins, au mont Mutela. Pour les colonies et les municipes, la condition[64] est semblable, toutes les fois que des lieux qui auront été donnés et assignés à la *respublica* seront tenus par d'autres, comme dans le cas de subsécives concédés[65].

**(13)** La controverse sur les lieux laissés et sur les lieux exclus[66] concerne les terres assignées. Les lieux laissés sont ceux qui, soit à cause de la difficulté du terrain, soit par la volonté du fondateur, n'ont pas reçu de *limites*. Ils relèvent du droit des subsécives. Les lieux exclus, qui relèvent également du droit des subsécives, sont ceux qui se trouveront au delà des *limites* et en deçà de la ligne de frontière[67]. La ligne de frontière est fixée soit par l'arpentage, soit par des repères quelconques ou par une série de bornes. De fait, en bien des endroits, l'immensité des terres a dépassé l'assignation[68], comme dans le territoire des *Augustini*[69], en Lusitanie.

**(14)** Sur les lieux sacrés ou religieux, il naît un très grand nombre de controverses, qui sont tranchées par le droit ordinaire, sauf s'il s'agit de leur superficie[70] ; par exemple, de celle des bois sacrés publics des montagnes,

proximi possessoris finibus reliquerit, aut siluas, quas ad populum Romanum multis locis pertinere ex ueteribus instrumentis cognoscimus, ut ex proximo in Sabinis in monte Mutela. Nam et coloniarum aut municipiorum similis est condicio quotiens loca quae rei publicae data adsignata fuerint ab aliis obtinebuntur, ut subseciua concessa.

(**13**) De locis relictis et extra clusis controuersia est in agris adsignatis. Relicta autem loca sunt quae siue locorum iniquitate siue arbitrio conditoris [relicta] limites non acceperunt. Haec sunt iuris subseciuorum. Extra clusa loca sunt aeque iuris subseciuorum quae ultra limites et *in*tra finitimam lineam erint. Finitima autem linea aut mensuralis est aut aliqua obseruatione aut terminorum ordine seruatur. Multis enim locis adsignationi agrorum immanitas superfuit, sicut in Lusitania finibus Augustinorum.

(**14**) De locis sacris et religiosis controuersiae plurimae nascuntur, quae iure ordinario finiuntur, nisi si de locorum eorum modo agitur ; ut l*u*corum publicorum in mon-

possessoris *EFN* : -es *AG* ‖ reliquerit *AEF* : -erint *G* –erunt *N* ‖ aut *AG* : ut *EFN* ‖ siluas *EFN* : -ae *AG* ‖ quas *AGN* : aequas *EF* ‖ mutela *G* : mutila *A* mutelli *EF* metelli *N* ‖ aut *AG* : et *EFN* ‖ adsignata *A* : adsignataque *EFN* et a. *V* ‖ fuerint *AEF* : -ant *G* sunt *N* ‖ ut *EFGN* : et *A*.

(**13**) adsignatis *AGN* : -us *EF* ‖ siue[1] *AEFG* : uel *N* ‖ iniquitate *AEFN* : -es *G* ‖ arbitrio *EFGN* : in arbitrium *A* ‖ relicta[2] *AEFGN* : *del. La.* ‖ aeque *AG* : quae *EF om. N* ‖ intra *Go.* : ultra *AGN om. EF* ‖ erint *A* : erunt *EFGNV* ‖ finitima *EFGN* : -am *A* ‖ aut[1] *AG* : *om. EFN* ‖ est *AGE* : est quae *FN* ‖ aliqua *AGFN* : -o *E* ‖ obseruatione aut *AGN* : *om. EF* ‖ terminorum *AEFG* : aliquo t. *N* ‖ adsignationi *AG* : -es *EF* adsignatio *N* ‖ immanitas *A* : et i. *E* et immunitas *FN* immunitas *G* ‖ superfuit *post* augustinorum *transt. E* ‖ sicut *EFG* : s. et *N* et *A* ‖ lusitania *AG* : -ae *EFN* ‖ finibus *AEFG* : f. terminorum *N* ‖ *post* augustinorum *def. unum folium in AV*.

(**14**) nascuntur quae *EFN* : *om. G* ‖ nisi *G* : *om. EFN* ‖ eorum *G* : *om. EFN* ‖ modo *EFG* : -is *N* ‖ lucorum *Go.* : lo- *EFGN*

ou des temples, auxquels leurs terres sont restituées en accord avec les documents ; et de même, de celle des lieux religieux[71], auxquels leur superficie doit être restituée en accord avec les titres. De fait, les mausolées aussi ont, tout autour d'eux, des superficies de jardins qui relèvent de leur propre droit, ou un domaine dont l'extrémité est bien spécifiée[72].

(15) Il existe une controverse sur le passage de l'eau de pluie[73], dans laquelle, si l'eau de pluie accumulée coupe une limite transversale et s'écoule dans le domaine d'autrui, provoquant ainsi un différend, l'affaire relèvera du droit ordinaire. Mais s'il s'agit du tracé de la limite elle-même, elle exige l'intervention de l'arpenteur[74].

(16) Il existe une controverse sur les droits de passage[75], qui est tranchée par le droit ordinaire dans les terres arcifinales, et par le système des mesures dans les terres assignées[76]. En effet, tous les *limites*, selon les lois qui régissent les colonies[77], doivent une servitude de passage public ; mais beaucoup, à cause des exigences du système[78], passent dans des pentes et des endroits difficiles, où le chemin est impossible, et servent de champs dans les endroits où le possesseur le plus proche, dont la forêt, par exemple, contient le *limes*, refuse effrontément le passage, bien qu'il doive pour le chemin le *limes* ou l'équivalent du *limes*.

tibus aut aedium, quibus secundum instrumentum fines restituuntur ; similiter locorum religiosorum, quibus secundum cautiones modus est restituendus. Habent enim et mausolea iuris sui hortorum modos circumiacentes aut praescriptum agri finem.

(15) De aquae pluuiae transitu controuersia est, in qua si collectus pluuialis aquae transuersum secans finem in alterius fundum influit et disconuenit, ad ius ordinarium pertinebit. Quod si per ordinationem finis ipsius agitur, exigit mensoris interuentum.

(16) De itineribus controuersia est quae in arcifiniis agris iure ordinario finitur, in adsignatis mensurarum ratione. Omnes enim limites secundum legem colonicam itineri publico seruire debent ; sed multi exigente ratione per decliuia et confragosa loca eunt, qua iter fieri non potest, et sunt in usu agrorum eorum locorum, ubi proximus possessor, cuius forte silua limitem detinet, transitum inuerecunde denegat, cum itineri limitem aut locum limitis debeat.

fines *FG* : -is *EN* ‖ restituuntur *G* : suus restituendus est *N* constituendus est *EF* ‖ cautiones *FG* : -is *EN* ‖ modus *EFG* : m. suus *N* ‖ habent *N* : –eat *EF* –eant *G* ‖ mausolea *N* : moesilea *G* misolea *EF* ‖ sui *FG* : *om. EN* ‖ modos *FG* : -um *E* -o *N* ‖ circumiacentes *EFG* : et c. *N* ‖ praescriptum *FG* : rescriptos *N* –a *E* ‖ finem *EFG* : -es *N*.

(15) transitu *FN* : -um *G* ductu *E* ‖ collectus *FG* : contumelia *EN* ‖ aquae[2] *GN* : quae si *F* quae *E* ‖ in *EFN* : *om. G* ‖ fundum *EFN* : flumen *G* ‖ interuentum *G Th.* : i. et controuersia tollitur *EFN La.*

(16) iure ordinario finitur *FG* : finiuntur i. o. *EN* ‖ exigente *N* : -i *EG* exigent *F* ‖ ratione *FGN* : -em *E* ‖ decliuia *N* : diuia *F^{ac}G^{ac}* de-*EF^{pc}G^{pc}* cliua *Go.* cliuia *La.* ‖ loca *EFN* : *om. G* ‖ usu agrorum *FGN Th.* : a. u. *E* u. aliquorum *La.* ‖ ubi *EFGN Th.* : qui *La.* ‖ possessor *EFN Th.* : p. est *G La.* ‖ *a* silua *denuo A* ‖ cum *AEFG* : c. utique *N* ‖ limitem *AEFG* : limes *N* ‖ locum limitis *A* : locum limiti *G* locum limis *F* limis loco *E* limitis loco *N* ‖ debeat *AFG* : -atur *E* itiner debeatur *N*.

**(17)** Il y a aussi un genre de controverse qui ne concerne pas le sol : c'est la controverse sur les fruits des arbres. Il s'agit des arbres situés soit sur la limite, soit en deçà de la limite, et qui ne suscitent aucune controverse sur les racines ; mais toutes les fois qu'ils s'inclinent et laissent tomber leurs fruits sur l'un ou l'autre des deux côtés, ils provoquent un différend entre voisins mitoyens[79].

### 3. <LES *LIMITES*>

**(1)** Les *limites* tirent leur origine première[80], comme l'a écrit Varron, de la discipline étrusque, parce que les haruspices ont divisé le monde en deux parties, appelant « droite » celle qui s'étendait sous le septentrion et « gauche » celle qui était au midi de la terre, par une première ligne de l'orient au couchant, parce que le soleil et la lune regardent dans cette direction ; de même, certains architectes anciens[81] ont écrit que les temples[82] regardent normalement vers l'occident. Les haruspices ont divisé la terre par une seconde ligne, du septentrion au midi, et ils ont appelé *antica* ce qui se trouvait au delà de cette ligne médiane, *postica* ce qui était en deçà.

**(2)** Tel est le fondement à partir duquel nos ancêtres, comme on le voit, ont établi leur système de mesure des

(**17**) Est et controuersiae genus quod ad solum non pertinet, de arborum fructibus, earum quae in fine sunt siue
intra nec ullam ad radicem habent controuersiam ; quotiens inclinatae in alterutram partem fructum iactauerunt,
inter adfines mouent disputationem.

## III. <DE LIMITIBVS>

(**1**) Limitum prima origo, sicut Varro descripsit, a disciplina *Etr*usca, quod haruspices orbem terrarum in duas
partes diuiserunt, dextram appellauerunt <quae> septentrioni subiacere*t*, sinistram quae a*d* meridian*um* terrae
esse*t* <ab> oriente *ad* occasum, quod eo sol et luna spectaret, sicut quidam anti*qui* architecti delubra in occidentem recte spectare scripserunt. Haruspices altera linea a
septentrione ad meridianum diuiserunt terram, et a media
ultra antica, citra postica nominauerunt.

(**2**) Ab hoc fundamento maiores nostri in agrorum
mensura uidentur constituisse rationem. Primum duo

---

(**17**) earum *AE31G* : *om. E21FN* ‖ in fine *AEFG* : intra finem *N* ‖
intra *AG* : infra *EFN* ‖ alterutram *AE* : alter utrum *G* alterius *FN* ‖ partem *AE* : terram *N om. FG* ‖ mouent *G^{pc}* : molient *EFG^{ac}* molientur *N*
mollien *A*.

**III.** *def. usque ad* (13) *G et usque ad* (2) *A* ‖ *tit. add. Th.*

(**1**) a disciplina *La.* : ad disciplinam *EFN* ‖ etrusca *La.* : -am *Scr.*
rusticam *EF* r. noscitur pertinere *N* ‖ quae[1] *La.* : *om. EFN* ‖ subiaceret
*La.* : subiacere *EFN* ‖ ad meridianum *La.* : a meridiano *FN Th. recisa
ex E* ‖ terrae *N* : -a *F recisum ex E* ‖ esset *La.* : esse *FN recisum ex E* ‖
ab oriente ad *La.* : orientem et *N recisa ex E om. F* ‖ spectaret *La.* :
expectari et *EF* occidere et oriri spectentur *N* ‖ antiqui *ego ex Hy.* : carpiunt *F* garriunt *N recis. ex E* ‖ architecti *N* : -um *F recis. ex E* ‖ occidentem *N* : -e *EF* ‖ spectare *N* : expectare *EF* ‖ altera *N* : -am *F recisum ex E* ‖ linea *N* : -am *EF* ‖ a septentrione *EFN Th.* : ad -em *La.* ‖ ad
meridianum *EFN Th.* : a -o *La.* ‖ media *La. ex Hy.* : meridiano *EFN*.

(**2**) fundamento *FN* : -a *E* ‖ primum *FN Th.* : -o *E La.* ‖ duo *E* :
duos *FN*

terres. En premier lieu, ils ont mené deux *limites* : le premier de l'orient à l'occident, et ils l'ont appelé *decimanus* ; le second du midi au septentrion, et ils l'ont appelé *cardo*. Le *decimanus* divisait le territoire en « droite » et « gauche », le *cardo* en « en deçà » et « au delà ».

(**3**) Pourquoi *decimanus* viendrait-il de *decem* (« dix ») plutôt que de *duo* (« deux »), alors que c'est en deux parties que tout territoire est divisé par cette limite ? De même que ce que les anciens disaient *duopondium* se dit aujourd'hui *dipondium*[83], de même *duocimanus* aussi est devenu *decimanus*[84].

(**4**) Le *cardo* tire son nom du fait qu'il est dirigé d'après l'axe (*cardo*) du ciel. [Car il n'est pas douteux que le ciel tourne dans le cercle septentrional.]

(**5**) Par la suite un certain nombre de gens, ignorant cela, ont suivi un autre système : certains, par exemple, l'étendue du territoire, et ils ont fait le *decimanus* dans le sens de la plus grande longueur ; et certains ne regardent pas le lever du soleil, mais opèrent une conversion qui les met face au septentrion ; ainsi dans l'*ager Campanus*, autour de Capoue, où le *cardo* est dirigé vers l'orient et le *decimanus* vers le midi.

limites duxerunt : unum ab oriente in occasum, quem
uocauerunt decimanum ; alterum a meridiano ad septentrionem, quem kardinem appellauerunt. Decimanus autem
diuidebat agrum dextra et sinistra, kardo citra et ultra.

(3) Quare decimanus a decem potius quam a duobus,
cum omnis ager eo fine in duas diuidatur partes ? Vt
duopondium [et duouiginti] quod dicebant antiqui nunc
dicitur dipondium [et uiginti], sic etiam duocimanus decimanus est factus.

(4) Kardo nominatur quod directus a kardine caeli est.
[Nam sine dubio caelum ucrtitur in septentrionali orbe].

(5) Postea hoc ignorantes nonnulli aliud secuti, ut quidam agri magnitudinem, qui qua longior erat, fecerunt
decimanum ; et quidam non ortum spectant, sed ita
conuersi sunt ut sint contra septentrionem, ut in agro
Campano qui est circa Capuam, ubi est kardo in orientem
et decimanus in meridianum.

ad septentrionem *N* : alterum a septentrione *F recisum ex E* ‖ kardinem appellauerunt *FN Th.* : uocauerunt c. *E La.* ‖ *a* diuidebat *denuo
A* ‖ diuidebat *A* : diuidet *F* -it *N recisum ex E* ‖ dextra et sinistra *FN* :
-am et -am *A recisum ex E*.

(3) duobus *AF* : d. uocatur *N recisa ex E* ‖ ut *EF* : et ut *N* et *A* ‖ et
duouiginti *del. Th.* ‖ quod $A^{pc}F$ : quid $A^{ac}$ *recisum ex E* ‖ dipondium
*La.* : du- *N* duo- *AF recisum ex E* ‖ et uiginti *del. Th.* ‖ etiam *La.* : et
in *A* et *FN recisum ex E* ‖ duocimanus *Go. Th.* : duodecimanus *AFN
La. recisum ex E* ‖ *post* factus *add.* sicut dipondium et quod dicebant
antiqui duouiginti nunc dicimus uiginti similiter duodecimanus decimanus est factus *A*.

(4) directus *A* : -um *FN recisum ex E* ‖ a *AFN Th.* : ad *La. recisum
ex E* ‖ kardine *FN Th.* : -em *A La. recisum ex E* ‖ nam — orbe *del. Th.*

(5) ignorantes *A* : i. maiores nostri *EFN* ‖ aliud *A* : ita *FN recisum
ex E* ‖ secuti *F* : s. sunt *N* sicuti *A recisum ex E* ‖ qui qua *A* : quia
*EFN* ‖ et quidam *La.* : itaque *AFN recisum ex E* quidam *Th.* ‖ non
ortum *A Th.* : nostrum *F* -am quidem plagam *N recisum ex E* ortum
*La.* ‖ spectant *N* : expectant *AF recisum ex E* ‖ conuersi *ego suadente
Th.* : ad- *codd. La. Th.* ‖ septentrionem *AEFN Th.* : sanam rationem
*La.* ‖ orientem *La.* : -e *AFN* orien *E* ‖ meridianum *A* : -o *EFN*.

**(6)** C'est à partir de ces deux *limites* que sont dénommées toutes les parties du territoire. Quant aux autres *limites*, on les faisait plus étroits et séparés par des intervalles égaux. Ceux qui regardaient vers l'orient étaient appelés *prorsi* ; ceux qui se dirigeaient[85] vers le midi étaient appelés *transuersi*. Ces termes se maintiennent encore, dit-on, dans la loi de l'*ager Vritanus*[86] en Calabre, et aussi dans certains endroits.

**(7)** Les *limites transuersi* tirent leur nom de *limus* (« oblique »), mot ancien ; de là l'expression des poètes, *limis oculis* (« avec un regard de côté ») ; d'où vient aussi que l'on appelle *limus* le *cinctus*, parce qu'il a une bande pourpre transversale ; et que l'on parle des *limina* (« seuils ») des portes. Pour d'autres, les *limites*, aussi bien *prorsi* que *transuersi*, tirent leur nom des *limina*, parce que ce sont eux qui permettent, sur une terre, d'entrer et de sortir.

**(8)** Ces *limites* ont reçu des habitants toute une variété d'appellations différentes d'après la région du ciel ou d'après la nature du lieu : en tel endroit, par exemple en Ombrie, autour de *Fanum Fortunae*[87], ceux qui regardent vers la mer sont appelés *maritimi*, ailleurs, ceux qui regardent vers les montagnes sont des *montani*.

**(9)** La première superficie de terre que l'on a déterminée était enfermée par quatre *limites*[88] ; elle était le plus

(6) Ab his duobus omnes agri partes nominantur. Reliqui limites fiebant angustiores et inter se distabant paribus interuallis. Qui spectabant in orientem dicebant prorsos ; qui dirigebant*ur* in meridianum, dicebant [et]
transuersos. Haec uocabula in lege quae est in agro Vritano in *Calabr*ia, item in quibusdam locis, adhuc permanere dicuntur.

(7) Limites autem appellati transuers*i sunt* a limo [id
est] antiquo uerbo ; a quo dicunt poetae « limis oculis » ; item limum cinctum, quod purpuram transuersam
habeat, *et* limina ostiorum. Alii et prorsos et transuersos
dicunt limites a liminibus, quod per eos in agro intro et
foras eatur.

(8) Hi ab incolis uariis ac dissimilibus uocabulis a caeli
regione aut a loci natura sunt cognominati : in alio loco
sicut in Vmbria circa Fanum Fortunae, qui ad mare spectant maritimos appellant, alibi qui ad montes montanos.

(9) Primum agri modum fecerunt quattuor limitibus
clausum (figuram similem), plerumque cent*e*num pedum

(6) fiebant *EFN* : *om. A* ǁ paribus *FN* : partibus *A recisum ex E* ǁ
spectabant *A* : expectabant *EFN* ǁ orientem *N* : -e *AEF* ǁ prorsos *La.* :
-us *AEF* uorsus *N* ǁ dirigebantur *ego* : dirigebant *FN* dicebant *A recisum ex E* ǁ meridianum *AN* : -o *F recisum ex E* ǁ transuersos *La.* : et
t. *A* et -us *EFN* ǁ haec *EFN* : e *A* ǁ quae *EFN* : quaeque *A* ǁ calabria
item in *ego (uide notam)* : gallia item in *A* galliis autem in *F* g. et in *N*
*recisum ex E.*
(7) transuersi sunt *La.* : s. transuersus *N* transuersos *A* -us *F recisum ex E* ǁ id est *del. La.* ǁ uerbo *EF* : u. transgressa *A* ǁ a quo *A* :
quod *EFN* ǁ dicunt *EFN* : -ent *A* ǁ limis oculis *AEFN Th.* : -os -os
*La.* ǁ cinctum *AF* : c. appellant *N* cunctum *E* ǁ et[1] *Th.* : aut *N* ut *AEF*
item *La.* ǁ prorsos *F* : -us *AE* uersos *N* ǁ transuersos *AF* : -us *E* ǁ liminibus *N* : limitibus *EF* limitatibus *A* ǁ intro *A* : *om. EFN.*
(8) aut a *A* : aut *EFN* ǁ cognominati *A* : cognita et nominata *EF*
cogniti et nominati *N* ǁ sic in alio aliter *post* loco *add. N* ǁ umbria *A* :
tuscia u. *F* t. et u. *EN* ǁ qui ad[1] *A* : quia *EF* ǁ alibi qui ad *A* : alii quia
*EF* et qui ad *N* ǁ montes *N* : -e *AEF* –em *La.* ǁ *post* montanos *des. F.*
(9) figuram similem *AE* : figurae quadratae s. *N del. La. secl. Th.* ǁ
centenum *La.* : centum *AEN*

souvent de cent pieds sur chacun des deux côtés : c'est ce que les Grecs appellent le plèthre, les Osques et les Ombriens le *uorsus* ; les Romains lui ont donné cent vingt pieds sur chacun des deux côtés ; ils ont voulu que chacun des quatre côtés ait douze *decempedae*[89], comme le jour a douze heures et l'année douze mois. Le lieu enfermé par un *actus* sur chaque côté[90] a d'abord été appelé, dit-on, *fundus*. L'addition de deux *fundi* de ce genre définit un jugère. Ensuite, l'addition de deux jugères de ce genre forme un champ carré, parce qu'il y a chaque fois deux *actus* dans toutes les directions, de la manière que voici[91]. Certains disent que cela fut d'abord appelé *sors*, et, multiplié par cent, centurie[92].

(**10**) Il y a des gens qui appellent centurie une superficie plus grande, par exemple de 210 jugères à Crémone ; d'autres, une plus petite, par exemple la superficie triumvirale de cinquante jugères en Italie. Toutes les centuries des extrémités[93], dans les subsécives, qui ne sont pas carrées, demeurent cependant appelées de ce nom[94].

(**11**) Ainsi donc, la meilleure organisation des terres, celle qui est conforme au système, est celle dans laquelle les *decimani* sont dirigés de l'orient vers l'occident, et les *cardines* du midi vers le septentrion.

(**12**) Beaucoup ont suivi le lever et le coucher du soleil, qui ne sont pas fixes, et ont ainsi fait varier ce système. Le résultat a toujours été que les *decimani* regardaient vers l'endroit où le soleil se levait au moment où la

in utraque parte, quod Graeci plethron appellant, Osci et Vmbri uorsum, nostri centen*um* et uicen*um* in utraque parte ; cuius ex IIII unum latus, sicut diei XII horas, XII menses anni, XII decempedas esse uoluerunt. Ex actibus conc*lus*um locum primum appellatum dicu*nt* fundum. Hi duo fundi iuncti iugerum definiunt. Deinde haec duo iugera iuncta in unum quadratum agrum efficiunt, quod sint in omnes partes actus bini in hunc modum. Quidam primum appellatum dicunt sortem et centies ductum centuriam.

(**10**) Sunt qui centuriam maiorem modum appellant, ut Cremonae de*num* et ducen*um* ; sunt qui minorem, ut in Italia triumuiral*em* iuge*rum* quinquagenum. Nam et omnes in subseciuis extremae centuriae, quae non sunt quadratae, in eadem permanent appellatione.

(**11**) Optima ergo ac rationalis agrorum constitutio est cuius decimani ab oriente in occidentem diriguntur, kardines a meridiano in septentrionem.

(**12**) Multi mobilem solis ortum et occasum secuti uariauerunt hanc rationem. Sic uti*que* effectum est ut decimani spectarent ex qua parte sol eo tempore quo

in utraque parte[1] *A* : *om. EN* ‖ plethron *A* : plectron *EN* ‖ osci *A* : tusci *EN* ‖ centenum et uicenum *La.* : -os et -os *AN* uicenos et centenos *E* ‖ XII menses — uoluerunt *AN* : *om. E* ‖ ex actibus *A La.* : exactum *EN* IV actibus *Th.* ‖ conclusum *Th.* : connicium *A* conciuium *EN* conicio *La.* ‖ locum *EN* : -orum *La.* acnuam *La.* ‖ appellatum[2] *AN* : *om. E* ‖ dicunt[1] *Th.* : dictum *AEN La.* ‖ hi *AN* : si *E* ‖ definiunt *AN* : dif- *E* ‖ haec *A* : hi *E om. N* ‖ duo[2] *EN* : *om. A* ‖ partes *A* : *om. EN* ‖ primum[3] *A* : *om. EN* ‖ centies *AN* : centus *E* ‖ centuriam *N* : -a *A* -as *E*.

(**10**) cremonae *A* : -am *E* apud cremonam *N* ‖ denum *La.* : decem *AEN* ‖ ducenum *La.* : ducentam *A* -a *EN* ‖ minorem *EN* : -e *A* ‖ ut[2] *AN* : *om. E* ‖ triumuiralem *La.* : -e *A* -es *E* –is agri *N* ‖ appellatione *EN* : -em *A*.

(**11**) optima *N* : -ae *A* -e *E* ‖ kardines *AN* : k. et *E* ‖ in *A* : ad *EN*.

(**12**) mobilem *A* : -es *E* ‖ secuti *E* : sicut *A* ‖ uariauerunt *EN* : uariarum *A* uariarunt *La.* ‖ utique *La.* : uti *AEN* ‖ spectarent *N* : expectarent *AE* ‖ ex qua parte *AE* : eam partem ex qua *N*

mesure a été faite. Et beaucoup, pour ne pas lancer des *limites* parallèles à ceux d'une colonie voisine, ont marqué la distinction par un changement d'orientation complet. Ainsi, par tout l'univers, chaque région a son propre établissement des *limites*, là où la plus proche...[95]

**(13)** Il y a encore d'autres caractéristiques des *limites*, qui ne concernent pas le sol [c'èst-à-dire notre art]. Quant au sol qui a été assigné à une colonie, son ensemble est appelé *pertica* ; tout ce qui a été pris au territoire d'une autre cité et ajouté à cet ensemble, soit en bloc, soit cultellé[96], est appelé préfecture[97].


## 4. <L'ART DE L'ARPENTEUR>

**(1)** Le principe[98] de l'art de l'arpenteur réside dans la pratique des tracés[99]. En effet, on ne peut exprimer la vérité des lieux ou de la superficie[100] sans des lignes rationnelles[101], puisque l'extrémité de tous les territoires[102] est fermée par une limite sinueuse et irrégulière que l'on peut resserrer et tendre[103] en vue[104] d'y placer un grand nombre d'angles d'espèces différentes[105], sans que la valeur de ses segments successifs en soit modifiée. C'est un fait que les sols ont une étendue[106] flottante et

mensura acta est oriebatur. Et multi, ne proximae coloniae limitibus ordinatos limites mitterent, exacta conuersione discreuerunt. Et sic per totum orbem terrarum est
unaquaeque limitum constitutio, ubi proxima...

(13) Sunt et aliae limitum condiciones, quae ad solum
non pertinent [hoc est ad artem nostram]. Solum autem
quodcumque coloniae est adsignatum, id uniuersum pertica appellatur ; quidquid huic uniuersitati applicitum est
ex alterius ciuitatis fine, siue solidum siue cultellatum
fuerit, praefectura appellatur.

## IIII. <DE ARTE MENSORIA>

(1) Principium artis mensoriae in agendi positum est
experimento. Exprimi enim locorum aut modi ueritas
sine rationabilibus lineis non potest, quoniam omnium
agrorum extremitas flexuosa et inaequali cluditur fini-
tione, quae propter angulorum dissimilium multitudinem
numeris suis manentibus et cohiberi potest et extendi.
Nam sola mobile habent spatium et incertam iugerum

proximae A : -arum EN ‖ conuersione A : conuersatione EN ‖ discreuerunt La. : dicr- A descripserunt EN ‖ sic EN : sit A ‖ totum EN :
-am A ‖ post proxima add. sibi plagarum caeli conuersio fuit N.

(13) condiciones AFG : -e E ‖ hoc est — nostram del. La. ‖ id G :
in AEFN ‖ pertica AFG : -am E ‖ quidquid AEF : q. enim G ‖ applicitum est AG : a. fuerit EFN ‖ fine : -em E ‖ siue — fuerit del. La.
Th. ‖ cultellatum La. : tutelatum G titulatum EFN utilatum A.

IIII. def. G usque ad (7) et F usque ad (2) ‖ tit. add. Th.

(1) artis A^{pc}EN : om. A^{ac} ‖ mensoriae Scr. : -su- A^{pc} mensurae
A^{ac}EN ‖ agendi La. : -is AEN ‖ positum A : dispo- EN ‖ experimento
A : -um E –is N ‖ aut modi A : modum aut E modus aut N ‖ ueritas
AN : -tatem E ‖ rationabilibus N : rationabiles AE rationalibus Th. ‖
potest E : -es A ‖ inaequali N : -is AE ‖ cluditur A : clau- EN ‖ cohi-
beri AN : -ere E ‖ sola N : sol A^{ac} solum A^{pc} soli E ‖ mobile N : -em
AE ‖ incertam iugerum A : -a iugera rerum E –am i. r. N

que la déclaration officielle[107] de leurs jugères n'est pas précise[108] ; mais pour conserver leur configuration[109] à toutes les extrémités et déclarer la superficie[110] de ce qui est inclus, nous mesurerons le territoire à l'aide de lignes droites aussi loin que[111] la disposition des lieux le permettra ; à partir de ces droites, nous prenons chaque fois sur la ligne d'extrémité le segment oblique le plus proche, en élevant une perpendiculaire à tous les angles[112], et, chaque segment étant ainsi relié aux lignes de mesure établies, nous faisons, grâce à un plan[113] précis, le report à l'échelle[114] sur ce qui sera la *forma*[115]. Nous calculons la superficie enfermée entre les lignes grâce à la méthode des angles droits[116] ; quant aux parties voisines, celles des extrémités contiguës aux aires concernées par nos exigences, nous les évaluons ensuite grâce aux formules dont elles relèvent[117], et, les confins ayant été dessinés à leur échelle, nous restituons l'exacte vérité du lieu.

(2) La nature variée des lieux ne permet pas de faire cela partout de la même manière, car on se heurte ici à des hauteurs, là à un cours d'eau ou à ses rives, ou à un gouffre qui s'ouvre dans le sol, avec toutes les difficultés des endroits accidentés, souvent aussi aux cultures ; c'est pourquoi il faut recourir particulièrement aux ressources de l'art : car même la plus petite partie d'un territoire ne doit pas échapper à l'arpenteur et, traitée par la méthode des angles droits, doit se soumettre à ses exigences. C'est

*r*enuntiationem ; sed ut omnibus extremitatibus species
sua constet et intra clusi modus *r*enuntietur, agrum
quousque loci positio permittet rectis lineis dimetiemur ;
ex quibus proximam quamque extremitat*iu*m obliquitatem per omnes angulos facta normatione complectimur,
et cohaerentem mensuralibus <lineis> statutis certo pro-
centemat*e* spatio simil*i* futurae tradimus formae. Modum
autem intra lineas clusum rectorum angulorum ratione
subducimus ; subiectas deinde extremitatium partes areas
tangentium nostrarum postulationum podismis suis ad*ae*-
ramus, et adscriptis spatio suo finibus ipsam loci reddi-
mus ueritatem.

(2) Haec ubique una ratione fieri multiplex locorum
natura non patitur, oppositis ex alia parte montibus, alia
flumine aut ripis aut quadam iacentis soli uoragine, cum
pluribus confragosorum locorum iniquitatibus, saepe et
culturis, propter quae maxime ad artis copiam est recur-
rendum. Debet enim *mi*nima quaeque pars agri in potestate esse mensoris et habita rectorum angulorum ratione

---

renuntiationem *ego* : enun- *AEN* ‖ ut *A* : et *EN* ‖ et intra *A* : i.
*EN* ‖ clusi *A* : -us *E* –is *N* ‖ renuntietur *ego* : enun- *AEN* ‖ permittet
*A* : -it *EN* ‖ extremitatium *La.* : -em *AEN* ‖ obliquitatem *A* : *om. EN* ‖
cohaerentem *AEN* : coercitam *La. Th.* ‖ lineis *add. Th.* ‖ statutis *AE*
*Th.* : statuis *N* moetis *La.* ‖ procentemate *ego* : procentemato *A* proex-
timato *E* aestimato *N* praecenturiato *La. Th.* ‖ simili *La.* : -e *AEN* ‖
ratione *EN* : -em *A* ‖ subducimus *E* : -di- *A* ‖ deinde *AN* : d. in *E* ‖
extremitatium *AE* : in e. *N* ‖ partes *AE* : parte *N* ‖ areas *N* : are *E*
adrec *A* ‖ tangentium *A^{pc}* : tam gentium *A^{ac}* tangentibus *EN* ‖ postulationum *AN* : -ibus *E* ‖ adaeramus *La.* : ade- *A* adhe- *E* lateribus adhae-
rere facimus *N* ‖ spatio suo *A* : -is -is *EN* ‖ ipsam *AN* : -a *E* ‖ ueritatem *A* : rationem *EN*.

(2) ratione *AN* : ratio *E* ‖ locorum natura *A* : locorum *E* positio
locorum *N* ‖ flumine *A* : -ibus *EN* ‖ iacentis soli *A* : ingentibus loci *E*
cingentibus l. *N* ‖ cum pluribus *A* : compluribus *EN* ‖ culturis *N* : -as
*A* cultores *E* ‖ ad *AN* : *om. E* ‖ copiam *N* : -a *AE* ‖ enim *A* : *om. EN* ‖
minima *La.* : numina *A* nominatim *EN* ‖ quaeque *A* : quae *EN* ‖ esse
mensoris *La.* : e. mensuris *A* mensoris e. *E* m. est *N* ‖ habita *Sa.* : habitura *AEN* ‖ *a* rectorum *denuo F*

pourquoi nous devons particulièrement prévoir comment nous utiliserons le *ferramentum* pour franchir tous les obstacles qui pourront se présenter ; ensuite, apporter à la mesure un soin[118] qui permette de s'assurer de l'égalité de longueur des côtés plutôt au cours de la progression du tracé que dans le résultat final de la limitation[119] ; utiliser d'abord le *ferramentum*, et régler son équilibre en plombant ; viser d'un œil les fils ou les cordelettes tendus à chaque branche par des poids et appariés, jusqu'à ne plus voir que le plus proche, l'autre étant entièrement caché ; dicter alors des jalons, puis, le *ferramentum* ayant été entre-temps transporté au dernier jalon, effectuer la visée arrière après l'avoir équilibré comme précédemment, et poursuivre l'alignement commencé jusqu'à un carrefour ou jusqu'au bout. Et à tous les carrefours, l'emplacement du *tetrans* doit être indiqué par le fil à plomb.

**(3)** Quel que soit le lieu à mesurer, il faut d'abord en faire le tour, et mettre à tous les angles des repères qui devront être visés[120] à la perpendiculaire depuis un alignement ; ensuite, après avoir installé et plombé le *ferramentum*, dicter cet alignement selon le plus grand côté[121] et, après avoir placé des jalons, tracer dans l'autre direction un alignement qui, lorsqu'il arrivera au bout, reçoive la parallèle au premier alignement[122].

sua postulatione constringi. Itaque maxime prouidere debemus quo usu ferramenti quidquid occurrerit transeamus ; adhibere deinde metiundi diligentiam qua potius actus incessus <quam> limitationis effectus laterum longitudines aequet ; ferramento primo uti et omnia momenta perpenso dirigere, oculo ex omnibus corniculis extensa ponderibus et inter se comparata fila seu neruias ita perspicere, donec proximam consumpto alterius uisu solam intueatur ; tunc dictare metas, et easdem transposito interim extrema meta ferramento reprehendere eodem momento quo tenebatur, et coeptum rigorem ad interuersuram aut ad finem perducere. Omnibus autem interuersuris tetrantis locum perpendiculus ostendat.

(3) Cuiuscumque loci mensura agenda fuerit, eum circumire ante omnia oportet, et ad omnes angulos signa ponere quae normaliter ex rigore cogantur ; posito deinde et perpenso ferramento rigorem secundum maximum latus dictare, et collocatis metis in alteram partem rigorem mittere qui, cum ad extremum peruenerit, parallelon primi rigoris excipiat.

sua postulatione *A* : *om. EFN* ‖ quo usu *A* : quod sub *EFN* ‖ qua *La.* : quae *AEFN* ‖ incessus *La.* : -ae *A* incensiti *EF* incensitae *N* ‖ quam *addidi* ‖ limitationis *La.* : imi- *EFN* imilitationis *A* ‖ effectus *ego* : -um *codd.* ‖ laterum *A* : -is *EFN* ‖ longitudines *A* : -em *EF* -e *N La.* ‖ aequet *N* : aeque et *AEF* ‖ ferramento *AN* : -um *EF* ‖ primo *AN* : -um *EF* ‖ uti et *La.* : ut et *AEF* mutato *N* ‖ momenta *La.* : indomita *AEFN* ‖ oculo *La.* : cuius *AEFN* ‖ extensa *La.* : -pen- *AEFN* ‖ et inter *AN* : i. *EF* ‖ comparata *AN* : -paria *EF* ‖ seu neruias *A* : tenuere uitas *E* t. uias *N* xenuere uitas *F* ‖ donec *A* : dum haec *EFN* ‖ proximam *La.* : -a *AEFN* ‖ solam *La.* : sola si *A* sola *EF* ‖ intueatur *La.* : mentiatur *AEF* metiatur *N* ‖ interim *La.* : intenterim *A* inter *EFN* ‖ aut ad *A* : aut *EFN* ‖ perpendiculus *EFN* : -os *A^{ac}* -o *A^{pc}*.

(3) eum *AN* : cum *EF* ‖ angulos *EFN* : agnos *A* ‖ cogantur *A* : aguntur *EF* agantur *N* ‖ secundum *A* : ob s. *EF* obsequendum *N* ‖ maximum latus *ego* : maximo lateri *AEFN* proximo l. *La. Th.* ‖ collocatis metis *N* : c. respectis *A* c. ereptis *EF* metis c. respectis *Th.* ‖ in *AN* : *om. EF* ‖ excipiat *A* : exeat *EFN*.

**(4)** Mais si, pendant que l'on dicte l'alignement, se présentent des obstacles à contourner, vallées, endroits accidentés, arbres qu'on ne peut couper à cause de la perte de temps ou parce qu'ils sont en plein rapport, ou encore constructions, murs de pierre sèche, rochers ou montagnes, etc., on appliquera toute méthode qui leur permettra le mieux de se prêter à la mesure comme ils le doivent.

**(5)** S'il y a donc une vallée qui dépasse la visée de l'opérateur, il faudra descendre sur sa pente en plaçant des jalons à l'aide du *ferramentum*. Pour faire correspondre la progression de notre alignement à celui d'en face, nous devons d'abord poser un cordeau et culteller à l'embout de la perche, régulièrement, au fil à plomb, puis, en nous réglant sur l'alignement plombé, tendre le cordeau sur lequel le point cultellé[123] est indiqué par le fil à plomb[124]. Car chaque fois que nous cultellons sans utiliser le cordeau, quand nous sortons de la visée des jalons et que nous reprenons hâtivement en visée l'alignement depuis cet endroit, alors, cette déviation des perches, même faible, ne cause pas moins de dommage que si nous suivions le sol.

**(6)** S'il s'agit d'une vallée plus étroite et au delà de laquelle on pourra viser, pour résoudre la difficulté, la

(4) Sed si in rigore dictando quaedam deuitanda incur-
runt, ualles, loca confragosa, arbores quas propter moram
aut fructum succidere non oportet, *item* aedificia, mace-
riae, petrae aut montes et his similia, haec quacumque
ratione optime poterint mensuram accipere debebunt.

(5) Si fuerit ergo uallis quae conspectum agentis exsu-
peret, per ipsam metis ad ferramentum appositis erit descendendum. Cuius rigoris incessum ut se*s*contrario
aequemus, adficta ante linea ad capitulum perticae aequaliter ad perpendiculum cultellare debemus, *tum ad* perpensum rigorem extendere lineam in qua cult*ellat*um
locum perpendiculus adsignat. Nam quotiens sine linea
cultellamus, <cum> conspectum metarum excedimus et
festinantes ex eo loco iterum rigorem conspicimus, tunc
in illa perticarum quamuis exigua conuersione non minus
fit dis*p*endi quam si iacentia *s*equamu*r*.

(6) Compressiorem autem uallem et ultra quam prospici poterit euadendae difficultatis causa sic transire, in

(4) sed si *A* : et seu *EF* et si *N* ‖ deuitanda *A* : dubitando *EF* -a
*N* ‖ ualles loca *AN* : l. uallis *EF* ‖ quas *AEF* : quae *N* ‖ moram *AN* :
-a *EF* ‖ fructum *A* : -us *EFN* ‖ succidere *A* : -di *EFN* ‖ oportet *A* : possunt *EFN* ‖ item *La.* : nam *AEF* nec non *N* ‖ haec *A* : et h. *EFN* ‖ quacumque *N* : qui- *A* quae- *EF* ‖ poterint *A* : -it *EF* fieri poterit *N*.

(5) fuerit *EFN* : fiunt *A* ‖ uallis *EFN* : -es *A* ‖ conspectum *AN* : in
-u *EF* ‖ descendendum *FN* : disce- *E* dicendum *A* ‖ incessum *EFN* :
incensum *A* ‖ sescontrario *La.* : se in contrario *EF* a s. i. c. *N* sis in c.
*A* ‖ aequemus *EFN* : aeque *A* ‖ adficta ante *La.* : adflicta ante *EFN*
adflectante *A* ‖ ad capitulum *A* : c. *EFN* ‖ ad perpendiculum *A* : et
p. *EFN* ‖ tum ad *La.* : nam et *AEFN* ‖ perpensum *AEFN* : -men- *La.*
*Th.* ‖ lineam *EFN* : -a *A* ‖ in qua *EFN* : in quam *A* quam in *La.* ‖ cultellatum *ego* : cultum *AEF* –us *N* cultrum *La.* ‖ locum *AEF* : -us *N*
locatam *La.* ‖ perpendiculus *AEF* : -o *N* ‖ adsignat *La.* : -ant *A* adsignatus *EF* –tur *N* ‖ sine linea cultellamus *A* : c. s. l. *EFN* ‖ cum *add.*
*La.* ‖ metarum *A^{pc}* : motetarum *A^{ac}* iterum saepe *EFN* ‖ illa *A* : -am
*EFN* ‖ dispendi *La.* : -ten- *AEF* distensio *N* ‖ quam si *AE* : quod si
*FN* ‖ sequamur *La.* : quam *A* quamuis *EF* fuerint quouis *N*.

(6) compressiorem *A* : –e *EFN* ‖ autem *AEF* : ante *N* ‖ prospici
*La.* : prae- *A* per- *EFN* ‖ poterit *A* : -tuerit *EFN* ‖ sic *AEFN* : licet
*La.* ‖ in *AN* : ut *EF*

traverser purement et simplement, dicter des jalons dans
la direction de l'autre côté — pas moins de trois ; puis,
après les avoir repris et avoir déplacé le *ferramentum*, il
faudra alors effectuer une visée arrière sur les premiers
et, après avoir plombé, poursuivre l'alignement commencé jusqu'où ce sera nécessaire.

(7) On demande souvent quelle est la raison[125] de culteller, ce que nous faisons lorsque, après avoir plombé,
nous totalisons la longueur du sol de manière à ramener à
l'horizontale les pentes irrégulières[126] en nous attachant
aux côtés de la mesure[127]. [Nous cultellons donc le terrain
dès qu'il monte un peu, et nous le ramenons à l'horizontale[128].] La démonstration nous en est fournie précisément par la nature des plantations. Tout terrain en pente,
en effet, ne pourra être mesuré[129] réellement qu'en tenant
compte du fait que tout ce qui naît de la terre se dresse
verticalement dans l'air et annule en grandissant l'obli-
quité du sol, sans occuper un espace[130] plus grand que si
cela poussait sur un sol horizontal. Si toutes les plantations poussaient en rangée sur le coteau, nous mesure-
rions selon la configuration du lieu[131] ; mais comme la
pente contient le même nombre de rangées d'arbres que
sa projection horizontale, on aura raison de la culteller
avec des cordeaux[132].

ulteriorem partem dictare metas ne minus tres, quibus reprehensis transposito ferramento respicere priores oporteat, et perpenso *coept*um rigorem quousque res exegerit perducere.

(7) Cultellandi ratio quae sit saepe quaeritur, cu*m per-penso* soli spatium consummamus ut illam cliuorum inaequalitatem planam esse cogamus, dum mensurae lateribus inseruimus. [Cultellamus ergo agrum eminentiorem et ad planitia*e* redigimus aequalitatem.] Hanc nobis ipsa seminum natura monstrauit : omnis enim illa soli inaequalitas re colligi non poterit, nisi quod e terra quidquid nascitur in aere rectum existit et illam terrae obliquitatem crescendo atterit nec maiorem numerum occupat quam si ex plano nascatur. Quod si monti ordinata semina nasce-*re*ntur omnia, secundum loci naturam me*tirem*ur ; cum mons totidem arborum ordines capiat quot pars eius in campo, lineis recte cultellabitur.

metas ne minus *A* : minus metas *EF* non minus metas *N* ‖ respicere *A* : recipere *EFN* ‖ perpenso *EF* : -um *N* pensis *A* ‖ coeptum *La.* : caelium *A* caeli *EFN* ‖ quousque *A* : quatenus *EFN* ‖ perducere *A* : p. debemus *EFN*.

(7) cum *Si.* : curae *A* cuius *G* cur ea quae *EF* hoc est c. e. q. *N* ‖ perpenso *La.* : premens *A* praemensi *G* praemensum *EF^{ac}* per immensum *F^{pc}* per emensum *N* propensi *Sch. Th.* ‖ soli *AF^{pc}GN* : solis *EF^{ac}* ‖ ut *AEF* : et *G* ad *N* ‖ planam *AG* : ple- *EF* plenaria *N* ‖ cogamus *AEFN* : -imus *G* ‖ dum — lateribus *AG* : *om. EFN* ‖ inseruimus *G* : inseruemus *A om. EF* ‖ cultellamus — aequalitatem *secl. La. Th.* ‖ et[1] *EFGN* : *om. A* ‖ planitiae *Th.* : -am *AFG La.* -em *E* –ei *N* ‖ aequalitatem *AEFGN Th.* : inaeq. *La.* ‖ hanc *AG* : haec *EF* hoc *N* ‖ omnis *AEFGN La.* : non *Th.* ‖ re *A* : quare *La.* recte *Th. om. EFGN* ‖ non poterit *EFN* : p. *AG La. Th.* ‖ e *AG* : de *EFN* ‖ existit *La.* : extistit *A* exit *EFGN* ‖ numerum *AEFN* : spatium *G* ‖ si[1] *GN* : si si *A* nisi *EF* ‖ *post* nascatur *def. AG* ‖ ordinata *N* : -o *EF* ‖ nascerentur *La.* : nascantur *EFN* ‖ metiremur *La.* : mererentur *E* haererentur *F* inserentur *N* ‖ mons *La.* : non *EFN Th.* ‖ totidem *La.* : idem hoc est t. *EFN Th.* ‖ quot *N* : quod *EF Th.* ‖ pars *La.* : pares *EFN Th.* ‖ eius *EFN La.* : ei *Th.* ‖ lineis *La.* : limites *EFN Th.*

# NOTES

## HYGIN LE GROMATIQUE

*Page 78*

1. Ici le manuscrit *A* ajoute les deux mots *siue actus* (« c'est-à-dire les tracés ») qui ont aussi été ajoutés (à une place erronée) au texte primitif de *B* (voir l'app. crit.) ; ces deux mots se présentent comme une glose marginale de *ritus* ensuite reçue dans le texte ; Thulin les a conservés, mais il paraît préférable de les athétiser comme le faisait Lachmann. On observera que tous les emplois de *siue* dans le traité sont adversatifs, alors qu'ici seulement *siue actus* propose une sorte d'équivalent pour *ritus*. Le premier des *ritus* sera évoqué *infra* en 1, 22 : c'est l'intervention des haruspices qui doivent dire si des auspices favorables permettent d'entreprendre les opérations de limitation.

2. *Mensurae*, au sens le plus vaste, désigne tout ce qui ressortit au « mesurage » des terres, c'est-à-dire l'arpentage en général.

3. Ce sont les chemins rectilignes qui matérialisent les divisions d'une centuriation. Leur largeur varie suivant leur importance ; Hygin le Gromatique en parlera *infra* (11, 14). Hiérarchiquement, et par ordre décroissant d'importance, on distingue d'abord le *decimanus maximus* et le *cardo maximus*, qui sont les deux axes majeurs, théoriquement orientés sur les quatre points cardinaux ; au second rang, les *actuarii* ou *quintarii* qui délimitent des *saltus* (ce mot ne figure pas chez le Gromatique) de vingt-cinq centuries ; au troisième rang, les *linearii* (appelés *subrunciui* en Italie) qui délimitent les centuries ; enfin, les *intercisiui* qui marquent les délimitations intérieures des centuries.

4. Ce mot doit être entendu dans un double sens, astronomique et religieux. Astronomique : cf. le §3 qui va suivre. Religieux : cf. le §4. Ces deux sens, naturellement, se rejoignent.

5. *Cum quadam latitudine* doit être ici compris, comme le suggère le mot *tractabilis* « adaptable », non pas avec l'acception ordinaire d'« étendue », mais en tenant compte de ce qu'expliquera plus loin le texte : si la nature topographique du paysage l'exige, il est permis

d'opérer une approximation du système (*proximum rationi*, 6, 13) pourvu qu'on respecte la rectangularité nécessaire pour les mesures ; pour cette acception de *latitudo, latus, latior*, cf. Callistrate, 2, *edicti monitorii, Dig.* 4, 6, 9 ; Papinien, 2 *Quaest. Dig.* 22, 1, 1, 3 ; *Cod. Iust.* 4, 11, 1 (a. 531). (Bes.)

6. *Forma* est le terme technique qui désigne dans les textes gromatiques le plan cadastral, qu'il s'agisse du document de bronze affiché dans la colonie ou du document qui demeure aux archives impériales.

7. De l'est vers l'ouest, donc, comme va le répéter *infra* le §7, bien que certains *decimani* aillent de l'ouest à l'est (§21), et que d'autres soient même établis sur une ligne nord-sud (§25), sans compter tous les cas, les plus nombreux au fond, où l'orientation sur les points cardinaux n'est nullement respectée.

8. En disant que l'art gromatique remonte à l'enseignement des Étrusques, l'auteur ne fait que répéter une opinion commune transmise par Varron (cf. notamment *LL* 7, 7 : *Quaqua intuiti erant oculi, a tuendo primo templum dictum ; quocirca caelum qua attuimur dictum templum* (…). *Eius templi partes quattuor dicuntur sinistra ab oriente, dextra ab occasu, antica ad meridiem, postica ad septentrionem*), lequel avait une nette prédilection pour la tradition étrusque ; contre cette idée, cf. J. Le Gall, « Les Romains et l'orientation solaire », *MEFRA* 1975, 1, p. 287-320. Voir à ce propos O. A. W. Dilke, « Varro and the Origins of Centuriation », *Atti Congresso internazionale di studi varroniani*, Rieti, septembre 1974 (Rieti, 1976), p. 353-358 ; et O. Behrends, « Bodenhoheit und privates Bodeneigentum im Grenzwesen Roms », dans O. Behrends et L. Capogrossi Colognesi (éd.), *Die römische Feldmeßkunst*, 1992, p. 213 sq., 218 sq., 239 ; voir également les points de vue d'O. A. W. Dilke et H. Galsterer développés dans le même volume aux p. 337 et 430. Frontin (3, 1 = p. 27 Lachmann = p. 10 Thulin) présente un texte tout à fait semblable à celui d'Hygin le Gromatique : *Limitum prima origo, sicut Varro descripsit, a disciplina Etrusca*, « Les *limites* tirent leur origine première, comme l'a écrit Varron, de la discipline étrusque » (noter que le mot *origo* vient d'être employé par Hygin le Gromatique). (Bes.)

9. Ici les mss *A* et *B* présentent une glose intruse qui paraît proposer de lire *auctorum* au lieu de *(h)aruspicum* : *uel auctorum habet, quorum artificium*, « ou bien le texte porte *auctorum* (= des fondateurs), dont la technique… ».

10. Phrase identique chez Frontin (3, 1 = p. 27 Lachmann = p. 10 Thulin) : *quod haruspices orbem terrarum in duas partes diuiserunt : dextram appellauerunt <quae> septentrioni subiacere<t>, sinistram quae ad meridianum terra<e> esse<t>*, « car les haruspices divisaient le monde en deux parties : ils ont appelé « droite » celle qui était sous le septentrion, et « gauche » celle qui était au midi ».

*Page 79*

11. Le système d'orientation d'Hygin le Gromatique (le nord à droite, le sud à gauche, l'ouest devant et l'est derrière) diffère de l'enseignement de Varron à propos du *templum* (*LL* 7, 7 : *eius templi partes quattuor dicuntur sinistra ab oriente, dextra ab occasu, antica ad meridiem, postica ad septentrionem*, « les quatre parties du *templum* sont appelées *sinistra* pour celle qui est à l'orient, *dextra* pour celle du couchant, *antica*, celle qui est au midi et *postica* celle qui est au septentrion »). En réalité, seul l'azimut visé par l'observateur varie : l'ensemble du système de division et de représentation de l'espace s'organise par rapport au point de station du praticien et à l'axe de sa visée. (Bes.) L'important est donc la définition des quatre régions entre lesquelles se divise la zone centuriée, et qui viennent d'être successivement nommées par le Gromatique : par rapport au *decimanus maximus*, on distingue une région *dextra* et une région *sinistra* ; par rapport au *cardo maximus*, une région *ultra* et une région *citra*. Par combinaison, on obtiendra donc pour les quatre régions où seront implantées les centuries numérotées les appellations de *dextra decimanum ultra kardinem* (« à droite du *decimanus* et au delà du *cardo* », la formule latine étant abrégée en *DD VK*), *dextra decimanum citra kardinem* (« à droite du *decimanus* et en deçà du *cardo* », abréviation : *DD KK*), *sinistra decimanum ultra kardinem* (« à gauche du *decimanus* et au delà du *cardo* », *SD VK*) et *sinistra decimanum citra kardinem* (« à gauche du *decimanus* et en deçà du *cardo* », *SD KK*). Voir *infra*, 2, 7.

12. Vitruve (4, 5, 1) donne la théorie suivant laquelle les temples doivent regarder dans la direction du couchant (*ad uespertinam caeli regionem*). C'est ce texte, ou un résumé, qui est ici la source d'Hygin le Gromatique (et de Frontin, dans le passage correspondant, 1, 21 = p. 11 Thulin = p. 28 Lachmann). Cette théorie est vérifiée par des temples grecs d'Asie (p. ex. l'Artémision d'Éphèse) qui sont orientés vers l'ouest ; Vitruve pourrait donc être tributaire de quelque théoricien d'Asie Mineure comme Hermogénès de Priène, fin IIIe-début IIe s. av. J.-C. (cf. P. Gros, Vitruve, *De l'Architecture*, livre 3, p. LXV-LXIX, avec bibliographie). Voir, du reste, la reprise du même thème *infra*, en 1, 21. (Bes.)

13. Voir en fin de volume la figure HG1.

14. Phrases presque identiques chez Frontin (3, 2 = p. 28 Lachmann = p. 11 Thulin) : *Ab hoc fundamento maiores nostri in agrorum mensura uidentur constituisse rationem. Primum duo limites duxerunt : unum ab oriente in occasum, quem uocauerunt decimanum ; alterum a meridiano ad septentrionem, quem kardinem appellauerunt*, « Tel est le fondement à partir duquel nos ancêtres, comme on le voit, ont établi leur système de mesure des terres. En premier lieu, ils ont mené deux *limites* : le premier de l'orient à l'occident, et ils l'ont

appelé *decimanus* ; le second du midi au septentrion, et ils l'ont appelé *cardo* ».

15. J'ai corrigé en *dirigeretur* la leçon *dirigeret* des manuscrits (voir app. crit.) ; il ne semble pas opportun de sous-entendre un complément comme *cursum* ; Isidore de Séville, *Étymologies* 15, 14, 4, écrira (en suivant plutôt le texte correspondant de Frontin, 3, 1 sq., que le présent passage d'Hygin le Gromatique) : *Decumanus est qui ab oriente in occidentem per transuersum dirigitur*, « le *decumanus* est l'axe transversal qui est dirigé de l'orient à l'occident », avec un *dirigitur* qui appuie cette correction. Voir aussi Frontin, 3, 6, et la note *ad loc.*

16. Il faut retenir la leçon *duocimanum* parce qu'elle est cohérente avec la suite du texte, tandis que la leçon *duodecimanum* ne l'est pas.

17. Parce que l'ensemble du territoire centurié se répartit, par rapport au *decimanus maximus*, en deux parties seulement, la *pars dextra* et la *pars sinistra*, comme le texte va l'enseigner ensuite. Frontin, pour sa part (3, 6 = p. 29 Lachmann = p. 12 Thulin), étend la remarque aux *cardines* : *Ab his duobus omnes agri partes nominantur*, « C'est à partir de ces deux *limites* que sont dénommées toutes les parties du territoire ».

18. Cf. Frontin, 3, 4 = p. 28 Lachmann = p. 12 Thulin : *Kardo nominatur quod directus a kardine caeli est*, « Le *cardo* tire son nom du fait qu'il est dirigé d'après l'axe du ciel ».

19. Somme de deux as, ou longueur de deux pieds.

20. Pour ces trois étymologies, il faut noter la parenté avec le texte de Frontin (3, 3 = p. 28 l. 11-15 Lachmann = p. 11 l. 16-p. 12 l. 2 Thulin) : *Quare decimanus a decem potius quam a duobus, cum omnis ager eo fine in duas diuidatur partes ? Vt duopondium* [*et duouingiti*] *quod dicebant antiqui, nunc dicitur dipondium* [*et uiginti*], *sic etiam duo*[*de*]*cimanus decimanus est factus*, « Pourquoi *decimanus* viendrait-il de *decem* (« dix ») plutôt que de *duo* (« deux ») ? De même que nous disons maintenant *dipondium* pour *duopondium* et *uiginti* (« vingt ») quand les anciens disaient *duouiginti*, de même *duocimanus* est devenu *decimanus* ». Quelle est la part de fantaisie dans ces étymologies ? Il est exact que *du-*, en composition, équivaut à *duo*, « deux », dans *dupondium* (ou *dipondium*), « somme de deux as » (il y a ici un souvenir de l'étymologie varronienne : cf. *LL* 5, 169 : *dupondius ab duobus ponderibus*), puis « le nombre deux », mais l'hapax *duouiginti* ne peut se justifier, car *uiginti* s'analyse étymologiquement en « deux (*ui-*) dizaines (*-ginti*) ». Isidore, *Étymologies* 15, 14, 4, tout en conservant l'idée de la division du territoire en deux parties par le *decimanus*, optera pour l'explication étymologique par *decem*, explication qui est celle de Siculus Flaccus (p. 152 l. 25-27 Lachmann) mais qui est expressément rejetée par Hygin le Gromatique et par Frontin : *Decimanus est qui ab oriente in occidentem per transuersum dirigitur, qui pro eo quod formam X faciat decimanus est*

*appellatus. Ager enim bis diuisus figuram denarii numeri efficit,* « Le
*decimanus* est l'axe transversal tracé de l'orient à l'occident, et qui est
appelé *decimanus* parce qu'il affecte la forme du X. Car le territoire,
une fois divisé deux fois, produit la forme du nombre dix. » Le *Dictionnaire étymologique de la langue latine* d'Ernout et Meillet (*s. u.
decem*) range *decimanus* dans la famille de *decem*, en invoquant l'étymologie proposée par Isidore de Séville. Une justification possible
d'une telle étymologie a été proposée par G. Tassé, « L'origine du
terme *decumanus* : quelques considérations sur l'évolution de l'alphabet latin », *Cahiers des études anciennes* 29 (1995), p. 179-184 : la
forme commune au symbole et à la groma, qui les associe au nombre
dix, rend concevable que les Romains aient pu donner à l'axe trans-
verse de leurs limitations un nom dérivé de ce symbole. Mais, comme
le *decimanus* est le plus large des deux axes majeurs, il se pourrait que
l'on doive retenir pour ce mot le sens de « grand », « gros », « consi-
dérable » : telle est l'idée de O. A. W. Dilke, *The Roman Land Surveyors*, p. 231-233. Le meilleur argument en faveur de l'étymologie du
nom du *decimanus* par *decem* reste celui de Siculus Flaccus, qui renvoie aux réalités de l'*ager quaestorius* dans lequel un côté de centurie
ne faisait que dix *actus*, à l'extrémité desquels s'interposait le *limes*
appelé, pour cette raison, *decimanus*.

## Page 80

21. « Dirigés vers l'avant ». Le qualificatif désigne donc les
*limites* tracés dans la direction visée à l'origine par l'arpenteur,
« devant lui », c'est-à-dire les *decimani*. C'est également par rapport à
cette position initiale du praticien que se conçoit le qualificatif *transuersus*, « transversal », pour désigner les *limites* tracés de part et
d'autre du *decimanus maximus*, les *cardines*. Texte à peu près identique chez Frontin (3, 6 = p. 29 Lachmann = p. 12 Thulin) : *Reliqui
limites fiebant angustiores et inter se distabant paribus interuallis. Qui
spectabant in oriente<m>, dicebant prorsos : qui dirigebant in meridianum, dicebant [et] transuersos,* « Quant aux autres *limites*, on les
faisait plus étroits et séparés par des intervalles égaux. Ceux qui regardaient vers l'orient étaient appelés *prorsi* ; ceux qui se dirigeaient vers
le midi étaient appelés *transuersi* ». (Bes.)

22. Ceux qui sont parallèles au *decimanus maximus*.

23. Ceux qui sont parallèles au *cardo maximus*.

24. L'adjectif *limus, -a, -um* signifie « oblique ». Il n'est pas seulement archaïque et poétique, car on le trouve deux fois chez Pline
l'Ancien : en 11, 145, appliqué aux yeux, à côté de l'adjectif *transuersi* ; en 8, 52, à propos des lions, lorsque Pline écrit : *nec limis
intuentur oculis*.

25. Les noms de *limus* (à ne pas confondre avec l'adjectif *limus* qui
vient d'être cité) et de *cinctus* désignent une sorte de pagne, un vête-

ment qui s'enroule autour de la taille et recouvre les jambes. Le *limus*, vêtement du victimaire, est bordé, dans le bas, d'une bande de pourpre. Notre texte emploie une forme neutre de ce mot, *limum*, mais cette forme était déjà employée par Tiro, l'affranchi de Cicéron, si l'on en croit Aulu-Gelle, 12, 3, 3 : *Sed Tiro Tullius, M. Ciceronis libertus, lictorem uel a limo uel a licio dictum scripsit : licio enim transuerso, quod limum appellatur, qui magistratibus, inquit, praeministrabant, cincti erant.* Définition du *limus* chez Servius, *Én.* 12, 120 (passage dont on sent la commune origine varronienne avec ceux d'Hygin le Gromatique et de Frontin) : *Limus autem est uestis qua ab umbilico usque ad pedes prope teguntur pudenda poparum. Haec autem uestis habet in extremo sui purpuram limam, id est flexuosam, unde et nomen accepit : nam « limum » obliquum dicimus, unde et Terentius « limis oculis » dicit, id est obliquis.* (L'allusion finale est à Térence, *Eunuque* 601). Le *cinctus* est défini par Varron, *LL* 5, 114 : *cinctus et cingillum a cingendo, alterum uiris, alterum mulieribus attributum.*

26. Texte parallèle chez Frontin (3, 7 = p. 29 Lachmann = p. 13 Thulin) : *Limites autem appellati transuersi sunt a limo [id est] antiquo uerbo ; a quo dicunt poetae « limis oculis » ; item limum cinctum, quod purpuram transuersam habeat, et limina ostiorum. Alii et prorsos et transuersos dicunt limites a liminibus, quod per eos in agro intro et foras eatur,* « Les *limites transuersi* tirent leur nom de *limus* (« oblique »), mot ancien ; de là l'expression des poètes, *limis oculis* (« avec un regard de côté ») ; d'où vient aussi que l'on appelle *limus* le *cinctus*, parce qu'il a une bande pourpre transversale ; et que l'on parle des *limina* (« seuils ») des portes. Pour d'autres, les *limites*, aussi bien *prorsi* que *transuersi*, tirent leur nom des *limina*, parce que ce sont eux qui permettent, sur une terre, d'entrer et de sortir ».

27. Frontin (3, 8 = p. 29-30 Lachmann = p. 13 Thulin) a un texte un peu plus développé : *Hi ab incolis uariis ac dissimilibus uocabulis a caeli regione aut a loci natura sunt cognominati : in alio loco sicut in Vmbria circa Fanum Fortunae, qui ad mare spectant maritimos appellant, alibi qui ad montem montanos,* « Ces *limites* ont reçu des habitants toute une variété d'appellations différentes d'après la région du ciel ou d'après la nature du lieu : en tel endroit, par exemple en Ombrie, autour de *Fanum Fortunae*, ceux qui regardent vers la mer sont appelés *maritimi*, ailleurs, ceux qui regardent vers la montagne sont des *montani* ».

28. Ici, comme *supra* au §6, « longueur » (*longitudo*) ne se définit pas par opposition à « largeur » (*latitudo*), mais désigne toute ligne droite qui se développe dans le système.

29. Ces deux *limites* occupent le sommet de la hiérarchie parce que ce sont eux qui définissent les quatre régions de la centuriation. Hygin le Gromatique indiquera *infra* (11, 14) que la largeur qui doit être donnée au *decimanus maximus* est de 40 pieds, et celle qu'il faut donner

au *cardo maximus* de 20 pieds, tandis que tous les *limites actuarii, decimani* et *cardines,* auront 12 pieds, et les *subrunciui,* 8 pieds (ce sont les dimensions imposées par la loi triumvirale conservée dans le *Liber coloniarum* I, p. 212 l. 4-7 Lachmann) ; et plus loin encore, parlant des territoires scamnés (20, 10), il indiquera que la largeur des deux axes majeurs est alors de 20 pieds.

## Page 81

30. Les *limites actuarii* sont ceux qui entourent les *saltus* ou ensembles de plusieurs centuries (pour Hygin le Gromatique, les *saltus,* bien qu'il n'emploie pas le mot, sont les mêmes que ceux que définit Siculus Flaccus : cinq centuries sur cinq, c'est-à-dire vingt-cinq centuries) ; ils sont tracés prioritairement et avec le plus grand soin immédiatement après l'établissement des deux axes majeurs. On les appelle aussi *quintarii,* et l'auteur reviendra sur les problèmes que peut poser leur numérotation *infra,* 3, 6.

31. Ce sont les *limites* qui entourent chaque centurie. On reviendra en 11, 4 sur le soin qu'il faut apporter à les tracer.

32. Cette expression, employée de façon quasi systématique à la fin du descriptif de chaque colonie dans les *Libri coloniarum* (*iter populo debetur* ; dans le cas contraire, la formule est *iter populo non debetur* ; cf. C. Saumagne, « Iter populo debetur », *Revue de Philologie* 54, 1928, p. 320-352), affirme le *dominium* du peuple romain (*populus*), c'est-à-dire de tous les membres de la *respublica* de la colonie, sur le domaine public. L'obligation ici énoncée sera réitérée *infra,* 3, 6.

33. Ces lois se réfèrent respectivement aux colonies fondées par les Gracques (*lex Sempronia* : loi de Tiberius en 133 ou de Caius en 123-122), par Sylla (*lex Cornelia,* pour l'établissement de ses vétérans, pendant sa dictature : 82-79) et par les deux *Iulii,* César (*lex Iulia agraria,* pendant son consulat, en 59) et Auguste.

34. Une *uia militaris* n'est pas une route stratégique, mais une grande route d'intérêt public, établie aux frais de l'État. L'ensemble de ces *uiae militares* constitue le réseau routier de l'empire. L'examen de leur statut juridique a été fait par R. Rebuffat, « *Via militaris* », *Latomus* 46, 1987, p. 52-67.

35. C'est-à-dire une largeur de cinq pieds : cf. Frontin, 2, 3 = p. 11 l. 5 Lachmann = p. 5 l. 1-2 Thulin ; *Commentum de controuersiis,* p. 12 l. 12 Lachmann = p. 61 p. 3-4 Thulin ; Siculus Flaccus, p. 144 l. 19-20 Lachmann = p. 108 l. 19-20 Thulin = phrase 89 de la traduction de Besançon. La *lex Mamilia* (mentionnée aussi par Cicéron, *De legibus* 1, 55) est une ancienne loi remontant au moins au IIe s. av. J.-C. (cf. F. T. Hinrichs, *Histoire des institutions gromatiques,* trad. française de D. Minary, Paris, 1989, p. 197) qui était déjà partiellement incompréhensible à la fin de la République, difficulté dont les textes gromatiques se font l'écho (cf. Pseudo-Frontin, p. 37-38 Lachmann :

*De qua lege iuris periti adhuc habent quaestionem*, « Cette loi est encore aujourd'hui un sujet de discussion pour les juristes. »). On connaît un C. Mamilius Limetanus tribun de la plèbe en 109 (cf. T. R. S. Broughton, *The Magistrates of the Roman Republic*, vol. 1, New York, 1951, p. 546) ; son surnom est peut-être à mettre en rapport avec la paternité de la loi Mamilia, assumée par un de ses ancêtres.

36. Cette notation n'est pas une explication de ce qui précède ; c'est une parenthèse appelée par l'allusion qui vient d'être faite aux récoltes. Les récoltes varient selon la qualité de la terre, et le même critère rend compte de l'étendue plus ou moins grande du lot de chacun.

*Page 82*

37. Vitruve, 4, 5, 1 (cf. *supra*, 1, 5 et n. *ad loc.*).

38. Parce que les points du lever et du coucher varient suivant les saisons, et qu'il est donc de mauvaise méthode de prétendre tracer une bonne fois pour toutes (*in semel*) la droite joignant le point du lever du soleil (*ortus*) à celui de son coucher (*occasus* ; l'expression *ortum et occasum*, « le lever et le coucher », est une manière de désigner de façon abrégée « la ligne qui va du point du lever à celui du coucher ») ; c'est seulement aux équinoxes que le lever du soleil donne la direction de l'est perpendiculaire à celle du nord. Cf. Sénèque, *Naturales quaestiones* 5, 16, 3 : *Non enim eodem semper loco sol oritur aut occidit...*, « Ce n'est pas toujours au même endroit que le soleil se lève ou se couche... » ; Pline, 18, 333 : *Occurrendum ingeniis quoque imperitorum est. Meridiem excuti placet, quoniam semper idem est, sol autem cotidie ex alio caeli momento quam pridie oritur, ne quis forte ad exortum capiendam putet liniam*, « Il faut prévenir aussi l'erreur des esprits ignorants : c'est vers le midi qu'il convient de s'orienter, parce qu'il reste toujours le même ; mais le soleil se levant chaque jour en un point du ciel autre que la veille, qu'on n'aille pas croire qu'il faut s'orienter sur le levant pour tracer la ligne de base. » Hygin le Gromatique reviendra sur cette erreur *infra*, 7, 1.

39. Il s'agit de la *groma*, appareil qu'utilisent les arpenteurs romains pour le tracé d'alignements et d'angles droits ; les textes l'appellent le plus fréquemment *ferramentum* à cause de son pied en fer ; ils emploient beaucoup plus rarement le terme *groma*, que notre texte présente pourtant au début de la phrase suivante.

40. Telle est l'intervention des haruspices qui doivent dire si la procédure de limitation du territoire sera entreprise sous des auspices favorables. C'est le premier des *ritus* qu'évoquait la première phrase du présent traité.

41. C'est-à-dire avec le sud exact.

42. Le cas précédent était un cas d'erreur manifeste dans la méthode d'orientation des *limites* ; les trois autres, dont celui-ci est le premier, relèvent d'une volonté évidente de se séparer de l'orientation

cardinale, essentiellement pour marquer la différence entre deux zones
centuriées voisines, comme c'est dit pour le premier des trois cas ; les
§27-29 *infra* vont bientôt revenir sur cette question.

*Page 83*

43. Cf. Frontin, 3, 12 = p. 31 Lachmann = p. 14 Thulin : *Et multi,
ne proximae coloniae limitibus ordinatos limites mitterent, exacta
conuersione di<s>creuerunt*, « Et beaucoup, pour ne pas lancer des
*limites* parallèles à ceux d'une colonie voisine, ont marqué la distinction par un changement d'orientation complet ». Cette phrase de Frontin correspond au début de la présente phrase d'Hygin le Gromatique et
au début de la phrase 25 qui va suivre immédiatement.

44. *Modus*, mot fréquent chez les gromatiques avec cette signification, désigne exactement, à propos d'une terre assignée, la « mesure »
au sens de « quantité mesurée » et attribuée soit à une collectivité, soit
à un individu.

45. Cf. Frontin, 3, 5 = p. 29 Lachmann = p. 12 Thulin : *quidam
agri magnitudinem (secuti), qui qua longior erat, fecerunt decimanum*,
« certains ont pris l'étendue du territoire, et ils ont fait le *decimanus*
dans le sens de la plus grande longueur ».

46. Il y a ici une allusion à la situation de l'*ager Campanus* où
deux systèmes cadastraux globalement orientés nord-sud ont été étudiés par G. Chouquer et F. Favory, dans G. Chouquer, M. Clavel-
Lévêque, F. Favory et J.-P. Vallat, *Structures agraires en Italie centro-
méridionale*, Rome, 1987, p. 199-205. L'*ager Campanus* II et l'*ager
Campanus* I, tous deux implantés surtout au Sud de Capoue, ont été
respectivement mesurés à 0°40 NW et à 0°10 NE, donc à 50' de différence pour un module de 20 × 20 *actus*, mesuré pour l'un à 705 m et
pour l'autre à 706 m. Cette proximité doit sans doute conduire à y
reconnaître, d'après les relevés de M. Monaco, une seule centuriation
et à restituer, en accord avec le texte d'Hygin le Gromatique, une
orientation NS/WE presque exacte (M. Monaco, « *Ager Campanus* »,
dans l'*Atlas historique des cadastres d'Europe*, 1, 1995). (Bes.)
L'exemple de l'*ager Campanus* se trouve aussi chez Frontin (3, 5
= p. 29 Lachmann = p. 12 Thulin) : *Quidam non ortum spectant, sed
ita aduersi sunt ut sint contra septentrionem, ut in agro Campano qui
est circa Capuam, ubi est kardo in oriente<m> et decumanus in meridianum*, « Certains ne regardent pas le lever du soleil, mais opèrent
une conversion qui les met face au septentrion ; ainsi dans l'*ager
Campanus*, autour de Capoue, où le *cardo* est dirigé vers l'orient et le
*decimanus* vers le midi ». Autres exemples d'orientation inversée dans
le *Liber coloniarum* I, les territoires de Consentia (p. 209 l. 16-18
Lachmann), de Vibo Valentia (l. 19-20), de Clampetia (l. 21-22) et de
Bénévent (p. 210 l. 1-2) ; dans tous ces cas, dit le texte, *kardo in orientem, decimanus in meridianum*.

47.  Passage parallèle mais abrégé chez Frontin, 3, 10 = p. 30 Lachmann = p. 14 Thulin : *Sunt qui centuriam maiorem modum appellant,
ut Cremonae denum et ducenum ; sunt qui minorem, ut in Italia triumuiralem iugerum quinquagenum*, « Il y a des gens qui appellent centurie une superficie plus grande, par exemple de 210 jugères à Crémone ; d'autres, une plus petite, par exemple la superficie triumvirale
de cinquante jugères en Italie. » Parler ici de la superficie des centuries
n'est pas de la part de l'auteur rompre le fil du discours. Le choix
d'une superficie différente de celle qui a été adoptée pour une limitation contiguë est un des moyens de distinguer deux *perticae* voisines,
au même titre que la décision d'adopter des orientations différentes
pour les *limites* (*supra*, §23).

48.  Cette assignation triumvirale de 50 jugères a été mise en évidence par L. Bosio, « La centuriazione del agro di Iulia Concordia »,
*AIV* 124, 1965-1966, p. 249 sq. (cf. F. T. Hinrichs, *op. cit.*, p. 58 n. 35).

49.  L'indication « 200 jugères » ne concerne pas la centurie triumvirale dont il vient d'être question, mais le système de la centuriation
régulière en carrés de côtés égaux à 20 *actus* qui s'est imposée dès le
début du IIᵉ s. av. J.-C. (pour des raisons analysées par F. T. Hinrichs,
*op. cit.*, p. 59) ; c'est elle qui constitue la règle, les autres exemples
donnés ici sont des exceptions.

50.  Cf. Frontin, 3, 10 = p. 30 l. 19 Lachmann = p. 14 Thulin : *Sunt
qui centuriam maiorem modum appellant, ut Cremonae denum et
ducenum*, « Il y a des gens qui appellent centurie une superficie plus
grande, par exemple de 210 jugères à Crémone ». La colonie de Crémone a été fondée en 218 av. J.-C. ; « l'étrange partage en rectangles
presque carrés (20 × 21 *actus* = 210 jugères » (F. T. Hinrichs, *op. cit.*,
p. 58) pourrait s'expliquer par le fait qu'on a « ici ajouté 10 jugères
pour les voies séparant les parcelles à l'intérieur de la centurie » (*id.*,
*ibid.*, n. 33).

51.  Voir Dion Cassius 53, 26, 1. La centuriation d'*Emerita* est
extrêmement étendue, « si bien que des *subseciua* subsistèrent malgré
plusieurs assignations successives, *subseciua* qui purent encore être
contrôlés lors des révisions de Vespasien » (F. T. Hinrichs, *op. cit.*,
p. 121) : c'est peut-être là une des raisons pour lesquelles Hygin le
Gromatique, qui semble écrire au moment où se met en place ce processus de révision, s'intéresse au cas d'*Emerita*.

52.  Cette grande centurie de 400 jugères, double de la normale, est
aussi attestée à Orange (cadastre A) : cf. G. Chouquer, « Répertoire
topo-bibliographique des centuriations de Narbonnaise », *Revue
Archéologique de Narbonnaise* 26, 1993, p. 97.

53.  C'est-à-dire que les segments déterminés sur les *decimani* par
les intersections des *cardines* mesurent 40 *actus*, et que les segments
déterminés sur les *cardines* par les intersections des *decimani* mesurent
20 *actus*.

54. *Pertica* est, au premier sens du mot, une « perche », comme *decempeda* (c'est ainsi que le terme apparaît dans le catalogue de mesures qui ouvre le traité de Balbus, p. 95 l. 5 Lachmann : *Decempeda, quae eadem pertica appellatur, habet pedes X*, « La *decempeda*, appelée aussi *pertica*, contient 10 pieds » ; et il faut remarquer que la glose qui constitue le paragraphe suivant et qui reprend la même liste de mesures a supprimé le mot *pertica* et s'en tient à *decempeda*) ; mais *pertica* désigne dans les textes gromatiques, par métonymie, la superficie de l'assignation. La différence entre *pertica* et *praefectura* est définie par Frontin, *De limitibus* 3, 13 = p. 26 l. 6-10 Lachmann = p. 14 l. 23 — p. 15 l. 4 Thulin) : *Solum autem quodcumque coloniae est adsignatum, id uniuersum pertica appellatur ; quidquid huic uniuersitati adplicitum est ex alterius ciuitatis fine, siue solidum siue cultellatum fuerit, praefectura appellatur*, « Quant au sol qui a été assigné à une colonie, son ensemble est appelé *pertica* ; tout ce qui, depuis la limite d'une autre cité, a été ajouté à cet ensemble, soit en bloc, soit cultellé, est appelé préfecture. »

55. Chez les gromatiques, le mot *praefectura* désigne la terre ajoutée au territoire d'une colonie après avoir été prise sur le territoire d'une communauté voisine ; cf. note précédente.

56. Retour au thème abordé *supra* au §23 : distinguer deux *perticae* voisines en orientant différemment leurs systèmes orthonormés respectifs. Voir en fin de volume la figure HG3.

57. Il faut en effet une assignation très vaste, comme était celle d'*Emerita*, pour que la question ici évoquée puisse se poser. L'existence, sur le territoire d'une colonie, de plusieurs cités (ici des *praefecturae*) avec leur propre limitation est aussi attestée par Pline, *HN* 3, 25, qui cite deux *ciuitates* de la colonie d'Acci et quatre de la colonie de *Salaria*.

*Page 84*

58. C'est-à-dire en respectant la même orientation que celle des *limites* de la *pertica* d'*Emerita*.

59. L'établissement de certaines préfectures d'*Emerita* / Mérida peut dériver de la division provinciale mise en place par Auguste autour de 16 avant notre ère. En effet, la frontière entre les nouvelles provinces de Bétique et de Lusitanie était fixée par le fleuve *Anas*, le Guadiana (Pline l'Ancien, *HN* 3, 1, 6-4, 22, 115 ; Pomponius Mela, *Chor.* 2, 6, 87), ce qui aurait pu signifier pour *Augusta Emerita* la perte de la partie méridionale de son territoire ; situation qui a pu être résolue par la concession de préfectures dans ce secteur (A.-M. Canto, « *Colonia Iulia Augusta Emerita* : consideraciones en torno a su fundación y territorio », *Gerion* 7, 1989, p. 149-205 ; R. Étienne, « À propos du territoire d'Emerita Augusta, Mérida », *Cité et territoire, Actes du Colloque Européen*, Béziers, octobre 1994, Besançon, 1995, p. 27-32). D'autres

préfectures ont pu exister dès la première période d'organisation du territoire d'*Emerita*, ainsi la préfecture *Turgaliensis* (du nom de la ville de *Turgalium*, moderne Trujillo, à 80 km au N.-E. de Mérida). La présence des vétérans de la première *deductio,* réalisée par P. Carisius, parallèlement à la fondation de la colonie, autour de 25 avant notre ère (Dion Cassius, 53, 25, 2), y a été constatée. En ce qui concerne la préfecture *Mullicensis*, elle est attestée par la proximité étymologique (Montemolin = *Mons Mulli* = *Mullicensis*) et par la découverte d'un *terminus* flavien qui indique *fines Emeritensium.* (Bes.)

60. C'était la première possibilité de distinction entre la *pertica* d'une colonie et le réseau des préfectures : dans un même système orthonormé, avec comme base des centuries de 400 jugères, ce sont les *decimani* qui sont découpés tous les 40 *actus* et les *cardines* tous les 20 *actus* à *Emerita*, tandis qu'à *Mullica* et à *Turgalium* c'est l'inverse : segments de 40 *actus* sur les *cardines* et de 20 sur les *decimani*. Il n'est donc pas possible de confondre ces deux systèmes voisins.

61. Voici un second procédé, dont une magnifique illustration est fournie par le cas de la *pertica* de Cesena et de la *pertica* voisine à l'Est, celle de Cervia : cf. G. Brighi, *Le acque devono correre. Le centuriazioni fra Rimini, Cervia e Cesena*, Cesena, 1997, spécialement cartes des p. 83 et surtout 91, que l'on superposerait idéalement aux vignettes qui illustrent dans les mss le présent passage d'Hygin ; la limite entre les deux *perticae* est marquée par une longue voie rectiligne qui s'appelle encore aujourd'hui *via del Confine* ; les deux *perticae*, de part et d'autre de cette voie, sont organisées sur des orientations différentes, évidemment afin d'être facilement distinguées. Cela entraîne (voir en fin de volume la figure HG4) la présence le long de cette ligne d'extrémité, côté césénate, de toute une série de *subseciua* formés par des centuries incomplètes, tandis que sur la *via del Confine* viennent s'appuyer, dans l'autre *pertica*, celle de Cervia, des centuries complètes. Voir aussi A. Roth Congès, « Modalités pratiques d'implantation des cadastres romains », *MEFRA* 108, 1996, 1, qui avance (p. 357) l'exemple d'*Aeclanum* en Apulie, mieux adapté aux données numériques de notre passage, et qui donne (p. 358) un schéma montrant comment, aux confins d'*Emerita*, la construction sur la diagonale de rapport 6/5 rend compte de la superficie de 120 jugères des *subseciua* triangulaires au contact d'une préfecture. On a affaire ici, même si le texte est seulement allusif, au procédé de construction d'une limitation sur la diagonale d'un premier système — ce qui est expliqué par M. Iunius Nypsius dans sa *Varatio* (cf. p. 285 sq. Lachmann). Sur ce sujet encore, voir l'art. d'A. Roth Congès précédemment cité.

62. *Limes* désigne ici, par synecdoque, l'ensemble du système centurié.

63. Il est étonnant de voir Hygin le Gromatique employer ce terme sans l'avoir aucunement défini, comme s'il était censé être familier au

lecteur (on pourrait faire la même remarque, *infra*, 5, 9, à propos du *mos arcifinius*). Frontin (1, 5 = p. 6 Lachmann = p. 2 Thulin) définit le subsécive : *Subsiciuorum genera sunt duo : unum quod in extremis adsignatorum agrorum finibus centuria expleri non potuit ; aliud genus subsiciuorum quod in mediis adsignationibus et integris centuriis interuenit*, « Il y a deux genres de subsécives : le premier est ce qui, aux extrémités des terres assignées, n'a pu être constitué en centurie complète ; un autre genre de subsécive est ce qui s'interpose au milieu de l'assignation et des centuries entières. » Hygin (l'homonyme de notre auteur) définit aussi les subsécives (phrase 47 de la traduction de Besançon = p. 78 Thulin ; puis phrase 191 de la traduction de Besançon = p. 133 Lachmann = p. 96 Thulin) de façon semblable. Siculus Flaccus a des définitions comparables (phrases 217-220 de la traduction de Besançon = p. 155 Lachmann = p. 120 Thulin) : *… quanto minus fuerit quam centuriae modus esse debet subseciuum uocatur. Subseciuorum uero genera sunt duo. Vnum est quod subsecante linea mensurae quadratum excedet. Alterum est autem quod subsecante assignationes linea etiam in mediis centuriis relinquetur*, « … ce qui sera plus petit que ce que doit comporter la mesure d'une centurie, on l'appelle *subseciuum*. Il y a deux sortes de *subseciua*. L'un est celui qui, à partir de la ligne subsécante, sortira du carré de mesure. Le second est celui qui sera laissé, même au milieu des centuries, par la ligne qui découpe les assignations. » Ici, c'est évidemment le premier genre de subsécive dont il est question.

*Page 85*

64. L'arpenteur passe contrat comme un grand entrepreneur, avec parfois des associés, sous la forme de la *locatio* consentie par les censeurs d'époque républicaine. Il ressort de cette phrase qu'Octave a fait affermer à des entrepreneurs privés les limitations qui ont précédé et préparé les grandes répartitions de terre en Italie. (Bes.) De fait, on a ici une allusion assez claire au texte de la loi triumvirale conservée dans le *Liber coloniarum* I (p. 211 l. 23-p. 213 l. 5 Lachmann). Cette loi qui définit toutes les modalités d'un *opus* (p. 213 l. 3) de centuriation d'après les exigences des triumvirs (*arbitratu C. Iuli Caesaris et Marci Antoni et Marci Lepidi triumuirorum rei publicae constituendae*, l. 3-5, « par décision de C. Julius César, Marc Antoine et Marcus Lépide, triumvirs chargés de l'organisation de l'État ») commence effectivement, comme le dit ici Hygin le Gromatique, par fixer un cahier des charges pour l'adjudicataire du marché (*qui conduxerit*, p. 212 l. 4) en ce qui concerne la largeur des *limites* (l. 4-7), puis traite des bornes, qui doivent être en pierre quand il s'agit des bornes de centuries (l. 8-9), et en chêne pour toutes les autres (*ceteros terminos qui in opus erunt robustos statuito*, p. 212 l. 11-12, « Pour les autres bornes qu'il établira dans l'ouvrage, elles seront en chêne »).

65. C'est-à-dire qu'il peut être mal compris. La suite du texte (3, 1) évoque par exemple l'erreur possible chez certains arpenteurs sur la numérotation des *limites*, qui doit être faite à partir des deux axes majeurs, le *decimanus maximus* étant identique au *decimanus primus*, et le *cardo maximus* au *cardo primus*. (Bes.) La question de l'inscription des bornes sera reprise *infra*, 12, 2 sq.

66. L'expression est elliptique. Il faut comprendre « à gauche du *decimanus maximus* et au delà du *cardo maximus* ».

67. Il s'agit du quatrième angle de la centurie, non pas d'un quadrant laissé vide d'inscription sur le disque sommital de la borne. Je me sépare ici de la plupart des interprétations précédentes, comme je l'ai expliqué, en produisant mes arguments, dans mon article « *Clusaris*, *angulus clusaris*, *latera clusaria* et *quarta portio clusaris* chez Hygin le Gromatique », *DHA* 29/1, 2003, p. 109-125.

68. On peut se demander si cette phrase sur la *quarta portio clusaris* ne serait pas une glose marginale ensuite entrée dans le texte. Que l'on fasse l'expérience, en effet, qui consiste à supprimer du texte la séquence *quarta enim illi lapidi portio clusaris uacat ab inscriptione ; est ergo talis inscriptio* : on a alors un enchaînement parfait : *Lapis autem in regione S et V hac ratione sic inscribitur : SD VK ; in regione dextra et ultra idem numeri sic inscribuntur ; in regione sinistra et citra, in regione dextra et citra eidem numeri sic inscribuntur*. A contrario, on voit combien la notation *quarta enim illi lapidi portio clusaris uacat ab inscriptione ; est ergo talis inscriptio* tombe de manière incongrue dans la phrase, qu'elle alourdit et dont elle détruit l'organisation et la progression en quatre temps ; et comment les mots *est ergo talis inscriptio* deviennent nécessaires pour reprendre le fil du texte après l'intrusion de *quarta enim illi lapidi portio clusaris uacat ab inscriptione*, alors qu'ils ne le sont nullement après *sic inscribitur*. Un glossateur n'a-t-il pas voulu expliquer ici, en anticipant, que la place de cette pierre *SD VK* était au quatrième angle de la centurie, celui qu'on appelle l'angle de fermeture ?

69. *Sinistra decimanum, ultra kardinem* = « à gauche du *decimanus* et au delà du *cardo* ». Les abréviations *SD* et *DD* doivent être développées avec la forme d'accusatif *decimanum*, contre la restitution d'O. A. W. Dilke, *The Roman Land Surveyors*, Newton Abbot, 1971, p. 90-91 et note infra-paginale, qui juge incorrect ce développement attribué aux « modernes » et propose de restituer le génitif *decimani* : si *ultra* et *citra* sont des prépositions suivies de l'accusatif, *dextra* et *sinistra* sont à son avis des adjectifs à l'ablatif féminin, le substantif *manu* étant sous-entendu. Mais cette opinion s'oppose à la lettre des textes gromatiques eux-mêmes, qui donnent tous *dextra* ou *sinistra decimanum* : Frontin, 2, 6 = p. 14 l. 2 Lachmann = p. 5 l. 18 Thulin ; Hygin (l'homonyme du Gromatique), p. 111 l. 18, l. 20-21 et l. 23 Lachmann = p. 71 l. 12, 15 et 19 Thulin = phrases 6 sq. de la traduc-

tion de Besançon ; Siculus Flaccus, p. 155 l. 12 Lachmann = p. 119
l. 16-17 Thulin = phrase 214 de la traduction de Besançon ; p. 162
l. 7-8 Lachmann = p. 126 l. 23-25 Thulin = phrase 271 de la traduction
de Besançon ; M. Iunius Nypsius, p. 294 l. 11-14 et p. 295 p. 2-3
Lachmann. Sur ces questions, cf. A. Déléage, « Les cadastres antiques
jusqu'à Dioclétien », *Études de Papyrologie* 2, 1934, p. 151 (l'art.
occupe les p. 73-228) ; E. H. Warmington, *Remains of Old Latin. IV.
Archaic Inscriptions*, Loeb Classical Library, Londres, 1979[5], p. 161-
166. (Bes.)

*Page 86*

70. Expression elliptique pour « à gauche du *decimanus* et en deçà
du *cardo* », *sinistra decimanum citra kardinem*, en abrégé *SD KK*.

71. « À droite du *decimanus* et en deçà du *cardo* », *dextra decimanum citra kardinem* (*DD KK*).

72. Cf. *infra*, 12, 5.

73. *Dextra decimanum LXXXXVIII ultra kardinem LXXV*, « à
droite du *decimanus* 98, au delà du *cardo* 75 ». Ces nombres ont été
choisis, bien sûr, parce qu'ils sont les plus longs à graver sur une borne.
Noter la vaste extension qu'ils supposent, puisque 98 centuries de
705 m donnent une longueur de presque 70 km, et 75 centuries presque
53 km ; encore ne s'agit-il que d'un quadrant, celui qui est constitué
par la partie *DD VK* de la *pertica*. Il est vrai que l'on connaît en Tunisie une borne qui se trouve au 235ᵉ *cardo* au delà du *cardo maximus*, et
même, découverte plus récemment, une borne « à droite du *decimanus*
65, au delà du *cardo* 255 » (voir *supra*, Introduction générale, p. 11
n. 19). On aura *infra* (14, 9) un exemple comparable, qui implique
aussi une centuriation d'une certaine étendue : celui d'une centurie « à
droite du *decimanus* n° 35, au delà du *cardo* n° 47 ».

*Page 87*

74. C'est-à-dire *dextra decimanum primum ultra kardinem primum*, « À droite du premier *decimanus* et au delà du premier *cardo* ».

75. *Sinistra decimanum primum ultra kardinem primum*, « À
gauche du premier *decimanus* et au delà du premier *cardo* ».

76. *Dextra decimanum primum citra kardinem primum*, « À droite
du premier *decimanus* et en deçà du premier *cardo* ».

77. *Sinistra decimanum primum citra kardinem primum*, « À
gauche du premier *decimanus* et en deçà du premier *cardo* ».

78. Cf. Hygin (l'homonyme de notre auteur), p. 112 Lachmann
= p. 72 Thulin : « Un point habituel de discussion est de savoir s'il faut
dire que, étant donné l'inscription *DM*, le *limes* qui est le plus proche
du *maximus* doit porter comme inscription *dextra* — ou *sinistra* —
*decimanum ultra cardinem primum*, ou *secundum*. La question est
donc de savoir si celui qui est le plus proche du *maximus* doit avoir

comme inscription *secundus* ou *primus*. Eh bien, il doit avoir l'inscription *ultra primum*, parce que celui qui est appelé *maximus* est en même temps *primus*. » (traduction de Besançon, phrases 14-16).

79. Ce sont les *limites* que l'on appelle aussi *actuarii*, dont il a déjà été question sous ce nom *supra*, 1, 16, dans l'exposé sur la hiérarchisation des *limites*.

### Page 88

80. Cf. *supra*, 1, 18.

81. « Loi » (*lex*) est à prendre ici dans l'acception de clause d'une loi-modèle. (Bes.)

82. Plus large que le code graphique par lequel on a coutume de représenter les *limites* moins importants, c'est-à-dire les *linearii* dont on a parlé en 1, 17. (Bes.) Hygin le Gromatique parle de *formae* que nous n'avons plus, mais il nous reste les vignettes d'illustration des mss gromatiques, lointaines héritières de *formae* schématisées pour les besoins de l'enseignement ; malgré des ambiguïtés, on y distingue l'effort pour marquer par une épaisseur différente les différentes espèces de *limites*.

83. Voir en fin de volume la figure HG2.

### Page 89

84. Cette expression a une connotation juridique : les deux termes *neglegentia* et *culpa* sont fréquemment réunis, comme le montre par ex. la lecture du *Digeste* de Justinien (une vingtaine d'occurrences).

85. Les *ampliora bella* sont les guerres civiles. (Bes.)

86. Rapprochement étymologique suggéré à l'auteur par la volonté de rappeler la vocation agricole des colonies.

87. Thulin (apparat critique p. 141) a tort de penser que le sens est *uictor pro emerito habebatur*, « le vainqueur était considéré comme un soldat émérite ». On a ici affaire au terme *emeritum* désignant la retraite accordée au soldat après son temps de service (cf. *Dig.* 49, 16, 7).

### Page 90

88. *Deducere* est le terme technique qui désigne l'action du fondateur d'une colonie ; en épigraphie, on le voit par exemple dans l'inscription qui commémore la fondation de la colonie de Lyon par Munatius Plancus (actuellement exposée dès l'entrée du Musée gallo-romain de Fourvière).

89. Y. Le Bohec, *L'armée romaine sous le Haut Empire*, Paris, 1989, p. 46, traduit *primi ordines* par « gradés qui combattent en première ligne » et ajoute que « suivant une opinion répandue, les *primi ordines* seraient des centurions de la première cohorte ». (Bes.)

90. Même notation chez Siculus Flaccus, phrases 224-225 de la traduction de Besançon (= p. 156 Lachmann = p. 120 Thulin) : « Car on

n'a pas donné à tous la même part, mais c'est aussi selon le grade militaire qu'a été donné le *modus*. Les manipulaires recevront donc chacun un lot, certains grades un lot et demi, certains deux ». Cf. déjà Tite-Live 35, 9, 7 ; 35, 40, 5 (deux passages dans lesquels des cavaliers reçoivent, lors d'une déduction de colonie, un lot de terre double de celui qui est attribué aux fantassins) ; 37, 57, 8 (70 jugères aux cavaliers, 50 aux fantassins) ; 40, 34, 2 (50 jugères pour les fantassins, 100 pour les centurions, 140 pour les cavaliers). Ce dernier cas est celui de la colonie latine d'Aquileia, dans la structuration du territoire de laquelle F. Castagnoli (*BCAR* 75, App., p. 5) a pensé pouvoir reconnaître les lots de terres de superficie différente selon le grade du récipiendaire, en accord avec les données de Tite-Live.

91. Ici *N* présente (f. 63r) un texte radicalement différent (que nous n'avons pas inséré dans l'apparat critique, pour ne pas l'alourdir) : *Fuerunt quidam qui post indictum modum agri ad bellorum hostilium congressionem a colendo rure reducti sunt*, « Il y eut des gens qui, après qu'on leur eut fixé une superficie de terre, furent arrachés à la culture de leur domaine et reconduits aux affrontements des guerres contre les ennemis ». Le copiste se souvient sans doute ici du passage de Siculus Flaccus sur le rappel des vétérans, qui laissèrent alors leur domaine et, pour certains, n'y revinrent jamais, ce qui entraîna leur remplacement par d'autres possesseurs et des confusions sur les *formae* (p. 162 l. 9 sq. Lachmann). Cette « réécriture » du texte est un bon exemple de la manière dont travaille souvent, avec une intelligence excessive, le copiste de *N*.

92. Cf. le qualificatif appliqué à Metellus, chargé de la conduite des opérations de 109 contre Jugurtha, par Salluste, *Bellum Iugurthinum* 43, 1 : *Metelloque Numidia euenerat, acri uiro...*, « la Numidie était échue à Metellus, homme énergique... ».

93. Sans doute cette expression n'est-elle pas très originale. Tite-Live (21, 43, 15) a qualifié Hannibal de *domitorem Hispaniae Galliaeque* ; Velleius Paterculus (2, 97, 3) appelle Drusus *domitorem Germaniae* ; Pline (36, 118) appliquera au peuple romain lui-même une expression semblable (*En hic est ille terrarum uictor et totius domitor orbis, qui gentes, regna diribet*, « Regardez, le voici, le vainqueur du monde et le dompteur de l'univers entier, lui qui dénombre les nations et les royaumes... ») ; plus tard, l'expression *gentium domitor* sera appliquée à Hercule par Apulée, *Apologie* 22 (*ipse inquam Hercules lustrator orbis, purgator ferarum, gentium domitor, is tamen deus...*, « Hercule lui-même, dis-je, purificateur du monde, destructeur des monstres, dompteur des nations, dieu cependant... »). À propos de César précisément, il faudrait noter que chez Lucain (9, 1014), l'homme qui lui apporte la tête de Pompée le salue du titre de *terrarum domitor* ; et que l'expression *gentium domitor*, appliquée au dictateur, figure au v. 500 de l'*Octavie* dont on refuse généralement la paternité

à Sénèque : *Inuictus acie, gentium domitor, Ioui / aequatus altos saepe per honorum gradus / Caesar nefando ciuium scelere occidit,* « Invaincu à la bataille, dompteur des nations, lui qui s'égala souvent à Jupiter en gravissant les degrés élevés des honneurs, César tomba, victime du crime sacrilège de ses concitoyens ».

94. On peut penser à la mutinerie de la IX<sup>e</sup> légion, près de Plaisance, en 49 av. J.-C., après le premier retour d'Espagne de César (Suétone, *César* 69 ; Dion Cassius, 41, 26 ; Appien, 2, 47) ou à celle de la X<sup>e</sup> légion, à Rome, dont les soldats refusent de partir en Afrique et réclament leur congé et des récompenses (Suétone, *César* 70). (Bes.)

95. *Pace parta* : cette expression apparaît six fois dans l'œuvre de Tite-Live (1, 19, 3 ; 3, 19, 1 ; 5, 1, 1 ; 8, 15, 1 ; 10, 37, 8 ; 30, 45, 1) et la première occurrence concerne Auguste (*ab imperatore Caesare Augusto pace terra marique parta*, « la paix ayant été acquise sur terre et sur mer par l'empereur Auguste ») ; c'est d'ailleurs l'expression dont se sert Auguste lui-même dans ses *Res Gestae* (2, l. 43 : *cum per totum imperium populi Romani terra marique esset parta uictoriis pax*) ; on la trouvera ensuite chez Suétone à propos du même Auguste (*Auguste* 22, 1 : *terra marique pace parta*, « la paix étant acquise sur terre et sur mer ») et chez Tacite à propos de Vespasien (*Histoires* 5, 10, 9 : *pace per Italiam parta*, « une fois la paix acquise à toute l'Italie » par Vespasien).

*Page 91*

96. Les colonies déduites par les rois et les dictateurs (*urbes deductae a regibus et dictatoribus*) dont parle le texte représentent les plus anciennes *coloniae ciuium Romanorum*. On les appelle *urbes* parce qu'elles sont organisées comme des effigies (Aulu-Gelle, 16, 13, 8 : *parua simulacra populi Romani*) et des répliques de l'*Vrbs Roma* elle-même (Varron, *LL* 5, 143 : *Coloniae nostrae omnes in litteris antiquis scribuntur urbes, quod item conditae ut Romae*). La tradition attribue la fondation d'Ostie comme *colonia ciuium Romanorum* au roi Ancus Martius (Festus, *De uerborum significatione* p. 214 Lindsay, *s. u. Ostia*). Le fait que le texte d'Hygin le Gromatique ne cite, en fait de magistrats républicains, que les dictateurs est une manière de souligner le but militaire de la déduction d'une *colonia ciuium Romanorum*. (Bes.)

97. Il ne s'agit certes pas de leur rendre un nom et une condition qu'elles auraient perdus, mais de procéder véritablement à une nouvelle fondation en faisant table rase de l'organisation antérieure. *Iterum* désigne une seconde opération qui réitère ce qui avait été fait lors de la première fondation. Il y a là, juridiquement, une sorte de *nouatio* de droit public, parce que la fondation d'une nouvelle colonie sur l'emplacement d'une colonie précédente entraîne nécessairement la destruction de tout l'ordre juridique de l'ancienne colonie. Selon le droit

augural, une limitation est anéantie dès lors qu'elle est touchée par
l'araire qui trace le cercle rituel d'une autre *urbs* (cf. Cicéron, *Phil.* 2,
40, 102) ; et le même araire qui détruit juridiquement l'*urbs* sur lequel
il passe (cf. Isidore, *Étymologies* 15, 2, 4 : *urbs aratro conditur, aratro uertitur*, « c'est avec la charrue que l'on fonde une ville, c'est avec
la charrue qu'on la détruit » ; Modestinus 3 *differentiarum, Dig.* 7, 4,
21) détruit aussi juridiquement la *limitatio* qui organise la terre. (Bes.)

98. C'est ce que l'on faisait si la colonie, pour une raison quelconque, avait perdu une partie de ses colons initiaux. Par exemple,
Siculus Flaccus, *Les conditions des terres*, phrases 272-276 de la traduction de Besançon (= p. 162 Lachmann = p. 126-127 Thulin), dit
qu'immédiatement après l'attribution de terres à des colons, ces derniers furent de nouveau mobilisés et moururent au combat. Il s'ensui-
vit une nouvelle distribution qui fut portée sur un *aes miscellum, forma*
qui porta plus de noms qu'il n'y avait de lots de terre. (Bes.)

99. Les *tetrantes* sont les points où les *limites* se coupent à la perpendiculaire, marquant les angles des centuries.

100. Minturnes est une colonie romaine depuis 296 ; mais, pour
une époque bien postérieure, le *Liber coloniarum* I, p. 235 l. 12-14
Lachmann, parle d'une colonie fondée par Caius Caesar, soit César,
soit Auguste. Hygin le Gromatique pense ici vraisemblablement à une
action augustéenne sur le même territoire puisqu'il vient précisément
de parler des interventions d'Auguste ; telle est l'hypothèse de
M. Pagano, dans M. Pagano et A. M. Villucci, « Nove iscrizioni da
Suessa e da Minturnae », *AAP* 34 (1985), p. 49-53 (l'art. occupe les
p. 49-63).

101. Le *mos arcifinius* définit le mode de possession et de limitation des terres appelées « arcifinales » (*agri arcifinii* ou *arcifinales*).
Pour ce genre de terre, il n'y a pas d'arpentage officiel. Les limites
sont alors, non pas les axes principaux ou secondaires d'une centuriation qui n'existe pas, mais des éléments naturels ou des éléments artificiels dont les deux parties voisines reconnaissent la valeur de marque.
La manière dont Hygin le Gromatique utilise ici cette notion suppose
que son lecteur est familiarisé avec elle ; pourtant il n'en a pas été
question depuis le début du traité, qui y reviendra *infra*. Frontin, pour
sa part, dès la première phrase de son traité gromatique, donne la définition de l'*ager arcifinius* : *Agrorum qualitates sunt tres : una agri
diuisi et adsignati, altera mensura per extremitatem comprehensi, tertia arcifini, qui nulla mensura continetur*, « Il y a trois catégories de
terres : la première est celle de terre divisée et assignée, la seconde est
celle de terre mesurée par son extrémité, la troisième est celle de terre
arcifinale, qui n'est embrassée par aucune mesure » ; et un peu plus
loin (1, 4 = phrases 10-12 de la traduction de Besançon = p. 5-6 Lachmann = p. 2 Thulin) : *Ager est arcifinius qui nulla mensura continetur.
Finitur secundum antiquam obseruationem fluminibus, fossis, monti-*

*bus, uiis, arboribus ante missis, aquarum diuergiis et si qua loca ante a possessore potuerunt obtineri.* Nam ager arcifinius, sicut ait Varro, ab arcendis hostibus est appellatus,* « La terre arcifinale est celle qui n'est embrassée par aucune mesure. Elle reçoit pour limites, selon l'antique observance, des cours d'eau, des fossés, des hauteurs, des voies, des arbres poussés antérieurement, des lignes de partage des eaux, ainsi que tous les lieux qui ont pu être conservés par un ancien possesseur. Car une terre est appelée arcifinale, comme le dit Varron, parce qu'on en a repoussé (*arcere*) l'ennemi. » Siculus Flaccus aura des phrases tout à fait identiques, et les questions relatives à l'*ager arcifinius* occuperont une grande place dans son traité. Dans le présent traité d'Hygin le Gromatique, l'expression *more arcifinio* reviendra *infra*, 6, 5. Les questions générales concernant l'*ager arcifinius* seront abordées à la fin (ch. 20). Dans le cas présent, les éléments de limitation arcifinale sont figurés, sur les vignettes de *P* et de *G*, par trois monuments de forme géométrique différente, l'un des trois étant surmonté d'une statue légendée par le terme *aena*.

## Page 92

102. Cf. *infra*, 11, 12.

103. Cela va être développé ci-après, §6-7, avec l'exemple d'*Ammaedara*, et sera réitéré en 11, 1.

104. Les anciens municipes ont commencé très tôt, sous l'Empire, à préférer le statut de *colonia ciuium Romanorum* à leur semi-autonomie, comme le rappelle Aulu-Gelle, *Nuits attiques* 16, 13, 4 : *Diuus Hadrianus in oratione quam de Italicensibus, unde ipse ortus fuit, in senatu habuit, peritissime disseruit mirarique se ostendit, quod et ipsi Italicenses et quaedam item alia municipia antiqua, in quibus Vticenses nominat, cum suis moribus legibusque uti possent, in ius coloniarum mutare gestiuerint,* « Le divin Hadrien, dans un discours tenu au sénat à propos d'Italica, dont il était lui-même originaire, a très bien traité ce sujet et fait part de son étonnement devant le fait que les gens d'Italica précisément, et aussi d'autres municipes anciens, parmi lesquels il cite Utique, alors qu'il leur était possible d'avoir leurs propres coutumes, leurs propres lois, ont mis tous leurs efforts à passer au droit colonial. » (Bes.) Sur les raisons qui pouvaient les pousser à cette revendication, voir *infra*, n. 129.

105. Le mot *moenia* a deux significations principales : « murs » (d'une ville), et « édifices publics », comme le rappellera encore Isidore de Séville, *Étymologies* 15, 2, 18 (dont la source est Servius, *Én.* 11, 567) : *Moenia autem duplicem habent significationem ; nam interdum moenia abusiue dici omnia aedificia publica ciuitatis,* « Le terme *moenia* a une double signification : quelquefois en effet, on appelle *moenia*, au sens large, tous les édifices publics de la cité ». Mais il apparaît que *moenia* signifie toujours « édifices publics » dans le *cor-*

*pus agrimensorum.* L'enceinte urbaine est désignée par *muri*, et ces *muri* font partie des *moenia* comme l'indique le présent passage. On peut se référer en particulier aux indications d'Agennius Urbicus (p. 17-20 Lachmann) : les forêts qui ont été assignées « à la tutelle de la communauté urbaine » pour la réparation des *moenia* publics sont en rapport avec le « sol urbain » ; elles contribuent « au fonctionnement des bains publics » (*in lauacra publica ministranda*).

106. Cf. *infra*, 11, 13.

107. C'est-à-dire qu'on ne les pas incluses dans la division des terres. Voir *infra*, n. 121.

108. « *Respublica* est employé comme terme technique, au début de l'Empire, pour l'administration des biens des diverses communautés. Chez les *gromatici*, l'emploi de cette notion est tout à fait courant » (F. T. Hinrichs, *op. cit.*, p. 151). Ce terme est employé surtout en Italie, mais aussi dans la Narbonnaise (*CIL* 12, 697 et 701 pour Arles ; 3311 pour Nîmes ; 1282 et 1375 pour Vaison ; 1893 pour Vienne). La *respublica* (*municipium* ou *colonia*) est elle-même titulaire de la terre et sous la condition juridique *quod nullo iure a populo poterit amouere.* Frontin (2, 10 = p. 18 Lachmann) explique le régime de ces terres sous l'aspect du *ius territorii* (*Habet autem condiciones duas, unam urbani soli, alteram agrestis ; agrestis, quod in tutelam rei fuerit adsignatum urbanae ; urbani, quod operibus datum fuerit aut destinatum*). Il distingue donc deux formes (*duae condiciones*) selon que le territoire se trouve dans l'enceinte de la ville (*solum urbanum*) ou hors de l'enceinte urbaine (*solum agreste*). Dans le premier cas, le sol est destiné au *forum* et aux bâtiments publics. Dans le second cas, le sol fournit des matériaux comme le bois de construction pour les édifices publics. Pour le droit classique, le titulaire est *l'uniuersitas* des *coloni*, l'administrateur est l'*ordo decurionum*. (Bes.)

109. Moderne Spello. Limitation triumvirale. Voir en dernier lieu D. Manconi, « Réseau centurié du val d'Ombrie nord : la colonie d'Hispellum et les territoires attribués », *Atlas historique des cadastres d'Europe*, OPOCE, Luxembourg, 1998.

*Page 93*

110. Colonie fondée en 329 (Tite-Live 8, 21, 11). Interventions tardo-républicaines (voir G. Chouquer, dans G. Chouquer, M. Clavel-Lévêque, F. Favory et J.-P. Vallat, *Structures agraires en Italie centro-méridionale. Cadastres et paysages ruraux*, Rome, 1987, p. 105-109).

111. Le texte donne ici une indication précieuse : c'est que les *limites* ne sont pas matérialisés sur l'ensemble de la zone, mais seulement sur les parties contenant de la terre cultivable, car c'est seulement la terre cultivable qui est assignée en lots individuels aux colons.

112. *Asperis rupibus* s'applique aux falaises que l'on peut encore observer aujourd'hui dans la région de Terracina. Sur Terracina, voir

aussi le *Liber coloniarum* I, p. 238 l. 12-13 Lachmann, qui prétend inexplicablement que son territoire a été laissé sans arpentage.

113. Cf. *supra*, 5, 9, et la note *ad loc.*

114. Les signes naturels ou anthropiques qui matérialisent une limite dans les terres arcifinales sont énumérés et analysés par Siculus Flaccus, phrases 39 sq. de la traduction de Besançon (= p. 138 sq. Lachmann = p. 102 sq. Thulin) : arbres marqués, arbres *ante missae* (« poussés antérieurement », et laissés pour servir de marques, non abattus), talus, taillis, chemins, ruisseaux, fossés, et aussi poteaux, amas et tas de pierres, mais également monuments, autels et tombeaux.

115. Moderne Haïdra, en Tunisie. L'action flavienne de romanisation des territoires de l'*Africa Vetus* jusque-là demeurés aux mains des indigènes fut inaugurée par « le transfert, vers l'année 75, de la *legio III Augusta* d'*Ammaedara* à *Theveste*. Afin d'éviter de laisser un vide au carrefour des routes importantes que contrôlait le camp d'*Ammaedara*, Vespasien y implanta une colonie de vétérans pour continuer d'assurer une présence militaire indispensable dans une région récemment pacifiée : ce fut la *Colonia Flauia Augusta Emerita Ammaedara* » (A. Berthier, *La Numidie*, Paris, Picard, 1981, p. 131). Même si les données archéologiques (cf. N. Duval [dir.], *Recherches archéologiques à Haïdra*, 2. *La basilique dite de Melleus*, Rome, 1979, p. 27 et fig. 1) ne permettent pas aujourd'hui d'avoir une certitude, le camp de la légion a dû précéder ici le développement de la ville, comme le donne à entendre notre texte. En tout cas, on pourrait avoir ici un élément de datation de la *Constitutio limitum* : Hygin le Gromatique loue avec emphase une réalisation coloniale toute récente au moment où il écrit, et qui constitue selon lui la plus belle matérialisation de la *ratio* qu'il expose dans son ouvrage. Le centre de la ville constitué en *locus gromae*, c'est sans doute un schéma théorique qui n'est pas toujours respecté, loin s'en faut ; en dernier lieu cependant, R. Compatangelo, *Sur les routes d'Hannibal. Paysages de Campanie et d'Apulie*, Besançon, PUFC, 1999, p. 197, en présente quelques exemples italiens dont le plus notable serait celui de Frégelles.

116. La *pertica* est la superficie totale de l'assignation : cf. *supra*, 1, 27.

117. C'est-à-dire des *coloni*. La ville est au centre des terres destinées à la culture et appartenant aux *coloni*.

118. Les *incolae* sont la plèbe agricole. La perspective va cette fois de la campagne à la ville et au *forum*. Un *incola* peut habiter en ville aussi bien qu'à la campagne, mais dans une colonie qui vit de l'agriculture, l'*incola* doit habiter à la campagne comme cela est expressément reconnu par les juristes. Cf. Pomponius, *Leg.*, *sg. enchiridii*, *Dig.* 50, 16, 239, où l'*incola* est *qui aliqua regione domicilium suum contulit ; quem Graeci paroikon appellant. Nec tantum hi qui in oppido* (« dans la ville ») *morant incolae sunt, sed etiam qui alicuius oppidi*

*finibus ita agrum habent ut in eum se quasi in aliquam sedem reci-piant.* (Bes.)

119. Le texte établit donc un parallèle entre le centre de l'organisa-tion du territoire colonial, situé au forum, point équidistant de toutes les parties de la *pertica*, et le *locus gromae* d'un camp militaire. L'as-similation implicite de la *colonia* à un camp est intéressante ; mais l'idéalisation va contre la réalité, car on sait que le *locus gromae* n'est pas au centre exact du camp décrit par le Pseudo-Hygin, *De munitioni-bus castrorum* (éd. M. Lenoir, CUF, 1979), dont voici le §12 : *In introitu praetorii partis mediae ad uiam principalem gromae locus appellatur quod turba ibi congruat siue in dictatione metationis posito in eodem loco ferramento groma superponatur, ut portae castrorum in conspectu rigoris stellam efficiant*, « À l'entrée du prétoire et au milieu de celle-ci près de la voie principale, se trouve le point appelé *groma*, parce que la troupe vient se rassembler ici ou que, quand on fixe les mesures, on y place le pied de fer sur lequel on installe la *groma*, afin que les portes du camp, pour qui observe de ce point leurs directions, dessinent une étoile » (trad. M. Lenoir) ; certes, le *locus gromae*, dit le commentaire de l'éditeur (p. 52), « est important, car c'est à partir de lui que l'arpenteur trace les deux perpendiculaires qui permettent l'établissement du camp », mais, continue-t-il, même si l'on peut admettre un rassemblement des troupes en ce point, foule pressée, au coude à coude, « la lecture de l'inscription figurant sur le bâtiment communément appelé jusqu'ici *praetorium* du camp de Lam-bèse a montré que ce bâtiment (...) était en réalité nommé *groma* » ; « l'utilisation du mot dans un sens dérivé de « bâtiment » ou de « lieu » est donc désormais bien assurée » (p. 53). Quoi qu'il en soit, le point appelé *groma* n'est pas exactement au centre du camp (ce que M. Lenoir montre sur les planches réunies à la fin du volume) et « l'étoile formée par les quatre portes du camp n'est donc pas parfaite-ment régulière » (p. 30). Demeure chez Hygin le Gromatique la dimension symbolique de la construction de l'espace colonial et de l'espace du camp, et l'illustration idéale de la *ratio* qu'il expose.

*Page 94*

120. Comme dans le cas précédent.

121. Les *relicta loca* sont des lieux non touchés par la limitation et donc laissés dans l'état antérieur. Ils peuvent être laissés aux anciens possesseurs, et il faut alors les rapprocher de la *ueterum possessorum relicta portio* dont il sera question plus loin (13, 7). Mais ils peuvent être aussi laissés pour l'*occupatio* ; c'est apparemment le cas dont il s'agit ici, où les *relicta loca* sont les zones montagneuses séparant deux parties du territoire de la colonie. Sur les *relicta loca*, voir la définition de Frontin (2, 13 = p. 21 l. 8 — p. 22 l. 1 Lachmann = p. 9 l. 4-6 Thulin) : *Relicta autem loca sunt quae siue locorum iniquitate*

*siue arbitrio conditoris limites non acceperunt*, « Les lieux laissés sont ceux qui, soit à cause de la difficulté du terrain, soit par décision du fondateur, n'ont pas reçu de *limites*. »

122. Ici l'archétype avait une abréviation ambiguë, qui a été développée en *non* dans certains mss (*GP*) et en *nostrae* dans d'autres (*ABE*) ; ce cas se rencontre plusieurs fois sur l'ensemble du traité (1, 21 ; 2, 10 et 11 ; 5, 2 et 5 ; 6, 2, 4, 10, 12 et 17). Lachmann et Thulin ont édité *non*, mais on ne voit guère quelle signification on peut alors donner à cette séquence. La leçon *nostrae* paraît mieux convenir.

123. *Amissio* : le risque qu'un possesseur perde indûment de la terre au profit d'un autre si les confins sont établis de manière défectueuse. (Bes.)

124. Communauté ou possesseur, comme le texte va le préciser quelques lignes plus loin (fin du §14).

*Page 95*

125. Dans la mesure où l'orientation sur les points cardinaux telle que la préconise l'auteur est constitutive de la *ratio* décrite dans l'ensemble du traité. Si l'orientation du *decimanus* et du *cardo* n'est pas celle qui est exigée par la *ratio*, on peut dire qu'il n'y a plus de *ratio*, même si par ailleurs les caractéristiques techniques de la *limitatio* sont maintenues.

126. Parce que l'*opus* aura préservé l'essentiel, c'est-à-dire l'organisation fondamentale de la centuriation d'après le croisement orthogonal du *cardo maximus* et du *decimanus maximus*. Sur les *professores* gromatiques, cf. aussi Pseudo-Frontin, p. 37 l. 9 Lachmann. Balbus dédiera son traité (p. 91 Lachmann) à un *professor* nommé Celsus, inconnu par ailleurs.

127. Celles dans lesquelles on a interverti l'orientation cardinale des deux axes majeurs, et dans lesquelles il manque donc la *ratio*, comme Hygin le Gromatique vient de le dire.

128. L'inversion du système d'établissement de la centuriation se trouve chez Servius, *G* 1, 126 : *Cum agri colonis diuiderentur, fossa ducebatur ab oriente ad occidentem, quae cardo nuncupabatur, et alia de septentrione ad meridiem, qui decumanus limes uocabatur*, « Lorsque des terres étaient divisées entre des colons, on menait un fossé de l'orient à l'occident, et on le nommait *cardo* ; et un autre du septentrion au midi, et on l'appelait *decumanus*. » Mais on trouve aussi ce système, dans le corpus gromatique, chez Hygin, l'homonyme de notre auteur (voir Hygin, *L'œuvre gromatique*, traduction de Besançon, n. 6 p. 153-154).

129. C'est sans doute l'une des raisons pour lesquelles les municipes commencèrent très tôt à souhaiter accéder au statut de colonie : cette promotion s'accompagnait d'une limitation (cf. *supra*, 6, 2 et *infra*, 18, 1), et le réseau de limitation offrait le double avantage de

limites sûres et d'un contrôle objectif des surfaces, simplifiant ainsi la tâche des autorités municipales dans l'établissement du cens municipal : cf. F. T. Hinrichs, *op. cit.*, p. 128-130.

130. Ces expressions peuvent être rapprochées de ce qui sera dit *infra*, 8, 9 (voir le passage et les notes). *Alter orbis* n'est évidemment pas une autre terre ou un autre monde au sens où l'on admettrait une pluralité des univers. C'est « une autre terre », située dans l'hémisphère austral, opposée à celle qu'habitent les hommes de l'hémisphère nord. Cette « autre terre » est située « à gauche », pour un observateur placé face à l'occident. L'arpentage (*mensura*) qui pourrait y être effectué serait « fait dans la partie gauche » (*sinistra*), et « en sens contraire » (*inuersa*) de celui auquel on procède dans la zone que nous habitons, dit la logique du Gromatique, puisque cette terre (c'est celle des *antichthones*) est « opposée » à la nôtre. Sur l'*alter orbis*, cf. p. ex. Manilius, 1, 373-381 (qui dit *altera pars orbis* pour l'hémisphère sud) ; Pomponius Méla, 1, 9, 56 et 3, 8, 73 ; Pline, 6, 81.

131. Cf. *supra*, 1, 7.

132. Cf. *supra*, 1, 7 : *ideo quod... ab eo omnis ager nominetur*, « parce qu'il (*sc.* le *decimanus*) sert à dénommer tout le territoire ».

*Page 96*

133. Cf. 1, 22.

134. Ici, les mss donnent une première fois l'exposé de la méthode pour calculer la distance entre deux points inaccessibles et pour mener une parallèle à la ligne joignant ces deux points, qui figurera *infra*, 11, 9-11. L'explication avancée par Thulin (cf. son app. crit., p. 146) est le déplacement erroné d'un folio de l'archétype.

135. Hygin veut dire que l'on opère à des latitudes différentes. Il n'évoque ici ce problème qu'en passant ; il y reviendra plus loin.

*Page 97*

136. La gnomonique est la science des cadrans solaires, le cadran solaire étant appelé « gnomon » : le gnomon (γνώμων) est en effet un piquet enfoncé perpendiculairement à une surface horizontale, formant donc angle droit avec son ombre projetée et servant de cadran solaire. Dans la classification des mathématiques de Géminus (cf. l'édition de son *Introduction aux Phénomènes* par G. Aujac, CUF, 1975, p. 114 sq.), la gnomonique en tant que science mathématique appliquée fait partie de l'astronomie, au même titre que la μετεωροσκοπική (mesure de la hauteur à laquelle les différentes étoiles traversent le méridien) et que la διοπτρική (utilisation de la dioptre pour déterminer les positions relatives du soleil, de la lune et des étoiles). Voir là-dessus T. L. Heath, *A History of Greek Mathematics,* Oxford, 1921, vol. 1, p. 18 ; sur le gnomon, *id., op. cit.,* vol. 1, p. 78-79 (histoire du terme) et p. 139 (sur l'introduction en Grèce du gnomon-cadran solaire).

137. Idée commune dans l'Antiquité ; cf. p. ex. Cicéron, *Tuscu-lanes* 1, 17, 40 : *Persuadent enim mathematici terram in medio mundo sitam ad uniuersi caeli complexum quasi puncti instar obtinere, quod* κέντρον *illi uocant*, « Les mathématiciens nous persuadent que la terre est située au milieu du monde où elle occupe, par rapport à la totalité de la sphère, pour ainsi dire la grandeur d'un point, ce que les mathématiciens appellent κέντρον. » *Punctum* n'est pas n'importe quel point, mais l'équivalent latin du grec mathématique κέντρον, « centre du cercle » (la valeur étymologique de *punctum* latin, « piqûre », est la même que celle de *centrum*, qui est employé dans certains textes géométriques latins). Les auteurs gromatiques préfèrent employer *signum* pour désigner le « point » ; voir là-dessus mon article sur « Les noms latins du point géométrique », *Atti del II Seminario Internazionale di Studi sui Lessici Tecnici Greci e Latini*, Messine, 14-16 déc. 1995, éd. par P. Radici Colace, Messine-Naples, 1997, p. 85-106.

138. L'idée que *terram... infra solem... spiritum sumere* relève certainement de l'influence stoïcienne, bien attestée plus tard chez Agennius Urbicus (p. 61 Lachmann : *mundus autem, ut stoici decernunt, unus esse intellegitur*). Selon le stoïcien Cléanthe, cité par Cicéron, le soleil est un être vivant et donne la vie (*De natura deorum* 2, 41 : *... efficiat ut omnia floreant et in suo quaeque genere pubescant. Quare cum solis ignis similis eorum ignium sit qui in corporibus animantium, solem quoque animantem esse oportet*) et fonctionne de cette façon comme ἡγεμονικὸν τοῦ κόσμου (*SVF* 1, p. 112 n° 499). (Bes.)

*Page 98*

139. Cf. Cicéron, *Verr.* 2, 4, 131 : *Archimedem illum, summo ingenio hominem ac disciplina* ; Tite-Live 24, 34, 2 : *... nisi unus homo Syracusis ea tempestate fuisset. Archimedes is erat, unicus spectator caeli siderumque, mirabilior tamen inuentor ac machinator bellicorum tormentorum.*

140. Il s'agit de l'*Arénaire*, édité par Heiberg dans le vol. 2 de son édition Teubner d'Archimède. Le nombre de grains de sable est de $10^{63}$. Voir là-dessus T. L. Heath, *op. cit.*, vol. 2, p. 81-89. La forme *ferunt* montre clairement que notre auteur n'a pas une connaissance directe du traité d'Archimède, qu'il ne cite que d'après la tradition. Du reste, il n'est pas question de gnomonique dans l'*Arénaire* ; cependant cela ne saurait inciter à transformer en *numerorum* le dernier mot de la phrase, *umbrarum* ; il faut considérer plutôt que le texte unit ici de façon inattendue deux souvenirs notables à propos d'Archimède, dans la mesure où tous deux font référence à la taille de l'univers.

141. Peut-être y a-t-il dans cet éloge d'Archimède un souvenir de Cicéron, *Tusculanes* 1, 63 : *Nam cum Archimedes lunae solis quinque errantium motus in sphaeram inligauit, effecit idem quod ille, qui in*

*Timaeo mundum aedificauit, Platonis deus, ut tarditate et celeritate dissimillimos motus una regeret conuersio. Quod si in hoc mundo fieri sine deo non potest, ne in sphaera quidem eosdem motus Archimedes sine diuino ingenio potuisset imitari*, « Quand Archimède fixa dans une sphère les mouvements de la lune, du soleil, des cinq planètes, il réalisa la même chose que le dieu de Platon, l'être qui, dans le *Timée*, est l'architecte du monde : il réalisa le prodige d'une révolution unique où sont réglés les mouvements les plus dissemblables par la lenteur et la vitesse. Et s'il est vrai que dans notre univers cela ne se peut faire sans un dieu, il fallait à Archimède, rien que pour en reproduire les mouvements sur sa sphère, une intelligence divine » (trad. J. Humbert, CUF).

142. Pour une autre occurrence de l'expression *unus mortalium*, voir Cicéron, *De haruspicum responsis* 56.

143. Les savants dont vient de parler le texte en 8, 2.

144. Le mot latin *interuallum* traduit ici encore le grec διάστημα, lequel est utilisé aussi bien en géométrie (distance entre deux points : cf. *supra*, 6, 17 *in fine*) qu'en musique (les intervalles musicaux). La traduction française convenable est donc bien celle d'« intervalle » : comme va le rappeler la fin du présent paragraphe, la théorie astronomique ici développée se veut d'abord une théorie musicale. Cette correspondance établie entre l'astronomie et la musique remonte, d'après les Anciens, à Pythagore. On y trouve des allusions chez Platon, *Rép.* 10, 614A — 621B (mythe d'Er sans que le nom de Pythagore soit cité ; Aristote, *De caelo* 290b15 (source essentielle, qui affirme l'origine pythagoricienne) ; Plutarque, *De musica* 1139B sq. ; Théon de Smyrne, *Expositio rerum mathematicarum ad legendum Platonem utilium*, p. 138-143 Hiller ; Jamblique, *Vie de Pythagore* 18, 82 ; dans le domaine latin, chez Cicéron, « Songe de Scipion », *De rep.* 6, 17-19 ; Pline, 2, 83-84 ; Censorinus, *De die natali* 13, 2-5. Voir sur ce sujet T. L. Heath, *Aristarchus of Samos*, Oxford, 1913 (repr. New York, Dover, 1981 ; puis Bristol, Thoemmes, 1993), *passim* ; G. Freyburger, « L'harmonie des sphères calculée en stades », Actes du colloque international de Montpellier (23-25 mars 1995), Montpellier, 1996, t. 1, p. 283-292. Ici, Hygin suit une tradition différente de Pline qui écrit : « Mais Pythagore utilise aussi parfois la théorie de la musique et appelle la distance de la terre à la lune un ton, celle de la lune à Mercure et celle de Mercure à Vénus, chacune un demi-ton ; de Vénus au soleil il compte un ton et demi, du soleil à Mars un ton, c'est-à-dire autant que de la terre à la lune ; de Mars à Jupiter un demi-ton, ainsi que de Jupiter à Saturne et de ce dernier un ton et demi jusqu'au zodiaque ; cela fait sept tons qui constituent ce que l'on appelle le « diapason », c'est-à-dire l'accord universel » (Pline, *HN* 2, 84, trad. J. Beaujeu, CUF). Il n'est pas sans intérêt pour la question de la datation de notre auteur de remarquer, à la suite de St. Ratti, *DHA* 22/2,

p. 230-231, que le Gromatique semble ignorer cette page de Pline — lequel, du reste, termine son exposé en mettant en doute le caractère scientifique de cette gamme céleste : *iucunda magis quam necessaria subtilitate*, « subtilité plus divertissante qu'utile ! » (trad. J. Beaujeu).

145. Le mot *trihemitonion* ne se trouve dans aucun autre texte latin connu. Emprunt à une source grecque que nous n'avons pu identifier ?

*Page 99*

146. Pour Ératosthène, le volume du soleil était 27 fois celui de la terre (ce qui suppose un diamètre triple de celui de la terre), au témoignage (unique) de Macrobe, *Commentaire sur le Songe de Scipion* 1, 20, 9. Pour Posidonius, le diamètre du soleil était de 3 millions de stades (voir M. Laffranque, *Poseidonios d'Apamée*, Paris, 1964, p. 101-102). Pour Ptolémée (*Alm.* 5, 16, t. 1 p. 347 Halma), le diamètre du soleil sera cinq fois et demie celui de la terre. Pour Macrobe (*Commentaire sur le Songe de Scipion* 1, 20, 32), « le soleil est huit fois plus grand que la terre ». Hygin le Gromatique ne prend pas position sur ces évaluations et se contente de dire que le soleil est « un certain nombre de fois » plus grand que la terre, en une formulation qui rappelle l'imprécision de celle de Cicéron, *Lucullus* 116 : *multis partibus solem maiorem esse quam terram*.

147. *Géorgiques* 1, 233-239. La traduction d'E. de Saint-Denis, CUF, 2e éd., 1960, est largement erronée et d'ailleurs en contradiction avec la note afférente. Il faut consulter l'édition commentée de R. A. B. Mynors, Oxford, 1990, p. 55. Le terme *signa*, dans ce contexte, ne peut signifier que « les signes du zodiaque ». Et *per ambas* ne peut s'interpréter, comme fait Mynors, que par « entre les deux » : le zodiaque est le cercle oblique coincé entre les deux tropiques et qui coupe la zone torride, non pas les zones tempérées. Des six parties, correspondant aux cinq cercles, dont parle ici notre texte, il ne sera plus question par la suite. C'est probablement une réminiscence, incongrue ici, des discussions sur le nombre des zones terrestres, suivant qu'on admet deux zones torrides coupées par l'équateur, ou une seule (cf. Strabon, 2, 2, 3-3, 1). (Bes.)

*Page 100*

148. Littéralement : « parallèle » (*ordinatus*).

149. Pour que la phrase ait un sens, il faut adopter la leçon du seul *N*, *solistitiali*, non pas la leçon *aequinoctiali* des autres mss.

150. Grammaticalement, *per hunc* devrait indiquer le zodiaque ; mais, s'il ne manque rien au texte, cette expression ne peut désigner ici que l'équateur que le soleil semble décrire en 24 heures égales le jour de l'équinoxe (en dehors de ce jour-là, les heures ont des durées variables ; ce sont les heures dites temporaires). (Bes.)

151. Il faut garder *infra* des mss : le soleil circule au-dessous de la voûte céleste, et c'est par abus de langage que l'on dit qu'il « décrit » l'équateur ou les tropiques en un jour, et le zodiaque en un an (cf. Géminus, *Introduction aux Phénomènes* 6, 1-6 et 24-28). (Bes.)

152. La durée des heures varie en fonction de la saison puisqu'elles sont mesurées en fonction du lever et du coucher du soleil, mais ces variations ne mettent pas en cause la durée du jour, de 24 heures.

153. Le mot employé est *tetartemorion*. Cette transcription latine du terme grec τεταρτημόριον est rare. Mis à part les quatre occurrences (toujours précisées par le possessif *nostrum*) que présente ce passage, il y en a une occurrence chez Pline, *HN* 7, 160, qui donne la définition technique du terme : *tetartemorion appellant a trium signorum portione* ; on retrouvera ce terme chez Agennius Urbicus, p. 62 Lachmann = p. 22 Thulin.

154. Par cette expression peu claire, l'auteur semble vouloir dire que, en montant jusqu'à midi, et en descendant après midi, le soleil fait décrire à l'ombre des courbes symétriques par rapport à l'axe nord-sud, celui de l'ombre à midi.

155. La marge de gauche du f. 93v du ms. *P* (il n'y a rien de semblable dans *G*, et du reste les gloses marginales y sont très rares), à côté de la ligne comportant le mot *parallelon*, présente une glose géométrique constituée par la définition de ce mot pris dans l'acception qui est la sienne en géométrie plane : *Parallelon alternae rectae liniae* (sic) *nuncupantur quae in eodem* (sic) *planum* (sic, corrigé au-dessus de la ligne en *plana*) *superficie collocatae atque utrumque* (sic) *productae in neutra parte concurrent*, ce qui est, avec quelques erreurs de copie, la définition donnée dans la traduction d'Euclide attribuée à Boèce (p. 379 l. 4-7 Lachmann) et dans la *Géométrie* pseudo-boécienne éditée par Friedlein (p. 376 l. 23 — p. 377 l. 2) : *Parallelae, id est alternae, rectae lineae nuncupantur quae in eadem plana superficie collocatae atque utrimque productae in neutra parte concurrent*, « On appelle *parallelae*, c'est-à-dire *alternae*, des droites qui, situées dans le même plan et prolongées de part et d'autre, ne se rencontreront ni d'un côté ni de l'autre ». Pour le texte d'Hygin le Gromatique, le manuscrit *P* est le seul à offrir quelques gloses marginales, quatre au total : outre celle-ci, on a, dans la marge de gauche du f. 100v, *aras in finibus territoriorum* (« des autels sur les frontières des territoires ») à côté de la ligne où figurent les mots *certis tamen locis aras lapideas ponere debebimus* (13, 15) ; dans la marge de droite du f. 102r, *immunitas unde et immunes agri* (« 'immunité', d'où aussi les terres 'immunes' »), à côté du texte *immunitas agri uicit adsignationem* (15, 4, où *immunitas* est une erreur pour *immanitas*) ; et dans la marge de gauche du f. 102v, *linteis dicit scriptum* (« il dit 'inscrit sur des toiles' »), à côté du texte *linteis descriptum* (17, 2, où *linteis* est une erreur pour *lineis*).

*Page 101*

156. C'est-à-dire notre quart du globe.

157. C'est-à-dire l'équateur.

158. Comme ci-dessus en 8, 6, il faut « solsticial » et non pas « équinoxial » pour que le texte ait du sens ; mais cette fois, *N* lui-même n'a pas la bonne leçon.

159. C'est-à-dire entre le tropique d'hiver et l'équateur.

160. Il y a ici et dans la phrase suivante (même si la terminologie précise n'est pas employée) un souvenir de la division du globe terrestre en zones qui avait été proposée par le philosophe du Moyen Portique Posidonius comme moins aléatoire que la division traditionnelle reposant sur des critères peu nets de température (zone torride, tempérée, glaciale) ou de peuplement (habitable, habitée, inhabitable). Le critère retenu par Posidonius était celui de la direction des ombres. D'après ce critère, il distinguait une zone située entre les tropiques, appelée amphiscienne (c'est-à-dire « à ombre double »), une zone située entre tropique et cercle polaire, appelée hétéroscienne (« à ombre simple »), et une zone au delà du cercle polaire, dite périscienne (« à ombre circulaire »). Seule la zone hétéroscienne est ici évoquée par Hygin le Gromatique. Voici ce qu'en disait Strabon (2, 5, 43), qui transmet l'ensemble de la classification posidonienne : « Les pays à ombre simple sont tous ceux où l'ombre se projette toujours soit vers le nord comme chez nous, soit vers le sud comme dans les pays situés dans l'autre zone tempérée ». La terminologie de Posidonius, pourtant claire et strictement astronomique, ne s'est ni imposée ni maintenue, et cette doctrine paraît s'être transmise uniquement dans des contextes stoïciens : chez Strabon, chez Lucain, ici chez Hygin le Gromatique.

161. Lucain, 3, 247-248 (avec *ignotum* au lieu de *inuisum*, leçon qui ne figure dans aucun manuscrit). Signalons que le même étonnement fut, d'après Pline (6, 87), celui des ambassadeurs de Taprobane (= Ceylan) venus à Rome sous le principat de Claude : *Sed maxime mirum iis erat umbras suas in nostrum caelum cadere, non in suum*, « Mais ce qui les étonnait le plus était que leurs ombres tombaient du côté de notre ciel et non du leur... ».

*Page 102*

162. C'est exact, pour Syène (actuelle Assouan), située sur le tropique du Cancer — mais seulement le jour du solstice d'été à midi. Doit-on voir ici une généralisation hâtive comme chez Lucain, 2, 587 : *atque umbras numquam flectente Syene*, « et Syène qui jamais ne fait tourner les ombres » ? En réalité, Hygin le Gromatique, comme Lucain, veut mettre l'accent sur le rôle de limite joué par Syène, puisque, si en remontant de l'Éthiopie jusqu'à Syène on était dans la zone amphiscienne, arrivant à Syène on passe dans la zone hétéroscienne ; c'est ce que disait Strabon (2, 5, 37), rapportant la classifica-

tion de Posidonius : « À partir de Syène et du tropique d'été, l'ombre se projette vers le nord à midi ».

163. Une méthode sensiblement identique à celle qui va être décrite maintenant était déjà exposée chez Vitruve (1, 6, 6).

164. Simple tige verticale fichée perpendiculairement à un plan horizontal sur lequel s'allonge son ombre. Le terme grec ici utilisé pour désigner ce cadran solaire de l'espèce la plus fruste (σκιόθηρον, en quelque sorte « capteur d'ombre ») se trouvait déjà (sous la forme σκιαθήρης) chez Vitruve (1, 6, 6) ; Pline (2, 187) dit *horologium, quod appellant sciothericon* ; l'instrument peut aussi être désigné par un autre terme grec, celui de « gnomon » (γνώμων, étymologiquement « qui discerne »), qui apparaît aussi chez Vitruve 1, 6, 6.

*Page 103*

165. Voir en fin de volume les figures HG5 et HG6. Ce procédé est extrêmement compliqué. On ne voit guère l'arpenteur de base le pratiquer aisément ; il devait se contenter de la méthode exposée précédemment, et la description qui commence ici apparaît plutôt comme un morceau de bravoure professorale dans lequel Hygin veut manifester la supériorité de son savoir... Le procédé a été décrit par O. Neugebauer, mais plutôt d'après le texte de l'auteur arabe Al-Birūni que d'après le texte d'Hygin, qui est moins clair. Il reste que la méthode est bien la même. On se reportera donc à O. Neugebauer, *A History of Ancient Mathematical Astronomy*, Springer-Verlag, Studies in the History of Mathematics and Physical Sciences, 1, Berlin-Heidelberg-New York, 1975, Part 2, p. 841-842 (et pour les figures, Part 3, fig. 17, 18 et 19, p. 1376-1377). D'après Al-Birūni, la méthode remonte à Diodore d'Alexandrie, astronome du Iᵉʳ s. av. J.-C. (cf. O. Neugebauer, *op. cit.*, p. 840-841).

166. Cela ne correspond à rien dans la procédure ; à moins que le texte ne suggère que l'on ait tracé sur l'abaque (*tabula*) un dessin « en vue de dessus » pour tracer les droites BE, BD, BC à l'échelle.

*Page 104*

167. Le mot *tabula* désigne ici ce que l'on appelle techniquement l'abaque, tableau recouvert de cire sur lequel on pouvait soit effectuer des opérations d'arithmétique, soit tracer des figures géométriques.

168. Le mot *multipeda* est un hapax dont le sens est bien difficile à saisir. Il paraît s'agir ici d'un report des ombres à l'échelle pour travailler sur la *tabula*. La longueur mesurée sur le terrain pour ces ombres l'a-t-elle été au moyen d'un instrument dont le nom de *multipeda* serait à comprendre d'après son parallélisme avec *decempeda* ? De même que la *decempeda* fait dix pieds, la *multipeda* pourrait compter plusieurs pieds, soit deux (on a retrouvé des règles romaines pliantes de deux pieds), soit trois, quatre peut-être ? Instrument plus

maniable sur le terrain, dans certaines circonstances, que la *decempeda* trop longue ? Ensuite, il s'agirait de reporter sur l'abaque la longueur de ces ombres, à l'échelle, c'est-à-dire proportionnellement (*pro portione*) à (*ad*) la <longueur mesurée à la> règle à plusieurs pieds (*multipeda*).

169. Les opérations se déroulent à la fois sur la *tabula*-abaque et sur le terrain, sur lequel on reviendra à la fin, pour y tracer l'amorce du système centurié (*infra*, §9). D'où la nécessité de matérialiser sur le terrain les points marquant l'extrémité de chacune des trois ombres.

170. Proportionnelles respectivement à la longueur de chaque ombre observée sur le terrain.

171. Où est tracé le cercle ? Non pas sur le terrain, comme dans la technique usuelle, mais sur la *tabula*, comme le suggèrent l'explication d'O. Neugebauer et le fait qu'on ne précise pas dans quel plan il faut faire ce tracé.

172. Perpendiculairement à AB.

173. Quand on projette F en G et I en K, c'est pour déterminer les longueurs GF, KI. Il revient au même de projeter F en F' et I en I' et de considérer les longueurs BF' et BI' comme chez Al-Birūni (cf. O. Neugebauer, *op. cit.*, fig. 18 a).

174. Mieux vaut, pour la clarté de la figure, appeler cette droite G'F'.

175. Qu'il vaut mieux appeler K'I'.

*Page 105*

176. Repère matérialisant le croisement des axes perpendiculaires.

177. Cf. *supra*, 6, 2 puis 6-7 (exemple d'*Ammaedara*).

178. *Ab solo* signifie « à partir de la terre vierge ». Il s'agit donc d'une fondation *e nihilo*.

179. Il faut comprendre : « fermer les carrés dont chaque côté est un *quintarius* », c'est-à-dire les *saltus*. La fermeture des *quintarii* doit permettre aux arpenteurs de vérifier que mesure et tracé sont corrects et que la cohérence globale du système est rigoureusement assurée. Si le moindre écart intervient, ils peuvent alors rectifier immédiatement, sans attendre que les écarts augmentent et rendent la correction beaucoup plus difficile. Sur cette question, voir A. Roth Congès, art. cit., p. 303-306.

180. À la suite d'une négligence lors de la mise en station du *ferramentum*, opération à propos de laquelle les textes gromatiques (p. ex. Frontin, p. 26 l. 11-27 Lachmann ; p. 32 l. 18-19 ; p. 33 l. 10 ; etc. ; toujours avec l'expression *perpenso ferramento* ou simplement *perpenso*) insistent sur l'importance de veiller tout particulièrement aux réglages grâce au fil à plomb, car l'appareil doit être mis exactement à la verticale, sinon les visées sont faussées.

181. Cf. *supra*, 1, 17 et 19.

*Page 106*

182. *Cultellare* : Frontin, p. 26 l. 11 — p. 27 l. 12 Lachmann = p. 18 l. 12 — p. 19 l. 8 Thulin, est le plus précis dans l'évocation de cette méthode. On voit ici qu'elle ne s'applique évidemment pas aux seuls terrains à forte déclivité. Il s'agit tout simplement de mesurer un terrain à l'horizontale, quelle que soit la pente. Cf. A. Roth Congès, art. cit., p. 321.

183. C'est-à-dire situés à chaque *actus* (donc tous les 120 pieds, comme le précise la suite de la phrase).

184. Cf., à la fin de ce chapitre, le §14.

185. L'archéologie a confirmé l'assertion d'Hygin le Gromatique par la mise au jour de plusieurs fossés isoclines à un réseau de *limites* et susceptibles de matérialiser soit un *limes linearius* soit un *limes intercisiuus*, voire un *limes actuarius*. Ainsi pour des fossés d'irrigation dans le réseau Nîmes B (L. Vidal, dans « Paysages et cadastres de l'Antiquité », Chronique 1992, *DHA* 18, 2, p. 311) ; ainsi, dans le Biterrois, des fossés datés de l'Antiquité tardive et du haut Moyen Age (L. Vidal, Chronique 1993, *DHA* 19, 2, p. 342-343 et *DHA* 20, 2). Parmi les cas les plus révélateurs en Biterrois, il faut citer le fossé de drainage associé à un mur-terrasse sur un *limes linearius* (4ᵉ *decimanus*) de la centuriation républicaine Béziers B, et à une paléo-surface de culture. Sur cet exemple, voir O. Ginouvès, R. Janin, L. Vidal, P. Poupet, « Paléosols et structures agraires enfouies… », *Archéologie et Espaces*, Juan-les-Pins, 1990, p. 394-398 ; et M. Clavel-Lévêque, « La centuriation Béziers B », *Atlas des cadastres de Gaule*, vol. 1, Paris, 1995. (Bes.)

186. Cet ensemble, jusqu'au §11 ci-après, figure déjà plus haut dans tous les mss, après 7, 1 (voir note *ad loc.*). Les mss et le texte de Lachmann, puis de Thulin, ont ici *propinquo*, mais la correction en *longinquo* est imposée par le contexte — l'opération n'a de sens que si A et C sont éloignés de BD, ou du moins inaccessibles — et par le rapprochement avec les exigences expressément formulées par Héron d'Alexandrie dans le chapitre 10 de *La Dioptre*. Pour les opérations géométriques que décrit ici Hygin le Gromatique, voir en fin de volume la figure HG7.

*Page 107*

187. Il s'agit, comme dans le ch. 10 de *La Dioptre* d'Héron, de calculer la distance entre deux points inaccessibles, et pour cela de mener une parallèle à la ligne joignant ces deux points. La figure (figure HG7 en fin de volume) est semblable à celle d'Héron, à ceci près que figurent ici les triangles semblables homothétiques relatifs au calcul de AB et de CD, tandis que sur la figure d'Héron ils n'apparaissent pas, car on estime ce procédé admis et appliqué depuis le ch. 8 de *La Dioptre* sans qu'il soit besoin de le rappeler sur la figure.

188. Il faut corriger *inter B et A* en *in A*. L'expression « le point qui est en A » est une expression ancienne de la géométrie grecque : voir M. Federspiel, « Sur la locution ἐφ' οὗ / ἐφ' ᾧ servant à désigner des êtres géométriques par des lettres », *Mathématiques dans l'Antiquité*, Mémoires XI du Centre Jean-Palerne, sous la direction de J.-Y. Guillaumin, Publications de l'Université de Saint-Étienne, 1992, p. 9-25. C'est le caractère peu fréquent de cette expression, et surtout en latin, qui a pu entraîner la correction erronée en *inter A et B*.

189. Depuis le point B.

190. Il s'agit de l'alignement BE.

191. Sur EG.

192. C'est-à-dire les cotes.

193. Par rapport à BA ; le texte des mss est un *locus desperatus*, avec une suite de lettres sans aucun sens.

194. C'est exactement la méthode décrite par Héron, *La Dioptre*, ch. 8, pour trouver la distance à l'horizontale entre deux points dont l'un est accessible et l'autre non.

195. On répète les mêmes mesures, avec la même méthode, pour mesurer CD ; sur la figure, nous portons donc les points F', E' et G'. Mais l'auteur s'exprime de manière très concise...

196. Ce point, évidemment, est à marquer en partant de D, non pas de C ; Hygin ne le dit pas, Héron (*La Dioptre*, ch. 10) le note expressément : « du point E, je délimite donc sur la droite BE la droite EZ..., qui fait 20 coudées ».

197. L'autre côté, c'est-à-dire CD.

198. C'est-à-dire de combien CD sera plus long que AB. Cette différence est représentée par le segment HD.

199. La droite HB.

*Page 108*

200. Cf. *supra*, 6, 2.

201. Les mss ont ici la forme de futur simple *poterint*, que nous ne corrigeons ni en *poterunt* ni en *potuerint*. Le futur *erint* est due à une influence analogique du futur antérieur *fuerint*. Cette forme est rare, mais attestée : voir M. Leumann, *Lateinische Laut- und Formenlehre*, Munich, 1977, p. 523 : « Seit der Kaiserzeit als 3. plur. *erint*, auch *poterint*, in Anlehnung an fut. ex. *fuerint*. »

202. Cf. *supra*, 6, 3-4.

203. La correction de *debemus* des mss en *dabimus* est suggérée par l'expression parallèle de 11, 6 : *Limitibus secundum suam legem latitudines dabimus*.

204. Le règlement appliqué doit remonter à une législation informelle d'Auguste par édit, décret, lettre ou mandat, formes qui sont connues sous le nom générique de *constitutio*. (Bes.) La source de ces

dispositions paraît être clairement la *Lex agris limitandis metiundis* du *Liber coloniarum* I (p. 211-213 Lachmann), loi triumvirale dont le présent passage semble être une sorte de résumé. Cf. aussi *supra*, 2, 3.

205. Cf. Hygin (l'homonyme de notre auteur), p. 111 Lachmann = p. 71 Thulin : *Limites lege late patere debent secundum constitutionem qui agros diuidi iusserint ; non quia modus ullus ex mensura limitibus adscribitur : solum lex obseruari debet. Maximus decimanus et cardo plus patere debent siue ped. XXX, siue ped. XV, siue ped. XII, siue quot uolet cuius auctoritate fit. Ceteri autem limites, qui subrunciui appellantur, patere debent ped. VIII*, « Les *limites* doivent avoir une largeur fixée par la loi selon la constitution de ceux qui ont ordonné la division des terres. Ce n'est pas qu'il y ait un *modus* inscrit d'après la mesure pour les *limites* : c'est uniquement la loi [*sc.* la loi de fondation de la colonie] qui doit être observée. Le *decimanus maximus* et le *cardo maximus* doivent être plus larges : 30 pieds, ou 15, ou 12, ou le nombre de pieds voulu par l'auteur de la division. Quant aux autres *limites*, qui sont appelés *subrunciui*, ils doivent avoir une largeur de 8 pieds. » (traduction de Besançon, phrases 1-4).

206. Ceci est manifestement une reprise abrégée du texte d'une loi triumvirale conservée dans le *Liber coloniarum* I (p. 211 l. 23 — p. 213 l. 5 Lachmann) : *Lex agrorum ex commentario Claudi Caesaris — Lex agris limitandis metiundis partis Tusciae prius et Campaniae et Apuliae (…) Qui conduxerit (…), quos limites faciet, in his limitibus reciproce terminos lapideos ponito ex saxo silice aut molari aut ne deteriore, supra terram sesquipedem ; facito crassum pedem, item politum, rotundum ; in terram demittito ne minus ped. IIS (…). Hoc opus omne arbitratu C. Iuli Caesaris et Marci Antoni et Marci Lepidi triumuirorum rei publicae constituendae*, « Loi concernant les terres, tirée du commentaire de Claudius Caesar [*sc.* de Tibère, le plus vraisemblablement]. Loi ancienne portant sur la limitation et la mesure des terres dans la région d'Étrurie, ainsi qu'en Campanie et en Apulie. (…) Le contractant, (…), sur les *limites* qu'il fera, devra placer sur ces *limites*, face à face, des bornes de pierre, en pierre siliceuse ou volcanique, mais d'une qualité non inférieure, d'un pied et demi au-dessus du sol ; il fera la borne d'une épaisseur d'un pied, et également polie et arrondie ; il la plantera en terre d'au moins 2 pieds et demi. (…) L'ensemble de cet ouvrage, par décision de C. Julius César, Marc Antoine et Marcus Lépide, triumvirs chargés de l'organisation de l'État ».

207. Cette question a déjà été abordée en 2, 7 sq. ; cf. mon art. cité *ad loc.*

208. Plutôt que *ex omni opere*, on aurait peut-être préféré lire *omni operi*, « pour tout ouvrage », l'*opus* étant la réalisation d'un réseau centurié.

202 NOTES

*Page 109*

209. Il s'agir ici des bornes qui balisent, de part et d'autre de sa largeur, le tracé du *decimanus maximus* et celui du *cardo maximus*. Elles servent au repérage le long de ces axes, mais elles n'ont pas valeur de désignation d'une centurie. Car la borne qui porte les références identifiant la centurie est toujours celle qui se trouve dans l'angle de la centurie qui est le plus éloigné du croisement des deux axes majeurs (cf. *infra*, §8), ce que le texte appelle « angle de fermeture ».

210. C'est-à-dire celles qui ne sont pas situées le long des axes majeurs.

211. C'est, répétons-le, l'angle de la centurie qui se trouve situé le plus loin de l'intersection des deux axes majeurs, à laquelle on peut le relier par une diagonale.

212. Il s'agit des quatre centuries situées de part et d'autre de la croisée des deux axes majeurs.

213. Une borne au croisement du *decimanus maximus* et du *cardo maximus*, une borne sur le *decimanus maximus*, et une sur le *cardo maximus*.

214. *Dextra decimanum primum ultra kardinem primum*, « à droite du premier *decimanus*, au delà du premier *cardo* ».

215. *Sinistra decimanum primum ultra kardinem primum*, « à gauche du premier *decimanus*, au delà du premier *cardo* ».

216. *Dextra decimanum primum citra kardinem primum*, « à droite du premier *decimanus*, en deçà du premier *cardo* ».

217. *Sinistra decimanum primum citra kardinem primum*, « à gauche du premier *decimanus*, en deçà du premier *cardo* ».

218. Passage parallèle sur la manière de poser et d'inscrire les bornes chez Hygin (l'homonyme du Gromatique), p. 71-72 Thulin (= p. 111 sq. Lachmann = phrases 8 sq. de la traduction de Besançon).

219. Cf. *supra*, 2, 10.

220. Hygin (l'homonyme du Gromatique), *loc. cit.*, préconise la direction inverse, l'inscription étant à lire, pour lui, de bas en haut.

221. Selon Thulin, glose intruse, qui reprend l'enseignement donné en 2, 10, et qui porte sur l'expression *deorsum uersus* de la phrase précédente. Nous acceptons cette manière de voir, bien que les textes gromatiques soient fertiles en retours en arrière et en passages dont la structure n'a pas la logique attendue par un esprit moderne. *Qua* au sens de *ubi* est l'interprétation de Thulin.

*Page 110*

222. De chacune des quatre régions, bien sûr.

223. *Incrementum* est un mot technique du vocabulaire de l'arithmétique. Correspondant au grec αὔξησις, il est employé pour désigner les augmentations successives et régulières de la valeur numérique de tel ou tel « nombre-figure » d'une série, par exemple les pentagones

chez Boèce, *Inst. ar.* 2, 13, 2. Ici, il insiste donc sur la régularité de l'augmentation des numéros qui définissent les *decimani* et les *cardines* successifs (*DI, DII, DIII*, etc.). D'autre part, les coordonnées de la première centurie elle-même sont déjà un *incrementum*, une « augmentation », par rapport à celles des deux axes majeurs, *DM* et *KM*. C'est pourquoi le texte peut parler de l'*incrementum primae centuriae* dans cette phrase assez difficile à rendre en français, et qui dit littéralement que « toutes les inscriptions sont enfermées dans chaque angle à partir de l'augmentation de la seule première centurie ».

224. L'abréviation *K* du texte latin signifie ici évidemment *citra* (*kitra*), non pas *kardo*.

225. La lettre *D* abrège *dextra* ; l'expression complète serait *dextra decimanum primum*.

226. *S = sinistra (decimanum primum)*.

227. Dans le texte latin, *DM* abrège *decimano maximo*.

228. C'est-à-dire dans la centurie adjacente. Une fois une centurie complètement bornée par l'adjonction de la quatrième borne qui seule lui manquait, on passe à la centurie suivante où il suffit également de placer la quatrième borne pour que le marquage soit complet.

229. Cette phrase n'est pas la recommandation d'avoir à faire une visée terminale pour je ne sais quelle vérification « par l'hypoténuse ». C'est une constatation (le verbe *comprehendemus* est au futur, tandis que tous les précédents étaient des subjonctifs jussifs : *eligamus, utamur, inscribamus, incipiamus, applicemus, defigamus*, sans compter *debet, debebit, debebimus, debemus*, de même valeur) : le système achevé, tous les angles de fermeture sont effectivement placés sur des diagonales.

230. Les auteurs de l'assignation.

231. La *respublica* est la communauté civique concernée ; ce peut être celle du peuple romain (*respublica populi Romani*) ou celle d'une colonie ou d'un municipe.

232. Les *limites* définissent des centuries, mais à l'intérieur des centuries, les *acceptae* sont marquées par un bornage privé ; il en est de même des terres que l'assignation laisse comme propriété collective de l'*uniuersitas colonorum*, ici désignée par *respublica*.

### Page 111

233. La qualification de *pascua publica* appliquée aux pâturages fait penser, dans ce contexte, qu'ils accueillent des troupeaux appartenant à l'*uniuersitas colonorum*, éventuellement sous la surveillance d'un *seruus publicus* remplissant la fonction de berger. Ces terres appartiennent donc, comme les *siluae* attribuées à la cité elle-même, au patrimoine inaliénable du municipe, et sont à distinguer de l'*ager compascuus* dont les parts appartiennent aux colons individuellement et sont comme telles inaliénables (Pseudo-Frontin, p. 49 Lachmann). (Bes.)

234. Ce sont des domaines qui, situés dans la zone d'assignation, sont pourtant rendus à leur ancien possesseur ou donnés à quelqu'un, à titre de faveur spéciale, par l'auteur de la division. Voir B. Campbell, *The Writings of the Roman Land Surveyors*, Londres, 2000, p. 394-395.

235. Dont il vient d'être question dans la phrase précédente.

236. À Rome, l'usage voulait qu'une terre ou un bien soit désigné par un adjectif dérivé du gentilice du premier propriétaire. Quand ce bien changeait de main, l'ancien nom demeurait (cf. Varron, *RR* 3, 2, 7, où une villa achetée à un certain *Seius* est appelée *Seianae aedes*). Ici, le nom de *fundus Seianus* est une dénomination conventionnelle des juristes, supposant un premier occupant dont le gentilice *Seius* est un nom-exemple. Les noms de ces propriétaires sont italiques. (Bes.)

237. Les *bene meriti* sont ceux qui ont choisi le bon parti, ici celui du vainqueur des guerres civiles. On prend leur terre aux autres, mais on laisse la leur aux *bene meriti* ; située dans la zone d'assignation, elle échappe (*fundi excepti*) à la redistribution à de nouveaux possesseurs. Pour le sort inverse réservé aux *male meriti*, voir *infra*, 18, 2.

238. C'est-à-dire leur excédent de terre par rapport à la quantité autorisée.

239. Il s'agit d'Auguste, mentionné plus haut, et dont on sait par les *Res gestae*, 16, qu'il a effectivement agi ainsi : « Pour l'acquisition des terres que j'ai assignées aux soldats dans mon quatrième consulat, puis sous les consulats de M. Crassus et de Cn. Lentulus Augur, j'ai payé des indemnités aux municipes. La somme s'éleva à 600 millions de sesterces environ pour les terres situées en Italie, et à 260 millions de sesterces environ pour les terres situées dans les provinces. Je suis, de mémoire d'homme, le premier et le seul qui ait fait cela parmi ceux qui ont établi des colonies militaires en Italie ou dans les provinces » (trad. R. Étienne, *Le siècle d'Auguste*, 2ᵉ éd., Paris, 1977).

*Page 112*

240. Cf. Frontin, 2, 10.

241. Les *Iulienses* sont ici, comme souvent dans les textes gromatiques et sur les vignettes qui les illustrent, les habitants d'une *colonia Iulia* indéterminée, prise comme modèle et comme type de la colonie. Il en sera de même *infra*, en 15, 6 et en 16, 2.

242. *Ordo* désigne l'*ordo decurionum*, le conseil ou le sénat de la colonie (Pomponius, 1b *sg. enchiridii*, *Dig.*, 50, 16, 239, 5 : *Decuriones quidam dictos aiunt ex eo quod initio, cum coloniae deducerentur, decima pars eorum qui ducerentur consilii publici gratia conscribi solita sit*, « certains disent que les décurions tirent leur nom du fait qu'à l'origine, lors de la déduction d'une colonie, on avait coutume d'inscrire le dixième de ceux qui étaient déduits pour constituer le conseil public. »). L'*ordo* joue au sein de la colonie un rôle analogue

à celui du sénat romain dans ses rapports au peuple. Hygin le Gromatique présente les décurions comme les ayants-droit de l'attribution de la terre après avoir dit que les terres sont assignées aux *Iulienses* : c'est que l'appartenance de la terre à l'*ordo decurionum* ou à l'*uniuersitas colonorum* est juridiquement identique. (Bes.)

243. Cf. Frontin, 1, 3.

244. C'est-à-dire entre la ligne d'extrémité du territoire et, plus à l'intérieur, le système des *limites*, qui ne se poursuit pas jusqu'à cette ligne.

245. Nous conservons la traduction très répandue de *extra clusus* par « exclu », même si elle présente une relative ambiguïté dans la mesure où l'on risque de comprendre qu'une zone « exclue » est nécessairement extérieure au territoire (en dehors, donc, de la ligne d'extrémité, *extremitas* ou *linea finitima*) ; tel n'est pas le cas de l'*ager* (ou *locus*) *extra clusus*. En effet, comme va l'expliquer la suite de notre texte, il faut prendre en compte séparément les deux termes qui constituent cette expression. Un tel endroit est dit *clusus*, parce qu'il est effectivement « enfermé » dans le territoire concerné : il se trouve en deçà de la ligne d'*extremitas*. Mais d'autre part, l'*ager extra clusus* est bien *extra*, c'est-à-dire en dehors de la partie du territoire qui est organisée par les *limites* (la « limitation »), bien qu'il soit en deçà de la ligne d'*extremitas* (voir en fin de volume la figure HG8). L'idée exactement exprimée par l'expression *regio extra clusa* est donc celle d'une zone « enfermée (par la ligne d'extrémité) extérieure (à la zone organisée par les *limites*) ». Le plus commode est de garder, quand on le peut, l'expression latine *locus* (ou *ager*) *extra clusus*.

246. Définition identique chez Frontin (2, 6 = p. 8 Lachmann = p. 3 Thulin) : *Ager extra clusus est et qui inter finitimam lineam et centurias interiacet ; ideoque extra clusus, quia ultra limites finitima linea cludatur*, « La terre exclue est celle qui est située entre la ligne frontière et les centuries ; si elle est appelée ainsi, c'est parce qu'elle est enfermée par la ligne frontière, mais au delà des *limites* ».

247. C'est-à-dire si la *linea finitima* est sinueuse et non pas rectiligne : dans le cas où la zone intérieure organisée par des *limites* ne vient pas jusqu'à la *linea finitima*, mais laisse subsister entre elle-même et cette ligne un *locus extra clusus*.

248. C'est la méthode qui est décrite par Frontin (*Sed ut omnibus extremitatibus…* : 4, 1 = p. 15 l. 3 — p. 16 l. 4 Thulin = p. 31 l. 18 — p. 32 l. 6 Lachmann).

*Page 113*

249. Glose intruse.

250. Les mss *P* et *G* donnent en illustration des *Terminorum diagrammata* une vignette qui montre un autel utilisé comme borne, sur lequel figure l'inscription *DIVVS TRAIANVS*.

251. Ce passage a été étudié en détail, en même temps que le texte parallèle d'Hygin, l'homonyme du Gromatique (écrit vraisemblablement un quart de siècle plus tard), dans deux articles : J.-Y. Guillaumin, « Le tirage au sort dans l'attribution des lots de terre », *DHA* 24/1, 1998, p. 101-124 ; St. Ratti, « À propos de quelques difficultés gromatiques : sur la datation d'Hygin l'Arpenteur, d'Hygin et sur les mots *decuria* et *pittacium* », *DHA* 24/1, 1998, p. 125-138 ; ces deux articles ont soutenu, à propos de certains détails, des positions un peu différentes de celles de J. B. Campbell, « Sharing out the land : two passages in the *Corpus Agrimensorum Romanorum* », *Classical Quarterly* 45, 2, 1995, p. 540-546.

## Page 114

252. L'expression *aequis frontibus* indique que chacun des trois lots a le même front sur les *limites* qui définissent la centurie, ce qui donne à chacun d'égales possibilités d'accès à la voirie et d'égales obligations d'entretien de cette voirie. On pense à trois bandes parallèles, de superficie égale, découpées dans la centurie, *strigae* ou *scamna*. Par *frontes*, il faut entendre chacun des petits côtés (les « largeurs ») des trois rectangles allongés qui se partagent la superficie de la centurie.

253. Nom-exemple traditionnel, que l'on retrouve chez Frontin (2, 6 = p. 14 Lachmann = p. 5 Thulin). Cf. *supra*, 13, 4, et la note *ad loc*.

254. Sur ces expressions, cf. p. ex. Horace, *Sat.* 2, 5, v. 51-54 : *Qui testamentum tradet tibi cumque legendum, | abnuere et tabulas a te remouere memento, | sic tamen ut limis rapias quid prima secundo | cera uelit uersu*, « Toutes les fois qu'on te donnera un testament à lire, souviens-toi de refuser et d'éloigner de toi les tablettes, de façon pourtant à saisir, d'un regard oblique, sur la première, quelle volonté la cire porte à la seconde ligne. »

## Page 115

255. Il faut remarquer, même si ce point n'a pas de rapport direct avec le tirage au sort, l'importante étendue du territoire qui est ici l'objet de l'assignation. L'exemple suggère qu'à partir du *locus gromae*, on progresse le long de 35 centuries au moins sur l'un des deux axes majeurs et le long de 47 au moins sur l'autre, c'est-à-dire sur 25 km environ sur l'un et sur 33 km environ sur l'autre, alors même que la centurie prise comme exemple n'est certainement pas la dernière, et que l'on n'a affaire qu'à l'une des quatre *partes* de la *pertica*, à savoir la *DD VK*. La centurie *DDXXXV VKXLVII* est l'angle d'une figure rectangulaire dont la superficie fait 35 × 47 centuries, c'est-à-dire qu'elle suppose l'existence d'au moins 1645 centuries dans ce seul quadrant de la *pertica* ; comme on met théoriquement, d'après le texte, trois hommes par centurie, ce sont donc déjà au moins 4935 (arrondissons à 5000) colons qui sont concernés par cette assignation.

256. Sur les *libri* qui commentent la *forma*, voir C. Moatti, *Archives et partage de la terre dans le monde romain*, Paris-Rome, 1993. Ces livres de *commentarii* accompagnaient la *forma* et permettaient une consultation plus aisée des informations. Ces documents devaient servir lors de la vérification sur le terrain pour régler une controverse. Rédigés lors de la constitution de la *forma*, c'est-à-dire lors de la limitation, ces *commentarii* devaient comporter des dessins qui ont peut-être formé le point de départ de la tradition des vignettes. (Bes.) Hygin (l'homonyme du Gromatique) insistera aussi, pour sa part, dans le passage parallèle qu'il consacre à la même question du tirage au sort des lots (p. 113 l. 1-18 Lachmann = p. 73 l. 6-24 Thulin = phrases 21-25 de la traduction de Besançon), sur la nécessité d'enregistrer l'ensemble du déroulement des opérations. Naturellement, les exemples nominaux que donne ici Hygin le Gromatique ne sont pas les mêmes que les trois noms dont il s'était servi au §5 pour illustrer les volontaires de la *conternatio* : c'est que, bien sûr, il y a peu de vraisemblance que ces trois-là aient été ensuite assez chanceux pour sortir de l'urne les premiers. Mais les noms de L. Terentius, de C. Numisius et de P. Tarquinius pourraient venir d'authentiques documents d'archives concernant une situation historique réelle d'assignation, sans qu'il puisse s'agir de l'assignation de la colonie d'*Emerita* aux vétérans de la cinquième légion *Alaudae* lors de la déduction de la colonie par Auguste, contrairement à ce que suggère L. Keppie, *PBSR* 52, 1984, p. 94, cité par J. B. Campbell, art. cit., p. 546 n. 25. En effet, on sait que les centuries d'*Emerita* étaient doubles du module habituel, parce qu'elles faisaient 400 jugères, comme l'a dit *supra* Hygin le Gromatique (1, 26) ; ici au contraire, l'auteur parle explicitement de centuries de 200 jugères, divisées en trois parts égales. Noter d'autre part que St. Ratti (art. cit., n. 251) fait observer ce détail, qui n'a jamais été relevé jusqu'à présent : la *legio V Alaude* a été dissoute en 86, sous Domitien, après la défaite de Cornelius Fuscus contre les Daces, qui a entraîné la prise de ses aigles par l'ennemi (Suétone, *Dom.* 6, 1 ; Dion Cassius, 68, 9, 3 ; Eutrope, 7, 23, 4) ; il faut qu'Hygin le Gromatique, parlant ici de la *legio V Alaudae*, écrive avant 86.

257. Dans l'édition Thulin, une faute de typographie a fait écrire $46 \frac{2}{3}$ jugères.

258. Comme Thulin, nous suivons le texte des mss *G* et *P*, qui présentent le nom du troisième bénéficiaire, tandis que Lachmann a retenu la leçon de *A* et *B*, où ce troisième nom est remplacé par une glose portant sur la deuxième.

259. On a peut-être une illustration de certaines données de ce chapitre dans le bronze découvert en 1996 à La Alcudia, et sur lequel figure la répartition nominale, entre dix hommes, d'un ensemble de 130 jugères par lots de 13 jugères : voir J. J. Chao, J. F. Mesa, M. Serrano, « Un nuevo bronce hallado en la Alcudia », *Ciudades privile-*

*giadas del Occidente Romano*, Sarragosse, 1998, p. 417-424 ;
J. Corell, *Inscripcions romanes d'Iici, Lucentum, Allon, Dianium i els seus respectius territoris*, Valence, 1999, p. 63-67 ; M. Mayer et O. Olesti, « La *sortitio* de *Ilici*. Del documento epigráfico al paisaje histórico », *DHA* 27/1, 2001, p. 109-130 ; J.-Y. Guillaumin, « Note sur le document cadastral romain découvert à la Alcudia (Elche, province d'Alicante) », *DHA* 28/1, 2002, p. 113-134.

260. Cette formule se trouvait, comme l'atteste Hygin le Gromatique, dans les lois d'Auguste, mais c'est une formule traditionnelle par son contenu (cf. la clause analogue de la loi agraire de Rullus chez Cicéron, *De lege agraria* 2, 25, 67 : *qui arari aut coli possit*, « les terres qu'on peut labourer ou cultiver ») et par sa formulation poétique. L'utilisation de telles formules fait partie des formes archaïsantes dont Auguste aimait parer sa restauration. La formule sera reprise *infra*, 18, 3, avec un commentaire sur sa signification. (Bes.) Il en existe une troisième occurrence, chez Hygin (l'homonyme du Gromatique), p. 112 l. 24 Lachmann. On notera dans ces trois occurrences l'emploi de la forme *arater*, doublet masculin, sans doute ancien, de *aratrum*.

261. On rapprochera Pseudo-Frontin, p. 51 l. 23 — p. 52 l. 1 Lachmann : *Propter magnitudinem enim agrorum ueteranos circa extremum fere finem uelut terminos disposuit, paucissimos circa coloniam et circa flumen Anam*, « À cause de l'étendue du territoire, il [*sc.* le fondateur] a disposé les vétérans pour ainsi dire sur les confins, comme des bornes, et un très petit nombre d'entre eux aux abords de la colonie et du fleuve Anas. »

*Page 116*

262. L'emploi du verbe *uincere* (comme *superare* ou *excedere*) pour exprimer l'idée de « surpasser arithmétiquement » est fréquent : voir Martianus Capella, 7, 759 ; Boèce, *Inst. ar.*, *passim*, e. g. 1, 9, 10 ; 1, 19, 3 et 5 ; 1, 27, 4 ; 2, 4, 9.

263. Le territoire offrait beaucoup plus de terres qu'il n'en fallait pour les assignations aux vétérans, et il est donc resté une grande quantité de terre non assignée. Ce fut notamment le cas de la colonie d'*Emerita*, même si Hygin le Gromatique ne cite pas son nom ici. Frontin (2, 13 = p. 22 Lachmann = p. 9 Thulin) dit la même chose : *Multis enim locis adsignationi agrorum immanitas superfuit, sicut in Lusitania finibus Augustinorum*, « Car en beaucoup de lieux l'immensité des terres a dépassé l'assignation, comme en Lusitanie dans le territoire des *Augustini* », qui sont des gens de Mérida-*Emerita*.

264. C'est-à-dire en traçant leur ligne de limite.

265. Ces terres restaient terres publiques. Les possesseurs les plus proches qui bénéficiaient de l'*ager compascuus* en commun avaient un droit qui ne relevait pas du droit quiritaire (*ius Quiritium*), et ils étaient

protégés uniquement par le magistrat. Il semble, d'après ce que dit le Gromatique, que les *coloni* pouvaient recevoir des terres en plus de leur lot sans enfreindre la loi. Le Pseudo-Frontin (p. 48 Lachmann), en appelant ces droits *proprietates*, s'écarte de la stricte conception juridique de cette notion dans le droit classique romain. (Bes.)

266. Hygin mentionne ici les droits de pâturage attribués individuellement au *fundus* d'un *colonus*, comme le Pseudo-Frontin (p. 48 Lachmann) le rappelle également dans l'expression *pascua certis personis data*.

267. Cette redevance est perçue par la *respublica*.

268. Il semble bien qu'il y ait ici une allusion aux préparatifs de la grande entreprise de récupération des subsécives par Vespasien. D'autres textes gromatiques (Pseudo-Frontin, p. 54 l. 2-13 Lachmann ; Hygin, l'homonyme du Gromatique, p. 133 l. 13 Lachmann) se font l'écho de l'émotion que suscita la mesure en Italie, et du recul consenti par Domitien qui rendit finalement les subsécives à leurs possesseurs. Hygin le Gromatique, qui n'en souffle mot, a dû écrire lorsque les services de Vespasien préparaient l'opération.

269. Si les subsécives ont été expressément attribués à la colonie par l'acte de fondation, l'empereur ne pourra avoir aucune prétention sur eux.

270. Le « bronze » désigne ici, par métonymie, l'ensemble des archives cadastrales. La suite de la phrase distingue la *forma*, qui est le plan gravé sur bronze, et les *tabulae*, qui sont les documents d'archives complémentaires ; cf. *supra*, 14, 9, et la note *ad loc*.

## Page 117

271. La deuxième formule, *concessa* (*sc. ueteri possessori*), et la dernière, *reddita ueteri possessori*, sont identiques dans leur contenu. *Reddita commutata pro suo* et *reddita ueteri possessori* forment une paire dans laquelle il faut distinguer la restitution au possesseur exproprié de terres qui ne sont pas les siennes, et la restitution au possesseur de ses propres terres. (Bes.) Toutes les formules ici énumérées par Hygin le Gromatique sont commentées par Siculus Flaccus, p. 155 sq. Lachmann.

272. Les *libri aeris* et le *typus* reprennent terme à terme les *tabulae aeris* et les *formae* dont il a été question dans la phrase précédente. Cf. aussi *supra*, 14, 9, et la note *ad loc*.

273. *Typus*, comme synonyme de *forma*, se trouve aussi chez Siculus Flaccus (p. 154 l. 18 Lachmann, dans l'énumération des différents noms de la *forma*) et chez M. Iunius Nypsius (p. 293 l. 4 et 6, et p. 294 l. 1, 2, 5, 7, 15 et 19 Lachmann).

274. Siculus Flaccus aussi (p. 154 l. 23 sq. Lachmann) atteste ce dépôt des archives cadastrales à Rome : ... *sanctuarium Caesaris respici solet. Omnium enim agrorum et diuisorum et adsignatorum for-*

*mas, sed et diuisionum et adsignationum commentarios, et principatus in sanctuario habet. Qualescumque enim formae fuerint, si ambigatur de earum fide, ad sanctuarium principis reuertendum erit,* « ... il faut se retourner vers les archives de César. En effet, les *formae* des terres divisées et assignées, mais aussi les *commentarii* relatifs aux divisions et aux assignations, sont conservés dans les archives du principat. De quelque *forma* qu'il s'agisse, s'il y a un doute sur sa validité, c'est vers les archives du prince qu'il faut se retourner. »

275. L'existence de ce registre officiel des faveurs accordées par l'empereur à une personne privée ou à une communauté est également attestée par la mention du *liber beneficiorum* chez M. Iunius Nypsius, p. 295 l. 12-13 Lachmann.

276. Cf. 19, 5. La conservation d'une copie des documents cadastraux dans les archives municipales et sa vocation à être affichée en un lieu public ont été récemment confirmées par la découverte, sur l'emplacement du Capitole de Vérone, d'un fragment de *forma* : cf. G. Cavalieri Manasse, « Un documento catastale dall'agro centuriato veronese », *Athenaeum* 88, 2000, p. 5-48 ; puis *ead.*, « la *forma* épigraphique de Vérone et la centuriation du territoire au nord de l'Adige », *Atlas historique des cadastres d'Europe* II (M. Clavel-Lévêque et A. Orejas éd.), Luxembourg, OPOCE, 2002, dossier 1T 2A (avec planches et photographies).

277. Thulin supprime cette dernière phrase, qu'il considère comme un commentaire de la vignette illustrant le texte (cf. son app. crit., p. 166). Mais ce qu'il dit des mss *P* et *G* (dans lesquels la phrase est effectivement placée au-dessus de la figure) ne convient pas à *B*, manuscrit privé d'illustrations et dans lequel rien ne distingue cette phrase de celles qui l'entourent. Nous la conservons donc, comme l'avait fait Lachmann.

278. C'est-à-dire non cultivée.

*Page 118*

279. Ce sont ceux qui n'ont pas fait le bon choix, et qui en sont punis par le vainqueur. Pour le sort inverse réservé aux *bene meriti*, voir *supra*, 13, 5.

280. Il faut développer l'abréviation de la manière suivante : *C(oncessum) V(eteri) P(ossessori) et rei publicae.* Rudorff, dans les *Gromatische Institutionen*, p. 389, renvoie à Siculus Flaccus (phrase 212 de la traduction de Besançon = p. 155 Lachmann = p. 119 Thulin) : *nec tamen omnibus personis uictis ablati sunt agri ; nam quorum dignitas aut gratia aut amicitia uictorem ducem mouit ut eis concederet agros suos,* « Cependant, parmi les vaincus, tous les individus ne se sont pas vu enlever leurs terres ; en effet, la dignité de certains, la gratitude ou l'amitié ont poussé le général vainqueur à leur

concéder leurs propres terres. » Il évoque également le cas de Virgile qui bénéficia de cette mesure grâce à l'amitié du *triumuir* Octave. La double attribution *CVP* et *rei publicae* est correcte, parce que le *concessum* est aussi octroyé à la communauté (*respublica*). (Bes.). Pour la *respublica*, voir *supra*, 13, 1, et la note *ad loc.*

281. C'est-à-dire la loi qui fixe les particularités d'organisation de la colonie, au moment de sa déduction. L'expression *lex data* (*sc. coloniae*) est à rapprocher de l'expression *lex colonica* employée par Frontin, 2, 16 (voir note *ad loc.*).

282. Cf. *supra*, 15, 1.

283. Cf. Frontin, 2, 7.

284. C'est-à-dire le *limes* qui limite la centurie où se trouve le premier bloc de la parcelle. Le document cadastral découvert à La Alcudia (cf. *supra*, n. 259) offre un exemple de parcelles individuelles de 13 jugères dont la moitié se trouve dans une centurie et l'autre dans la centurie voisine, les deux blocs solidaires de 6,5 jugères chacun étant donc séparés par un *limes*.

285. Il ne paraît pas possible de traduire par un seul mot le latin *commalleolare* (« réunir avec un petit marteau », *malleolus*), terme technique désignant vraisemblablement le travail sur le bronze et sur la figuration qui s'y trouve des lots attribués. Le contenu sémantique de ce terme dans le présent passage, contrairement à ce que suggère F. T. Hinrichs, *op. cit.*, p. 146 n. 62, est à différencier de son emploi dans le Pseudo-Frontin, *De controuersiis agrorum* p. 53 l. 24 Lachmann, où il signifie « s'approprier ». Ici, l'idée est que l'on efface sur la *forma* les limites qui séparaient les trois ensembles devenus les composantes d'un même lot.

*Page 119*

286. Ce cas est présenté par Frontin, 2, 6, qui précise qu'alors le *limes*, même s'il est assujetti à une servitude de passage, ne fait pas limite.

287. Voir en fin de volume la figure HG9.

288. En 17, 4. Mais naturellement, les documents seront aussi enregistrés au *tabularium Caesaris*. Pour la *respublica*, voir *supra*, 13, 1, et la note *ad loc.*

289. Cf. *supra*, 5, 9 et 6, 5, où il a été question de la possession *more arcifinio* ; et les notes *ad loc.*

290. Province établie par Auguste en 10 après J.-C. ; la centuriation a dû y être réalisée par les légions qui y étaient stationnées.

291. D'après le Gromatique, on ne doit donc pas appliquer la centuriation à la terre provinciale soumise à l'impôt. Il faut y définir la situation et la grandeur des différentes parcelles par *strigae* et par *scamna*.

*Page 120*

292. C'est que le système cosmique constitué par le *cardo* et le *decimanus* ne peut pas, dans sa logique rituelle, tolérer de concurrents. Voir à ce sujet O. Behrends, « Bodenhoheit und privates Bodeneigentum im Grenzwesen Roms », dans O. Behrends et L. Capogrossi Colognesi (éd.), *Die römische Feldmeßkunst*, 1992, p. 224-237. (Bes.)

293. La classification des sols d'après leur valeur est attestée en Afrique dès la fin du IIe s. et relève d'une *lex censoria* : cf. F. T. Hinrichs, *op. cit.*, p. 127 et p. 122 n. 18. Ici, Hygin le Gromatique laisse penser à une généralisation postérieure de ce système.

294. Nous ne voyons pas l'intérêt de transformer *aestimatio* en *aestimio* (correction de Rigaltius). En revanche, il est très possible que *aestimatione* soit devenu *aestimatio*, par haplologie, devant *ne qua*, qui est certainement la leçon d'origine. Nous restituons donc *aestimatione*.

295. « La difficulté de contrôler les déclarations apparut surtout dans les cités non centuriées, et dut y être résolue par les autorités municipales. Celles-ci avaient donc particulièrement intérêt à ce que les différentes parcelles fussent enregistrées objectivement, ce qui les amena sans doute à un arpentage exact. » (F. T. Hinrichs, *op. cit.*, p. 127-128). Frontin (1, 2 = p. 3 Lachmann = p. 1 Thulin) fait aussi allusion à cette organisation du sol par *scamna* et par *strigae*, qui permettait de connaître exactement la surface des parcelles, *in prouinciis*.

*Page 121*

296. Le nom de *limites* est refusé d'emblée aux chemins rectilignes établis dans le cadre d'une scamnation/strigation, parce qu'il est lié à la *limitatio*, forme supérieure de division de la terre. Ces chemins rectilignes n'ont droit qu'à l'appellation de *rigores* (« alignements »). La fin du §10 ci-après va parler de *rigores linearii* et non de *limites linearii* comme l'auteur l'avait fait en 1, 17.

297. Voir en fin de volume la figure HG10.

298. Lachmann, puis Thulin, ont tous deux ponctué de la manière suivante : ... *mensuras per strigas et scamna agemus. Sicut antiqui latitudines dabimus*, ce qui signifie « nous tracerons les mesures par *strigae* et par *scamna*. Comme les anciens, nous donnerons comme largeur... ». Mais la mention des « anciens » tombe sur la strigation et la scamnation, comme le montre la comparaison avec Frontin (1, 2 = p. 3 l. 6 — p. 4 l. 1 Lachmann = p. 1 Thulin) qui énonce semblablement que « la terre divisée et assignée par *strigae* et par *scamna* l'a été suivant l'usage antique », *more antiquo*. Nous ponctuons donc de la manière suivante : ... *mensuras per strigas et scamna agemus, sicut antiqui. Latitudines dabimus*... Les terres scamnées sont pour Frontin (*ibid.*) la seconde des deux catégories d'*agri diuisi et adsignati*, la première étant constituée par les terres limitées. La scamnation, qui relève

du *mos antiquus*, est encore utilisée au Ier s. ap. J.-C., comme on le voit ici et chez Frontin, pour assigner les terres provinciales soumises au tribut ou au vectigal. Cependant, l'ancienneté de ce système ne lui donne pas nécessairement un statut d'antériorité par rapport à la centuriation (voir notre Introduction, §*Aux origines historiques de l'arpentage romain*).

299. Si l'on parcourt la section de *limes prorsus* qui va d'un *transuersus* au *transuersus* suivant, on marche deux fois le long du petit côté d'un *scamnum* et une fois le long du grand côté d'une *striga*. Le plus vraisemblable est que la *striga* s'intercale entre les *scamna* (tandis que B. Campbell, *The Writings of the Roman Land Surveyors*, Londres, 2000, p. 497 fig. 17, place dans la moitié supérieure du carré les quatre *strigae* côte-à-côte, et dans la moitié inférieure les quatre *scamna*).

300. Ce n'est pas du tout contradictoire avec ce qui vient d'être dit des *transuersi*. Cette fois, on envisage, à propos des *prorsi*, la distribution intérieure de toute la surface de la *quadra* et non plus seulement la segmentation du *limes prorsus* entre deux *transuersi* successifs. La figure carrée divisée en huit rectangles égaux dont chacun a sa longueur égale au double de sa largeur illustre l'accumulation des deux données successives (*bina scamna et singulae strigae*, puis *scamna quattuor et quattuor strigae*).

301. Cette phrase que sa concision rend ambiguë doit être comprise d'après l'explication qui suit immédiatement. La « longueur » est le sens dans lequel se développent les *strigae*, dont le grand côté est double du petit. La « largeur » est le sens dans lequel se développent les *scamna*, dont le grand côté a une longueur double de celle du petit.

302. Frontin (1, 2) a des formulations semblables. La « largeur » est la dimension parallèle au *cardo maximus* : les *scamna* s'allongent donc parallèlement à cet axe majeur (les *scamna* sont donc orientés nord-sud si le *cardo maximus* respecte lui-même cette orientation). La *longitudo* est la dimension parallèle au *decimanus maximus*, et les *strigae* développent donc leur plus grande longueur parallèlement au *decimanus maximus*. Une phrase attribuée par Lachmann à Hygin, l'homonyme du Gromatique, est plus explicite : *Strigatus ager est qui a septentrione in longitudinem in meridianum decurrit ; scamnatus autem qui eo modo ab occidente in orientem crescit*, « L'*ager strigatus* est celui qui descend en longueur depuis le septentrion jusqu'au midi ; l'*ager scamnatus*, celui qui, de la même manière, se développe de l'occident à l'orient » (p. 110 l. 2-4 Lachmann) ; on se rappellera que le système d'Hygin, à la différence de celui du Gromatique, s'établit à partir d'un *decimanus* orienté nord-sud, et d'un *cardo* est-ouest (voir Hygin, *L'œuvre gromatique*, traduction de Besançon, p. 153-154).

*Page 122*

303. Le système constitué par les *strigae* et les *scamna* a son origine dans l'établissement du *cardo maximus* et du *decimanus maximus*, mais il évite de constituer une véritable *limitatio* en renonçant aux *cardines* et *decimani* parallèles. Les quatre espaces déterminés par la croix initiale sont remplis de simples figures quadrilatères. L'idée rituelle qui est à la base de ce contraste et qui veut que la *scamnatio* et la *strigatio* apparaissent comme une forme inférieure de la *limitatio*, forme réservée aux colonies latines et aux provinces, est bien maintenue. Sur cette question de la *strigatio / scamnatio*, voir la traduction collective de Frontin effectuée à Besançon, p. 74-77.

304. Il s'agit des quatre quadrants déterminés par le croisement des deux axes majeurs.

305. Le mot *quadra* est attesté chez Quintilien, 1, 10, 43, où il désigne nettement un carré : *Nam deni in quadram pedes quadraginta per oram, intra centum erunt*, « Car chaque fois dix pieds en carré en feront quarante en suivant la bordure, et cent à l'intérieur », c'est-à-dire « Ainsi, soit un carré de dix pieds de côté ; il a quarante pieds de périmètre, et cent pieds carrés de surface » (trad. J. Cousin, CUF, 1975).

306. Ce *K* est un ajout de W. Barthel, « Römische Limitation in der Provinz Africa », *BJ* 120 (1911), p. 39-126.

307. C'est à la suite de B. Campbell, *The Writings of the Roman Land Surveyors*, Londres, 2000, p. 162 l. 19, que nous écrivons *I* et non pas *II* des mss. Le système de signalisation de cette quatrième borne (la plus éloignée du croisement des deux axes majeurs) de la première *quadra* est difficile à concevoir, le texte demeurant là-dessus très imprécis. La numérotation décrite (« *striga* n° 1 », ou « *scamnum* n° 1 ») peut (encore faut-il admettre que le numéro de la seule *striga* ou du seul *scamnum* situé dans le coin opposé au croisement du *DM* et du *KM* peut s'appliquer par extension à l'ensemble de la *quadra*) convenir pour la première *quadra*, mais uniquement pour elle ; ce système ne pourra plus suffire au delà du cas de la première *quadra* ; car ensuite, les *quadrae* seront trois à pouvoir revendiquer également le n° 2 ; et la difficulté ne fera qu'empirer aux étapes suivantes. Or, on ne fait plus fonctionner ici le système des numéros combinés avec *DD*, *SD*, *KK* et *VK*, qui permettait d'éviter toute hésitation dans les centuries (cf. *supra*, ch. 12). Par quoi ce système est-il remplacé dans le cas de *strigae* et de *scamna* ? Le texte, dans son état actuel, ne permet pas de le dire. Certains éléments doivent être manquants. En réalité, la borne portant l'inscription « *scamnum* n° 1 » (ou « *striga* n° 1 » ; les deux orientations sont possibles pour cette parcelle) devrait être située non pas au quatrième angle de la première *quadra*, mais au quatrième angle du *scamnum* en question ; on pourrait alors supposer que chacune des parcelles rectangulaires porte la désignation de son numéro

dans le coin le plus éloigné du croisement *DM KM* ; et que ces numéros, contrairement à ce qui se fait pour ceux des centuries, progressent
de 1 à l'infini selon une numérotation qui n'a pas d'autre principe que
celui de l'ordre arithmétique. Il y a sans doute, dans le texte tel que
nous le possédons actuellement, une double confusion et un double
écrasement : d'une part, entre la première *quadra* et le premier *scam-*
*num* (ou la première *striga*) ; plus généralement, entre le système de la
strigation et celui de la centuriation, cette confusion étant facilitée par
le fait que le système de la strigation a été fréquemment appliqué à
l'intérieur de centuries, précisément, dans le cadre de certaines limitations du Ier siècle. Sur ce passage, la solution la plus simple serait en
définitive d'imaginer une lacune du texte, au §16, entre *DDV* et *striga*,
le début concernant les *lapides clusares* des *quadrae*, la fin décrivant
les bornes des *scamna* et *strigae*. Mais comment le prouver ?

308. Nouveau problème dans ce texte obscur : la traduction obvie
serait : « Cela, sur le côté des pierres ; sur la face frontale, nous mettrons l'indication de la région : *DD VK* » ; mais pourquoi cette quatrième borne de la *quadra*, borne correspondant évidemment aux
bornes *clusares* dans les centuries (cf. *supra*, ch. 12), porterait-elle sur
sa surface cylindrique, à quelques centimètres de distance, d'abord
« sur le côté » l'inscription « *DD V<K>*, *striga* n° 1, *scamnum* n° 1 »
dans laquelle figure déjà l'indication de la région cadastrale où elle se
trouve (*DD VK*), puis « sur la face frontale » le doublon *DD VK* ?
Qu'est-ce que la « face frontale » de cette pierre, et par rapport à
quelle direction de visée est-elle « frontale » ? De même, que sont ses
« côtés » ? Le mystère est épais. Constatons que le système d'inscription des quatre pierres d'angle de la *quadra* vient d'être suffisamment
expliqué par les phrases précédentes : sur la pierre qui est au croisement des deux axes majeurs, l'inscription *DM KM* ; sur la borne qui
est au coin de la *quadra* situé sur le parcours du *decimanus maximus*,
l'inscription « *DM limes* n° 2 » ; sur sa symétrique, c'est-à-dire celle
qui est placée au coin de la *quadra* situé sur le parcours du *cardo maxi-*
*mus*, l'inscription « *KM limes* n° 2 » ; et sur la quatrième (pierre « de
fermeture »), l'inscription « *DD V<K>*, *striga* n° 1, *scamnum* n° 1 ».
Si le texte n'est pas désespérément altéré, on peut donc penser que la
séquence *Et hoc in lateribus lapidum ; in fronte autem regionis indi-*
*cium : DD VK* ne concerne plus les côtés ou la face des pierres, mais
les côtés ou le front des *quadrae* elles-mêmes (les termes *frontes* et
*latera* désignent les quatre côtés d'un terrain funéraire carré, opposés
deux à deux, dans *ILS* 8191 = *CIL* VI, 28044) : on se trouverait en face
d'une indication parallèle à celle qui était fournie, dans le cas des centuries, par 12, 3. Le sens du texte est alors : « Et cela est le propre des
bornes placées sur les côtés (*sc.* de fermeture) ; sur le front (*sc.* de la
*quadra*), elles porteront l'indication de la région ». Une « borne placée sur les côtés de fermeture » serait, comme en 12, 3, une borne *clu-*

*saris*, occupant l'angle formé par les deux « côtés de fermeture » ; les « bornes placées sur le front de la centurie » seraient les deux bornes placées respectivement sur le tracé du *decimanus maximus* et du *cardo maximus*. Resterait à savoir pourquoi le texte stipule maintenant qu'elles doivent porter « l'inscription de la région » (par ex. *DD VK*), ce qu'il n'a pas exigé dans les phrases précédentes. S'agit-il de réparer un oubli, dans la mesure où l'inscription « *DM limes* n° 2 », par exemple, pouvait fonctionner dans n'importe quel quart de l'organisation cadastrale et était donc ambiguë ? Il s'agirait maintenant de la compléter en « *DM limes n° 2, DD VK* » (ou *DD KK*, ou *SD VK*, ou *SD KK*). L'hypothèse est plausible, mais la situation est compliquée, et l'on ne pourrait guère expliquer cette complication qu'en rappelant la volonté d'Hygin le Gromatique de bien distinguer un système centurié d'un système de terre vectigalienne dont il parle maintenant : au premier l'inscription de type *DDI VKI* dont il a été longuement question *supra* dans le traité, au second un autre type d'inscription, plus compliqué, pour dire au fond la même chose, mais en évitant l'identité de terminologie.

*Page 123*

309. *Separare* signifie marquer les divisions entre *fundi* à l'intérieur des *strigae* et des *scamna*, et non plus entre les *strigae* ou *scamna*. Cf. *supra*, 19, 3 ; plus nettement encore, M. Iunius Nypsius, p. 293 l. 21 Lachmann ; et l'expression *separationibus fundorum* dans les *Libri coloniarum* (*Liber* I, p. 244 l. 9 Lachmann, à comparer avec *Liber* II, p. 252 l. 22 Lachmann).

310. Ou même « tout territoire » du genre de celui dont il est question dans ce ch. 20.

311. L'expression *res praesens* désigne aussi « le terrain » chez M. Iunius Nypsius, p. 291 l. 4 et 18, p. 293 l. 1, 14 et 22, p. 294 l. 2, 16 et 19 Lachmann ; elle est attestée, avec la même signification, par l'épigraphie : voir p. ex. *ILS* 206 et 5982 (dans des contextes de controverse gromatique).

# FRONTIN

1. C'est-à-dire « dont on mesure seulement le pourtour ». Il s'agit d'une mesure globale du périmètre, sur une terre qui ne fait pas l'objet d'une limitation interne. L'*ager mensura per extremitatem comprehensus* est aussi appelé simplement *mensura comprehensus* (ci-après, début du §3).

2. Tandis qu'Hygin le Gromatique ne voit dans les *agri diuisi et adsignati* que des territoires assignés suivant un système de *decimani* et de *cardines*, Frontin mentionne ici une autre possibilité, celle de territoires scamnés, qu'il va définir ci-après. Mais la scamnation est toujours sentie comme une forme inférieure de la limitation, et c'est sensible chez Hygin le Gromatique (ch. 20). Plaçant les deux systèmes sur un pied d'égalité en tant qu'espèces de la catégorie *ager diuisus et adsignatus*, Frontin se montre moins puriste que son collègue.

3. Il serait difficile de comprendre « elle est généralement structurée par des *limites* », parce que c'est là une exigence tout à fait systématique de la première *condicio* dont parle le texte. *Plerumque* oppose donc plutôt la plus grande fréquence de la centuriation du sol d'une colonie à la moins grande fréquence de la strigation.

4. Les *rigores* sont les lignes droites sans largeur (ce qui les différencie des *limites*) qui séparent les unes des autres les possessions voisines.

5. Colonie latine depuis 313, puis colonie romaine à l'époque triumvirale ou augustéenne. Cf. *Liber coloniarum* I, p. 237 l. 11-13 Lachmann : *Suessa Aurunca, muro ducta. Lege Sempronia est deducta. Iter populo non debetur. Ager eius pro parte limitibus intercisiuis et in lacineis est adsignatus.* Agennius Urbicus (p. 79 Lachmann = p. 39 Thulin) donne Suessa comme exemple d'une colonie dans laquelle des parcelles de forêt avaient été assignées en complément des lots de terre, ceux-ci étant à une certaine distance de celles-là, ce qui entraînait des controverses sur la propriété : *Et sunt plerumque agri, ut in Campania in Suessano, culti, qui habent in monte Massico plagas siluarum determinatas ; quarum siluarum proprietas ad quos pertinere debeat uindicatur* [Lachmann : *iudicatur*]. *Nam et formae antiquae declarant ita esse adsignatum...*, « On voit souvent des terres de culture qui ont sur une montagne des étendues déterminées de forêts, comme en Campanie, dans la région de Suessa, sur le mont Massique : la propriété de ces forêts suscite des revendications : à quelle terre doit-elle revenir ? Les anciens plans attestent que l'assignation a bien été faite ainsi... ». Cf. *infra*, 2, 7.

6. Même chose chez Hygin le Gromatique, 20, 11 : voir texte et notes *ad loc.*

7. *Hac similitudine* est un appel de figure ; de fait, les mss présentent une figure d'illustration après la fin de cette phrase (*continetur*) : voir en fin de volume, figure F1 de Frontin.

8. Nouvel appel de figure, et la figure vient, dans les mss, après la fin de la phrase (*coluntur*). Voir en fin de volume, figure F2 de Frontin.

### Page 149

9. Actuelle Salamanque. Cf. *CIL* 2, 859 = *ILS* 5970.

10. Territoire de Palantia, en Tarraconnaise : cf. Pline 3, 26 et Pomponius Mela 2, 6.

11. Il s'agit du *tributum soli*, taxe foncière due en dehors de l'Italie. Proportionnelle à la superficie de territoire sur laquelle s'étend la *iuris dictio* de la *respublica* concernée, elle impose que les limites de ce territoire soient clairement marquées et admises ; sinon on voit surgir des controverses entre *respublicae* voisines à propos du paiement de ce *tributum*.

12. Ici, dans les mss, se trouve une figure représentant une terre dont la ligne d'extrémité est irrégulière et sinueuse, alternance de segments rectilignes et de courbes ; à l'intérieur, aucun tracé d'arpentage. La figure (reproduite d'après l'*Arcerianus* A en fin de volume : figure F3 de Frontin) est donc juste, mais il est visible qu'elle veut aussi illustrer la méthode à suivre pour l'évaluation des petites figures régulières dont on peut calculer tour à tour la superficie afin de l'ajouter à l'évaluation d'un grand rectangle central, quand il s'agit de mesurer une terre à la ligne d'extrémité irrégulière. C'est ce que Frontin (*infra*, 4, 1) appellera la « méthode des angles droits » ; cette méthode se trouve aussi chez Héron d'Alexandrie, *La Dioptre*, ch. 23 (p. 260 sq. Schöne, et figure p. 263). Mais ici, où il s'agit seulement de définir l'*ager mensura per extremitatem comprehensus*, l'illustration de cette méthode employée pour mesurer sa superficie est superflue.

13. C'est-à-dire d'en mesurer le pourtour, d'en arpenter le périmètre. Cette phrase paraît empreinte de désapprobation ; mais l'auteur constate une situation assez répandue (*multis locis*). À cet endroit, l'*Arcerianus* A présente la figure d'une terre à la ligne d'extrémité irrégulière, mais dont toute la superficie, cette fois, est arpentée intérieurement, avec des axes majeurs et des *limites* qui leur sont parallèles. La figure est juste et ne comporte pas les éléments superflus (illustration de la « méthode des angles droits ») que nous avons signalés à propos de la précédente.

14. C'est-à-dire qui n'est *assujettie* à aucune mesure.

15. C'est-à-dire à la manière dont a été marquée et respectée, de temps immémorial, la limitation extérieure du territoire concerné.

16. Les *arbores ante missae* sont très souvent cités chez Siculus Flaccus et chez Hygin (l'homonyme du Gromatique) parmi les éléments naturels marquant la limite d'une terre arcifinale. Il paraît s'agir

d'arbres « poussés antérieurement » et que l'on a laissés à leur place, évitant de les abattre, parce qu'ils ont valeur de marque. Ils sont définis par Hygin (p. 92 Thulin) : *arbores… relictae, quas ante missas uocant*, « des arbres laissés, que l'on appelle *ante missae* » ; cf. le même Hygin (p. 91 Thulin) : *Sunt et illae arbores aliquando loco finitionis quae ante missae dicuntur*, « il y a parfois, comme limite, les arbres qu'on appelle *ante missae* ». On ne touche pas ces arbres, comme le dit encore Hygin (p. 94 Thulin) : *Alii soliti sunt relinquere qualecumque genus in extremo fine intactas, ex quibus neque frondem neque lignum neque cremium caedant*, « D'autres (possesseurs) laissent intacte à l'extrémité de leur terre une essence quelconque, sans couper sur ces arbres ni frondaisons, ni bois, ni branches sèches ». Hygin paraît souligner qu'il s'agit d'une expression traditionnelle (*ante missas uocant* ; *ante missae dicuntur*) ; Agennius Urbicus (p. 72 Lachmann = p. 31 Thulin) fait de même en écrivant que les terres arcifinales peuvent être limitées … *arboribus quas finium causa agricolae relinquunt et ante missas appellant*, « … par des arbres que les cultivateurs laissent pour faire limite et que l'on appelle *ante missae* ».

17. Cette liste est mainte fois répétée, sous la même forme ou avec des variantes infimes, chez Siculus Flaccus et chez Hygin ; cf. p. ex. Siculus Flaccus, phrase 39 de la traduction de Besançon : *Hi tamen finiuntur terminis et arboribus notatis et ante missis et superciliis, uepribus, uiis et riuis et fossis*, « (les terres arcifinales) sont limitées par des bornes, des arbres marqués et des arbres laissés à leur place [lire plutôt : « poussés antérieurement »], des talus, des taillis, des chemins, et aussi par des ruisseaux et des fossés. »

18. C'est-à-dire tous les autres genres particuliers de limite qui ont pu marquer une terre dont la possession est ancienne.

19. Cf. Siculus Flaccus, phrases 34-36 de la traduction de Besançon : *ut quisque… quid occupauit, arcendo uicinum arcifinale dixit*, « au fur et à mesure qu'on a occupé une terre, on l'a appelée arcifinale du fait qu'on en repoussait le voisin. » Le rapprochement étymologique entre le verbe *arcere* et l'adjectif *arcifinius* ou *arcifinalis* est admis par Ernout et Meillet, *Dictionnaire étymologique de la langue latine, s. u. arceo*.

20. Parce que, justement, il n'y a pas de subsécives dans les terres arcifinales. Le subsécive ne peut se présenter que dans une terre assignée. — Ici les mss ont une figure représentant une terre arcifinale limitée par les différents éléments naturels ou artificiels qui viennent d'être énumérés par le texte (voir B. Campbell, *op. cit.*, p. 279 ill. 6).

21. C'est-à-dire à partir de la ligne qui le « découpe » ou qui le « retranche » du reste de la zone centuriée. Cf. Hygin (p. 77-78 Thulin) : *Aliqua… subseciua appellantur, hoc est quae a subsecantibus lineis remanent*, « Certaines terres… sont appelées subsécives, c'est-à-dire 'ce qui reste à partir des lignes subsécantes'. »

*Page 150*

22. Cette première espèce de subsécive est illustrée ici, dans les mss, par une vignette montrant de telles portions de terre aux extrémités d'une zone assignée ; voir la reproduction de cette figure, d'après *l'Arcerianus* A, chez B. Campbell, *op. cit.*, p. 279 ill. 7.

23. Noter le soin avec lequel est ménagée une symétrie entre les deux définitions : *extremis / mediis* ; *centuria expleri / integris centuriis*. Pour ces définitions, cf. Siculus Flaccus, qui pourrait s'inspirer du présent texte (p. 155 Lachmann = p. 119-120 Thulin = phrases 218-219 de la traduction de Besançon) : *Subseciuorum uero genera sunt duo. Vnum est quod a subsecante linea mensura<e> quadratum excedet. Alterum est autem quod <a> subsecante linea etiam in mediis centuriis assignationis relinquetur*, « Il y a deux genres de subsécives. Le premier est ce qui, à partir de la ligne qui le découpe, sortira du carroyage de la centuriation. Le second est ce qui sera laissé, même au milieu des centuries de l'assignation, par la ligne qui le découpe. »

24. La phrase telle qu'elle se présente dans la tradition manuscrite offre une difficulté. *Quidquid fuerit adsignatum* ne peut convenir à une définition du subsécive, puisque celui-ci est précisément ce qui *n'a pas* été assigné (Hygin, p. ex., p. 96 Thulin, le dit expressément : *subseciua autem dicuntur quae adsignari non potuerunt*, « ce que l'on appelle subsécives, c'est ce qui n'a pu être assigné » ; la suite de la présente phrase elle-même va définir le subsécive comme « la superficie qui reste après l'assignation »). On ne peut donc pas comprendre ici que le subsécive soit « ce qui, entre quatre *limites*, aura été assigné de plus petit que ce qui est enfermé à l'intérieur de ces *limites* » (ce qui, plus clairement exprimé, définirait le subsécive comme une zone assignée à l'intérieur d'une centurie, mais plus petite qu'une centurie), et il faut absolument une négation tombant sur *adsignatum erit*. Mieux vaut donc suivre la suggestion de Mommsen, « Zum römischen Bodenrecht », *Hermes* 27, 1892, p. 115 : prendre *minus* comme équivalent d'une négation, et supprimer *quam intra clusum est*. Ces quatre derniers mots sont certainement un ajout appelé par le comparatif *minus* mal compris. À ces conditions, on restitue une séquence qui ne se présente pas comme un contresens par rapport à l'enseignement unanime des gromatiques.

25. Reprise en chiasme des deux définitions qui viennent d'être énoncées : d'abord le subsécive à l'intérieur des centuries ; la définition du subsécive situé aux extrémités de la zone centuriée va suivre. Cette remarque et celle qui a été faite à la note précédente font ressortir chez Frontin la volonté de s'exprimer d'une manière à la fois logique et littéraire.

26. C'est-à-dire en dehors des centuries.

27. La distinction entre les deux réalités désignées par le terme *subseciuum* (soit en marge de la zone centuriée, soit à l'intérieur de

cette zone) sera reprise *infra*, dans le paragraphe consacré à la controverse sur les subsécives, 2, 11.

28. L'*ager extra clusus* est *clusus* parce qu'il est à l'intérieur du
territoire enfermé par la ligne de frontière, mais il est *extra* parce qu'il
se trouve à l'extérieur de la zone de ce territoire qui a reçu des *limites*.
Le point commun entre cet *ager extra clusus* et les subsécives est que
ni l'un ni l'autre n'ont été assignés à des récipiendaires ; ils peuvent
être occupés par des possesseurs qui s'y sont installés ; leur statut est
donc le même. La différence est dans le fait que le subsécive se trouve
en zone centuriée, l'*ager extra clusus* étant en dehors de cette zone.

29. La *respublica* est toute communauté civique ; cf. Hygin le Gromatique, 13, 1 et note *ad loc.*

30. C'est cela qui constitue la similitude entre la condition du subsécive et celle de l'*ager extra clusus*, zones qui n'ont pas été assignées
nominalement et qui peuvent donc toujours l'être si le fondateur de la
colonie le décide. — Ici se place dans l'*Arcerianus* A une figure représentant, non pas l'*ager extra clusus et non adsignatus*, mais un subsécive de forme circulaire à l'intérieur de centuries (cf. B. Campbell, *op.
cit.*, p. 279 ill. 10).

31. Cf. Hygin le Gromatique, 13, 12. Ces indications seront réité-
rées plus loin par Frontin (2, 13). — Ici se place dans l'*Arcerianus* A
une figure illustrant la définition de l'*ager extra clusus et non adsignatus* (cf. B. Campbell, *op. cit.*, p. 280 ill. 11).

*Page 151*

32. Hygin (p. 123-124 Lachmann) n'en comptera que six (*de
alluuione atque abluuione, de fine, de loco, de modo, de iure subseciuorum, de iure territorii*).

33. Comme la précédente, cette controverse requiert évidemment
l'intervention de l'arpenteur.

34. Cf. la distinction en deux catégories opérée *supra*, au début du
premier paragraphe de ce chapitre.

35. Cf. Hygin le Gromatique 1, 19 et note *ad loc.*

36. Cette controverse exige aussi l'intervention du *mensor*.

37. Cette glose, qui paraît renvoyer aux paragraphes qui précèdent
immédiatement, a été supprimée par Lachmann ; on a sans doute
affaire ici à une addition faite par un commentateur.

38. *Supercilium* est un terme qui est très fréquent chez Siculus Flaccus
et chez Hygin (qui le définit p. 128 l. 16-17 Lachmann) ; en paysage
méditerranéen, il pourrait désigner dans certains cas une « terrasse »,
où l'aménagement par l'homme ne fait pas disparaître l'origine naturelle du relief. Mais le terme de « talus » a l'avantage de s'adapter à
tous les contextes. Hors des textes du corpus gromatique, *supercilium*
figure dans une inscription relative à un arbitrage dans une controverse
sur la limite (*CIL* 9, 2827 = *ILS* 5982, ligne 31).

39. Controverse de droit privé.

40. C'est-à-dire les cinq pieds de la loi Mamilia.

41. Controverse de droit privé, dans le cas des terres divisées et assignées, comme le dit la suite du paragraphe. L'intervention de l'arpenteur est évidemment requise.

42. Le Commentaire d'Agennius Urbicus (p. 75-76 Lachmann) expliquera : *Agitur enim ut secundum acceptam eius ueterani qui in illud solum deductus est modus restituatur*, « L'action a pour but la restitution de la superficie en conformité avec le lot du vétéran qui a été déduit sur ce sol ».

43. Sur le mode de désignation des centuries, voir Hygin le Gromatique, à partir du ch. 2, et les notes *ad loc*. Il est aisé de retrouver la centurie *DDIII KKIIII* dans le quadrant *DD KK* de la centuriation.

44. Le cas des lots situés sur plusieurs centuries différentes a été abordé par Hygin le Gromatique, 19, 3.

45. Il est donc tout à fait possible que l'*accepta* d'origine, celle de L. Titius, se prolonge au delà de ce *limes*, comme le soutient l'actuel détenteur du domaine qui revendique tout ce qui, sur la *forma* originelle, portait le nom de L. Titius.

46. Controverse de droit privé.

47. Cf. *supra*, 1, 2, et la note *ad loc*. ; il s'agit de la région de Suessa Aurunca et du mont Massique.

48. Cf. Hygin le Gromatique, 18, 5.

## Page 153

49. C'est-à-dire que la controverse peut être tranchée par le juge ordinaire, sans l'intervention du *mensor* comme expert. Ce chapitre de Frontin sur les controverses se donne en effet pour but de distinguer, parmi les controverses, celles à propos desquelles l'expertise du *mensor* est indispensable.

50. Controverse de droit privé.

51. Controverse de droit privé.

52. Développés par Hygin (l'homonyme du Gromatique) p. 124-125 Lachmann = p. 87-88 Thulin, qui cite sur ce point les avis de C. Longinus Cassius, le jurisconsulte que l'on voit chez Tacite (*Annales* 14, 42-45) prendre la parole dans l'affaire des esclaves de Pedanius Secundus. Voir aussi *infra*, §12.

53. Controverse de droit public.

54. Suppression effectuée par Schmidt suivi par Thulin, au motif que ceci concerne la controverse sur les lieux publics et non la controverse sur le droit du territoire.

55. Cf. Hygin le Gromatique, 13, 9.

## Page 154

56. *Moenia* = « édifices publics » : cf. Hygin le Gromatique, 6, 2, et la note *ad loc*.

57. Il y a des conflits de compétence juridictionnelle dans le cas où la totalité ou la quasi-totalité du territoire d'une cité a été confisqué au profit d'une nouvelle colonie ; cela a pu se produire dès l'époque des assignations brutales de Sylla, puis à l'époque des assignations triumvirales. Le droit de juridiction de certains *oppida* ou *municipia* ne s'exerce plus alors qu'à l'intérieur même de l'enceinte urbaine, tout le territoire confisqué relevant du droit de la colonie à laquelle il a été donné. Pour un développement récent sur cette question complexe et sur les situations obscures qu'elle pouvait entraîner, voir R. Compatangelo, *Sur les routes d'Hannibal. Paysages de Campanie et d'Apulie*, Besançon, PUFC, 1999, p. 82. Voir aussi F. T. Hinrichs, *Histoire des institutions gromatiques*, Paris, p. 67. Ces problèmes sont aussi évoqués dans d'autres traités gromatiques, par exemple par Siculus Flaccus (p. 164 l. 11-14 Lachmann) : *Aliquibus uero auctores diuisionis reliquerunt aliquid agri eis quibus abstulerunt, quatinus haberent iuris dictionem ; aliquos intra muros cohibuerunt*, « Dans certains cas, les auteurs de la division ont laissé une partie de leur territoire à ceux auxquels ils l'ont enlevé, fixant ainsi une limite à leur juridiction ; mais certains ont vu leur juridiction enfermée à l'intérieur de leurs murs », et par Hygin (p. 82-83 Thulin) : *Cum ex alieno territorio sumpsisset agros quos adsignaret, proprietatem daret scilicet cui adsignabat, sed territorio intro quod adsignabat ius non auferret. Sunt quoque quaedam diui Augusti edicta quibus significat quotiens ex alienis territoriis agros sumpsisset et adsignasset ueteranis, nihil aliud ad coloniae iuris dictionem pertineat quam quod ueteranis datum adsignatumque sit. Ita non semper quidquid centuriatum erit ad coloniam accedit, sed id tantum quod datum adsignatumque fuerit. Sunt nihilominus quaedam municipia quibus extra murum nulla sit iuris dictio*, « Ayant pris sur un territoire étranger des terres pour les assigner, (l'auteur de la division) en a évidemment donné la propriété à celui à qui il les assignait, mais il n'a pas retiré son droit au territoire à l'intérieur duquel il assignait. Il y a aussi des édits du divin Auguste par lesquels il signifie que, toutes les fois qu'il a pris des terres sur un territoire étranger pour les assigner aux vétérans, rien d'autre ne doit relever de la juridiction de la colonie que ce qui a été donné et assigné aux vétérans. Ainsi, tout ce qui aura été centurié ne s'ajoute pas toujours à la colonie, mais seulement ce qui aura été donné et assigné. Il y a néanmoins des municipes privés de toute juridiction à l'extérieur de leur rempart ».

58. Il s'agit sans doute de la ville appelée *Interamnium* chez Florus, 2, 9, 27, qui la mentionne à propos de confiscations syllaniennes. Mais Frontin, pour sa part, semble faire allusion plutôt à une confiscation de grande envergure opérée au détriment d'Interamnia dont une partie du sol urbain est revenue à Asculum : après Philippes ? (voir L. J. F. Keppie, *Colonisation and Veteran Settlement in Italy 47-14 B. C.*, Rome, 1983, p. 103 n. 13).

59. Cf. Siculus Flaccus, p. 137 l. 17 Lachmann : *Territis fuga-tisque inde ciuibus, territoria dixerunt*, « Comme leurs citoyens avaient été terrifiés et mis en fuite, on donna à ces terres le nom de territoires ».

60. Controverse de droit public.

61. Reprise de la définition des deux réalités désignées par le terme de *subseciuum*, telle qu'elle a été donnée *supra*, 1, 5.

62. Controverse de droit public.

*Page 155*

63. Lachmann et Thulin ont voulu que l'expression *proximi possessoris finibus* soit le complément de *reliquerit*, et en conséquence ils ont été embarrassés par *et diuisi* des manuscrits, qui n'avait plus aucun sens dans le contexte. En réalité, ce verbe est employé absolument. Il faut en effet solliciter le parallélisme de la présente phrase avec le texte d'Agennius Urbicus p. 82 l. 24 sq. Lachmann : *Sicut Padus relicto alueo suo per cuiuslibet fundum medium inrumpit et facit insulam inter nouum et ueterem alueum. Ideo de hac re tractatur, ad quem pertinere debeat illud quod reliquerit, cum iniuriam proximus possessor non mediocrem patiatur, per cuius solum amnis publicus perfluat*, « Par exemple, le Pô, abandonnant son lit, se précipite au milieu du domaine d'un possesseur quelconque et crée une île entre le nouveau lit et l'ancien. La question est alors de savoir à qui doit appartenir ce qu'il a abandonné, alors que le possesseur le plus proche subit un préjudice non négligeable, du moment que son sol est traversé par un cours d'eau public. » L'expression *relicto alueo suo* d'Agennius Urbicus doit être mise en parallèle avec *alueum fluminis quem reliquerit* chez Frontin ; l'expression *facit insulam inter nouum et ueterem alueum* vaut *interposita insula* de Frontin. Le *proximus possessor* et son *solum*, chez Agennius, correspondent à l'expression *proximi possessoris finibus* de Frontin. Le dommage subi par le possesseur, selon Agennius Urbicus, est que le fleuve coule désormais au milieu de son terrain (*per cuius solum amnis publicus perfluat*). Ce terrain est coupé en deux par le fleuve : c'est très exactement ce qu'a écrit Frontin, car nous pensons qu'il suffit de lire *et diuisis* au lieu de *et diuisi* des manuscrits pour supprimer l'énigme qui a embarrassé Lachmann puis Thulin et rendre inutiles leurs corrections hasardeuses, *elisa* (Lachmann) et *exclusae* (Thulin). Le possesseur au milieu des terres duquel le fleuve a détourné son cours semble pouvoir se plaindre à juste titre, et il pourrait paraître équitable qu'ayant dû laisser au fleuve un nouveau lit, il récupère en compensation l'ancien, désormais asséché, et d'une superficie à peu près égale selon toute vraisemblance ; cela, d'autant plus qu'il supporte en plus l'inconvénient d'avoir désormais un terrain coupé en deux par le nouveau lit du fleuve. Pourtant les juristes restent inflexibles : l'ancien lit, propriété du peuple romain, doit le rester, et il n'est pas question d'usucaper cette terre alluviale nouvelle ; c'est ce

que dit Agennius Urbicus en continuant : *Nisi quod iuris periti aliter interpretantur, et negant illud solum quod solum populi Romani coepit esse ullo modo usu capi a quoquam mortalium posse*, « Cependant, les juristes ont une autre interprétation, et ils disent qu'un sol qui a d'abord été sol du peuple romain ne peut en aucune façon être usucapé par aucun mortel. » Il précise enfin que *hae quaestiones maxime in Gallia togata mouentur, quae multis contexta fluminibus immodicas Alpium niues in mare transmittit et subitarum regelationum repentina inundatione patitur iniurias*, « Les controverses de ce genre surgissent surtout dans la Gallia Togata, dont le réseau hydrographique important charrie vers la mer les énormes quantités de neige des Alpes, et supporte les dommages causés par les inondations soudaines consécutives à un brusque dégel. » Hygin (l'homonyme du Gromatique) dit aussi avec brutalité la même chose que Frontin et que le commentaire d'Agennius Urbicus, en utilisant la même expression que Frontin, *uis aquae* (p. 124 Lachmann) : *Et quidquid uis aquae abstulerit, repetitionem nemo habebit*, « Et tout ce qui aura été emporté par le courant, personne ne pourra prétendre le récupérer. »

64. Des terres qui sont leur propriété publique.

65. *Subseciua concessa* : cf. Hygin le Gromatique, 16, 2, où il s'agit de subsécives concédés à la colonie. Ici, il faut comprendre « concédés à eux-mêmes », c'est-à-dire à ceux qui les occupent.

66. Controverse de droit public.

67. Ces définitions et indications relatives à l'*ager extra clusus* ont déjà été fournies *supra*, 1, 6.

68. Il est donc resté une grande quantité de *loca relicta*, de *loca extra clusa* ou de *subseciua*, la différence entre ces trois catégories n'étant d'ailleurs pas absolument nette, et le point commun qui les réunit étant plus important : c'est d'être, au terme du *ius subseciuorum*, des terres vacantes à la disposition de l'*auctor adsignationis*.

69. Il s'agit des gens de Mérida, puisque le nom de la colonie est *Augusta Emerita* ; d'autre part, Mérida est bien l'exemple utilisé par Agennius Urbicus dans le commentaire de ce genre de situation (p. 83 l. 26 — p. 84 l. 1 Lachmann). Hygin le Gromatique (15, 4) dit aussi que *multis coloniis immanitas agri uicit adsignationem*, « dans beaucoup de colonies, l'immensité du territoire a surpassé l'assignation. »

70. Car dès lors qu'il s'agit de vérifications d'arpentage (emplacement exact d'une limite, ou comme ici vérification d'une superficie), l'expertise du *mensor* est nécessaire.

*Page 156*

71. Il s'agit des tombeaux, c'est-à-dire que cette controverse est de droit privé, alors que les *loca sacra* relèvent du droit public.

72. Elle est marquée par des cippes (*cippi*) funéraires que l'arpenteur ne doit pas confondre avec des bornes de limite comme le souligne Hygin, p. 75 Thulin : *Nam si superior pars tantum dolata est et*

*inferior subtus impolita derelicta, cippus ominandus est monumentalis esse, non terminalis*, « Car si c'est seulement le haut qui a été taillé, le bas ayant été laissé sans être dégrossi, on doit présager que c'est un cippe funéraire, non pas une borne ».

73. Controverse de droit privé, déjà présente dans la Loi des XII tables (7, 8) avec l'*actio aquae pluuiae arcendae*.

74. Comme Thulin, nous supprimons ici *et controuersia tollitur*, « et la controverse disparaît ». — Le texte montre ici particulièrement bien la volonté de distinguer ce qui relève du juge ordinaire et ce qui exige l'intervention de l'arpenteur, dès lors qu'une vérification des limites est nécessaire.

75. Controverse de droit public dans les terres assignées, qui met en jeu les droits de passage dus au peuple Romain.

76. Une nouvelle fois, il y a ici une opposition nette entre ce qui, dans le domaine des controverses, relève du juge ordinaire et ce qui exige l'intervention de l'arpenteur. La terre arcifinale, qui par définition n'a pas fait l'objet d'un arpentage officiel, relève du juge ordinaire en cas de querelle sur un droit de passage. Mais dans le cas d'une terre centuriée, l'expertise de l'arpenteur, qui va vérifier les tracés, est indispensable.

77. *Lex colonica* : l'expression apparaît chez Varron, *RR* 1, 2, 17 (*Agrius : Tu, inquit, tibicen non solum adimis domino pecus, sed etiam seruis peculium, quibus domini dant ut pascant, atque etiam leges colonicas tollis, in quibus scribimus, colonus in agro surculario ne capra <na>tum pascat : quas etiam astrologia in caelum recepit, non longe ab tauro.*) ; César, *BG* 2, 19, 3, parle de deux cohortes appelées *colonicae* ; Suétone, *Auguste* 46, 1, parle des *decuriones colonici* ; chez Hygin le Gromatique (20, 2), le *mos colonicus* est celui qui définit l'organisation des terres suivant un système de *cardines* et de *decimani*. Ici la *lex colonica* ne désigne pas une loi qui aurait prévu de manière générale toutes les dispositions relatives aux colonies ; c'est plutôt, comme la *lex data* (*sc. coloniae*, « à la colonie ») dont parle Hygin le Gromatique (18, 3), la loi qui fixe les dispositions particulières qui s'attachent à la colonie qu'elle concerne, ceci n'empêchant pas qu'il y ait dans toutes les *leges datae* un fondement commun sous forme de clauses générales (sur cet aspect de la *lex data*, voir H. Galsterer, « Municipium Flavium Irnitanum : a Latin town in Spain », *JRS* 78, 1988, p. 78-90). Si donc l'expression complète pour désigner ce genre de loi doit être *lex coloniae data*, on peut considérer comme deux abréviations de sens équivalent les deux formulations *lex data* et *lex colonica*.

78. La *ratio* est le système de la centuriation, dont le maillage régulier impose que les *limites* soient positionnés à une distance définie les uns des autres, sans que l'on puisse évidemment tenir compte des reliefs ni de la nature des terrains.

*Page 157*

79. C'est ici que les mss donnent le passage que, après Thulin, nous avons reporté plus loin (3, 13).

80. Tout cet ensemble sur les *limites* est à peu de chose près identique au développement que consacre à la même question le début du traité d'Hygin le Gromatique, auquel on se reportera pour le texte et les notes.

81. Le passage correspondant d'Hygin le Gromatique incite à restituer ici *antiqui* au lieu de l'incompréhensible *carpiunt* des mss.

82. Le mot employé est *delubra*, alors que le passage parallèle d'Hygin le Gromatique utilise le terme *templa*. Vitruve (4, 5, 1), auquel il est ici fait allusion, parlait de *aedes*. On a l'impression que Frontin, parlant de *delubra*, choisit d'avoir recours à un mot plus rare (chez Cicéron, 39 occurrences de *delubrum* pour plus de 200 de *templum* ; chez Tite-Live, 19 occurrences de *delubrum* pour plus de 200 de *templum* ; seulement trois occurrences de *delubrum* dans ce qui reste de l'œuvre de Varron, et aucune chez Vitruve) et qui « semble d'un niveau plus relevé » (Ernout et Meillet, *Dictionnaire étymologique de la langue latine, s. u. delubrum*) que *templum*. On observera que chez Pline, il y a 45 occurrences de *delubrum* pour 112 occurrences de *templum*. On peut donc se demander si ce n'est pas le vocabulaire plinien (dans lequel la proportion des occurrences de *delubrum* et de *templum* est sensiblement de 1 à 2) qui pousse Frontin à choisir *delubra* dans la présente phrase. Frontin aurait alors utilisé un mot mis à la mode par Pline.

*Page 158*

83. Somme de deux as, ou longueur de deux pieds.

84. Rejet de l'étymologie de *decimanus* par *decem*. Cf. Hygin le Gromatique, 1, 8, et note *ad loc*.

*Page 159*

85. J'ai corrigé en *dirigebantur* la leçon *dirigebant* des manuscrits (voir l'app. crit.) pour la même raison que dans le texte d'Hygin, 1, 7 : voir *supra* ce passage, et la note *ad loc*.

86. Cet exemple n'est pas dans le développement correspondant d'Hygin le Gromatique (1, 9). Le *Liber coloniarum* II (p. 262 l. 11 Lachmann) place expressément l'*ager Vritanus* parmi les *Ciuitates prouinciae Calabriae* (*ibid.*, p. 261 l. 20 puis p. 262 l. 5). Il s'agit du territoire d'Uria, en Calabre ; cf. Pline, 3, 100 et 103 ; Pomponius Mela, 2, 66 ; et déjà Varron, *Antiquités* 3, fragment 6. La précision *in Gallia* est donc inattendue. On pourrait songer au moins à ponctuer (ce que n'ont fait ni Lachmann ni Thulin) d'une virgule après *Vritano*, ce qui ne dirait pas à quelle réalité localisée *in Gallia* le texte fait allusion après l'exemple de l'*ager Vritanus*, mais offrirait au moins l'avantage

de ne pas placer cet *ager* en Gaule. Mais la précision géographique de la situation de l'*ager Vritanus* dans l'Italie est parfaitement attendue ; d'autre part, la mention isolée de la « Gaule », fût-elle cisalpine, resterait trop indéterminée pour constituer un exemple intéressant, à moins d'admettre que dans toute la *Gallia* les *limites* auraient gardé les noms de *prorsi* et de *transuersi*, généralisation abusive en regard du contexte. Il paraît donc nécessaire de corriger *in agro Vritano in Gallia* en *in agro Vritano in Calabria*, comme le suggère nettement le texte du *Liber* II.

87. Sur la voie Flaminia ; aujourd'hui Fano, sur la côte ombrienne, au sud de Rimini, près de l'embouchure du Métaure. Cet exemple n'est pas chez Hygin le Gromatique (1, 12). Comparer l'expression du *Liber coloniarum* II, p. 256 l. 13-14 Lachmann : *Fanestris Fortuna. Ager eius limitibus maritimis et montanis est adsignatus*, « son territoire a été assigné avec des *limites maritimi* et *montani*. » Sur l'organisation de ce territoire, voir N. Alfieri, « Per la topografia storica di *Fanum Fortunae* (Fano) », *RSA* 6-7, 1976-1977, p. 147-171 (48 centuries de 200 jugères ?).

88. *Figuram similem* désigne dans les mss l'emplacement d'une figure, mais cette figure est absente. La leçon de *N, figurae quadratae similem*, est un intéressant témoignage de l'intelligence avec lequel ce copiste a effectué son travail : trouvant que *figuram similem* n'avait pas de sens ici, il a rectifié le texte de manière à lui faire dire que le *uorsus* était « semblable à une figure carrée », ce qui n'est pas faux, mais représente une correction inutile si l'on admet que les deux mots *figuram similem*, comme c'est très vraisemblable, constituent un appel de figure.

*Page 160*

89. La *decempeda* est une perche de dix pieds, comme la *pertica*. Mais ce dernier mot ayant fini par être employé pour désigner l'ensemble du territoire centurié, on emploiera plutôt *decempeda* pour désigner l'instrument.

90. Littéralement : « par les *actus* ». Thulin a prétendu lire *IV actibus* au lieu de *ex actibus*, et effectivement il serait tentant de comprendre « enfermé entre quatre *actus* » ; mais le nombre aurait plutôt été écrit sous la forme *IIII*, et alors on ne voit plus la possibilité d'une transformation en *ex*.

91. Appel de figure. La figure est sans intérêt : elle ne représente effectivement que deux jugères accolés, qui forment donc un carré.

92. Pour les données contenues dans ce paragraphe, comparer avec Varron, *RR* 1, 10, 1-2.

93. Aux extrémités de la zone assignée.

94. C'est-à-dire du nom de « centurie ». Comparer avec le texte de la loi triumvirale conservée dans le *Liber coloniarum* I : *Quod subseciuum amplius iugera C erit pro centuria procedito ; quod subseciuum*

*non minus iugera quinquaginta, id pro dimidia centuria procedito*, « Un subsécive plus grand que 100 jugères comptera pour une centurie ; un subsécive d'au moins 50 jugères comptera pour une demi-centurie. » (p. 213 l. 1-3 Lachmann).

## Page 161

95. Pour cette phrase inachevée, le ms. *N* est le seul à proposer un complément : *sibi plagarum caeli conuersio fuit*. On se gardera de penser que, par une heureuse bizarrerie du sort, *N* est le seul à conserver le texte d'origine. La vérité est que le copiste de *N* est un esprit systématique et intelligent qui corrige et complète son texte à différents points de vue (langue, calculs arithmétiques chez M. Iunius Nypsius p. 288 l. 19-20 Lachmann), ce qui le rend parfois redoutable, et paradoxalement moins digne de confiance qu'un copiste borné. Ici, il introduit une allusion aux points cardinaux (les *plagae caeli*) qui n'est pas sans rapport avec ce qui précède ; mais la tournure prise par la phrase incomplète de Frontin laisserait attendre plutôt un élargissement final sur l'immensité de l'empire romain, du genre de celui que l'on trouve chez Agennius Urbicus (p. 62 Lachmann = p. 22 Thulin) : *Ex his argumentaliter inclinamentorum condicio cognoscetur intra quae ager imperii Romani spatioso fine diffunditur, cuius controuersias generaliter exequi proposuimus*, « D'où l'on reconnaîtra les différents climats (*inclinamenta = plagae*) entre lesquels s'étend, sur un vaste espace, le territoire de l'empire Romain ; ce sont les controverses concernant ce territoire que nous avons le projet d'exposer genre par genre ». On peut se demander d'ailleurs si cette phrase d'Agennius n'est pas dans l'esprit du copiste de *N*, et si ce n'est pas elle qui lui a dicté en partie (*plagarum caeli*) le complément qu'il insère ici.

96. Lachmann et Thulin ont placé entre crochets droits *siue solidum siue cultellatum*, au motif (cf. app. crit. de Thulin) que ces mots seraient un ajout destiné à ménager une transition avec le passage sur la cultellation, qui suit effectivement dans la tradition manuscrite et dans l'édition Lachmann. Mais cette précision n'est pas dénuée d'intérêt et nous la conservons. L'idée est que le territoire de la préfecture peut être soit évalué globalement, soit « cultellé » au sens de « mesuré », donc « arpenté ». *Cultellare*, en effet, ne désigne pas seulement la méthode de la « cultellation » appliquée à des terrains en pente, telle que le texte va la décrire plus loin ; ce verbe signifie, de façon générale, « mesurer ».

97. Ce paragraphe, que les mss présentent après 2, 17, a été déplacé ici par Thulin. Mais le contenu pourrait avoir un rapport aussi avec la question des controverses, précédemment traitée ; et la distinction faite entre colonie et préfecture le rapproche aussi des passages traitant du *ius territorii*.

98. Pour ce difficile paragraphe en particulier, le travail supplémentaire auquel je me suis livré pour cette édition me conduit à propo-

ser nombre de modifications concernant le texte latin, la traduction et les notes, par rapport à ce qui était écrit dans le *Frontin. L'œuvre gromatique* édité par l'équipe de Besançon (Luxembourg, OPOCE) en 1998, et dont j'étais largement responsable. Pour toutes les opérations techniques qui vont être évoquées par Frontin dans ce *De arte mensoria*, il n'existe pas de meilleures analyses et explications que celles d'A. Roth Congès dans les *MEFRA* 108, 1996, 1, p. 299-422, brillant article auquel je renvoie ici une fois pour toutes. L'auteur a repris certaines de ces questions dans sa communication au colloque de Saint-Etienne (1999) consacré à la dioptre d'Héron d'Alexandrie (voir *supra*, bibliographie).

99. Il ne s'agit pas seulement, comme la suite va le montrer, du tracé des alignements rectilignes.

100. Il s'agit de la *renuntiatio modi*, « proclamation de la superficie » d'une terre, dont il va être question aux lignes suivantes et qui est de la compétence de l'arpenteur : si l'on ne ramène pas la zone arpentée à une figure rectiligne dont on puisse calculer exactement la surface, toute *renuntiatio* exacte est impossible.

101. Les lignes « rationnelles » sont des lignes « mesurables » parce que droites (et si possible orthonormées). S'opposent à elles les lignes « sinueuses » et « irrégulières » dont il va être question dans la suite de la phrase ; ces dernières ne sont pas mesurables (bien que Vitruve et Héron expliquent le fonctionnement et l'utilisation de l'odomètre, cet appareil n'est jamais évoqué chez les gromatiques). Les mesurerait-on, du reste, que l'on ne pourrait ensuite évaluer la surface dont elles sont une limite. L'arpenteur doit donc toujours chercher à ramener une ligne sinueuse, par approximation, à une succession de segments rectilignes. C'est l'enseignement développé par Frontin dans ce qui va suivre.

102. Tous les territoires sont concernés : aussi bien ceux qui ont fait l'objet d'une limitation intérieure que ceux qui sont seulement *per extremitatem comprehensi* ; et aussi bien une zone d'une relative étendue que, plus vraisemblablement peut-être parce que les dimensions en sont plus restreintes, le sol d'une propriété. De toute façon, le problème posé par le pourtour de la figure sera le même.

103. *Et cohiberi et extendi* : ce ne sont pas deux actions dont l'une exclut l'autre (« soit resserrer, soit étendre »), mais la même opération vue de deux façons différentes. Il s'agit de « resserrer » le développement de la *finitio*, c'est-à-dire, en d'autres termes, de « tendre » cette espèce de cordeau relâché (cf. l'expression *lineam extendere*) qu'elle représentait.

104. *Propter* ne désigne pas ici la cause mais le but, avec le sens de « en vue de » répertorié par Ernout et Meillet, *Dictionnaire étymologique de la langue latine, s. u. propter*.

105. Ces *anguli dissimiles*, qui seraient en grec des ἀνόμοιοι

γωνίαι, sont ainsi appelés parce qu'ils relèvent chacun de l'une des trois espèces : le droit, l'aigu, l'obtus.

106. Le *spatium* est géométriquement ce qui est enfermé à l'intérieur de la ligne périmétrale de la figure ; ces deux réalités sont donc indissociables ; dire que le *spatium* est *mobile* revient donc à porter l'accusation de modification de la *species* du territoire (voir ci-après, note 109).

## Page 162

107. La *renuntiatio* (*modi*) est de la compétence des arpenteurs comme en témoigne par exemple Hygin (p. 122 Lachmann = p. 85 Thulin) : *Ego autem quotiens egeram mensuram ita renuntiabam : iugera tot, uersus tot*, « Pour ma part, toutes les fois que j'avais fait une mesure, j'en faisais la déclaration suivante : en jugères, tant ; en *uersus*, tant » (le *uersus* était une mesure usitée en Dalmatie, vient de dire Hygin). L'abondance des occurrences de *renuntiatio* et *renuntiare* dans un contexte juridico-gromatique impose de corriger ici en *renuntiationem* la leçon des mss, *enuntiationem*.

108. Dans le cas, évoqué ci-dessus, où l'on se contente de la ligne sinueuse d'extrémité, qui ne permet pas une mesure précise.

109. *Species*. Comme le grec εἶδος, c'est la forme affectée par une figure géométrique. Il s'agit donc ici de la forme spécifique qui caractérise le pourtour (*extremitas*) de l'*ager* ou du *locus* dont il faudra faire la mesure. *Species* n'est absolument pas la « qualité » de la terre comme le prétend F. T. Hinrichs, *Histoire des institutions gromatiques*, p. 206 n. 126. Il suffit pour s'en convaincre de lire les lignes 15-16 de la page 47 Lachmann.

110. Réapparaissent donc ici les deux exigences formulées dès le début de ce développement : la sauvegarde à la fois de la *species* et du *modus*, la donnée *locus* (cf. p. 46 l. 11-13 Lachmann) étant pour sa part implicitement considérée dans le présent passage comme définitivement assurée.

111. *Quousque* : car il y a un moment où les sinuosités de la *finitio* qui marque l'*extremitas* vont s'opposer à ce que l'on continue à mesurer le terrain avec ce système fondé sur les lignes droites, qui est évidemment le plus commode.

112. C'est exactement la méthode décrite par Héron d'Alexandrie dans *La Dioptre*, ch. 23, p. 260-264 Schöne.

113. *Procentemato*, dit l'*Arcerianus* ; mieux vaut lire *procentemate*, car un E d'onciale a pu être lu O par le copiste ; quoi qu'il en soit, cet ablatif latinisé correspond au datif grec προκεντήματι du mot προκέντημα, dont il existe quelques occurrences tardives en grec, par exemple chez Nicomaque (milieu du IIe s. ap. J.-C.), *Introduction arithmétique* 1, 4, 2, p. 9 l. 13 Hoche, parlant de l'arithmétique : ἔφαμεν αὐτὴν ἐν τῇ τοῦ τεχνίτου θεοῦ διανοίᾳ προυποστῆναι

τῶν ἄλλων ὡσανεὶ λόγον τινὰ κοσμικὸν καὶ παραδειγματικόν, πρὸς ὃν ἀπερειδόμενος ὁ τῶν ὅλων δημιουργὸς ὡς πρὸς προκέντημά τι καὶ ἀρχέτυπον παράδειγμα τὰ ἐκ τῆς ὕλης ἀποτελέσματα κοσμεῖ καὶ τοῦ οἰκείου τέλους τυγχάνειν ποιεῖ, « nous avons dit qu'elle préexiste aux autres sciences dans la pensée du dieu artisan, comme une raison ordonnante et paradigmatique, sur laquelle le démiurge universel, comme sur une sorte d'esquisse (προκέντημά τι) et de modèle archétype, tient ses yeux fixés pour mettre en ordre les réalisations tirées de la matière et leur faire trouver leur fin propre » ; chez Sextus Empiricus (fin du IIe s. ap. J.-C.), *Aduersus mathematicos* 7, 107, προκέντημα (littéralement « plan tracé à l'aide de points ») désigne le plan du colosse de Rhodes préparé par l'architecte Charès. Dans cette phrase de Frontin, on a l'impression que le προκέντημα (qui doit être *certum*) est l'étape qui précède la *forma* (qui est dite ici *futura*). En tout cas, *procentemato* ou *-te* peut se recommander du principe de la *lectio difficilior*. Le copiste n'avait aucune raison d'inventer ce mot extrêmement rare — qui, du reste, s'accorde très bien avec le contexte. Des restitutions comme *praecenturiato* de Lachmann ou *pro centesimo* de Hinrichs ne tiennent pas (il n'est pas question ici d'une échelle « au centième », ce qui imposerait du reste une immense surface pour la représentation d'un *ager* tant soit peu étendu…). Il est évidemment très curieux de constater que Frontin nous offre de προκέντημα une occurrence d'un siècle antérieure aux premières occurrences connues en grec (outre Nicomaque et Sextus Empiricus, voir aussi les *Rhéteurs grecs* édités par Walz, vol. 1, p. 444, où le mot se rencontre avec le sens de « plan » d'un ouvrage, et Clément d'Alexandrie, p. 970 De Potter, avec la signification de « modèle »).

114. *Spatio simili* : « à longueur semblable », avec *similis* « semblable » (grec ὅμοιος) pris en son sens technique du vocabulaire de la géométrie (comme dans la « similitude » des triangles), qui impose l'existence d'un rapport de grandeur entre deux segments. Ce rapport n'est pas précisé ; il ne saurait être de 1/100 (cf. la note précédente sur *procentema*).

115. Cela suppose évidemment un double travail, de relevés sur le terrain et de report sur le plan, dont les deux phases ne sont pas nettement distinguées par le texte. Cf. Héron d'Alexandrie, *La Dioptre*, ch. 7, p. 216 l. 9-12 Schöne : Ἅμα δὴ διοπτεύοντες γράψωμεν ἐν χάρτῃ ἢ δέλτῳ τό τε σχῆμα τοῦ διοπτρισμοῦ, τουτέστιν τὰς κλάσεις τῶν εὐθειῶν, καὶ ἔτι τὰ μεγέθη ἑκάστης αὐτῶν ἐπιγράψομεν, « En même temps que nous faisons les visées, nous dessinerons sur une feuille ou sur une tablette la figure de notre relevé à la dioptre, c'est-à-dire les brisures des droites, et de plus nous inscrirons les longueurs de chacune d'elles ».

116. Cf. *supra*, n. 12.

117. *Podismis suis* : il s'agit d'appliquer les formules qui sont données dans le *Podismus*, par exemple, ou dans les *Excerpta* de Vitruvius
Rufus et d'Épaphrodite, mais également, et expressément pour le calcul des surfaces des subsécives triangulaires, pentagonaux ou trapézoï-
daux, dans ce qui reste du traité de M. Iunius Nypsius (p. 290 l. 4-16
Lachmann ; lignes 89-100 Bouma).

*Page 163*

118. Si la notion de méticulosité à observer dans l'exercice de l'arpentage est partout présente chez les auteurs gromatiques (*diligentia,
diligenter, diligens cura*), Hygin le Gromatique, 20, 5, est le seul à présenter une expression presque identique à celle de Frontin : *adhibenda
est mensuris diligentia*, « il faut apporter aux mesures un soin méticuleux » (tournure tout à fait cicéronienne, du reste : cf. p. ex. *De officiis*
1, 138).

119. *Goesius*, c'est-à-dire W. van der Goes (*Antiquitatum agrarium
Liber*, p. 167, n. à la p. 218 de ses *Rei agrariae auctores legesque
variae*, Amsterdam, 1674), avait désespéré de cette phrase : « Haec
absque ope codicis melioris restitui posse vix spes est. » Elle est effectivement très délicate et difficile à saisir. De toute manière, le texte des
mss n'a guère de sens et appelle des rectifications. Si on choisit de
lire : *adhibere deinde metiundi diligentiam qua potius actus incessus
limitationis effectum laterum longitudini aequet* (cinq corrections : les
quatre de Lachmann, *qua, incessus, limitationis* et *aequet* ; on y ajoute
la correction *longitudini*), on obtient le sens suivant : « ensuite, apporter à la mesure un soin méticuleux avec lequel plutôt doit se mener la
progression de la limitation, pour que dans cette progression soit assurée la correspondance de la réalisation par les côtés et de la longueur » ; le complément de comparaison appelé par *potius*, mais sous-
entendu, pourrait se tirer de ce qui va suivre (*infra*, fin du §5) : c'est à
la *festinatio*, à la précipitation, que doit être préférée la *diligentia*, et il
faut comprendre que la progression de la limitation (*incessus limitationis*), menée (*actus*) avec soin (*diligentia*) plutôt qu'avec précipitation
(*potius <quam festinatione>*), demeurera correcte. On aurait alors ici
un plaidoyer en faveur du contournement d'obstacles, par angles droits
successifs, rattrapant ensuite le tracé de la ligne droite que l'obstacle
avait forcé à abandonner : méthode comparable à celle du chapitre 15
de *La Dioptre* d'Héron d'Alexandrie. Mais nous pensons devoir écarter cette hypothèse de restitution, pour les raisons suivantes : il a certes
été question de contournement d'obstacles quelques lignes *supra*
(début du §2), mais ici l'accent est mis sur la précision de la mesure,
avant la description concrète du travail d'alignement. On est en ce
moment dans les notions générales, non pas dans les problèmes particuliers qui seront évoqués seulement dans les paragraphes suivants.
L'idée est tout simplement qu'il faut veiller à l'exactitude du maillage

tout au long du travail et non après son achèvement ; elle est aussi exprimée par Hygin le Gromatique (11, 2 sq.). C'est pourquoi, nous résolvant à faire au texte l'addition de *<quam>*, et corrigeant *effectum* en *effectus*, nous adoptons une restitution un peu différente de celles de Lachmann et de Thulin.

120. « Nam signa visu coguntur », commentait W. van der Goes, *ibid.*

121. C'est-à-dire dans le sens de la plus grande dimension.

122. Les étapes sont donc les suivantes : 1) on place des jalons aux angles, c'est-à-dire aux sommets de la ligne brisée qui épouse du mieux possible le tracé de la ligne courbe irrégulière qui marque la limite de l'aire ; 2) on tire un alignement (*rigor*) dans la grande longueur de l'aire à mesurer, le plus près possible de la ligne brisée d'extrémité, et depuis chaque jalon on fait tomber une perpendiculaire sur cet alignement ; 3) parvenu au bout du *rigor* en question, on fait un retour à angle droit (noter qu'il n'est pas dit que cet angle droit doive se trouver sur la ligne extérieure de limite ; la plupart du temps, les caprices du terrain en décideront autrement) en suivant cette fois le plus petit côté ; 4) parvenu à son terme, ce nouveau *rigor* fait angle droit avec la parallèle au premier *rigor* tracé ; 5) étape non décrite par le texte, parce qu'évidente, on trace le quatrième côté du rectangle. Cette méthode d'évaluation d'une aire irrégulière par le rectangle inscrit s'applique à un *locus*, c'est-à-dire à une surface qui n'est pas très grande, non pas à un *ager* « territoire » beaucoup plus étendu ; Frontin, comme Héron d'Alexandrie qui développe la même méthode (*La Dioptre*, ch. 23), travaille donc à l'échelle d'un domaine de dimensions relativement restreintes (c'est ce que suggère aussi, chez Héron, le fait que tout le travail est effectué directement sur le terrain ; pour une vaste superficie, on aurait eu recours au plan). La figure suggérée par le texte de Frontin (dans laquelle on retrouve, comme chez Héron, le rectangle central, et autour de lui des triangles rectangles et des trapèzes rectangles) est donnée en fin de volume (figure F4 de Frontin).

*Page 164*

123. La correction *in cultrum* (Lachmann, Thulin) est astucieuse sur le plan technique : le texte indiquerait alors la seule chose qui importe à ce moment précis du travail, que le point désigné par le fil à plomb soit dans le plan vertical du cordeau, lequel ne doit pas toucher le sol. Mais cette correction fait intervenir une formule qui n'est attestée que trois fois chez Vitruve (10, 5, 2 ; 10, 9, 2 ; 10, 9, 6), à propos de roues ou de tambours « placés sur chant », ce qui ne peut guère s'appliquer à un cordeau ; Vitruve, d'autre part, emploie toujours *collocatus* et non le simple *locatus*. Nous préférons corriger *cultum* des mss en *cultellatum*. Le *locus cultellatus* est alors l'endroit où tombe le fil à plomb sous l'extrémité de la perche.

124. Pour cette phrase, cf. Hygin le Gromatique 11, 6 : *Lineam autem per metas extendemus et per eam ad perpendiculum cultellabimus*, « Nous tendrons un cordeau de jalon en jalon et, sur ce cordeau, nous cultellerons au fil à plomb ». L'expression latine *extendere lineam* est absolument parallèle à l'expression grecque qu'on lit par exemple chez Héron d'Alexandrie, *La Dioptre*, ch. 25, p. 272 l. 7 Schöne (vol. 3 des œuvres d'Héron d'Alexandrie, Teubner, 1903) : ἐκτενοῦμεν τὸ σχοινίον, « nous tendrons le cordeau ».

*Page 165*

125. On pourrait théoriquement comprendre aussi : « ce qu'est la méthode de la cultellation ». Mais précisément, la méthode est définie dans la suite de la présente phrase, tandis que l'ensemble du paragraphe est bien plutôt une justification (voir le dernier mot, *recte*) de la cultellation qu'un essai de définition de cette pratique.

126. Définition de la cultellation : en aboutant des perches dont l'horizontalité est garantie par le fil à plomb tangent à leur embout (*perpenso* : nous préférons cette correction de Lachmann à celle de Schulten admise par Thulin, *propensi*) on peut mesurer, par addition successive (*consummamus*) des segments, l'ensemble de la longueur (*spatium*) du terrain (*soli*) qui est ainsi ramenée à l'horizontale (*ut illam cliuorum inaequalitatem planam esse cogamus*). Pour une explication et un commentaire d'ensemble de la cultellation, on se reportera à A. Roth Congès, art. cit., p. 315 sq.

127. *Dum mensurae lateribus inseruimus* : cette formule un peu sibylline fait tout simplement référence à la nécessité d'avoir toujours, pour une centurie, des côtés de longueur égale, et de faire fréquemment la vérification de cette égalité. C'est ce qui a été rappelé *supra* au §2, et c'est ce qu'exige aussi Hygin le Gromatique (11, 2 sq.). Cela est particulièrement important dans le cas où l'on mesure un côté de centurie sur un terrain en pente ; l'égalité postulée des quatre côtés fournit un moyen de vérifier que l'on ne commet pas d'erreur au cours de l'opération de cultellation (cf. M. Iunius Nypsius, p. 289 l. 27 Lachmann : *quia in centuriis paria latera sunt latitudinis et longitudinis...*, « puisque, dans les centuries, les côtés de largeur et de longueur sont égaux... »). L'expression utilisée par Frontin est donc *inseruire lateribus mensurae*, le verbe est bien *inseruire*, et *inseruimus* n'est pas à lire comme le parfait (qui n'aurait pas sa place dans le contexte) de *inserere* « insérer » (« quand nous avons inséré — sc. cette distance — dans les côtés de la mesure »...).

128. Cette phrase, qui paraît être une glose, a été supprimée par Lachmann suivi par Thulin.

129. Le verbe *colligere* apparaît avec le sens de « calculer » ou de « mesurer » dans les *Extraits de Vitruvius Rufus et d'Épaphrodite*, ainsi que dans le *De iugeribus metiundis*. Voir par exemple *De iugeri-*

*bus metiundis*, §61 de ma traduction commentée (Naples, 1996) : *Ager si fuerit rotundus circuli speciem habens, sic podismum colligo*, « Si l'on a un champ rond, de la forme d'un cercle, voici comment je calcule sa mesure en pieds ».

130. Pour *numerus* au sens de « surface », cf. p. ex. Siculus Flaccus : *potuerunt aliquando aliqui aliquem numerum, id est aliquantas particulas, remisisse aut uendidisse* (p. 162 l. 1-2 Lachmann).

131. C'est-à-dire que l'on arpenterait (*metiri* ; la *mensura* est souvent l'« arpentage ») cette zone en suivant sa pente, en appliquant les mêmes méthodes que si l'on travaillait sur un terrain horizontal ; en réalité, il faudra assigner une plus grande surface en pente pour offrir au propriétaire la possibilité d'y faire tenir le même nombre d'arbres qu'en secteur plat.

132. Nouvelle affirmation de l'importance de l'utilisation du cordeau dans les opérations de cultellation : cf. *supra*, fin du §5. Le mot *lineis* est donc parfaitement attendu dans le contexte et cette correction de Lachmann est préférable à la leçon des mss *E* et *F*, *limites*, conservée par Thulin. Nous estimons donc que le texte édité par Lachmann, pour l'ensemble de cette dernière phrase, est meilleur que celui de Thulin.

# FIGURES D'ILLUSTRATION DU TEXTE
# D'HYGIN LE GROMATIQUE

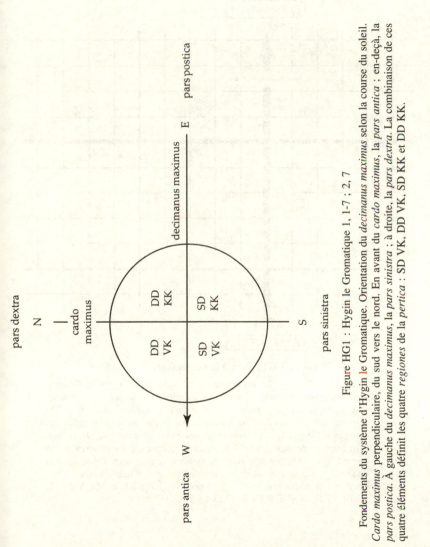

Figure HG1 : Hygin le Gromatique 1, 1-7 ; 2, 7

Fondements du système d'Hygin le Gromatique. Orientation du *decimanus maximus* selon la course du soleil. *Cardo maximus* perpendiculaire, du sud vers le nord. En avant du *cardo maximus*, la *pars antica* ; en-deçà, la *pars postica*. À gauche du *decimanus maximus*, la *pars sinistra* ; à droite, la *pars dextra*. La combinaison de ces quatre éléments définit les quatre *regiones* de la *pertica* : SD VK, DD VK, SD KK et DD KK.

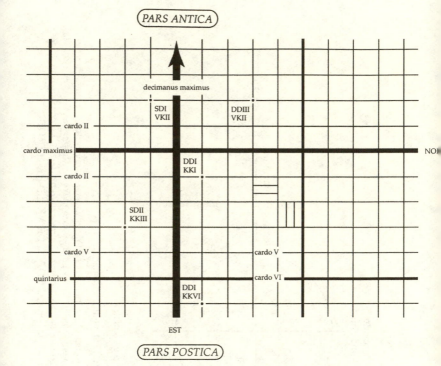

Figure HG2 : Hygin le Gromatique 3 et *passim*

Schéma d'une grille de centuriation (système d'Hygin le Gromatique). Remarquer particulièrement l'identité entre le *decimanus maximus* et le *decimanus primus* ; de même pour les *cardines*. Cela
entraîne que le premier *quintarius* à partir du croisement des axes
majeurs n'est pas le *decimanus* (ou le *cardo*) *quintus*, mais le *sextus*.
L'inscription donnant les coordonnées de la centurie est toujours sur la
borne la plus éloignée du centre du système (croisement des deux axes
majeurs) : on a fait figurer l'emplacement de cette borne (dans
l'« angle de fermeture », cf. 12, 3) pour la DDI KKI, la SDI VKII, la
DDIII VKII, la SDII KKIII et la DDI KKVI.

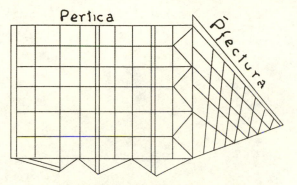

Figure HG3 (réalisation Anne Roth Congès) :
Hygin le Gromatique 1, 27

Contact entre deux centuriations d'inclinaison différente (*pertica* et
*praefectura*). D'après l'illustration du ms. *G* (f. 94).

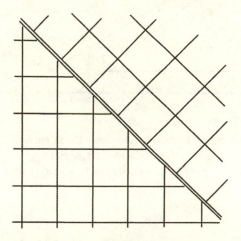

Figure HG4 (réalisation Anne Roth Congès) :
Hygin le Gromatique 1, 29 et note 61.

La *Via del Confine* séparant la *pertica* de Cesena (en bas et à
gauche) et la *pertica* de Cervia (en haut et à droite). Elle détermine sur
tout le flanc de la *pertica* de Cesena une série de subsécives. Schéma
réalisé d'après G. Brighi, *Le acque devono correre. Le centuriazioni
fra Rimini, Cervia e Cesena*, Cesena, 1997, p. 91 fig. 35.

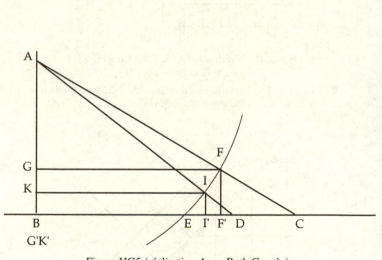

Figure HG5 (réalisation Anne Roth Congès) :
Hygin le Gromatique 10, 4-6

Première étape (§4-5 et début du §6). Figure sur la *tabula*.

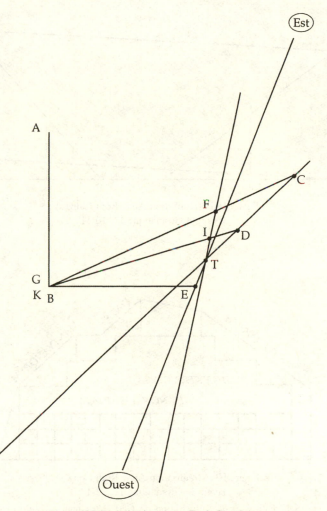

Figure HG6 (réalisation Anne Roth Congès) :
Hygin le Gromatique 10, 6-8

Seconde étape : on prend la droite GF déterminée sur la précédente
et on la place ici sur la plus grande ombre BC ; même chose pour KI
que l'on place sur BD.

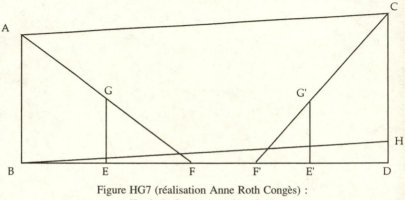

Figure HG7 (réalisation Anne Roth Congès) :
Hygin le Gromatique 11, 10-11

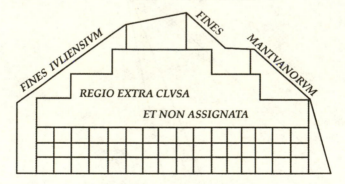

Figure HG8 (réalisation Anne Roth Congès) :
Hygin le Gromatique 13, 12-13

Schématisation de l'illustration de *G* (f. 120) pour la *regio extra clusa et non assignata*. Cette *regio* va bien depuis les centuries jusqu'à la *linea finitima* au-delà de laquelle sont, dans cet exemple, les *fines Iuliensium* et les *fines Mantuanorum*. La ligne de segments perpendiculaires entre eux, et les trois perpendiculaires qui sont élevées à la *linea finitima* depuis cette ligne, veulent seulement illustrer le §13.

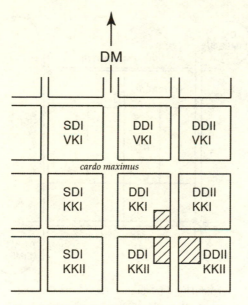

Figure HG9 (réalisation Anne Roth Congès) :
Hygin le Gromatique 19, 3

Répartition du lot de terre sur les trois centuries.

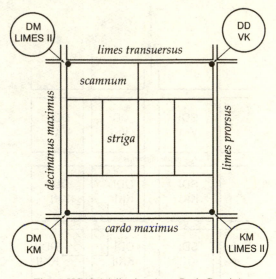

Figure HG10 (réalisation Anne Roth Congès) :
Hygin le Gromatique 20, 5-18
Organisation d'une *quadra* en *scamna* et *strigae*.

# FIGURES D'ILLUSTRATION DU TEXTE
# DE FRONTIN

Figure F1 : Frontin 1, 2

Cette figure de l'*Arcerianus* A (en couleur dans le manuscrit) représente une « terre limitée contenue par des *decimani* et des *cardines* ». L'*ager* est enfermé à l'intérieur d'une ligne de frontière (excessivement épaisse sur le dessin) qui fait alterner les lignes courbes (ici plus rares : à gauche) et les segments rectilignes ; le quatrième côté, en bas, est limité par un cours d'eau. Les deux axes majeurs, *decimanus maximus* et *cardo maximus*, sont bien visibles (l'épaisseur du trait les rend aussi larges qu'une centurie). Le maillage de la centuriation s'étend ici jusqu'à la ligne de frontière. Le carré intérieur vide représente une zone de subsécive, non assignée.

Figure F2 : Frontin 1, 2

Cette figure de l'*Arcerianus* A représente une terre divisée et assignée par *strigae* et par *scamna*, bandes de terres allongées dans des directions contraires. Cela est visible à gauche, à droite et en haut de la figure. Aux extrémités du territoire, la figure représente des subsécives (trois triangulaires, un quadrilatère).

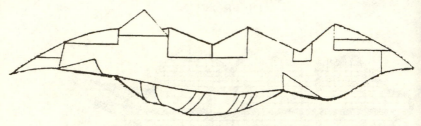

Figure F3 : Frontin 1, 3

Cette figure (en couleur dans l'*Arcerianus* A, où tous les petits polygones d'extrémité sont coloriés différemment) représente l'*ager mensura comprehensus*, mais veut sans doute illustrer aussi (malgré la courbure qu'ont prise certaines lignes dans la tradition manuscrite) la « méthode des angles droits ».

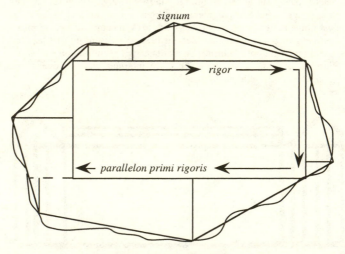

Figure F4 : Frontin 4, 3

Cette figure n'est pas dans les manuscrits. Nous la proposons pour illustrer la méthode de mesure de la superficie d'une terre par le rectangle inscrit telle qu'elle paraît être évoquée par Frontin dans le paragraphe concerné.

# INDEX VERBORVM NOTABILIVM

(HG = Hygin le Gromatique ; F = Frontin. Le nombre indiquant un chapitre est suivi d'un point ; ensuite, les nombres indiquant les différents paragraphes du chapitre sont séparés par des virgules ; des points-virgules séparent les références aux différents chapitres. Dans le cas où un même mot présente plusieurs occurrences dans le même paragraphe, on ne l'a pas signalé, pour ne pas alourdir cet index)

## A

abalienare : HG 13. 9

accepta : HG 2. 3 ; 3. 2 ; 11. 6 ; 14. 1 ; 15. 5 ; 19. 2, 3

accipere : HG 1. 12, 19, 20 ; 5. 2 ; 6. 4, 5, 10 ; 13. 12 ; 14. 1, 2, 4, 9 ; 15. 5, 6 ; 18. 4, 5 ; F 1. 4, 5 ; 2. 6 ; 2. 13 ; 4. 4

actuarius : HG 1. 15, 16, 18 ; 11. 6, 14 ; 20. 13, 14

actus : (tracé) HG 2. 1 ; 3. 2 ; 5. 9 ; 11. 2 ; 20. 3 ; F 1. 5 ; 4. 2 ; (mesure de longueur = 120 pieds) HG 1. 26, 28 ; F 3. 9

adaerare : F 4. 1

adfigere : F 4. 5

adfinis : F 2. 17

adhibere : F 4. 2

adscribere : HG 1. 5 ; 12. 5 ; 13. 9, 10 ; 17. 2, 3 ; F 4. 1

adfinis : HG 13. 15, 17 ; 17. 2 ; F 2. 17

adsignare : HG 1. 20 ; 5. 1, 2, 6, 9 ; 6. 3 ; 8. 6 ; 11. 13 ; 13. 1, 8, 9, 10 ; 15. 1, 2 ; 17. 1, 3 ;

18. 1, 3, 4 ; 19. 4, 5 ; F 1. 1, 2, 3, 5, 6 ; 2. 6, 10, 11, 12, 13, 16 ; 3. 13 ; 4. 5

adsignatio : HG 1. 27 ; 2. 3 ; 5. 9 ; 13. 5 ; 15. 4, 6 ; F 1. 5 ; 2. 10, 13

aedes : HG 1. 21 ; 13. 11 ; F 2. 14

aedificium : F 4. 4

aequalitas : F 4. 7

aequaliter : F 4. 5

aequare : F 4. 2, 5

aer : F 4. 7

aes : HG 1. 29 ; 13. 8, 11 ; 14. 9 ; 16. 1, 2 ; 17. 1, 2 ; 19. 2

aestimare : HG 14. 1

aestimatio : HG 20. 4, 5

aestimium : HG 1. 20

ager : HG 1. 2, 6, 7, 11, 21, 24, 25, 26 ; 2. 1 ; 3. 2 ; 5. 1, 3, 4 ; 6. 3 ; 14. 1 ; 15. 1, 2, 4 ; 18. 1, 3, 4 ; 19. 1, 4 ; 20. 1, 2, 3, 4, 6, 17 ; F 1. 1, 2, 3, 4, 5, 6 ; 2. 1, 4, 5, 6, 7, 13, 14, 16 ; 3. 2, 3, 5, 6, 7, 9, 11 ; 4. 1, 2, 7

agere : HG 1. 16, 18 ; 4. 1 ; 11. 6 ; 17. 5 ; F 1. 3 ; 3. 12 ; 4. 1,

3, 5 (mensuram a.) ; HG 11. 7
(limitem a.) ; 11. 2 (decimanum maximum et kardinem
a.) ; 11. 4 (subrunciuos a.) ;
F 2. 15 (causam a.)
agrestis : F 2. 10
alibi : F 3. 8
alluuio : F 2. 1, 9
alter : HG 1. 4, 7, 29 ; 6. 12, 15 ;
7. 1, 5 ; 10. 2, 6 ; 11. 10 ; 13.
15 ; F 1. 2 ; 2. 10, 15 ; 3. 1, 2,
13 ; 4. 2, 3
alternus : HG 8. 7
altitudo : HG 13. 14
alueus : F 2. 12
ambiguus : HG 3. 6
amissio : HG 6. 13
amouere : F 2. 10
ample : HG 15. 5
ampliare : HG 3. 6 ; 5. 8
amplitudo : HG 1. 26 (agri a.)
amplus : HG 2. 10 ; 5. 1 ; 6. 6 ;
8. 2, 5 ; 11. 2 ; 13. 12
angulus : HG 2. 3 ; 6. 14 ; 12. 3,
4, 5, 6, 7, 8 ; 13. 2, 13, 16 ;
20. 16, 17 ; F 4. 1, 2, 3
anguste : HG 20. 3
angustus : HG 1. 9, 20 ; F 3. 6
annus : F 3. 9
anticus : HG 1. 4 ; F 3. 1
antiqui : HG 1. 6, 8 ; 4. 1 ; 6. 4 ;
20. 9
antiquus : HG 1. 10, 21 ; 5. 9 ;
F 1. 2, 4 ; 2. 6, 10 ; 3. 1, 3, 7
aperire : HG 11. 6
apertus : HG 7. 5
apparere : HG 2. 2 ; 7. 3 ; 8. 8,
9 ; 11. 6 ; 13. 10
appellare : HG 1. 4, 7, 8, 9, 10,
11, 12, 13, 14, 17 ; 2. 2 ; 3.
3 ; 5. 1 ; 6. 13 ; 8. 4, 6, 8 ; 14.
7 ; F 1. 2, 4, 5 ; 2. 4, 7, 10 ; 3.
1, 2, 7, 8, 9, 10, 13
appellatio : HG 1. 19 ; 6. 16 ;
12. 5, 7 ; F 1. 5 ; 2. 10 ; 3. 10

applicare : HG 6. 11 ; 12. 4, 5 ;
13, 15 ; F 3. 13
apponere : F 4. 5
aqua : HG 6. 10, 11 ; F 1. 4 ; 2.
1, 12, 15
aquila : HG 5. 3
arater : HG 15. 1 ; 18. 3
arbitrium : F 2. 13
arbor : F 1. 4 ; 2. 5, 17 ; 4. 4, 7
architectus : HG 1. 21 ; F 3. 1
arcifinius : HG 5. 9 ; 6. 5 ; 20.
1 ; F 1. 1, 4 ; 2. 4, 5, 16
area : F 4. 1
arma : HG 5. 2
ars : HG 8. 1, 4 ; F 3. 13 ; 4. 1, 2
artificium : HG 1. 4
aruum : HG 20. 4 ; F 1. 2 ; 2. 4
asper : HG 6. 4, 5 ; 13. 14
asperitas : HG 13. 14
asportare : HG 1. 19
atterere : F 4. 7
attribuere : F 2. 10
auctor : HG 1. 4
augere : HG 5. 1
auspicaliter : HG 1. 22
austrinalis : HG 8. 6
axis : HG 1. 3 ; 8. 7

### B

basis : HG 10. 4, 5
bellum : HG 5. 1, 3, 4, 5, 8 ; 6. 4
bene : HG 13. 5
beneficium : HG 15. 6 ; 17. 3
breuis : HG 11. 9
brumalis : HG 8. 6, 8

### C

caelestis : HG 1. 2
caelum : HG 1. 21, 23 ; 8. 2, 4,
5 ; 10. 9 ; F 3. 4, 8
campus : HG 7. 5, 6 ; F 4. 7
capere : HG 2. 10 ; 8. 3 ; 14. 1 ;
F 4. 7

capitulum : F 4. 5
castra : HG 6. 6, 8
cathetus : HG 10. 5
cauere : HG 1. 18 ; 2. 3 ; 3. 6
cautio : F 2. 14
causa : HG 1. 19, 20 ; 5. 1, 2 ;
    20. 5
centesimus : HG 5. 4
centies : F 3. 9
centuria : HG 1. 16, 23, 26 ; 2. 3,
    4, 6, 8, 11 ; 3. 2, 3, 4, 6 ; 6.
    17 ; 12. 3, 4, 5, 6, 7, 8 ; 13. 1,
    15 ; 14. 1, 2, 3, 4, 8, 9 ; 19. 2,
    3 ; 20. 2 ; F 1. 5, 6 ; 2. 6, 11 ;
    3. 9, 10
centuriare : HG 19. 1
cera : HG 14. 7
certe : HG 6. 15
certus : HG 2. 11 ; 9. 2 ; 12. 2 ;
    13. 15 ; 20. 4, 6 ; F 4. 1
ceteri : HG 1. 14 ; 6. 2 ; 12. 4 ;
    14. 3, 6, 9 ; 19. 3, 5 ; F 2. 2, 6
cinctus : F 3. 7
circa : HG 1. 25 ; 15. 2 ; F 3. 5, 8
circulus : HG 8. 4, 5, 6, 8 ; 9. 2,
    3, 4 ; 10. 5
circum : HG 8. 5
circumdare : F 1. 6 ; 2. 10
circumferentia : HG 9. 3, 4 ; 10. 5
circumiacere : F 2. 14
circumire : HG 8. 7 ; 13. 1 ; F 4. 3
citra : HG 1. 4 ; 2. 7 ; 5. 9 ; F 2.
    6 ; 3. 1, 2
ciuilis : HG 5. 8
ciuis : HG 5. 1, 8
ciuitas : HG 5. 7 ; 6. 2, 4, 6 ; 11.
    1 ; 13. 17 ; 17. 3 ; F 1. 3 ; 3.
    13
cliuus : F 4. 7
cludere : HG 1. 16 ; 2. 6, 8, 11 ;
    3. 6 ; 11. 2 ; 12. 6, 8 ; 13. 12 ;
    20. 10, 12 ; F 1. 5, 6 ; 2. 2,
    13 ; 4. 1
clusaris : HG 2. 7 ; 12. 3, 4, 8
codex : HG 14. 7

coemere : HG 13. 8 ; 18. 2
coepisse : F 4. 2, 6
cogere : F 4. 3, 7
cognominare : F 3. 8
cohaerere : F 4. 1
cohibere : F 4. 1
colere : HG 5. 4 ; 6. 7 ; F 1, 2
colligere : F 4. 7
collocare : F 4. 3
colonia : HG 1. 19, 23, 27 ; 5. 1,
    2, 8 ; 6. 2, 4, 5, 6, 10, 11, 12,
    14 ; 11. 1, 5 ; 13. 5, 7, 10, 12,
    15 ; 15. 4, 6 ; 16. 1 ; 17. 3, 4 ;
    18. 1 ; F 1. 2, 6 ; 2. 10, 12 ; 3.
    12, 13
colonicus : HG 20. 2 ; F 2. 16
colonus : HG 5. 6, 7
commalleolare : HG 19. 2
commilitium : HG 5. 5
commodum : HG 6. 11
communis : F 2. 7
commutare : HG 17. 1
commutatio : HG 5. 9
comparare : HG 2. 8 ; F 4. 2
comparatio : HG 14. 1
compascua : HG 15. 3, 4, 6 ;
    F 2. 7
complecti : F 4. 1
compraecidere : HG 10. 6
comprehendere : HG 1. 22 ; 7. 1,
    6 ; 8. 9 ; 10. 1, 2 ; 12. 8 ; 13.
    11, 13, 15 ; 15. 5 ; 20. 6, 15 ;
    F 1. 1, 3 ; 2. 1
compressus : F 4. 6
concedere : HG 8. 5 ; 13. 3, 4, 5,
    6, 8 ; 15. 3, 6 ; 16. 1, 2 ; 17.
    1, 3 ; 18. 2 ; F 2. 12
conciliabulum : F 2. 10
concludere : F 3. 9
condicio : HG 13. 5 ; 18. 1, 2 ;
    20. 3 ; F 1. 2, 6 ; 2. 1, 3, 4, 9,
    10, 12 ; 3. 13
conditor : HG 1. 19, 22 ; 13.
    12 ; 15. 1 ; 17. 4 ; 18. 2 ; 19.
    5 ; F 2. 10, 13

confragosus : HG 13. 14 ; F 2.
16 ; 4. 2, 4
congressio : HG 5. 4, 5
connexio : HG 6. 14
conspectus : HG 7. 4 ; 11. 9,
10 ; F 4. 5
conspicere : HG 7. 5 ; 11. 3, 9,
10 ; F 4. 5
constare : HG 1. 23 ; 6. 13, 15 ;
8. 4 ; F 2. 2 ; 4. 1
constituere : HG 1. 3, 4, 7, 19,
21, 23 ; 5. 1, 7 ; 6. 3, 4, 5, 6,
7, 9 ; 7. 2 ; 9. 5 ; 10. 2, 9 ; 11.
1, 10, 12, 13 ; 13. 17 ; 20. 4,
12 ; F 2. 10 ; 3. 2
constitutio : HG 1. 1, 5 ; 3. 1 ; 4.
2 ; 6. 1 ; 11. 14 ; 20. 4 ; F 3.
11, 12
constringere : F 4. 2
consuetudo : HG 1. 21
consularis : HG 6. 5
consumere : F 4. 2
consummare : F 4. 7
contemplatio : HG 11. 3
conternare : HG 14. 4
conternatio : HG 14. 4, 6, 7, 8
continere : HG 1. 27 ; 2. 1 ; 5.
9 ; 6. 5, 7, 14 ; 13. 6 ; 19. 3 ;
F 1. 1, 2, 4 ; 2. 1, 4
continuatio : HG 1. 2
continuo : HG 3. 4
controuersia : HG 3. 2 ; F 2. 1,
2, 3, 4, 5, 6, 7, 8, 9, 10, 11, 12,
13, 14, 15, 16, 17
conuenire : HG 1. 22 ; 6. 8 ; 9.
1 ; 10. 9 ; 14. 4, 5 ; F 2. 2
conuersio : F 3. 12 ; 4. 5
conuertere : HG 1. 21, 25, 29 ;
F 3. 5
copia : F 4. 2
corniculum : F 4. 2
crassus : HG 12. 1
crescere : F 4. 7
culpa : HG 4. 2
cultellare : F 3. 13 ; 4. 5, 7

cultura : F 2. 5 ; 4. 2
cum prép. : HG 1. 2, 16 ; 5. 3 ;
F 4. 2
cum conj. : HG 3. 2, 7 ; 4. 2 ; 6.
2, 10, 16 ; 7. 6 ; 8. 2, 7 ; 9. 3 ;
12. 7 ; 13. 1, 6 ; 15. 4 ; F 2. 2,
16 ; 3. 3 ; 4. 3, 5, 7
cursus : HG 1. 4 ; 7. 1, 6 ; 8. 8,
9


D

D = dextra : HG 12. 6
dare : HG 1. 26 ; 5. 3, 8 ; 11. 6,
12, 14 ; 13. 9, 10 ; 14. 2 ; 15.
3, 4 ; 17. 1 ; 18. 3 ; 19. 3 ; 20.
10 ; F 1. 6 ; 2. 10, 12
DD : HG 2. 10 ; 3. 4 ; 12. 4, 5 ;
14. 9 ; 19. 3 ; 20. 16
debere : HG 1. 18 ; 6. 2, 9, 13 ;
9. 4 ; 11. 2 ; 12. 3, 4, 5, 7 ;
13. 5, 15, 17 ; 14. 2, 3, 4, 9 ;
15. 1, 6 ; 16. 1 ; 17. 4 ; 19. 2,
3 ; 20. 1, 3, 11 ; F 2. 7, 16 ; 4.
2, 4, 5
decem : F 3. 3
decempeda : F 3. 9
decimanus : HG 1. 3, 8, 13, 14,
18, 24, 25, 26, 28 ; 2. 2, 5, 9 ;
3. 2, 3, 4, 6, 7, 8 ; 6. 2, 3, 4, 5,
6, 10, 11, 13, 14, 17 ; 7. 6 ; 9.
5 ; 11. 1, 2, 12, 13, 14 ; 12. 3,
4, 8 ; 20. 2, 10, 12 ; F 1. 2 ; 2.
6 ; 3. 2, 3, 5, 11, 12
decliuis : F 2. 16
decursus : HG 1. 3
dedicatio : HG 5. 1
deducere : HG 3. 1 ; 5. 3, 4, 5, 7,
8 ; 16. 1 ; 19. 4
defensio : F 2. 6
defigere : HG 2. 3 ; 11. 6 ; 12. 1,
5 ; 20. 7, 13
definire : HG 3. 8
delere : HG 5. 7
delimitare : F 1. 2

delubrum : F 3. 1
demetiri : HG 7. 2
demonstrare : HG 13. 2, 3, 15
demonstratio : HG 6. 5 ; F 2. 5
denegare : F 2. 16
descendere : F 4. 5
describere : HG 8. 4, 5, 7 ; 10. 1,
    3 ; 17. 2 ; 20. 17 ; F 3. 1
designatio : HG 1. 2
determinare : HG 14. 2
determinatio : HG 17. 2
detinere : F 2. 11, 16
deuertere : HG 11. 7
deuitare : F 4. 4
dexter : HG 1. 4 ; 2. 7 ; 8. 5, 8
    (voir aussi DD) ; F 2. 6 ; 3. 1,
    2
diagonalis : HG 12. 8
diagonus : HG 9. 6
diastema : HG 7. 4 ; 8. 2, 4
dictator : HG 5. 8
dictare : F 4. 2, 3, 4, 6
dies : HG 8. 5, 6, 9 ; F 3. 9
difficilis : HG 7. 4 ; 11. 2
difficultas : HG 6. 4 ; 11. 13 ;
    F 4. 6
diligenter : HG 3. 7 ; 11. 4 ; 20.
    13
diligentia : HG 20. 5 ; F 4. 2
dimetiri : F 4. 1
dimidium : HG 8. 5 ; 20. 11
dipondium, dipundium : HG 1.
    8 ; F 3. 3
dirigere : HG 1. 3, 7, 21, 28 ; 6.
    6, 16 ; 7. 3 ; 9. 5 ; 20. 3 ; F 3.
    4, 6, 11 ; 4. 2
discernere : F 3. 12
disciplina : HG 1. 4 ; F 3. 1
disconuenire : F 2. 1, 15
discrimen : F 2. 5
dispendium : F 4. 5
dispositio : HG 13. 2
disputare : F 2. 7, 17
dissimilis : HG 20. 3 ; F 3. 8 ; 4. 1
distare : HG 2. 8 ; 10. 2 ; F 3. 6

disterminare : HG 1. 19
diuergium : F 1. 4
diuersus : HG 5. 9 ; 7. 4 ; 13. 5 ;
    20. 3 ; F 2. 1, 2
diuidere : HG 1. 2, 4, 7 ; 6. 12 ;
    8. 5, 6, 8 ; 20. 2 ; F 1. 1, 2 ; 2.
    12 ; 3. 1, 2, 3
diuinus : HG 8. 1, 3
diuisio : HG 1. 26 ; 2. 1
diuus : HG 1. 26 ; 2. 3 ; 5. 5, 6 ;
    8. 5 ; 11. 14 ; 13. 5 ; 15. 1 ;
    18. 3 ; F 2. 10
DM : HG 12. 7 ; 20. 14
dubium : F 2. 4 ; 3. 4
ducere : HG 1. 4 ; 3. 8 ; 9. 4 ;
    F 3. 2, 9
duocimanus : HG 1. 7, 8 ; F 3. 3

**E**

eatenus : HG 15. 1 ; 18. 3
edictum : HG 13. 6
effectus : F 4. 2
efficere : F 3. 12
emendare : HG 11. 2
emendatio : HG 11. 3
emeritus : HG 5. 1, 2, 5 ; 14. 1
eminens : HG 1. 1 ; F 4. 7
emittere : HG 1. 22 ; 8. 8, 9 ; 9.
    5
emptio : F 2. 7
enotare : HG 10. 2
error : HG 3. 1 ; 7. 2 ; 11. 2, 4
euadere : F 4. 6
excedere : F 2. 5 ; 4. 5
excipere : F 4. 3
excutere : HG 11. 9 ; 18. 1
exemplar : HG 4. 2
exemplum : HG 1. 6 ; 8. 7 ; 14.
    3, 9 ; 19. 3
exigere : F 2. 15, 16 ; 3. 12 ; 4.
    6
exiguus : F 4. 5
existimatio : HG 6. 13
experimentum : F 4. 1

exprimere : F 4. 1
extendo : HG 8. 6 ; 11. 6 ; F 4.
    1, 2, 5
exterior : HG 12. 8
extra clusus : HG 13. 12 ; F 1.
    6 ; 2. 1, 13
extremitas : HG 6. 5, 14 ; 13. 2,
    12, 13 ; 15. 2 ; F 1. 1, 5 ; 2.
    11 ; 4. 1
extremus : HG 8. 2, 5 ; 12. 6 ;
    F 1. 3, 5 ; 2. 4, 10 ; 3. 10 ; 4. 2,
    3

**F**

F. : HG 14. 9
falsus : HG 20. 5
falx : HG 15. 1 ; 18. 3
ferramentum : HG 1. 22 ; 7. 4, 5,
    6 ; 11. 3, 5, 9, 10 ; 13. 13 ;
    F 4. 2. 3, 5, 6
festinare : F 4. 5
filius : HG 14. 5
filum : F 4. 2
finire : HG 5. 1 ; 8. 8 ; F 1. 4 ;
    2. 14, 16
finis : HG 1. 27, 28 ; 5. 8, 9 ; 6.
    4, 5, 10, 11, 12, 13, 14 ; 8. 6,
    8 ; 10. 6 ; 11. 5 ; 12. 6 ; 13.
    12, 15, 16, 17 ; 15. 2 ; 19. 4,
    5 ; F 1. 5, 6 ; 2. 1, 2, 4, 6, 10,
    12, 13, 14, 15, 17 ; 3. 3, 13 ;
    4. 1, 2
finitimus : HG 1. 19 ; 13. 12, 13,
    14 ; F 1. 6 ; 2. 3, 13
finitio : F 4. 1
flexuosus : F 4. 1
flexus : F 2. 4
flumen : F 1. 4 ; 2. 4, 5, 9, 12 ;
    4. 2
fluuius : HG 5. 9
foedus, -a, -um : HG 4. 2
foras : HG 13. 15 ; F 3. 7
foris : HG 6. 2
forma : HG 1. 2 ; 3. 6 ; 11. 10 ;
    13. 1, 2, 3, 10, 14 ; 15. 3, 5,

6 ; 17. 1 ; 19. 5 ; F 1. 3 ; 4. 1
formare : HG 20. 17
forum : HG 6. 7
fossa : F 1. 4 ; 2. 5
frequens : HG 5. 5
frequenter : F 11. 5 ; 20. 5
frons : HG 12. 3 ; 14. 2 ; 20. 16
fructus : HG 1. 19 ; 20. 4 ; F 2.
    17 ; 4. 4
fundamentum : F 3. 2
fundare : HG 20. 6
fundus : HG 13. 3, 4, 5, 6, 8 ; 15.
    3, 6 ; 18. 2 ; F 2. 7, 15 ; 3. 9
futurus : F 4. 1

**G**

gens : HG 5. 5 ; 8. 9
genus : HG 6. 1 ; 20. 16 ; F 1.
    5 ; 2. 1, 7, 17
glandifer : HG 20. 4
gnomon : HG 10. 2, 4
gnomonice : HG 8. 1
groma : HG 1. 22 ; 6. 8

**H**

habitus : HG 1. 2
haerere : HG 13. 1
haruspex : HG 1. 4 ; F 3. 1
hemitonion : HG 8. 4
hereditas : F 2. 7
hora : HG 1. 22 ; 8. 6, 7 ; 9. 1 ;
    F 3. 9
hortus : F 2. 14
hostis : HG 5. 4, 7 ; F 1. 4 ; 2.
    10
hypotenusa : HG 10. 5

**I**

iacere : F 4. 2, 5
iactare : F 2. 17
ignis : HG 8. 5
ignorare : HG 1. 22 ; F 3. 5
imber : HG 8. 5

immanitas : HG 15. 4 ; F 2. 13
imperator : HG 13. 17 ; 16. 1
imprimere : HG 10. 6
inaequalis : F 4. 1
inaequalitas : F 4. 7
incertus : F 4. 1
incessus : F 4. 2, 5
includere : HG 1. 6 ; 19. 1 ; F 2. 10
incola : HG 6. 7 ; F 3. 8
incurrere : F 4. 4
indicere : HG 5. 4
indicium : HG 20. 16
indiuisus : F 2. 7
indulgere : HG 13. 6
infestatio : F 3. 9
influere : F 2. 15
inhabitare : HG 8. 9
iniquitas : F 2. 13 ; 4. 7
iniungere : HG 2. 3 ; 11. 9, 11
iniuria : HG 6. 14
inscribere : HG 2. 2, 3, 4, 5, 7,
    10, 11 ; 3. 4 ; 11. 6 ; 12. 2, 3,
    4, 5, 7 ; 13. 1, 8, 11, 12, 15 ;
    14. 3, 4, 5, 6, 8, 9 ; 15. 3, 6 ;
    16. 1, 2 ; 17. 1 ; 19. 3 ; 20. 7,
    13, 14, 17
inscriptio : HG 1. 29 ; 2. 1, 2, 6,
    7, 8, 9, 11 ; 3. 1 ; 12. 3, 6, 8 ;
    13. 2, 3, 11, 12, 14, 15, 17 ;
    17. 1 ; 20. 14, 16
inscriptura : HG 12. 5
inseruire : F 4. 7
instrumentum : HG 13. 11 ; 17.
    4 ; F 2. 12, 14
insula : F 2. 12
inter : HG 1. 1, 29 ; 2. 3 ; 3. 3,
    5 ; 6. 13 ; 8. 5, 7, 8 ; 11. 6,
    10 ; 17. 3 ; 20. 3, 10 ; F 1. 5,
    6 ; 2. 2, 3
intercidere : HG 6. 11
interdictum : F 2. 8
interesse : F 1. 5
interiacere : F 1. 6
interior : HG 15. 2
interponere : HG 13. 12 ; F 2. 12
interpretatio : HG 3. 6 ; 18. 4

interuallum : HG 2. 8 ; 6. 17 ; 8.
    4, 7 ; 10. 5 ; F 3. 6
interuenire : HG 1. 19 ; 8. 8 ;
    18. 2 ; 20. 10 ; F 1. 5
interuentus : HG 5. 8 ; F 1. 4 ; 2.
    15
interuersura : HG 11. 5, 9 ; 20.
    7 ; F 4. 2
interuertere : HG 9. 5
intra : HG 2. 8 ; 9. 2 ; 20. 17 ;
    F 1. 5 ; 2. 3, 10, 13, 17 ; 4. 1
intueri : F 4. 2
inuenire : HG 3. 2 ; 11. 5
inuentor : HG 8. 3
iter : HG 1. 11, 18, 19, 20 ; 3.
    6 ; 6. 7 ; F 2. 1, 6, 16
iubere : HG 2. 3
iudicare : HG 4. 1
iugerum : HG 1. 26, 29 ; 14. 2,
    9 ; 19. 3 ; 20. 4 ; F 3. 9, 10 ;
    4, 1
iungere : HG 8. 7 ; 18. 5 ; F 3. 9
ius : HG 6. 2 ; 13. 7 ; 18. 1 ;
    F 1. 4, 6 ; 2. 1, 7, 8, 10, 13, 14,
    15, 16

## K

K = kardo : HG 20. 10, 14
K = citra : HG 12. 6
kardo : HG 1. 3, 7, 14, 18, 22, 25,
    26, 28 ; 2. 2, 5, 9 ; 3. 2, 4 ; 6.
    2, 3, 4, 6, 10, 11, 13, 14, 16 ; 7.
    6 ; 9. 5 ; 11. 1, 2, 12, 13, 14 ;
    12. 3, 4, 6, 7, 8 ; 20. 2, 12 ;
    F 1. 2 ; 2. 6 ; 3. 2, 4, 5, 11
KK : HG 3. 4 ; 12. 4, 5 ; 19. 3
KM : HG 20. 14

## L

lapideus : HG 13. 12, 15
lapis : HG 2. 1, 2, 3, 4, 5, 6, 7, 8,
    9, 10, 11 ; 5. 9 ; 12. 1, 3, 4, 5,
    7 ; 13. 1, 15 ; 20. 7, 13, 14,
    16, 17

latere : HG 2. 11

latio : HG 3. 6

latitudo : HG 1. 2, 14, 18, 19,
    20 ; 3. 8 ; 10. 2 ; 11. 6, 12,
    14 ; 12. 5 ; 13. 2 ; 20. 8, 10,
    11 ; F 1. 2 ; 2. 4, 5

latus, -eris : HG 2. 2, 4, 10 ; 12.
    3, 5 ; 13. 15 ; 20. 16 ; F 3. 9 ;
    4. 2, 3, 7

latus, -a, -um : HG 1. 18 ; 3. 6,
    7, 8 ; 20. 11

legio : HG 5. 3, 6 ; 14. 5

lex : HG 1. 18, 19 ; 3. 6 ; 11. 6,
    12, 14 ; 15. 1 ; 18. 3, 4, 5 ;
    F 2. 3, 4, 16 ; 3. 6

liber : HG 14. 9 ; 16. 1 ; 17. 2, 3

limen : HG 1. 5, 10, 11 ; F 3. 7

limes : HG 1. 1, 3, 7, 9, 10, 11,
    13, 15, 16, 17, 19, 20, 21, 22,
    23, 27, 29 ; 2. 1, 3, 4, 6 ; 3. 1,
    2, 3. 6, 7, 8 ; 4. 1 ; 5. 9 ; 6. 1,
    2, 4, 5, 6, 7, 9, 12, 14, 15 ; 7.
    1, 2 ; 9. 1 ; 10. 9 ; 11. 5, 6, 7,
    8, 9, 12, 13, 14 ; 13. 1, 12,
    13 ; 17. 5 ; 19. 1, 2 ; 20. 3, 8,
    10, 13, 14, 15 ; F 1. 2, 5, 6 ; 2.
    6, 13, 16 ; 3. 1, 2, 6, 7, 9, 12,
    13

limitare : HG 14. 1 ; F 1. 2, 3

limitaris : HG 20. 9

limitatio : F 4. 2

linea : HG 1. 4 ; 9. 1, 3, 4, 5 ;
    10. 5, 6, 7, 8 ; 11. 6, 9, 10,
    11 ; 12. 8 ; 13. 12, 13 ; 17. 2,
    5 ; F 1. 5, 6 ; 2. 13 ; 3. 1 ; 4.
    1, 5, 7

linearius : HG 1. 15, 17, 19 ; 20.
    10

lineatus : HG 20. 7

lis : F 1. 4

litigare : HG 3. 2 ; F 2. 2, 7, 8

littera : HG 2. 8 ; 13. 2 ; 17. 1 ;
    20. 16

litus : HG 6. 10

locatio : HG 2. 3

locus : HG 1. 12 ; 2. 2 ; 3. 6 ; 6.
    4, 5, 9, 11, 13, 14 ; 7. 1 ; 9. 2,
    3, 4 ; 10. 2 ; 11. 1, 8, 13 ; 12.
    7 ; 13. 2, 3, 11, 12, 15, 16,
    17 ; 14. 5 ; 15. 6 ; 16. 1 ; 18.
    2 ; F 1. 3, 4, 6 ; 2. 1, 2, 4, 5, 7,
    10, 12, 13, 14, 16 ; 3. 6, 8, 9 ;
    4. 1, 2, 3, 4, 5, 7

longe : HG 6. 2 ; 7. 5, 6

longitudo : HG 1. 6, 13, 23, 24,
    26 ; 10. 4 ; 20. 11 ; F 1. 2 ; 4.
    2

longus : HG 1. 24 ; 10. 2, 6 ; 20.
    11 ; F 3. 5

longinquus : HG 11. 9

lucere : HG 7. 6

lucus : HG 13. 11 ; F 2. 14

luna : HG 1. 4 ; 8. 4 ; F 3. 1


M

maceria : F 4. 4

magnitudo : HG 7. 2 ; 8. 1, 3 ;
    F 3. 5

magnus : HG 8. 3

maior : F 3. 10 ; 4. 7

maiores : F 3. 2

male : HG 18. 2

manere : F 4. 1

mare : HG 1. 12 ; 6. 10, 17 ; 8.
    8 ; F 3. 8

maritimus : HG 1. 12 ; F 3. 8

mausoleum : F 2. 14

maxime : F 4. 2

maximus : HG 1. 14, 18 ; 2. 2, 5,
    9 ; 3. 2, 3, 4, 5, 6, 7, 8 ; 6. 2,
    3, 4, 5, 6, 10, 11, 17 ; 10. 4,
    6 ; 11. 1, 12, 13, 14 ; 12. 3, 4,
    8 ; 20. 10, 12 ; F 2. 10 ; 4. 3

medius : HG 1. 4, 17 ; 8. 5, 6, 7,
    8, 9 ; 9. 4 ; 12. 1 ; F 1. 5

mensis : F 3. 9

mensor : HG 2. 11 ; 11. 2 ; 17.
    4 ; F 1. 3 ; 2. 2, 15 ; 4. 2

mensorius : F 4. 1

mensura : HG 1. 1, 4, 6, 19, 20, 21, 23 ; 5. 9 ; 6. 13, 15 ; 7. 4 ; 11. 6 ; 13. 11 ; 17. 5 ; 19. 5 ; 20. 1, 2, 3, 5, 6, 9, 11 ; F 1. 1, 3, 4, 5 ; 2. 16 ; 3. 2, 12 ; 4. 3, 4, 7

mensuralis : F 2. 13 ; 4. 1

mereri : HG 13. 5 ; 18. 2

meridianus : HG 1. 4, 8, 9, 25, 28 ; 8. 6, 7, 8 ; 9. 1 ; 10. 1, 8 ; 11. 13 ; F 3. 1, 2, 5, 6, 11

meridies : HG 10. 2

meta : HG 11. 6, 10 ; F 4. 2, 3, 5, 6

metiri : F 4. 2, 7

miles : HG 5. 1, 2, 5, 6 ; 13. 8

militare : HG 5. 6

militaris : HG 1. 18

minimus : F 4. 2

minor : HG 3. 6 ; 11. 4 ; F 1. 5 ; 3. 10 ; 4. 5

mittere : HG 1. 23 ; 11. 10 ; 14. 1, 3, 8 ; F 3. 12 ; 4. 3

mobilis : F 3. 12 ; 4. 1

modus : HG 1. 23, 26 ; 5. 3, 4 ; 14. 1 ; 18. 2, 4, 5 ; 19. 2 ; 20. 2, 4, 5 ; F 1. 3, 5 ; 2. 1, 5, 6, 14 ; 3. 9, 10 ; 4. 1

moenia : HG 6. 2 ; F 2. 10

molaris : HG 12. 1

momentum : F 4. 2

mons : HG 1. 12 ; 6. 11, 12, 17 ; 7. 5, 6 ; 13. 14 ; 18. 5 ; F 1. 4 ; 2. 7, 12, 14 ; 3. 8 ; 4. 2, 4, 7

monstrare : F 4. 7

montanus : HG 1. 12 ; F 3. 8

montuosus : HG 13. 16

mora : HG 11. 4 ; F 4. 4

mortalis : HG 8. 3, 5

mos : HG 5. 9 ; 6. 5, 6 ; 20. 2 ; F 1. 2

multi : HG 1. 22 ; 2. 2 ; 3. 1 ; 5. 3, 5, 9 ; 6. 1, 3, 12 ; 7. 1, 5 ; 11. 5 ; 15. 4, 6 ; 18. 2 ; 20. 2, 4 ; F 1. 3 ; 2. 7, 9, 12, 13, 16 ; 3. 12

multipeda : HG 10. 3

multiplex : F 4. 2

multitudo : HG 5. 5 ; 6. 4 ; F 4. 1

mundus : HG 1. 3, 7, 22 ; 6. 16 ; 7. 2 ; 8. 1, 3

municipium : HG 6. 2 ; 18. 1 ; F 2. 10, 12

munificentia : HG 13. 5

munus : HG 8. 5

musicus : HG 8. 4

mutatio : HG 8. 7

mutus : HG 2. 2

## N

nasci : F 2. 14 ; 4. 7

natura : HG 1. 12 ; 6. 4, 9, 13 ; 7. 1 ; F 2. 4 ; 3. 8 ; 4. 2, 7

neglegere : HG 7. 2

neglegentia : HG 4. 2 ; 11. 7

nemus : HG 8. 5

neruia : F 4. 2

nomen : HG 1. 12 ; 5. 8 ; 6. 13, 14 ; 8. 6 ; 13. 12, 17 ; 14. 3, 4, 5, 6 ; 15. 4 ; F 1. 5 ; 2. 6

nominare : HG 1. 4, 7 ; 5. 7 ; 6. 16, 17 ; 12. 6 ; 18. 4 ; F 2. 1 ; 3. 1, 4, 6

normalis : HG 1. 6 ; F 1. 5

normaliter : HG 9. 1, 5 ; 10. 2, 8 ; 11. 9, 10 ; F 4. 3

normatio : F 4. 1

nota : HG 13. 14

notare : HG 9. 3, 4 ; 10. 4, 6 ; 11. 11

nouissime : HG 7. 3

nouissimus : HG 3. 7 ; 10. 2

nouus : HG 1. 29 ; 3. 2 ; 5. 1, 7, 9

numerare : HG 1. 16 ; 2. 2 ; 3. 1, 2, 6 ; 5. 5

numerus : HG 2. 3, 4, 5, 7, 10 ;
5. 8 ; 11. 6, 10 ; 12. 7 ; 20.
13 ; F 4. 1, 7

## O

obligare : HG 6. 13, 14 ; 13. 12,
13
obliquitas : F 4. 1, 7
obseruare : HG 6. 5, 14 ; 11.
10 ; 12. 4 ; 20. 8
obseruatio : HG 3. 8 ; 20. 3 ;
F 1. 4 ; 2. 13
obumbratio : HG 8. 5
occasus : HG 1. 4, 22 ; 7. 1, 2,
3, 7. 4 ; 8. 2 ; 10. 7 ; 11. 13 ;
F 3. 1, 2, 12
occidens : HG 1. 7, 21 ; 6. 16 ;
8. 8, 9 ; 9. 1, 2 ; F 3. 1, 11
occidere : HG 7. 6 ; 8. 1
occurrere : F 4. 2
oceanus : HG 8. 8
oculus : F 3. 7 ; 4. 2
oportere : HG 11. 4 ; 15. 2 ; 18.
4 ; 20. 6, 7 ; F 2. 10 ; 4. 3, 4,
6
oppidum : HG 5. 7 ; F 2. 10
opponere : HG 6. 17 ; F 4. 2
opportunus : HG 5. 9
opus : HG 2. 3 ; 4. 2 ; 5. 1 ; 6.
13 ; 11. 2, 5 ; 12. 2, 8 ; F 2.
10
oratio : F 2. 10
orbis : HG 1. 4 ; 5. 6 ; 6. 15 ; 7.
4 ; 8. 2, 7, 9 ; F 3. 1, 4, 12
ordinare : HG 1. 23 ; 8. 6, 7 ; 9.
1 ; 17. 5 ; 19. 5 ; F 2. 3 ; 3.
12 ; 4. 7
ordinarius : F 2. 7, 8, 14, 15, 16
ordinatio : HG 7. 1 ; 10. 9 ; 11.
13 ; F 2. 15
ordinatus : HG 10. 5, 8 ; 11. 9,
11
ordo : HG 5. 3 ; 8. 5 ; 12. 6 ; 13.
10 ; F 2. 13

oriens : HG 1. 4, 9, 21, 25, 26,
28 ; F 3. 1, 2, 5, 6, 11
origo : HG 1. 2 ; 7. 1 ; F 3. 1
oriri : HG 6. 2, 6, 16 ; 8. 1 ; F 3.
12
ortus, -us : HG 1. 22 ; 7. 1, 2, 3,
4 ; 8. 2 ; 9. 3 ; 10. 7 ; 11. 13 ;
F 3. 5 ; 3. 12
ostendere : HG 7. 1 ; 8. 4, 7 ;
13. 1, 4 ; 15. 5 ; 17. 5 ; F 4. 2
ostium : F 3. 7

## P

P = possessor : HG 18. 2
palam : HG 8. 5
palus, -i : HG 11. 6
par : HG 2. 2 ; F 3. 6
parallelos : HG 8. 8 ; F 4. 3
parere (pareo) : HG 5. 9 ; 7. 5 ;
11. 3
parere (pario) : HG 5. 5
pariter : HG 5. 6
pars : HG 1. 4, 7, 21, 22, 29 ; 2.
8 ; 3. 8 ; 6. 5, 7, 10, 12, 17 ;
7. 4, 5, 6 ; 8. 2, 5, 6, 7, 8, 9 ;
9. 4, 5 ; 10. 9 ; 11. 10 ; 12. 5,
6 ; 14. 2 ; 15. 2 ; 20. 4, 7 ;
F 2. 1, 6, 10, 11, 17 ; 3. 1, 3, 6,
9, 12 ; 4. 1, 2, 3, 6, 7
partire : HG 19. 5
partitio : HG 11. 6
parum : HG 3. 1
pascua, -ae : HG 20. 4
pascua, -orum : HG 13. 1, 9, 10 ;
18. 4 ; F 2. 7
pax : HG 5. 5, 6
peccare : HG 11. 5
pecunia : HG 20. 4
peragere : HG 3. 2 ; 14. 8
perducere : HG 6. 11 ; F 4. 2, 6
peregrinus : F 1. 6
periculum : HG 6. 4, 13 ; 11. 4
peritus : HG 2. 11
perferre : HG 3. 6

permanere : HG 13. 8 ; 17. 1 ;
    F 3. 6, 10
permittere : HG 6. 13 ; 9. 8 ; 13.
    7 ; F 4. 1
perpendere : F 4. 2, 3, 5, 6, 7
perpendiculum : HG 11. 6 ; F 4.
    5
perpendiculus : F 4. 2, 5
perpetuus : HG 1. 2 ; 11. 5, 6,
    7 ; 20. 1
persequi : HG 4. 1
perseuerare : HG 12. 6
perseueratio : HG 11. 5
perspicere : F 4. 2
pertica : HG 1. 27 ; 6. 7, 12 ; 13.
    15 ; 14. 2 ; 15. 2 ; 17. 2, 5 ;
    F 2. 10, 11 ; 3. 13 ; 4. 5
pertinere : HG 2. 3 ; 13. 9, 10 ;
    14. 8 ; 17. 4 ; 19. 5
peruenire : HG 3. 2 ; 5. 3 ; 9. 3 ;
    F 2. 10 ; 4. 3
peruidere : HG 7. 2 ; 8. 2
pes : HG 1. 18, 19 ; 11. 6, 14 ;
    12. 1 ; 20. 10 ; F 2. 3, 4 ; 3. 9
petra : HG 13. 14 ; F 4. 4
placere : HG 1. 21 ; 3. 8 ; 18. 3
planitia : HG 10. 4, 5 ; 12. 5 ;
    F 4. 7
planus : HG 9. 2 ; 10. 2 ; 13.
    15 ; F 4. 7
plethron : F 3. 9
pluuialis : F 2. 15
pluuius : F 2. 1, 15
podismus : F 4. 1
poeta : F 3. 7
politus : HG 12. 1 ; 20. 7
pomerium : F 2. 10
polus : HG 1. 3 ; 8. 4, 5, 6
pondus : F 4. 2
ponere : HG 1. 22 ; 2. 2, 11 ; 3.
    7 ; 6. 8, 10 ; 7. 4 ; 8. 9 ; 9. 2 ;
    11. 9 ; 12. 3, 4, 7 ; 13. 13, 15,
    16 ; 20. 14, 16 ; F 4. 1, 3
populus : HG 1. 18 ; 5. 1 ; 13.
    5 ; F 1. 3, 6 ; 2. 12

porta : HG 6. 6
portio : HG 2. 7 ; 5. 3 ; 10. 3,
    4 ; 13. 7 ; F 2. 10
portus : HG 6. 10
positio : HG 20. 17 ; F 2. 1, 2 ;
    4. 1
posse : HG 1. 22 ; 2. 10 ; 6. 2, 4,
    5, 10, 12, 15 ; 7. 1, 4, 6 ; 8. 1,
    2, 3 ; 11. 7, 9, 11. 13 ; 12. 5 ;
    13. 14 ; 14. 1 ; 16. 1 ; 20. 3 ;
    F 1. 4, 5, 6 ; 2. 1, 10, 16 ; 4. 1,
    4, 6, 7
possessio : HG 1. 20 ; 18. 2 ;
    F 1. 2 ; 2. 1, 2, 8
possessor : HG 5. 9 ; 6. 14 ; 13.
    7 ; 15. 2, 4 ; 17. 1 ; F 1. 4 ; 2.
    2, 11, 12, 16
possidere : HG 5. 9 ; 13. 6, 7 ;
    F 2. 11, 12
post : HG 5. 5 ; 10. 2 ; 11. 2,
    12 ; F
postea : HG 1. 8, 11, 12, 21 ; 5.
    4, 9 ; 6. 6 ; F 1. 4 ; 2. 10 ; 3.
    5
posticus : HG 1. 4 ; F 3. 1
postulatio : HG 2. 5 ; 6. 9 ; 18.
    1 ; F 4. 1, 2
potestas : F 1. 6 ; 4. 2
potissimum : HG 12. 2
potius : HG 1. 8, 21 ; F 3. 3 ; 4.
    2
PR : HG 5. 2
praecedere : HG 1. 14
praecisura : HG 10. 5
praefectura : HG 1. 27, 28, 29 ;
    F 3. 13
praemium : HG 5. 2
praescribere : F 2. 14
pratum : HG 20. 4
pretium : HG 14. 1 ; 20. 4
primo : F 4. 2
primum : HG 1. 4, 7 ; 7. 3 ; 8.
    1 ; 9. 2 ; 11. 10 ; 14. 8 ; 15.
    2 ; 19. 1, 12, 14 ; F 3. 2, 9
primus : HG 1. 14, 16, 27 ; 3. 2,

3, 4, 5 ; 5. 3, 9 ; 6. 2 ; 9. 3 ; 10.
    2 ; 12. 5, 6 ; 14. 3, 4, 6, 7, 8, 9 ;
    20. 4, 14, 16 ; F 3. 1, 9 ; 4. 3
principium : F 4. 1
prior : F 4. 6
priuare : HG 18. 2
priuatus : HG 13. 1, 5 ; 20. 3 ;
    F 1. 3 ; 2. 10
priuilegium : F 2. 10
procentema : F 4. 1
professio : HG 5. 9 ; 20. 3, 5
professor : HG 6. 13
promuntorium : F 1. 4
prope : HG 11. 13
propior : HG 7. 5
proponere : F 2. 5
proprie : F 2. 1
proprietas : F 2. 1, 7
proprius : F 2. 6
propter : HG 6. 4, 10, 11, 12 ; 8.
    3 ; 11. 13 ; 20. 6 ; F 2. 7 ; 4.
    1, 2, 4
propugnaculum : HG 6. 4
prorsus : HG 1. 9, 11 ; 20. 10 ;
    F 3. 6, 7
prouidere : F 4. 2
prouincia : HG 5. 6 ; 11. 5 ; 20.
    3, 4 ; F 1. 2, 3 ; 2. 7
prouincialis : HG 18. 1
proximus : HG 1. 22, 23 ; 6. 2,
    13 ; 8. 6 ; 11. 12 ; 15. 4 ; 17.
    3 ; F 1. 2 ; 2. 2, 6, 10, 11, 12,
    16 ; 3. 12 ; 4. 1, 2
publicare : HG 1. 19
publicus : HG 1. 18, 19, 20 ; 2.
    3 ; 13. 1, 3, 9 ; 15. 6 ; F 1. 2 ;
    2. 2, 6, 10, 12, 16
pulcher : HG 1. 2 ; 6. 7
punctum : HG 8. 2, 4 ; 9. 2, 4 ;
    10. 5
purpura : HG 1. 10 ; F 3. 7


Q

quadra : HG 20. 16, 17
quadrare : F 2. 6

quadratura : HG 20. 11
quadratus : HG 20. 7 ; F 3. 9, 10
quadrifinium : F 2. 2
quaerere : HG 7. 1 ; 8. 1 ; F 4. 7
qualitas : F 1. 1
quare : HG 1. 8, 21 ; 6. 16 ; F 3.
    3
quartus : HG 2. 7, 8 ; 8. 8 ; 12.
    7 ; 18. 5 ; 20. 16 ; F 2. 6, 7
quatenus : HG 13. 2 ; 14. 1
quattuor : HG 2. 8 ; 6. 6, 7, 10,
    12 ; 8. 7, 8 ; 10. 9 ; 12. 4, 6 ;
    20. 10, 15 ; F 3. 9
quemadmodum : HG 2. 4 ; 3. 6,
    8 ; 4. 1 ; 9. 3 ; 13. 7 ; 18. 1 ;
    20. 3
quinquageni : HG 1. 26 ; F 3. 10
quinque : HG 1. 16 ; 3. 6, 7, 8 ;
    8. 5, 6 ; F 1. 3, 4
quintarius : HG 3. 6, 8 ; 11. 2,
    3 ; 20. 14
quintus : HG 1. 16 ; 3. 6, 7 ; 14.
    5 ; 20. 4 ; F 2. 7
quomodo : HG 7. 6 ; 11. 10
quomodocumque : HG 2. 11
quotiens : F 2. 3, 6, 11, 12, 17 ;
    4. 5
quotus : HG 2. 2


R

radix : F 2. 17
rarus : HG 13. 2
ratio : HG 1. 2, 3, 4, 22, 23 ; 2.
    7, 11 ; 6. 7, 9, 13, 15, 16, 17 ;
    7. 1, 2 ; 8. 1, 3 ; 10. 1, 9 ; 11.
    10 ; 12. 2 ; 13. 3 ; 20. 2 ; F 1.
    3 ; 2. 2, 10, 16 ; 3. 2, 12 ; 4.
    1, 2, 4, 7
rationabilis : F 4. 1
rationalis : F 3. 11
rationaliter : HG 1. 13
recipere : HG 5. 5
recorrigere : HG 11. 4
recte : HG 1. 21 ; 2. 10 ; 7. 4,
    6 ; 9. 5 ; F 3. 1 ; 4. 7

rectura : HG 1. 2, 13 ; 6. 12 ; 11. 7 ; 20. 1

rectus : HG 6. 14 ; 9. 4, 5 ; 10. 6, 7, 8 ; 11. 9, 11 ; 13. 13 ; F 4. 1, 2, 7

recurrere : F 4. 2

recusare : HG 5. 5

reddere : HG 17. 1 ; F 4. 1

redigere : HG 20. 1 ; F 4. 7

reditus : HG 13. 8

regio : HG 1. 28 ; 2. 2, 7, 8 ; 5. 9 ; 6. 7, 12 ; 7. 2, 3, 4, 5 ; 8. 8 ; 11. 13 ; 13. 12 ; 18. 1 ; 20. 15, 16 ; F 3. 8

religio : HG 1. 21

religiosus : F 1. 6 ; 2. 1, 14

relinquere : HG 1. 23 ; 5. 9 ; 6. 4 ; 7. 11 ; 13. 7 ; F 2. 1, 12, 13

reliqui : HG 1. 9, 17 ; 2. 2 ; 12. 3 ; 20. 10 ; F 1. 5 ; 3. 6

reliquus : HG 3. 8 ; 6. 5

remanere : HG 1. 5, 6 ; F 1. 5, 6

renuntiare : F 4. 1

renuntiatio : F 4. 1

replere : HG 8. 3 ; 13. 2

reprehendere : F 4. 2, 6

requies : HG 5. 3

res : HG 8. 3 ; 8. 7 ; 12. 5 ; F 4. 6, 7

respicere : F 4. 6

resplendere : HG 7. 6

res publica : HG 5. 1 ; 6. 4, 14 ; 13. 1 ; 16. 2 ; 18. 2 ; F 1. 6 ; 2. 12

restituere : F 2. 14

reuocare : HG 13. 7 ; 20. 7, 17

rex : HG 5. 8

rigor : HG 11. 10 ; 20. 6 ; F 1. 2 ; 2. 1, 2. 3 ; 4. 2, 3, 4, 5, 6

ritus : HG 1. 1

ripa : F 4. 2

roboreus : HG 2. 3

rotundus : HG 12. 1

RP : HG 5. 2

rudis : HG 18. 1

rupes : HG 6. 4, 5

S

S : HG 2. 7 ; 12. 6

sacer : HG 1. 21 ; 13. 11 ; F 1. 6 ; 2. 1, 14

scamnum : HG 20. 9, 10, 11, 12, 13, 16, 17 ; F 1. 2

sciotherum : HG 9. 2

scribere : HG 1. 21 ; 8. 3 ; 9. 2 ; 10. 5 ; F 2. 5 ; 3. 1

SD : HG 2. 7 ; 3. 4 ; 12. 4, 5

secare : F 2. 15

secundum : HG 1. 3, 4, 19, 21, 26 ; 2. 5 ; 7. 1 ; 8. 8 ; 11. 6, 12, 14 ; 13. 8 ; 15. 1 ; 17. 2 ; 18. 1, 3, 5 ; 20. 17 ; F 1. 2, 4 ; 2. 2, 3, 14, 16 ; 4. 3, 7

secundus : HG 3. 2 ; 8. 6 ; 10. 4, 6 ; 20. 4, 14

semen : F 4. 7

separare : HG 19. 3 ; 20. 17

septentrio : HG 1. 4, 7 ; 11. 13 ; F 3. 1, 2, 4, 5, 11

septentrionalis : HG 8. 6

sequi : HG 1. 22, 24 ; 6. 3 ; 8. 8 ; 9. 1 ; 12. 4, 7 ; F 3. 5, 12 ; 4. 5

seruare : HG 1. 11 ; 3. 8 ; 6. 9, 12, 13 ; 10. 3 ; 11. 8 ; 20. 1 ; F 2. 13

seruire : HG 1. 19 ; F 2. 6, 16

sescontrarius : HG 8. 7, 8 ; F 4. 5

sesquipes : HG 12. 1

sex : HG 1. 16 ; 3. 7 ; 8. 5

sextus : HG 1. 16, 22 ; 3. 6 ; 9. 1

sic : HG 1. 21 ; 2. 4, 5, 6, 7, 8 ; 3. 6, 8 ; 6. 8 ; 7. 1 ; 8. 4 ; 10. 3, 4 ; 11. 10, 13 ; 12. 4, 5, 6, 8 ; 13. 7, 8, 13, 14, 16 ; 14. 6, 9 ; 17. 5 ; 18. 1 ; 19. 2, 3 ; 20. 1 ; F 3. 3, 12 ; 4. 6

sicut : HG 1. 8, 18, 21, 25 ; 5.

9 ; 6. 4, 5, 6 ; 8. 5, 9 ; 11. 5 ;
13. 3, 9 ; 20. 2, 9 ; F 1. 2, 3,
4 ; 2. 10, 13 ; 3. 1, 8, 9
significare : HG 2. 4 ; 13. 12, 14
significatio : HG 2. 2 ; 3. 6 ; 17.
1 ; 20. 15
signum : HG 5. 3 ; 7. 1 ; 8. 5 ;
9. 4 ; 10. 4, 6, 9 ; 11. 9, 10,
11 ; F 2. 3, 5 ; 4. 3
silex : HG 12. 1
silua : HG 6. 4 ; 13. 1, 2, 9, 10 ;
15. 3 ; 18. 4, 5 ; 20. 4 ; F 2. 7,
12, 16
similis : F 1. 6 ; 2. 4, 6, 12 ; 3.
9 ; 4. 1, 4
similiter : HG 1. 8 ; 9. 3 ; 10. 4 ;
12. 6 ; 13. 4 ; 15. 5 ; 20. 14 ;
F 2. 14
similitudo : F 1. 2
sinister : HG 1. 4 ; 2. 7 ; 6. 15 ;
8. 9 ; F 3. 1, 2
sol : HG 1. 3, 4, 22 ; 7. 1, 3, 4, 5,
6 ; 8. 2, 4, 5, 6, 7, 8, 9 ; 9. 3 ;
F 3. 1, 12
solere : HG 2. 5 ; 3. 6 ; 13. 11 ;
14. 1
solidus : F 3. 13
solistitialis : HG 8. 6, 8
solum, -i : HG 6. 4 ; 11. 1 ; 13.
5 ; F 1. 3 ; 2. 10, 17 ; 3. 13 ;
4. 1, 2, 7
solum *adv.* : HG 1. 20 ; 2. 3 ; 6.
4 ; 17. 4 ; 20. 2, 4
sors : HG 14. 3, 4, 5, 6, 8 ; F 2.
6 ; 3. 9
sortire : HG 14. 4 ; 19. 4
sortitio : HG 14. 8
spatium : HG 3. 6, 8 ; 13. 12 ;
F 4. 1, 7
species : F 4. 1
speciosus : HG 1. 2
spectare : HG 1. 4, 9, 12, 21 ; 8.
8, 9 ; F 3. 1, 5, 6, 8, 12
statuere : F 4. 1
status : F 2. 10
sterilis : HG 6. 4

stipendium : HG 5. 5
striga : HG 20. 9, 10, 11, 12, 16,
17 ; F 1. 2
subducere : F 4. 1
subiacere : HG 1. 4 ; 8. 8
subiectus : F 4. 1
subitus : HG 6. 4
subrunciuus : HG 1. 17, 19 ; 11.
4, 14
subscribere : HG 17. 4
subsecare : F 1. 5
subseciuum : HG 1. 29 ; 13. 15 ;
16. 1, 2 ; 17. 5 ; F 1. 4, 5, 6 ;
2. 1, 11, 12, 13 ; 3. 10
successio : HG 12. 7
succidere : F 4. 4
sulcus : HG 11. 8
summa : HG 12. 8
summum : F 2. 4
summus : HG 3. 8 ; 8. 1, 6
supercilium : F 2. 4

## T

tabula : HG 10. 3 ; 14. 7, 9 ; 17. 1
tabularium : HG 17. 2, 4
tangere : F 4. 1
templum : HG 1. 5, 21
tempus : F 2. 2, 12
tenere : HG 8. 5 ; 11. 13 ; F 4. 2
terminare : HG 6. 5, 10 ; 13. 1,
2, 3 ; 19. 2
terminatio : HG 13. 1 ; 20. 1
terminus : HG 2. 3 ; 5. 9 ; 6.
13 ; 13. 12, 13 ; 15. 2 ; 20. 6 ;
F 1. 4 ; 2. 1, 2, 3, 13
terra : HG 1. 4, 7, 21 ; 5. 2, 4,
6 ; 7. 4 ; 8. 1, 2, 4, 5, 7, 8, 9 ;
9. 2 ; 10. 3 ; 12. 1, 5 ; 15. 4 ;
F 3. 1, 12 ; 4. 7
terrere : F 2. 10
territorium : HG 13. 9 ; F 2. 1,
10
tetartemorion : HG 8. 7, 8
tetrans : HG 5. 9 ; 6. 8 ; 12. 1 ;
F 4. 2

tirocinium : HG 5. 3
tonos : HG 8. 4
totus, -i : HG 12. 3
totus, -ius : HG 1. 25 ; 6. 12 ; 8.
  8 ; 12. 8 ; 13. 5 ; 17. 2, 5 ; 20.
  5, 17 ; F 2. 11 ; 3. 12
tractabilis : HG 1. 2
tractare : HG 3. 7 ; 4. 1 ; 11.
  10 ; F 2. 10
tradere : HG 1. 1 ; 8. 3 ; F 4. 1
trans : HG 5. 9 ; 6. 11 ; 7. 6
transferre : HG 6. 2 ; 18. 1
transigere : HG 5. 3
transire : HG 6. 5 ; F 2. 16 ; 4.
  2, 6
transitus : F 2. 15
transponere : F 4. 2, 6
transuersus : HG 1. 9, 10, 11 ;
  20. 10 ; F 2. 15 ; 3. 6, 7
tres : HG 10. 1, 2 ; 14. 2, 4, 9 ;
  19. 3 ; F 1. 1 ; 2. 6 ; 4. 6
tribunus : HG 5. 3
tributarius : F 1. 3
trifinium : F 2. 2
trihemitonion : HG 8. 4
triumuir : HG 1. 26
triumuiralis : F 3. 10
tutela : HG 13. 9 ; 2. 10
typus : HG 17. 2, 5

**V**

V = uetus : HG 18. 2
V = ultra : HG 2. 7
uacare : HG 2. 7, 8 ; 6. 4 ; 12. 4,
  7 ; 13. 12
uallis : F 4. 4, 5, 6
uastitas : HG 6. 4
ubertas : HG 1. 20 ; 20. 4
uectigal : HG 15. 6 ; 20. 4
uectigalis : HG 20. 1, 3, 4, 6
uendere : F 2. 12
ueritas : F 4. 1
uerus : HG 8. 1 ; 20. 17
ueteranus : HG 5. 5 ; 14. 5
uetus : HG 1. 29 ; 5. 7, 9 ; 11.
  5 ; 13. 7 ; 17. 1 ; F 2. 12

uia : HG 1. 18 ; 6. 5, 6 ; 8. 5 ;
  F 1. 4
uicinus : HG 6. 4, 7 ; 18. 5 ; F 2.
  2, 7
uictor : HG 5. 1
uictoria : HG 5. 5
uideri : HG 8. 7 ; 18. 4 ; 20. 2 ;
  F 3. 2
uincere : HG 15. 4
uir : HG 5. 1, 5 ; 8. 3
uis : F 2. 12
uisus : F 4. 2
uitium : HG 11. 3
VK : HG 2. 7, 10 ; 3. 4 ; 12. 4,
  5 ; 14. 9 ; 20. 16
ulterior : HG 2. 5 ; 7. 6 ; F 4. 6
ultra : HG 1. 4 ; 2. 7 ; 5. 5 ; 8. 8,
  9 ; 12. 5, 6 ; 13. 12 ; 18. 5 ;
  F 1. 6 ; 2. 7, 13 ; 3. 2 ; 4. 6
umbilicus : HG 12. 6
umbra : HG 8. 1, 3, 7, 8, 9 ; 9. 1,
  2, 3, 4 ; 10. 1, 2, 3, 4, 6
uniuersitas : F 1. 3 ; 2. 6 ; 3. 13
uniuersus : HG 18. 2, 4 ; F 1. 3 ;
  3. 13
uocabulum : HG 6. 5 ; 13. 11 ;
  F 3. 6, 8
uocare : HG 12. 6 ; F 3. 2
uoluntas : F 2. 10
uorago : F 4. 2
uorsus : F 3. 9
urbanus : F 2. 10
urbs : HG 5. 1, 7, 8 ; 6. 4 ; 11.
  12, 13 ; 13. 9 ; F 1. 6 ; 2. 10
urna : HG 14. 3, 6, 8
usurpatio : HG 20. 5
usus : HG 17. 1 ; F 2. 16 ; 4. 2
uti : HG 7. 2 ; 11. 5 ; 12. 2 ;
  F 4. 2
utilis : HG 18. 4
uulgaris : HG 20. 4

**Z**

zodiacus : HG 8. 6, 8
zona : HG 8. 5

# INDEX NOMINVM

Admedera : HG 6. 6
Aegyptus : HG 8. 8, 9
Africa : HG 6. 6
Agerius : HG 14. 5
Alaudae : HG 14. 5
Antonius : HG 5. 6
Anxurnas : HG 6. 5
Arabes : HG 8. 9
Archimedes : HG 8. 3
Asculani : F 2. 10
Asia : HG 20. 5
Augustini : F 2. 13
Augustus : HG 1. 26 ; 2. 3 ; 5.
6 ; 11. 14 ; 13. 5 ; 15. 1 ; 18.
3 ; F 2. 10
Aulus : HG 14. 5

Baeturia : HG 1. 26

C. : HG 14. 9
Caesar : HG 17. 2, 4
Calabria : F 3. 6
Campania : HG 5. 9 ; 6. 5 ; F 1.
2 ; 2. 7
Campanus : HG 1. 25 ; F 3. 5
Capua : HG 1. 25 ; F 3. 5
Cn. : HG 14. 9
Cornelia (lex) : HG 1. 18
Cremona : HG 1. 26 ; F 3. 10

Emerita : HG 1. 26
Emeritenses : HG 1. 28

Etrusci : HG 1. 4
Etruscus : F 3. 1

Fanum Fortunae : F 3. 8

Graeci : HG 8. 4 ; F 3. 9

Hispania : F 1. 3
Hispellates : HG 6. 4

Indi : HG 8. 9
Interamnates : F 2. 10
Italia : HG 1. 17. 19. 26 ; 5. 6 ;
F 2. 7 ; 3. 10
Iulia (lex) : HG 1. 18
Iulienses : HG 13. 10 ; 15. 6 ;
16. 2
Iulius : HG 5. 5
Iuppiter : HG 8. 4

L. : HG 14. 9 ; F 2. 6
Lepidus : HG 5. 6
Lucanus : HG 8. 9
Lucius : HG 13. 4 ; 14. 5
Lusitania : F 1. 3 ; 2. 13

Mamilia (lex) : HG 1. 19 ; F 2. 3
Manilius : HG 13. 4
Mars : HG 8. 4
Mercurius : HG 8. 4
Minturnenses : HG 5. 9
Mullicensis : HG 1. 28

Mutela : F 2. 12

Numisius : HG 14. 9

Osci : F 3. 9

Palantini : F 1. 3
Pannonia : HG 20. 2, 4, 5
Phrygia : HG 20. 5
Picenum : F 2. 10
Pollia (tribus) : HG 14. 9
Praetuttiani : F 2. 10

Romani : HG 5. 1
Romanus : HG 5. 1 ; 13. 5 ; F 1.
    6 ; 2. 12

Sabini : F 2. 12
Salmanticenses : F 1. 3
Saturnus : HG 8. 4

Seianus : HG 13. 4
Seius : HG 13. 4 ; 14. 5
Sempronia (lex) : HG 1. 18
Sempronianus : HG 13. 10
Sicilia : HG 13. 14
Stellatina (tribus) : HG 14. 9
Suessa Aurunca : F 1. 2

Tarquinius : HG 14. 9
Terentina (tribus) : HG 14. 9
Terentius : HG 14. 9
Titius : HG 14. 5 ; F 2. 6
Turgaliensis : HG 1. 28

Varro : F 1. 4 ; 3. 1
Venus : HG 8. 4
Vergilius : HG 8. 5
Vmbri : F 3. 9
Vmbria : HG 6. 4 ; F 3. 8
Vritanus : F 3. 6

# TABLE DES MATIÈRES

Introduction générale .................. 1

Bibliographie sommaire .................. 53

Hygin le Gromatique .................... 59

    Introduction ......................... 61
    Avertissement ......................... 73
    Conspectus siglorum .................... 75

    L'Établissement des limites ............. 78

Frontin .............................. 125

    Introduction ......................... 127
    Avertissement ......................... 144
    Conspectus siglorum .................... 145

    Les catégories de terres ................ 148

    Les controverses ....................... 150

    <Les limites> .......................... 157

    <L'art de l'arpenteur> ................. 161

    Notes ................................. 167

    Figures ............................... 237

Index verborvm notabilivm ............... 247

Index nominvm .......................... 262

# COLLECTION DES UNIVERSITÉS DE FRANCE

## OUVRAGES PARUS

### Série grecque

dirigée par Jacques Jouanna
de l'Institut
professeur à l'Université de Paris Sorbonne

Règles et recommandations pour les éditions critiques (grec). (1 vol.).

ACHILLE TATIUS.
Le Roman de Leucippé et Clitophon. (1 vol.).

AELIUS ARISTIDE (Pseudo-)
Arts rhétoriques. (2 vol.).

AELIUS THÉON.
Progymnasmata. (1 vol.).

ALCÉE.
Fragments. (2 vol.).

LES ALCHIMISTES GRECS.
(3 vol. parus).

ALCINOOS.
Les doctrines de Platon. (1 vol.).

ALEXANDRE D'APHRODISE.
Traité du destin. (1 vol.).

ANDOCIDE.
Discours. (1 vol.).

ANONYME DE SÉGUIER.
Art du discours politique (1 vol.).

ANTHOLOGIE GRECQUE.
(12 vol. parus).

ANTIGONE DE CARYSTE.
Fragments. (1 vol.).

ANTIPHON.
Discours. (1 vol.).

ANTONINUS LIBERALIS.
Métamorphoses. (1 vol.).

APOLLONIOS DE RHODES.
Argonautiques. (3 vol.).

APPIEN.
Histoire romaine. (4 vol. parus).

APSINÈS.
Art rhétorique. (1 vol.).

ARATOS.
Phénomènes. (2 vol.).

ARCHILOQUE.
Fragments. (1 vol.).

ARCHIMÈDE. (4 vol.).

ARGONAUTIQUES ORPHIQUES. (1 vol.).

ARISTÉNÈTE. (1 vol.).

ARISTOPHANE. (5 vol.).

ARISTOTE.
De l'âme. (1 vol.).
Catégories. (1 vol.).
Constitution d'Athènes. (1 vol.).
Du ciel. (1 vol.).
Économique. (1 vol.).
Génération des animaux. (1 vol.).
De la génération et la corruption. Nlle éd. (1 vol.).
Histoire des animaux. (3 vol.).

Marche des animaux - Mouvement des animaux. (1 vol.).
Météorologiques. (2 vol.).
Parties des animaux. (1 vol.).
Petits traités d'histoire naturelle. (1 vol.).
Physique. (2 vol.).
Poétique. (1 vol.).
Politique. (5 vol.).
Problèmes. (3 vol.).
Rhétorique. (3 vol.).
Topiques. (1 vol. paru).

ARISTOTE (Pseudo-).
Rhétorique à Alexandre. (1 vol.).

ARRIEN.
L'Inde. (1 vol.).
Périple du Pont-Euxin. (1 vol.).

ASCLÉPIODOTE.
Traité de tactique. (1 vol.).

ATHÉNÉE.
Les Deipnosophistes. (1 vol. paru).

ATTICUS.
Fragments. (1 vol.).

AUTOLYCOS DE PITANE.
Levers et couchers héliaques. - La sphère en mouvement. - Testimonia. (1 vol.).

BACCHYLIDE.
Dithyrambes. Epinicies. Fragments. (1 vol.).

BASILE (Saint).
Aux jeunes gens. Sur la manière de tirer profit des lettres helléniques. (1 vol.).
Correspondance. (3 vol.).

BUCOLIQUES GRECS.
Théocrite. (1 vol.).
Pseudo-Théocrite, Moschos, Bion. (1 vol.).

CALLIMAQUE.
Hymnes. - Épigrammes. - Fragments choisis. (1 vol.).

LES CATOPTRICIENS GRECS.
Les miroirs ardents (1 vol. paru).

CHARITON.
Le roman de Chaireas et Callirhoé. (1 vol.).

COLLOUTHOS.
L'enlèvement d'Hélène. (1 vol.).

CTÉSIAS DE CNIDE.
La Perse. L'Inde. Autres fragments. (1 vol.).

DAMASCIUS.
Traité des premiers principes. (3 vol.).
Commentaire du Parménide de Platon. (4 vol.).

DÉMÉTRIOS.
Du Style. (1 vol.).

DÉMOSTHÈNE.
Œuvres complètes. (13 vol.).

DENYS D'HALICARNASSE.
Opuscules rhétoriques. (5 vol.).
Antiquités romaines. (2 vol. parus).

DINARQUE.
Discours. (1 vol.).

DIODORE DE SICILE.
Bibliothèque historique. (9 vol. parus).

DION CASSIUS.
Histoire romaine. (3 vol. parus).

DIOPHANTE.
Arithmétique. (2 vol. parus).

DU SUBLIME. (1 vol.).

ÉNÉE LE TACTICIEN.
Poliorcétique. (1 vol.).

ÉPICTÈTE.
Entretiens. (4 vol.).

ESCHINE.
Discours. (2 vol.).

ESCHYLE.
Tragédies. (2 vol.).

ÉSOPE.
  Fables. (1 vol.).

EURIPIDE.
  Tragédies (12 vol.).

FAVORINOS D'ARLES.
  Œuvres (1 vol. paru).

GALIEN. (2 vol. parus).

GÉOGRAPHES GRECS.
  (1 vol. paru).

GÉMINOS.
  Introduction aux phénomènes.
  (1 vol.).

GRÉGOIRE DE NAZIANZE
  (le Théologien) (Saint).
  Correspondance. (2 vol.).
  Poèmes. (1 vol. paru).

HÉLIODORE.
  Les Éthiopiques. (3 vol.).

HÉRACLITE.
  Allégories d'Homère. (1 vol.).

HERMÈS TRISMÉGISTE. (4 vol.).

HÉRODOTE.
  Histoires. (11 vol.).

HÉRONDAS.
  Mimes. (1 vol.).

HÉSIODE.
  Théogonie. - Les Travaux et les
  Jours. - Bouclier. (1 vol.).

HIPPOCRATE. (11 vol. parus).

HOMÈRE.
  L'Iliade. (4 vol.).
  L'Odyssée. (3 vol.).
  Hymnes. (1 vol.).

HYPÉRIDE.
  Discours. (1 vol.).

ISÉE.
  Discours. (1 vol.).

ISOCRATE.
  Discours. (4 vol.).

JAMBLIQUE.
  Les mystères d'Égypte. (1 vol.).
  Protreptique. (1 vol.).

JOSÈPHE (Flavius).
  Autobiographie. (1 vol.).
  Contre Apion. (1 vol.).
  Guerre des Juifs. (3 vol. parus).

JULIEN (L'empereur).
  Lettres. (2 vol.).
  Discours. (2 vol.).

LAPIDAIRES GRECS.
  Lapidaire orphique. - Kerygmes
  lapidaires d'Orphée. - Socrate et
  Denys. - Lapidaire nautique. -
  Damigéron. - Evax. (1 vol.).

LIBANIOS.
  Discours. (2 vol. parus).

LONGIN. RUFUS.
  Fragments. Art rhétorique. (1 vol.).

LONGUS.
  Pastorales. (1 vol.).

LUCIEN. (3 vol. parus).

LYCURGUE.
  Contre Léocrate. (1 vol.).

LYSIAS.
  Discours. (2 vol.).

MARC-AURÈLE.
  Écrits pour lui-même. (1 vol. paru).

MARINUS.
  Proclus ou sur le bonheur. (1 vol.).

MÉNANDRE. (3 vol. parus).

MUSÉE.
  Héro et Léandre. (1 vol.).

NICANDRE.
  Œuvres. (1 vol. paru).

NONNOS DE PANOPOLIS.
  Les Dionysiaques. (16 vol. parus).

NUMÉNIUS. (1 vol.).

ORACLES CHALDAIQUES.
  (1 vol.).

PAUSANIAS.
Description de la Grèce. (6 vol. parus).

PHOCYLIDE (Pseudo-). (1 vol.).

PHOTIUS.
Bibliothèque. (9 vol.).

PINDARE.
Œuvres complètes. (4 vol.).

PLATON.
Œuvres complètes. (26 vol.).

PLOTIN.
Ennéades. (7 vol.).

PLUTARQUE.
Œuvres morales. (20 vol. parus).
Vies parallèles. (16 vol.).

POLYBE.
Histoires. (12 vol. parus).

PORPHYRE.
De l'Abstinence. (3 vol.).
Vie de Pythagore. - Lettre à Marcella. (1 vol.).

PROCLUS.
Commentaires de Platon. - Alcibiade. (2 vol.).
Théologie platonicienne. (6 vol.).
Trois études. (3 vol.).

PROLÉGOMÈNES À LA PHILO-SOPHIE DE PLATON. (1 vol.).

QUINTUS DE SMYRNE.
La Suite d'Homère. (3 vol.).

SALOUSTIOS.
Des Dieux et du Monde. (1 vol.).

SAPHO-ALCÉE.
Fragments. (1 vol.).

SCYMNOS (Pseudo-)
voir GÉOGRAPHES GRECS.

SIMPLICIUS
Commentaire du Manuel d'Épictète (1 vol. paru).

SOPHOCLE.
Tragédies. (3 vol.).

SORANOS D'ÉPHÈSE.
Maladies des femmes. (4 vol.).

STRABON.
Géographie. (10 vol. parus).

SYNÉSIOS DE CYRÈNE.
Hymnes (1 vol.).
Lettres (2 vol.).
Opuscules (1 vol. paru).

THÉOGNIS.
Poèmes élégiaques. (1 vol.).

THÉOPHRASTE.
Caractères. (1. vol.).
Métaphysique. (1 vol.).
Recherches sur les plantes. (4 vol. parus).

THUCYDIDE.
Histoire de la guerre du Péloponnèse. (6 vol.).

TRIPHIODORE.
La Prise de Troie. (1 vol.).

XÉNOPHON.
Anabase. (2 vol.).
L'Art de la Chasse. (1 vol.).
L'Art équestre. (1 vol.).
Banquet. - Apologie de Socrate. (1 vol.).
Le Commandant de la Cavalerie. (1. vol.).
Cyropédie. (3 vol.).
Économique. (1 vol.).
Helléniques. (2 vol.).
Mémorables (1 vol. paru).

XÉNOPHON D'ÉPHÈSE.
Ephésiaques ou Le Roman d'Habrocomès et d'Anthia. (1 vol.).

ZOSIME.
Histoire nouvelle. (5 vol.).
Tome I. Nlle éd. (1 vol.).

# Série latine

dirigée par Jean-Louis Ferrary
de l'Institut
directeur d'Études à l'École Pratique des Hautes Études (IVᵉ section)

Règles et recommandations pour les éditions critiques (latin). (1 vol.).

ACCIUS.
Œuvres. Fragments. (1 vol.).

AMBROISE (Saint).
Les devoirs. (2 vol.).

AMMIEN MARCELLIN.
Histoires. (7 vol.).

L. AMPÉLIUS.
Aide-mémoire. (1 vol.).

L'ANNALISTIQUE ROMAINE.
(3 vol. parus).

APICIUS.
Art culinaire. (1 vol.).

APULÉE.
Apologie. - Florides. (1 vol.).
Métamorphoses. (3 vol.).
Opuscules philosophiques. - Fragments. (1 vol.).

ARNOBE.
Contre les Gentils. (1 vol. paru)

LES ARPENTEURS ROMAINS.
(1 vol. paru)

AUGUSTIN (Saint).
Confessions. (2 vol.).

AULU-GELLE.
Nuits attiques. (4 vol.).

AURÉLIUS VICTOR.
Livre des Césars. (1 vol.).
Abrégé des Césars. (1 vol.).

AVIANUS.
Fables. (1 vol.).

AVIENUS.
Aratea. (1 vol.).

BOÈCE.
Institution arithmétique. (1 vol.).

CALPURNIUS SICULUS.
Bucoliques.

CALPURNIUS SICULUS (Pseudo).
Éloge de Pison. (1 vol.).

CASSIUS FELIX.
De la médecine. (1 vol.).

CATON.
De l'Agriculture. (1 vol.).
Les Origines. (1 vol.).

CATULLE.
Poésies. (1 vol.).

CELSE.
De la médecine. (1 vol. paru).

CÉSAR.
Guerre civile. (2 vol.).
Guerre des Gaules. (2 vol.).

CÉSAR (Pseudo-).
Guerre d'Afrique. (1 vol.).
Guerre d'Alexandrie. (1 vol.).
Guerre d'Espagne. (1 vol.).

CETIUS FAVENTINUS.
Abrégé d'architecture privée. (1 vol.).

CICÉRON.
L'Amitié. (1 vol.).
Aratea. (1 vol.).
Brutus. (1 vol.).
Caton l'ancien. De la vieillesse. (1 vol.).
Correspondance. (11 vol.).
De l'invention (1 vol.).
De l'orateur. (3 vol.).
Des termes extrêmes des Biens et des Maux. (2 vol.).

Discours. (22 vol.).
Divisions de l'Art oratoire. -
Topiques. (1 vol.).
Les Devoirs. (2 vol.).
L'Orateur. (1 vol.).
Les Paradoxes des Stoïciens.
(1 vol.).
De la République. (2 vol.).
Traité des Lois (1 vol.).
Traité du Destin. (1 vol.).
Tusculanes. (2 vol.).

CLAUDIEN.
Œuvres. (3 vol. parus).

COLUMELLE.
L'Agriculture, (4 vol. parus).
Les Arbres. (1 vol.).

COMŒDIA TOGATA.
Fragments. (1 vol.).

CORIPPE.
Éloge de l'Empereur Justin II.
(1 vol.).

CORNÉLIUS NÉPOS.
Œuvres. (1 vol.).

CYPRIEN (Saint).
Correspondance. (2 vol.).

DOSITHÉE.
Grammaire latine. (1 vol.).

DRACONTIUS.
Œuvres. (4 vol.).

ÉLOGE FUNÈBRE D'UNE
MATRONE ROMAINE. (1 vol.).

L'ETNA. (1 vol.).

EUTROPE.
Abrégé d'Histoire romaine.
(1 vol.).

FESTUS.
Abrégé des hauts faits du peuple
romain. (1 vol.).

FIRMICUS MATERNUS.
L' Erreur des religions paiennes.
(1 vol.).
Mathesis. (3 vol.).

FLORUS.
Œuvres. (2 vol.).

FORTUNAT (Venance).
(4 vol.).

FRONTIN.
Les aqueducs de la ville de Rome.
(1 vol.).

GAIUS.
Institutes. (1 vol.).

GARGILIUS MARTIALIS
Les remèdes tirés des légumes
et des fruits. (1 vol.)

GERMANICUS.
Les phénomènes d'Aratos.
(1 vol.).

HISTOIRE AUGUSTE.
(5 vol. parus).

HORACE.
Epitres. (1 vol.).
Odes et Epodes. (1 vol.).
Satires. (1 vol.).

HYGIN.
L'Astronomie. (1 vol.).

HYGIN (Pseudo-).
Des Fortifications du camp.
(1 vol.).

JÉRÔME (Saint).
Correspondance. (8 vol.).

JUVÉNAL.
Satires. (1 vol.).

LUCAIN.
Pharsale. (2 vol.).

LUCILIUS.
Satires. (3 vol.).

LUCRÈCE.
De la Nature. (2 vol.).

MACROBE.
Commentaire au songe
de Scipion. (2 vol.).

MARTIAL.
Épigrammes. (3 vol.).

MARTIANUS CAPELLA.
Les Noces de philologie
et Mercure. (1 vol. paru).

MINUCIUS FÉLIX.
Octavius. (1 vol.).

PREMIER MYTHOGRAPHE
DU VATICAN. (1 vol.).

NÉMÉSIEN.
Œuvres. (1 vol.).

OROSE.
Histoires (Contre les Païens).
(3 vol.).

OVIDE.
Les Amours. (1 vol.).
L'Art d'aimer. (1 vol.).
Contre Ibis. (1 vol.).
Les Fastes. (2 vol.).
Halieutiques. (1 vol.).
Héroïdes. (1 vol.).
Métamorphoses. (3 vol.).
Pontiques. (1 vol.).
Les Remèdes à l'Amour. (1 vol.).
Tristes. (1 vol.).

PALLADIUS.
Traité d'agriculture. (1 vol. paru).

PANÉGYRIQUES LATINS.
(3 vol.).

PERSE.
Satires. (1 vol.).

PÉTRONE.
Le Satiricon. (1 vol.).

PHÈDRE.
Fables. (1 vol.).

PHYSIOGNOMONIE (Traité de).
(1 vol.).

PLAUTE.
Théâtre complet. (7 vol.).

PLINE L'ANCIEN.
Histoire naturelle. (36 vol. parus).

PLINE LE JEUNE.
Lettres. (4 vol.).

POMPONIUS MELA.
Chorographie. (1 vol.)

PROPERCE.
Élégies. Nlle éd. (1 vol.).

PRUDENCE. (4 vol.).

QUÉROLUS. (1 vol.).

QUINTE-CURCE.
Histoires. (2 vol.)

QUINTILIEN.
Institution oratoire. (7 vol.)

RHÉTORIQUE À HÉRENNIUS.
(1 vol.).

RUTILIUS NAMATIANUS.
Sur son retour. (1 vol.).

SALLUSTE.
Conjuration de Catilina. Guerre
de Jugurtha. Fragments des
Histoires. (1 vol.).

SALLUSTE (Pseudo-).
Lettres à César. Invectives. (1 vol.).

SÉNÈQUE.
Apocoloquintose du divin
Claude. (1 vol.).
Des Bienfaits. (2 vol.).
De la Clémence. (Nlle éd. 1 vol.).
Dialogues. (4 vol.).
Lettres à Lucilius. (5 vol.).
Questions naturelles. (2 vol.).
Théâtre. Nlle éd. (3 vol.).

SIDOINE APOLLINAIRE. (3 vol.).

SILIUS ITALICUS.
La Guerre punique. (4 vol.).

STACE.
Achilléide. (1 vol.).
Les Silves. (2 vol.).
Thébaïde. (3 vol.).

SUÉTONE.
Vie des douze Césars. (3 vol.).
Grammairiens et rhéteurs. (1 vol.).

SYMMAQUE.
Lettres. (4 vol.).

TACITE.
   Annales. (4 vol.).
   Dialogue des Orateurs. (1 vol.).
   La Germanie. (1 vol.).
   Histoires. (3 vol.).
   Vie d'Agricola. (1 vol.).

TÉRENCE.
   Comédies. (3 vol.).

TERTULLIEN.
   Apologétique. (1 vol.).

TIBULLE.
   Élégies. (1 vol.).

TITE-LIVE.
   Histoire romaine. (30 vol. parus).

VALÈRE MAXIME.
   Faits et dits mémorables. (2 vol.).

VALERIUS FLACCUS.
   Argonautiques. (2 vol.).

VARRON.
   Économie rurale. (3 vol.).
   La Langue latine. (1 vol. paru).

LA VEILLÉE DE VÉNUS
   (Pervigilium Veneris). (1. vol.).

VELLEIUS PATERCULUS.
   Histoire romaine. (2 vol.).

VICTOR DE VITA.
   Histoire de la persécution vandale
   en Afrique. – La passion des sept
   martyrs. – Registre des provinces
   et des cités d' Afrique. (1 vol.).

VIRGILE.
   Bucoliques. (1 vol.).
   Énéide. (3 vol.).
   Géorgiques. (1 vol.).

VITRUVE.
   De l' Architecture. (9 vol. parus).


**Catalogue détaillé sur demande**

*Ce volume,*
*le trois cent quatre-vingtième*
*de la série latine*
*de la Collection des Universités de France,*
*publié aux Éditions Les Belles Lettres,*
*a été achevé d'imprimer*
*en septembre 2005*
*dans les ateliers*
*de l'imprimerie Peeters s. a.*
*à Louvain, B-3000*

N° d'édition : 6320
Dépôt légal : octobre 2005

*Imprimé en Belgique*